三省堂

年中行事事典

【改訂版】

田中宣一
宮田　登……[編]

三省堂

First Edition 1999
Revised Edition 2012
Printed in Japan

函写真＝ ©orion/amanaimages
装丁＝三省堂デザイン室

改訂にあたって

年中行事は生活にリズムと潤いを与えてくれる。一年三六五日が一本のビニールパイプのように、何の変哲もなく続くものであったならつまらない。竹のように所々に節があり変化があるからこそ、われわれは三六五日を生き生きと過ごすことができる。

毎年正月や盆が巡りきたり、いろいろな祭りや節供もあって、われわれを平凡な日常から解放してくれる。これら伝統的な行事とは別に、それぞれの人には誕生日や結婚記念日もある。バレンタインデーやホワイトデーもすっかり定着してしまった。

南北に細長く海に囲まれた日本、四季の変化に富んだ日本、長い歴史をもつ日本では世界に例がないほどいろいろな年中行事に恵まれている。それら行事の一つ一つには独自の成り立ちとそうしなければならない理由があり、その意味を知ることは楽しい。楽しいとともに日本文化を理解する上で欠かせないのではないかと思う。

本書は近現代の日本各地で行なわれていた、あるいは現在も豊かに行なわれている年中行事を誰にでもわかるように、そして先人から受け継いできた文化を次の世代に伝える事典として平成十一年に刊行した。多くの方々に迎えられ、版を重ねることができるのは嬉しく、読者の皆様には感謝申しあげたい。改訂版では新たに六十七項目を加え、内容も補訂し、いっそうの充実をはかり装いを新たにした。執筆や写真提供などでご協力くださった方や機関には心よりお礼申しあげる。三省堂の増田正司氏には今回もお世話になった。

平成二十四年八月

田中宣一

はじめに（初版の序）

今世紀も余すところ僅かになってしまったが、この百年の間に日本の近代化は著しく進展する一方、伝統的な日常生活が大きく変貌をとげている。一九三〇年代に日本の民俗学は形を整え、変化する民俗文化資料の収集につとめた。しかし、私たちが村や町を訪れ、眼の当たりに見る行事や慣習は、すでに本来の姿ではなくて、すっかり形骸化した様相を呈していることも事実である。そして、いったん消滅しかけていたものが、ふたたび復活してくる事例も八〇年代の町おこしや村おこしのなかにみられている。

年中行事は正月にはじまり、年間の生活リズムを形成する重要な折り目であり、日本文化の根幹にかかわっている。二〇世紀後半になると、それがすでに行なわれなくなったとしても、かつて行なわれていたということは、それなりの深い意味をもっていたし、別の形でよみがえる可能性を秘めている。この約半世紀の年中行事の変化状況をたどり、近代以前からの流れの中に位置づける必要がある一方、沖縄・奄美などの南島文化や北方のアイヌ文化とのつながりの中で、それらの一つ一つが検討されねばならないだろう。本事典はこれまで調査研究されてきた年中行事の知識を分かりやすく記述し、とくに次世代の人々になるべく正確な伝統的年中行事の情報として伝えておきたいという思いから企画されたものである。広く江湖にお勧めしたいと念ずる次第である。

なお、本書の趣旨に賛意を示され、執筆にあたって下さった皆様方に厚く御礼申上げるとともに、当初より企画・編集にあたられた三省堂の菅原薫氏のほか、兼古和昌・増田正司氏に感謝の意を表したい。

平成十一年六月

田中宣一・宮田　登

使用上の手引

一　毎年、ほぼ同じ日にきまって繰り返される年中行事のうち、日本各地で行なわれている主要な行事および関連する事柄を三百四十選び、おおむね季節順に配列したが、類似するものはなるべくまとめるようにもした。

　全体は正月の行事、春の行事、夏の行事、盆の行事、秋の行事、冬の行事、農業儀礼、アイヌの行事の八章からなり、各章の扉裏にはその章の概要を示した。

二　巻頭の「年中行事概説」は年中行事の全体像を簡潔にまとめた。

三　見出し語はもっとも妥当だと思われる漢字で示し、読みをつけた。なお、沖縄県などの南島やアイヌ関係の項目はカタカナで示し、続く（　）内に相当する漢字を付した。

四　解説は常用漢字・現代仮名遣いを原則とした。なお、民俗学などの用語や動植物名には常用漢字外の漢字も用いた。この場合、難読あるいは誤読の恐れのある場合には適宜読みをつけた。また、民俗語彙はカタカナで表記した。

　行事本来の姿と意義を主眼に解説したため、個々の祭りには余り触れていないが、理解を深めるために写真などの図版はできるだけ掲載した。

五　解説文末の（　）内に執筆者名を示した。なお、写真・図版提供者などは図版解説に続く（　）内に示した。

六　検索の便を考え、巻頭に全項目の目次および五十音目次、巻末に全項目と重要事項を五十音順に配列した索引をつけた。

七　行事日は、現在の状況をもっともよく表していると思われるため、あえて統一せずに旧暦、新暦、一か月遅れなどさまざまである。

　なお、記載されている個々の祭りは、地域の事情によって祭りの日や内容にしばしば変更があるので注意していただきたい。

●執筆者・編集協力者（五十音順・敬称略）

板橋春夫
小川直之
萱野　茂
川部裕幸
小嶋博巳
齊藤　純
佐藤良博
白石昭臣
竹内由紀子
田中宣一
萩原左人
古家信平
宮田　登
茂木　栄
山崎祐子

●編者

田中宣一
宮田　登

目　次

目　次

五十音目次

【あ行】

【か行】

【さ行】

【た行】

【ま行】

【や・ら・わ行】

年中行事概説

1　年中行事の総称

同じ暦日がめぐってくるたびに、毎年、家庭や地域社会をはじめ、さまざまな集団によって繰り返される行事が年中行事である。正確に毎年同じ日でなくても、同じ季節のほぼ同じころになると、きまって繰り返されることであれば、これらも年中行事に含めてよいだろう。

年中行事という語はすでに平安時代前期に宮中で用いられていたが、おそらく、日本において造語されたものであろう。年中行事とよく似た意味に用いられる節句も、日本でつくられた言葉である。節句は江戸時代初期までは節供と書かれており、もとは節日の供物の意味であったが、しだいにそのような供物をする日そのものを指すようになり、平素とは区別される日とか、単なる区切り（句切り）の日という意味あいが強くなったために、節句という字が当てられるようになった。したがって、節句は本来の意味としては節供と表記するのが正しい。現在、新聞をはじめ一般には節句の字が用いられているが、民俗学の書物では節供を用いることが多い（本書でも節供を用いる）。

地域によっては、オリメ（折り目）・トキオリ（時折）・マツリ（祭り）・イワイ（祝い）・カミゴト（神事）も年中行事とほぼ似た意味に用いられていた。ショウガツ（正月）やボン（盆）という語が、本来の正月や盆のみでなく、年中行事の汎称とされる場合もある。正月や盆は、平素の労働を休んで馳走をこしらえ、神や仏を祀る重要な機会であるため、それとよく似た性格の日々を、ショウガツやボンの語で代表させているのである。

2 現代の年中行事

現在、日本の多くの人が年中行事と考えているものには、どのようなものがあるのだろうか。

筆者がいろいろな機会に問うた結果や、いくつかの機関のアンケート調査、現代社会の解説書などを参考にして述べると、ほとんどの人が、正月と盆は年中行事だとみて何らかのことを行なっている。このほか、年齢や子供の有無によっても多少異なるが、三月節供や五月節供・節分・彼岸・クリスマスも年中行事だと意識されている。月見や冬至を考える人も少なくない。これらには、クリスマスを除いて、地域や家庭で昔から継承され続けているものもあるし、都市部で新しく世帯をもった者が子供のころの行事を思い起こしてはじめたもの、昔の記憶とは関係なくマスメディアや商業資本の影響を受けてまったく新規にはじめたものなど、いま行なっている動機はさまざまであろうが、日本の伝統的行事として当然行なうべきだと考えて行なっている人が多いといえよう。

同じように、著名な神社のにぎやかな祭りに参拝し、屋台や神輿《みこし》の渡御を見学するのを楽しみにしたり、地域の神社の祭りを年中行事と考えている人も多いのである。これら諸神社へ初詣でに行くことを年中行事としている人も多い。

結婚記念日や子供の誕生日、母の日を年中行事だとする意識も一般化している。伝統的な行事とはおよそ異なるが、現代のとくに家庭単位の年中行事としてすっかり定着しているといえよう。

地域の新しい年中行事としてすでに定着しているものに、町内会（あるいは自治会）単位の夏祭りとか盆踊りがある。夏祭りは、特定の神社に強く結びつかなくても、子供神輿が出たりして伝統的な祭りに似せている。盆踊りも、盆の語を冠していても、先祖供養の意識などはおそらくまったくないと思われる夏の夜のレクリエーションである場合が多い。日取りも盆とは関係なく、小学校・中学校が夏休みになった最初の土曜日・日曜日などというのが少なくない。また、商店会などが主催する各種観光行事にも、地域の年中行事に組み込まれて楽しまれているものが意外に多い。小正月のどんど焼きにも、かつての伝統的な火祭りとは断絶し、新しく地域の行事と化したものが多くみられる。小学校の運動会には早くから地域の年中行事化したものが少なくないが、地域の新しい体育大会なども年中行事と考えられている。

ここ三、四十年ほどの間に急速に普及したバレンタイン・デー、ホワイト・デーも、もう多くの人々に完全に年中行事として意識されている。

家庭や地域社会のとは別に、会社など職場で毎年繰り返される行事も、それにかかわる人々にとってはまさしく重要な年中行事なのである。

最大公約数的な現代の人々の年中行事を挙げてみたが、このほかにも、家庭や地域特有の、また、さまざまな集団独自の多くの年中行事が営まれていることであろう。そして、それぞれの現代生活を潤わせ豊かにしているであろう。

3　年中行事の捉えかた

ひとくちに年中行事とはいっても、日本列島の各地で昔から営まれてきたものはさまざまである。先にも述べたように、現在でもほとんど昔どおり盛んに繰り返されている行事もあるし、また、現代になって定着したり生み出されたものもある。一方、昔は熱心に行なわれていたのに、現在では完全に消え去ってしまったものも多い。

いま、昔という語を何度か用いたが、その「昔」

が平安時代のこともあるし、江戸時代である場合もある。地域も、北海道から沖縄県にまでわたり、山村や平野・沿海諸地域があり、昔からの都市部や近現代に形成された都市部もある。自然的・地理的条件が異なれば、生業も異なり、当然、年中行事の内容も異なってくる。同じ時代同じ地域であろうと、階級・階層間で行事内容は相違している。

いずれも日本の年中行事であることに間違いないのであるが、本書にそれらを網羅することはとてもできない。そこで、本書では時代を近現代にほぼ限定し、日本列島全域に目くばりしつつ、多くの人々に年中行事と認識されているのではないかと思われるものを採り上げることにした。近現代に限ろうとした理由は、明治時代末に日本民俗学が勃興して以降、それほど偏ることなく各地の行事の記録集積が進み、日本列島全域の行事を同時代的に把握することが可能になったからである。もし平安時代の年中行事を述べるとすれば、資料上それは貴族とか畿内の行事に偏らざるをえないであろう。

本書の内容は、現代の都市生活者の観点からは農山漁村部の行事にやや偏っているかに思われようが、それが昭和三十年代までの日本の現実だったからである。そして、ここに記されている農山漁村部の行事内容は、現代の都市部の年中行事にもやや形を変えながら継承されていたり、都市部の行事の背景や基盤になっているものが少なくないのである。また、近現代の行事にほぼ限定したとはいえ、それらには近世のを継承している行事が多いし、部分的には古代的要素の明らかなものもあり、内容的には近現代に限定されるわけではないのである。

なお、アイヌの行事や奄美・沖縄地方の年中行事は、日本列島のほかの地域の行事とは大きな違いがある。アイヌは文字をもたず、農耕生活を主にしていなかったために、暦や年中行事の観念が希薄である。しかし、暦日に限定されなくてもさまざまな機会に執り行なっていた行事の内容には実に豊かなものがあるので、本書ではそれらを春夏秋冬などの章とは別に、「アイヌの行事」の章を設けてまとめた。

一方、奄美・沖縄地方には、早くから年中行事は確立していた。しかし、列島のほかの地域とは中世あるいは近世まで歴史を異にしていたといってもよく、そのため行事の内容には違いが多い。同時に、亜熱帯的気候の地であるため、日取りにも相違がみられる。しかし、暦をもち農耕生活も発達していたという点ではほかの地域となんら異なるところはないので、本書では同じように扱うことにした。

4　暦について

年中行事と暦は不可分の関係にあるが、日本の年中行事を考える場合、月日の定め方を異にする二つの暦について知っておく必要がある。太陰太陽暦（陰陽暦）と太陽暦（陽暦）である。

太陰太陽暦とは、月の満ち欠けの周期（朔望月）を一か月と定め、これに太陽暦の要素を加味した暦である。すなわち、月の満ち欠けの一周期はおおよそ二九・五三日であるため、一か月が三十日の月と二十九日の月を設け、前者を大の月、後者を小の月とし、これを、正月から十二月までに配した（二九・五三……日と端数があるため、大・小の月が交互にくるとは限らない）。

いま仮りに大の月（三十日の月）が六回、小の月（二十九日の月）が六回あったとすると、その年は三五四日ということになり、一太陽年（約三六五・二四日）とは十一日間余ずれる。二年間では二十二日間余ずれる。これでは十五年ほどすると夏冬の暑・寒がまったく逆転してしまい、実生活上はなはだ不都合である。そのため二年か三年に一度（十九年に七回）、十三か月という年（閏年）をつくり、暦日と太陽の運行との間の調整をはかったのが太陰太陽暦なのである。その際、十三月という月は設けずに、プラスする一か月（閏月）を複雑な計算にもとづいて正月から十二月までのどの月かのあとに加え、その月を二度繰り返すことにした（例えば三月のあとに加えたとすると、その年は正・二・三・閏三・四・……十二月となる）。したがって、平年は三五四日か三五五日、閏年は三八四日となることが多かったが、ときには一年間が、三五三日とか三八五日という年もあったのである。

月の満ち欠けを基準にしていたため、太陰太陽暦においては、毎月七日前後には上弦の月が出、十五日前後には満月となるというように、月の形で日の推移を知ることができ、また、日取りから月の満ち欠けと密接に関連する潮の干満を判断できるという利点があった。しかし、年によって月日が実際の太陽の動きと三十日ほどもずれるというのでは、微妙な寒暖の影響を受ける農作業にとっては暦日を頼りにできないため、二十四節気や雑節（付録参照）など、太陽の運行を基準にした暦注が加えられ、農作業の目安とされていた。さらに、暦注としては、天文学的・科学的知識とは別に、陰陽道の知識を背景にしたさまざまな内容（いわゆる迷信的知識とされるものが多い）も書き加えられ、これらが人々の生活の指針とされていたのである。

このような太陰太陽暦が、日本において七世紀初頭から実際に使用されはじめ、微修正をほどこされながら明治五（一八七二）年まで正式の暦として用いられてきた。そして、太政官布達により、明治五年十二月三日をもって太陽暦の明治六年一月一日とすることが決まったのである。

明治六年以降用いられることになった太陽暦は、一太陽年（三六五・二四……日）を一年と定め、一年を十二か月とした暦で、月の満ち欠けは顧慮されていない。太陽暦については現在用いられている暦であるため、これ以上述べる必要はないであろう。

ところで、暦は七世紀初頭の導入以来、宮中の行事を中心とした公式行事や貴族の生活においてまず用いられはじめ、後年、しだいに武家や都市部の一般の人々へ及んでいったと思われる。それが、農山漁村部にまで広く浸透し、大部分の日本人が現在われわれが考えるように、暦日にもとづく年中行事を定期的に営むようになったのはいつごろのことであろうか。確かなことは何ともいえないが、筆者は江戸時代中期以降ではないかと思っている。東北の南部《なんぶ》地方の一部では、字の読めない人でも暦を必要としたために、江戸時代中後期には「盲暦」と呼ばれる絵暦さえ出現した。

　ここで、一般にいわれる旧暦・新暦の語について触れておきたい。新暦とは明治六年以降用いられるようになった太陽暦であり、現行の暦である。対する旧暦とは、明治五年まで用いられていた太陰太陽暦と、その方式に従って明治六年以降も民間で作られてきた暦である。そして新暦採用後も、旧暦は公的行事以外では、少しずつ新暦に移行させながらも昭和三十（一九五五）年ごろまで各地域で広く用いられていたのである。そのため、各地の年中行事の日取りには、新暦によるもの、旧暦にもとづいて続けるもの、また、新暦と旧暦ではおおよそ一か月のずれが生じるため新暦で一か月遅れにしたもの（盆行事にこれが多い）などが交じりあっている。

　今まで述べた暦とは別に、人々は草木の芽吹きや開花、鳥の鳴きはじめ、雪形の変化など、自然が作りだす季節の推移の一齣一齣を、いうなれば自然がわれわれに示す一種の暦であると解して、農作業などの目安としてきた。これを民俗学では「自然暦」と名づけている。

5　年中行事の内容

　次に年中行事の内容に移ろう。いまでは誕生日や結婚記念日、地域の運動会など、人々の交歓を目的としたものも重要な年中行事と考えられているが、もともと年中行事とは超人間的・超自然的存在、すなわち神との交歓（交流）を目的としていた。定期的に神に祈ったり、その霊力をえようとしたり、その祟りを防ごうとして営まれるものであった。副産物として、人々の交歓をはかることや生活に潤いをもたせることもできたが、第一の目的は神との交歓（換言すれば神を祀ること）にあった。かならずしも神社などの祭神や施設にかかわることがなくても、年中行事はれっきとした祭りだといえよう。

交歓の大目的はただ一つ、家族・地域社会や各集団など、行事主体にとって、日々の安寧の保障をえることにあるといえよう。交歓の対象は、いくらか割りきりすぎるかもしれないが、生業神・祖先神（祖霊）・御霊に三大別できよう。

生業の発展　生業神とは、そういう名称の神が考えられているわけではないが、商業や農業・漁業など各自の生業を助けてくれる神のことである。商業の場合には市《いち》に祀られている市神《いちがみ》とかエビス神がこれに当たる。十一月（旧暦十月）二十日の恵比須講や関西地方の一月十日の十日戎《とおかえびす》などは、商売繁盛を祈る年中行事である。関東地方の酉《とり》の市《いち》（十一月の酉の日）も、いまでは完全に商売の繁栄を願う行事として定着している。そして、商売が順調に発展すれば、商人にとって日々の安寧が保障されるというわけである。

農業の場合には、田の神・作神《さくがみ》・農神《のうがみ》などがこれに当たる。農業、とくに水田稲作農業は自然の動きに左右されやすいので、人智を超えたものへの祈りと感謝を繰り返しつつ、年間の作業を営む。まず年初にその年の作柄を予祝したり占ったりするが、それは小正月のさまざまな予祝儀礼として年中行事化している。実際の作業である播種・田植え・収穫も田の神などに祈りつつ進められるが、それらの祈りは水口祭り・さなぶり・穂掛け祭り・刈上げ祭りなどの行事となっている。なかでも、収穫感謝の気持ちは、八朔《はっさく》・十日夜《とおかんや》・亥《い》の子《こ》・あえのこと・丑《うし》の日《ひ》祭り・霜月二十三夜待ち・新嘗祭《にいなめさい》など、秋・冬の多彩な年中行事発生の源となっている。恵比須講も、商人のとは別に、東日本の農家では田の神（この場合はエビス神）への報謝の祭りとして行なわれる。日本の祭りに、いわゆる秋祭りが多いのも、豊穣への感謝と大いに関係がある。また、正月の年神にも田の神（あるいは福の神）的性格が認められ、正月行事は豊作の予祝・報謝の意味あいを強くもつ行事群から成りたっているとみられる。

水田稲作農業以外でも、麦作・養蚕・麻作りなど、多産を祈るさまざまな儀礼が年中行事として定着しているのである。

漁業の場合には海の神・竜王さん・エビス神などが生業神に当たる。大漁祝いや正月の船祝いをはじめ漁の祭りも盛んであるが、水田稲作農業にくらべ、暦日に固定して年中行事化したものは少ないといえよう。なお、エビス神は、商業・農業・漁業を問わず生業の神として祀られており、日本の民間信仰にとって重要な神である。

このほか、山仕事をする人々（杣《そま》・炭焼き・マタギなど）の信じる山の神、さまざまな職人の信仰する神も生業神である。十一月八日の鞴《ふいご》祭りは鍛冶屋などの生業神（金屋子《かなやご》神など）の祭りである。

祖先神との交歓　祖先神とは各家の祖先の霊で、祖霊のことである。この祖霊とは、死によって肉体から分離した荒々しい霊魂が、子孫によってさまざまな祀りを受けて浄化をとげ、その結果、神として子孫を見守ってくれるようになったと信じられている霊格のことである。そして、この祖霊を迎え祀り、家族の健康や家の繁栄を祈願しようとする。

祖先神、すなわち祖霊を祀る最大の年中行事は正月と盆である。正月に迎える年神には田の神（稲の神）としての性格も認められるが、祖霊的性格もあわせもっている。迎え祀られた祖霊が、その霊力（年霊・年玉）を人々に与え、子孫を元気づけ再生させてくれると信じて行なわれるのが正月行事である。門松や年棚は祖霊を依りつかせる場であり、餅やお節《せち》料理など、各種の食品は神人共食によって霊力を身につけようとして準備されるわけである。民俗学で小正月の訪問者と総称されるさまざまな異装の訪れ人は、訪れると信じられている霊を具象化したものといえよう。

盆は、より明確な祖霊祭祀の機会である。盆の十三日ごろに迎え火を焚いて祖霊の来臨を仰ぐ。所によっては「お爺さん・お婆さん、よくいらっしゃいました」などと唱えて背負う格好をし、祖霊を屋内の盆棚に落ち着かせるのであるが、このお爺さん・お婆さんは特定の人を意識しているのではなく、祖霊一般のことである。そしてさまざまな供物をして祖霊との交歓をし、十五日夜遅くなどに送り火とともに帰って行ってもらうのである。その間、盆踊りをして霊を慰めたりする。要するに盆行事は、迎えた祖霊との交歓をはたし、その霊力によって家の安寧が保障されると信じられて行なわれているのである。この点、正月行事も同じである。

彼岸や卯月八日などにも祖霊との交歓の性格が認められ、ほかにも祖霊を意識した年中行事は少なくない。

なお、正月と盆には、祖霊だけではなく、生きている親（生見玉）との交歓を強く意識した行事も含まれている。これは、健在な一族の長老を拝し、強固な結束を確認しあう、かつての武家の儀礼とも通じあうものといえよう。

御霊《ごりょう》の慰撫《いぶ》　年中行事には御霊との交歓を目的としたものも多い。御霊とは家が絶えて子孫による祭祀を受けることのできなくなった無縁霊や、不慮の死をとげたり恨みを含んで亡くなった人の霊のことで、これらはしばしば山野に蟠踞《ばんきょ》して怨霊化し、激しく祟りをなすと信じられている。これらと交歓するというのは妙な表現と思われるかもしれないが、これらの祟りを未然に防ぐためには、しばしば鄭重《ていちょう》に祀らねばならないと考えられていたのである。祀る（祀り上げるといってもよい）ことによって御霊を慰撫し、祟りを和らげようとするわけである。

祇園祭りを代表とする各種の夏祭りはこれである。御霊の代表格の疫神牛頭《ごず》天王を祀ることで、ほかの御霊の跋扈《ばっこ》を押さえようとするのである。

六月から七月にかけては、梅雨どきでじめじめして湿度も高くなる。人の体力も衰えるし食品も腐敗するので疫病が発生し蔓延しやすい。また、害虫も発生するが、これらは御霊のしわざだと考えられてきた。この時期の祭りには、それらを防ぐことを目的に営まれるものが多いのである。

祇園祭りのように御霊との交歓を直接の目的とはしなくても、多くの年中行事には御霊祭祀の要素が潜んでいる。例えば、祖霊を祀る盆には、祖霊とともにさまざまな無縁霊が訪れると考えられており、これらをはなから防遏《ぼうあつ》してしまうのではなく、供物をし祀り上げることによって祖霊との恙なき交歓ができるとする。このような考えは、日本の祭りにしばしばみられることである。

祀り上げるのではなく、最初から御霊を避けようとすることもある。五月節供の菖蒲・蓬は、その強い臭気によって邪霊の侵入を防ごうとして用いられているのであり、三月節供の桃の枝も元来は邪霊除けであった。節分の鬼やらい、事八日の目籠立てなども邪霊除けとみなされる。

日本の神観念は複雑で、火や水・風など多くの自然神の存在も無視できない。しかし、日々安寧であることを願っていろいろな方法で交歓を繰り返すのは、さまざまな生業神・祖先神（祖霊）・御霊であるといえよう。そして、その交歓の儀礼の暦日に固定したものが、年中行事なのである。

6　年中行事の構造

このような年中行事にはどのような構造的特徴があるのだろうか。一日単位、一か月単位、一年単位に分けてみてみたい。

まず一日単位であるが、行事の核心部分は意外に夜に営まれることが多い。年中行事の大目的は神々との交歓にあると述べたが、日本の祭りでは神の来臨は夜であるとの観念があるため、年中行事の核心部分が夜に営まれるのは当然であろう。また、かつて一日の境は夕方であるとの認識が一般的であった。時計を知らないとき、人々は今のように夜中の零時に一日の境を置くなどという考えをどうしてもつことができたであろう。夜明けどき、鶏鳴どきも大きな境目であったが、多くの行事を分析すると、黄昏《たそがれ》どきを重要な境と考えていたことがわかるのである。大晦《おおみそか》日・元旦、六日年越し・七日正月、十四日年越し・十五日正月、節分・立春など、いずれも夕刻からはじまり、翌日（かつては翌日ではなく連続した一日と考えられていたのであるが）にかけて営まれている。盆の祖霊迎えと祖霊送りも夜である。多くの収穫祭でも、夜、田の神を祀っている。

このように、夜に神を迎え献饌して神々の傍らに侍座し、神への供物（神饌）と同じ食品を人々も食べ（このことを直会《なおらい》という）、神と一体になることによってその霊力の分与をえようとするのが行事の重要な内容である。これは、日本の祭りに共通する特徴である。

一か月を一単位とする行事はないので、年中行事の一か月単位の構造をみるためには、各行事が一か月間にどのように配置されているのかという、構成上の特徴として捉える必要がある。その場合、各月ともかならずそうだというわけではないが、正月と盆月（旧暦七月）のように十五日前後に比較的行事が多く、続いて七日前後、二十三日前後が多い。日の推移を月の満ち欠けにもとづいて判断していたことが、古い行事は月の形の明確な満月や上弦・下弦の日前後に集中するという、行事配置として残っていると考えられている。

続いて、一年を単位とした年中行事の構造についてみてみたい。節分とか三月節供というように個別行事ごとではなく、年間の諸行事を総体として捉えた場合、年中行事はどのような構造になっているのであろうか。筆者は個別行事相互のかかわり方を基準に分けた、次の四つの行事群の重層したものだと理解している。

①継承・循環的行事群
②対置的行事群
③間歇的行事群
④単独行事

①継承・循環的行事群とは、一つ一つの行事が前の行事を継承しつつ次の行事に引き継がれ、一年を単位にして循環している行事群である。簡略化して例示すると、刈上げの際に聖別しておいた種籾の俵に、松など田の神の依代《よりしろ》を立てて初冬の収穫祭を営む。正月にはその種籾俵を中心に年神祭りをしたあと、春の播種の際にはその種籾を苗代に蒔くとともに、播種後の水口祭りには、収穫祭や正月に用いた松を田の水口に立てて田の神を祀る。そして、成長した稲苗を田植えしたあと、稲苗三束を聖別してそれを中心にサナブリをし、その苗を田に植えて特別に育てる。秋の刈上げには、特別に育てた稲から刈取った種籾を含めて種籾俵をこしらえ、それを中心に再び収穫祭を行なう。

このような諸行事は、刈上げ↓収穫祭↓正月の年神祭り↓播種・水口祭り↓田植え・さなぶり↓刈上げというように、連鎖する行事群として捉えることができる。個々の行事だけをみていたのでは十全な理解には達しないのであって、一年をタイムスパンにして継承・循環を繰り返す緊密な行事群の中で考えてみて、はじめて一つ一つの行事の意味が理解できるのである。これは一年単位で枯死・再生を繰り返す稲魂の継承を背景にもつ行事群であるが、しかし、すでに連鎖の環をゆるめ、いまでは暦日に固定したあと新たな装いをこらしてしまっている行事が少なくないのである。それを、再び連鎖の環を想定して結合させることにより、年間にばらばらに配置されているかのごとき年中行事の構造の一側面を捉えることができるのである。

②対置的行事群とは、年間の行事の配置構成の上で、一年を両分して相対している諸行事のことである。正月行事と盆行事がその代表で、両者は期日の上でも、行事やそれに用いる施設・道具の面でも（例えば、松迎えと盆花迎え、年棚と盆棚、正月礼と盆礼、小正月の訪問者と盆の来訪者、小正月の火祭りと盆の火など）、意識されている神格の点でも対応している。したがって正月行事と盆行事は、一年を両分した場合のそれぞれ最初の月（一月と七月）に営まれる相似た行事だと考えることができる。

同じように年中行事には、六月一日と十二月一日の行事、春秋の彼岸など、一年を両分して対置している行事が少なくないのである。近現代の年中行事でもそれは明らかであるが、平安時代の宮中の年中行事においてはもっと明確で、当時の「年中行事障子」の内容を分析すると、一年の前半の行事を後半（七月以降）にもう一度、同じように繰り返すような構造になっていた。これは、先に述べた一年をタイムスパンとして継承・循環を繰り返す行事群とは明らかに性格の異なるものといえよう。

なお、ここで注意しておきたいことは、正月行事はその中に多くの個別行事を含んでいて複雑であり、それらすべてが盆行事と対置しているのではないということである。諸種の仕事始めや小正月の予祝儀礼は盆に対応するものを見付けがたい。小正月の予祝儀礼などは、継承・循環的行事群に含まれるものである。

③間歇的行事群とは、年に何回か、月を違えて定期的に繰り返されるまったく同じ行事で、二十三夜待ちとか庚申講など、信仰的講行事の多くがこれに含まれる。かつて地域社会の人々・家々を結びつける上で大きな意味を持っていた月待ち・日待ち行事のほとんどは、この行事群に属するものだった。

④単独行事とは、年間の行事の配置・構成上、ほかとほとんど関連性を有しない諸行事である。初

午・節分・三月節供・十五夜・クリスマスなどがこれである。町内会・自治会主催のレクリエーション的行事や、家ごとの誕生祝いなどもこれに含まれる。

日本の年中行事を総体としてみた場合の構造は、右に述べてきたような、一年を単位として継承・循環する行事群、一年を両分し六か月を隔てて対置する行事群、まったく同じ内容が間歇的に繰り返されている行事群、それに単独で存在している諸行事の重層したものと考えることができる。このように考えることによってはじめて、一年三六五日に脈絡なくばらばらに配置されているかのごとき年中行事を、統一的に捉えることが可能となるのである。

ただ、現代になるほど単独行事の数が多くなり、また、農作業の変化とともに継承・循環的行事群はその実態が見えにくくなっている。地域の信仰的講行事の衰退によって間歇的行事も数を減らしている。したがって、今後、単独行事がさらに多くなると、ここで述べたような視点からする年中行事の構造はいよいよ捉えにくいものになるであろう。

7　年中行事と食物

年中行事の同義語といってもよい節供が、かつて節日の供物を意味していたことからもわかるとおり、年中行事と食物とは不可分の関係にある。かつての単調な食生活のなかにあって、年中行事は、とくに変わり物をこしらえる日として記憶されていることが多いといえよう。しかし、結果として楽しむ食品ではあったが、元来は神に供え、人々もそれを一緒にいただき、食物をとおして神人合一をはかるために用意されたものである。

用意される食品の代表は餅である。続いて赤飯・粥・団子・ぼた餅・麺類などがあり、かつては白米飯それだけでも印象的な食品であった。酒や魚類もしばしば用いられる。一概にはいえないのだが、餅や赤飯・酒・魚類は一般に清浄な神祭りに多用され、団子やぼた餅は盆や彼岸など仏事と思われる行事に用いられている。

餅は何といってもまず正月用に準備され、鏡餅をはじめ屋内外の神々への供物とされ、家族の者も雑煮などにしていただく。お年玉も年霊だと観念されており、古くは家の長老から家族に丸餅が分与される例が多かった。寒中にももう一度餅が搗《つ》かれ、その一部は夏の歯固めなどに用いられた。三月節供の菱餅、田植え後のさなぶり、秋・冬の各種収穫祭など、何かにつけ餅は必要とされていた。このような餅であるが、各地には正月にはことさら餅を拒否する家例を守っている例もあるのである。

粥が行事食だというと訝る人も多いだろうが、年中行事には七草粥（一月七日）・小豆粥（一月十五日・霜月二十三夜）をはじめ、播種後の種蒔き粥、養蚕祝いの糸引き粥など、意外に粥が用いられている。古い食品だからであろうが、餅にしろ粥にしろ米の力が信じられていたためである。

団子には、小麦粉や粟粉なども用いられるが、多くは米の粉をこねて蒸したものである。盆や彼岸のほか、八月十五夜などに作られる。小正月の繭玉は餅を丸めたのもあるが、団子でこしらえる方が多い。二月十五日の涅槃会にも作られ、この団子は手で握った形が痩せ馬の背に似ているので、やしょ馬などと呼ぶ所がある。五月節供の笹団子もある。秋ジマイのあと、削米でツジョウダンゴ（土穂団子）を作って祝う所もある。ぼた餅は団子と同様に盆や彼岸にこしらえることが多く、秋の収穫祭などにも作られる。

酒は正月をはじめ祝いごとにはつきものであるが、現在のように平素に飲む習慣はなかった。そのため、酒の飲める機会はとくに印象深い日であった。魚《ざかな》は年取り魚・正月魚などといって、鰤《ぶり》とか鮭《さけ》など、各地一定の魚をかならず食べなければならないという例が多い。盆には、婚出した子女が、両親健在である場合には刺し鯖《さば》を持参して実家を訪れる慣習が広く分布している。恵比須講には尾頭付きの魚が欠かせない。

麺類の代表には盆の素麺《そうめん》、大晦日《おおみそか》の年越しそばがある。

このほか、正月のお節料理や福茶、節分の豆、五月節供のとろろ芋や粽《ちまき》、冬至の南瓜《かぼちゃ》や柚子《ゆず》など、年中行事にはその日特有のさまざまな食品が準備されている。特異なものでは、播種後や収穫後の焼米がある。第二次大戦後は各種ケーキ類も多くなった。

8　年中行事と休み日

年中行事の日には、一般的には、平素の労働から解放され、変わり物をこしらえて食べあい、ゆったりと休む。この日休まずに一人だけ働いていれば、かつては「怠け者の節供働き」とか「フユジ（不精進者）の節供働き」といって揶揄されたり非難の対象とされたのである。

なぜこの日に働いてはいけないのか。先に、年中行事の目的は神との交歓にあるといったが、平素の労働から解放されるのは、ひたすら神祭りをすべきだったからである。働いているということは、とりもなおさず神祭りを怠っていることを意味し、そのような集団の安寧を祈る行為に背く人は非難されるべきだと考えられていたわけである。また、この日のために準備する餅とか団子、酒は、元来は神に供えて安寧を祈り、同時にそれを人々もいただいて神人が共食《きょうしょく》をし、神の霊力をえんがためだった。労働を休む年中行事の日が、神祭りにかかわる聖なる日であることは西洋においても同じで、それはholy dayとholidayの関係からもわかる。それはさておき、神を祀る以外の時間はじっと物忌みのときを過ごしたり、ただ身体を休めていればよいというわけで、年中行事の日はもっぱら休み日と認識されるようになったのである。

このように休み日は、元来は労働休養日として発達したのではなかったが、それを逆手にとり、労働から解放されたければ神祭りにことよせればよいとの知恵もでてきた。きつい労働が続きすぎると、農村部では若い衆が区長宅（近世では名主や庄屋宅）の前に門松を立て、正月の神祭りを装って臨時の休みを要求したり、漁村部では漁の神であるアンバ様を急遽浜辺に設けて注連《しめ》縄を張り、漁の祭りをすることで労働の免除を強要することがあったのである。このような願い休みは、かつては各地にみられ、若者と地域の指導者との間にしばしば対立を引き起こしていた。

同様の理屈も手伝ってか、近世後期には地域への諸神の勧請が相ついだ。小祠を多く設け、今日は何々神の祭りだということになれば、大手を振って仕事を休み、馳走をこしらえ遊楽に時を過ごすことが可能となる。急を要しない雨乞い・風祭りをすることも同様であった。当然、地域の指導者や役人はこれの規制にとりかかったが、地域社会の年中行事は豊かになったといえよう。

ところで現在、国民の祝日は「国民の祝日に関する法律」によって休日と定められている。それは伝統的な神祭り＝年中行事＝休み日の観念を継承しているからであろうが、もしそうならば、われわれはいまいちど年中行事の意義を振り返るとともに、ただ休んで遊楽に耽るだけでなく、それらの日々が祝日に定められている意味をゆっくり考えてみることも必要ではないだろうか。

9　生活上の潤い

年中行事の性格や仕組みについてみてきたが、年中行事はわれわれの生活に潤いを与え、一年を豊かに彩ってくれている。一年三六五日が一本の丸太ん棒のようでは変化に乏しく、つまらない。竹のようにところどころに節目があってこそ、平素の営みが活性化するというものであろう。内容は少しずつ異なってきているとはいえ、年中行事がわれわれの暮らしのなかでもつ意味は、昔も今も変わっていないのである。

まだまだ述べなければならないことは多いが、ひとまずこれで概説は終わりとしたい。個々の行事については、本書の各項目に当たっていただきたい。

※　※

最後に本書の編集方針について簡単に触れておく。

本書は言葉の説明ではなく、簡易ながら内容解説の事典として編集した。辞典にしろ事典にしろ項目は五十音順に配列するのが一般だが、年中行事の性格上、正月からなるべく月日を追って説明するよう心がけた。ただし、同種の行事でも地域によって行事日に前後があったり、旧暦や新暦、さらには新暦の月遅れで行なう所があるので、現行の月日順に配列したのではかえって不都合になると思われる項目は適宜調整し、類似の行事をまとめるようにした。どのような基準でまとめたのかは、目次をご覧くだされればおわかりいただけるかと思う。ただ、新しい行事や国民の祝日なども含めたので、通してお読みくださる場合には、内容が分断されると思われる箇所があるかもしれない。

全体は、正月の行事・春の行事・夏の行事・盆の行事・秋の行事・冬の行事・農業儀礼に分け、さらにアイヌの行事を設けた。

正月の行事と盆の行事を除き、いちおうの目安として、春の行事は立春から立夏前日まで、夏の行事は立夏から立秋前日まで、秋の行事は立秋から立冬前日まで、冬の行事は立冬から立春前日までとしたが、例外は少なくない。例外がでたのは、常識的な季節観に配慮したためと、類似の行事をなるべくまとめて述べようとしたがためである。農業儀礼は暦日に固定していないため、別立てとした。（田中）

正月の行事

岡山県笠岡市、槙の木をそえた門松。
（文化財保護委員会 無形の民俗資料 記録 第6集『正月の行事』2
より転載）

たとい冬枯れのころであろうと、新年の訪れは人の心を浮き立たせてくれる。南北に細長い日本列島では、まだ雪に閉ざされている地域が少なくないとはいえ、旧暦の場合にはもうどことなく春の息吹きが感じられる。新暦では、これから寒中という厳しいときではあるが、それでも再生・蘇りの気分が漂い、新年・正月は、新しい年への期待、願い、決意が人々を高揚させる。

一月全体を正月ととらえ、その準備にとりかかる十二月中・下旬の諸行事をも含めてみていく。行事の集中する山は、①元旦前後、②六日・七日、③十一日、④十五日前後、⑤二十日にある。①元旦前後の行事内容はほとんど年神祭りに集約される。それは暮れの諸準備を経て、大晦日夕刻から元旦にかけてクライマックスを迎える。そのあと各種の仕事始めの儀礼となる。②六日・七日は六日年越し・七日正月ともいわれ、七草粥が祝われる。このころ邪霊侵入防御の儀礼をする所や、屋内外の神々への飾りを外す地域が多い。③十一日に商家や大きな農家では、その年はじめて土蔵を開けて生業の繁盛を祈る蔵開きの儀礼を行なった。鏡開きをする所も多い。④十五日前後は小正月で、農業の予祝儀礼や害鳥獣追放の呪い、年占、来訪神の接待、火祭り、厄落としなど、元旦前後にもまして多彩な行事が展開される。⑤二十日は二十日正月・シマイ正月・骨正月などと呼ばれ、多くの地域では、この日をもって正月行事が終結すると考えられていた。

（田中）

正月《しょうがつ》

太陰太陽暦の最初の月のことであるが、一般には年初の諸行事を営む日々をいう。

大正月と小正月 年初の行事は元旦を中心とした日々と、一月十四日・十五日を中心とした日々とに集中しており、前者を大正月、後者を小正月と呼び分けることが多い。年初の行事がなぜ大正月と小正月とに分かれているのかについては諸説あるが、暦（太陰太陽暦）の受容によって年初観に変動が生じたためではないかという柳田国男の考えが有力である。すなわち、暦を知らないとき、稲作農耕を中心とする人々は、陽気がよくなり農作業にとりかかる適期の満月の日に何らかの年初の祭りをしていたと推測される。その後、暦の普及とともにまだ冬枯れの一月（正月）を年初とする観念が定着し、元旦に公的儀礼を行なったり年神祭りをする習慣が生じた。一方、農業を営む多くの人々の間には満月へのこだわりがなお残り、元旦よりも、太陰太陽暦で満月にあたる十四日・十五日にも年初の重要な諸行事（農耕予祝儀礼や年占《としうら》など）を営もうとする考えが続いたために、大正月・小正月という二つの正月が生まれたのではないかというのである。しかし近代になると、国民すべてに対して年初の公的行事を国家的強制力で元旦中心に定めたことや、太陽暦の採用普及により満月と十四日・十五日とが一致しなくなったために、農業を営む人々の間でも小正月の意味が徐々に薄れ、正月といえば、とくにことわらないかぎり大正月をさすようになってしまった。小正月については別に項目を立てるので、以下、ここでは大正月について述べる。

宮中や公家・武家社会においては、神々を祀るとともに臣下が主人を拝し飲食を共にしつつ新年を寿ぐさまざまな儀式が、細部は時代や階層によって異なるとはいえ、定められていた。それ以外の一般の人々の、少なくとも近世以降の正月行事は、年神を迎え祀り、その霊力にふれることによって新たな力を身につけようとする趣旨にもとづくものが多い。

大正月の行事　正月の準備は煤《すす》払いや松迎えからはじまる。これは年神の祭場の清浄化と神の依代《よりしろ》の確保を目的とするが、かつては多くの地で、十二月十三日に行なうべきだと考えられていた。続いて年末近くになると餅を搗《つ》いたり、門松を立てたり、飾りを作って飾りつけたり、年神棚を整えたり、お節《せち》料理をこしらえたりの準備をして、年越し(大晦《おおみそ》日《か》)の夜を迎える。かつては夕暮れどきが一日の変わり目と考えられていたので、正月の年神祭りは大晦日の夕刻からはじまるというのが古い考えである。すなわちこの夜の古風な過ごし方は、風呂などに入って身体を清めたあと年神に供物をし、その前で家族そろって正月の正式な食膳であるお節料理を食べ、囲炉裏に大火を焚きながら、寝ることを忌んで一晩中起きていることで、これは来臨した年神に供饌侍座《ぐせんじざ》し、神と直会《なおらい》しつつその霊力をえようとするためであった。そして早朝に年男が若水を汲み、家族一同がその水で顔を洗ったり、年男が若水で福茶を沸かし雑煮をこしらえ、そろって飲食して新年を祝うのである。その際、年神に供えた餅の一部が神に代わって年長者から家族に配られるのが年玉で、霊力のこもった年玉(あるいは年霊・年賜)が配られることによってめでたく年を一つ重ねることができるとみなされた。年玉がすっかり金品に変化した現在でも、それが家同士の贈答ではなく、また、あくまでも年長者から若年者に与えられるべきだと考えられているのは、古い年玉分賜の観念が継承されているからである。

家に来臨する年神を祀るのと並行して、年籠りと称し大火を焚きつつ社祠や堂に参籠する例も少なくなかったが、一晩中籠もり続けることをせず参拝してすぐ帰ることが多くなり、現在の一般的な初詣での風習として定着していった。

一族や隣人同士が訪問しあうのも重要な正月行事

神奈川県相模原市、かますの口を開けて年神を祀る。(1976年：小川直之)

である。これをカドビラキ・カドドレイなどと呼んで、一族間では分家が本家を訪れてそこの年神に参り、そこで分家の者へ年玉分賜がなされたあと、本家が返礼に分家を訪問する慣行を守っている地域があったり、かつて武家社会では主人に拝賀して忠誠を誓ったというように、新年の訪問はまず目下の者や若年者が長上者を訪れるべきだと考えられていた。これはかつて、神に昇華した祖霊を一族で祀ったり、健在な親(あるいは一族の長)を家から離れた子供たちが集まってきて祝ったことに発する儀礼で、盆礼や盆のイキミタマ(生見玉)の慣行と類似している。このような相互訪問と饗応が煩雑に感じられるようになった結果、神社や集会所などに一同会して新年の挨拶を交わすようになったのである。

正月の終わり　正月がいつまで続くと考えられているのか断言するのは難しい。正月三が日とか松の内といわれるように、三日とか七日までと考えるのが一般的である。年神棚を片づけたり門松・正月飾りをしまうまでは年神祭りが継続されているとみなすべきであろうが、それが地域によって異なり、三日夜（あるいは四日朝）・六日夜（七日朝）・十三日夜（十四日朝）・一月末（二月一日朝）などさまざまである。基本的な考えとしては、大晦日から元旦にかけて年神を迎え祀り、その霊力を身につけて新たな蘇りが果たされれば目的が達せられたわけで、そのため二日にはさまざまな仕事始め（初山・鍬《くわ》入れ・綯《な》い初め・縫い初め・船の乗り初め・初売り・書き初め・謡初《ぞ》めなど）が行なわれ、ケ（褻）の日々への転換がはかられている。しかし実際には年神送りはそれよりのばされているとともに、正月のハレの雰囲気はその後数日間は残り、仕事始めも二日よりあとに行う例が少なくない。（田中）

奄美《あまみ》・沖縄《おきなわ》の正月《しょうがつ》

鹿児島県奄美地方や沖縄県の正月行事は、さまざまな点で本土の正月行事とは異なっている。

正月行事は、家庭単位では旧暦で行なわれるが、ムラの行政員が関与するムラ単位のものは昭和四十七（一九七二）年に沖縄の日本への復帰後、新暦に移行する傾向もみられる。正月の準備として、十二月二十七日から三十日ころに、各戸あるいは数戸共同で豚を殺した。大瓶に塩漬けにしておき、一部は本家や親元に歳暮として野菜などとともに持っていく。昭和三十五（一九六〇）年ころから一般の豚の屠殺が行なわれなくなり、現在では必要に応じて購入して使うようになっている。本土とちがって餅は凶事の供物とされ、正月用に搗《つ》くことはない。奄美ではワァンフネ（豚の骨）、沖縄ではソーキ汁という豚肉料理で年を越し、正月も豚肉か一部では牛肉の料理を主に用いる。十二月二十四日ころに煤《すす》払いをし、沖縄では火の神が昇天するといい願解きする。火の神は台所に三つの石を象徴として、年長の婦人によって祀られ、家庭の祭祀では常に最初に拝まれる。昇天した火の神は、天帝に一年間の家庭のできごとを報告し、一月四日ころに戻ってくるといわれ、中国の竈神《かまどがみ》信仰が習合したものとされる。奄美地方でも、もっとも沖縄に近い与論島ではヤンヌシガナシが昇天する類似の伝承が聞かれる。かつて越年船といわれ、本土から昆布・素麺《そうめん》・鰤《ぶり》の塩漬けなどを積んできて、徳之島や与論島で砂糖を積み込んでいく船があり、正月用品を整えたといわれる。貧しい家では、これらを購入するために砂糖代金などを担保にして、ムラの有力者から前借りをすることも多かったという。正月の飾りとして門口に松の小枝を立て、沖縄では竈・仏壇には黄・赤・白の紙を重ねたうえに蜜柑と橙《だいだい》と塩をのせ、昆布と炭を添える。

一日早朝に、特定の川や泉に若水を汲みにいき(子供が生まれたときの産水をとる川や泉と共通する場合も多い)、家に戻って家族全員の額につけて健康を祈る。それから親子祝いなどといって家族が集まって新年の挨拶をする。ノロ・根神《ニーガン》らの神女たちは御嶽《うたき》を巡り、年頭の祈願をする。スク(祝)・ニントウ(年頭)などといい、年始の挨拶まわりが引き続いて行なわれる。二日から十三日の間には、年日《としび》祝いといい、生まれ年の十二支と同じ日に客を招いて祝う。また、十三歳・二十五歳・三十七歳・四十九歳というように、生年と干支《えと》が一致する人を祝い、女は生家で祝うのは十三歳までだからと親戚・知人を招いて盛大になる。最近ではムラで合同で祝う所もみられる。十七世紀中ころには、庶民の年日は不要であるとして禁止令がでたこともあったが、効果はあがらなかった。仕事始めは二日または三日で、農家ではハチバル(初原)といって畑の見まわりをし、鍬で三回起こすなどし、午前中にすませる。漁家では舟起こしといって、サバニという伝統的な漁船では松を立てる程度だが、鰹船などでは大漁旗を掲げて船霊に安全と豊漁を祈願し、船主の家で祝宴をする。

七日は、奄美ではナンカヌセク(七日の節供)と

沖縄県名護市、年頭の川拝み。（1988 年：古家信平）

いい、正月の飾り物をとり、七草粥を作る。昆布・ニンニク・豚肉・野菜を用い、材料は年末から用意しておいた。この日は鬼が下りてくるといわれ、子供が家の中から戸を叩いたり、鉄砲を空に向けて撃ったりした。沖縄ではナンカヌシュクといい、豚肉の雑炊を作り、正月の飾り物をとる。十四日は、奄美ではキンナリ・コガネモチといい、柳の木の枝に小さい餅をつけたものを作り、床の間・玄関・中柱に置いた。沖縄では豚骨の料理を先祖に供える。十六日は十六日祭で先祖祭りが行なわれる。（古家）

ノロ

沖縄県などでは、琉球王国時代に任命された女性司祭（ノロ）が現在も村落の祭りを主導している所があり、本土各地の祭礼と違った特色となっている。年中行事で活躍の場も多いので、まずはじめにノロとそれにしたがう神役たちについてみておくことにする。

鹿児島県奄美地方・沖縄県で地域の公的祭祀を司る女性神役がノロで、一人のノロが一村落または複数の村落を統轄し、配下に十人前後の女性神役と若干の男性神役をしたがえる。村落のもっとも立地条件のよい所にノロ殿内があり、火の神や御嶽《うたき》の祭祀を通して、領域内の人々の繁栄や平和を祈る。早く伊波普猷・柳田国男・折口信夫らが日本の古い宗教形態を示すものとして注目した。ごく古い時代に、村落は草分けの家の主人が根人《ニーチュ》として村落を支配し、その姉妹が根神《ニーガン》として祭祀を主宰していたと想像される。八・九世紀以降に、このなかから複数の村落を支配する按司《あんじ》が出現すると、その姉妹はノロと呼ばれ、支配地一帯の最高神女として祭祀を統轄するようになる。さらに地方に割拠する按司を統一して、十五世紀末に第二尚氏王朝が確立すると、それら旧来の組織を利用しながら、王国の政治宗教的組織の一部に組み込んだ。頂点には国王の姉妹（の

沖縄県名護市、6月ウマチーのノロ（中央）と根神。（1975年：古家信平）

ちに王妃）である聞得大君《きこえおおぎみ》が立ち、首里三平等《みひら》の三人の大阿母志良礼《おおあもしられ》がそれぞれの領域のノロを管轄した。各地のノロは首里王府から任命され、辞令・勾玉・俸禄などを給された。尚真王の時代（一四七七〜一五二六）に、奄美から八重山地方までの制度化が完成したとされるが、全領域にわたって一様ではなかったとみられる。兄弟が世俗的な面を、姉妹が霊的な面を分担する形は、村落から王国レベルにまでみられ、姉妹が兄弟に対し霊的に優越するというオナリ神の信仰を背景にしている。

明治十二（一八七九）年の廃藩置県により琉球王国は崩壊し、明治政府はノロ制度を廃絶する計画であった。現在、王国から村落レベルにいたる神女組織のヒエラルキーは消滅してしまったが、村落生活においては、主要な年中行事の主宰者として機能している。所によってはノロの主宰する行事がかなりの数にのぼり、供物や謝金などの経費をムラの公費でまかなっている場合もある。ノロの関与する行事は、十八世紀はじめに首里王府で編纂された『琉球国由来記』の記載に対応するものがみられ、拝所・供物・行事内容の地域差や変化を知るうえで興味深い。宮古・八重山地方ではノロの名称は見出せず、沖縄島の根人・根神にだいたい対応するものとしてツカサ・カンマンガーがある。（古家）

七島正月《しちとうしょうがつ》

鹿児島県十島村の吐噶喇《とから》列島は七島とも呼ばれ、旧暦十二月はじめに正月を行う独特の七島正月という正月行事がある。旧暦十一月晦日《みそか》の年の夜にはじまり、正月・先祖祭り・ヒチゲーの四つの行事が連続して行なわれる。島津藩の琉球出兵（慶長十四年）のとき、七島の人々も加わり、正月を十二月に繰り上げて行なったことからはじまると伝えられている。島ごとに違いはあるが、年の夜には門松を立てたり、床や神仏・炊事場などに飾り物をする。旧暦十二月一日から三日・四日までが狭い意味での正月で、一日・二日は年始まわり、船祝いがあって船唄をうたったり、前年に生まれた子の初年の祝宴などをしている。簡略ながら本土の大正月に対応するといえよう。口之島では七日、他の島では六日にオヤダマ祭りといって先祖祭りを行なう。口之島だけ遅いのは、六日に他の島々を出発した先祖が北端の口之島に集まって、七日にさらに北方の甑島《こしきじま》に向かって帰っていくからという。里芋・田芋・唐芋・米と麦の団子・サトウキビなどを竹籠に入れ、以前はその家の先祖の数だけ縁側に並べて祀った。このように先祖を祀るのと同時に、軒先に楤《たら》の木の刺のある枝をさしたり、タブノキの葉を炉にくべてパチパチ音をたてるなど厄神を追うような所作もなされる。ヒチゲーの日取りは、これに日違いと当てるように、六日、七日までの正月とはだいたい日を十日単位でずらし、十二月十六日・十七日から、だいたい十日おきに行なわれる（その日取りは島ごとに異なっている）。ヒチゲーの日には外出せず戸を閉めて静かに過ごすといい、神が一年間の収穫を協議するとか、ボゼという悪神が外をまわっているといわれる。

十二月一日に神を祀り、引き続いて神と人の直会《なおらい》があり、六日に神が海のほうへ帰っていくことから、七島正月は先祖祭りであり本土の盆よりも少し先祖の滞在日数が短いだけであるとされる。一方、現在は狭義の正月行事を旧正月・新正月に移し、七島正月のうちの先祖祭りだけをそのまま行なう傾向がみられ、正月と先祖祭りとを区別する意識がある。このことから、盆と対比させて年神すなわちオヤダマ（祖霊）とみるのではなく、正月は年神を迎えた仕事始めの祭りとみることもできよう。（古家）

煤払《すすはら》い

新しい年を迎えるにあたり、一年間の煤を払って家屋の内を清めることで、煤掃きともいう。

正月の準備は、この煤払いからはじまる。今日では、暮れの大掃除は押し詰まったころに都合のよい日を選んで行なうのが普通であるが、古くは十二月十三日を煤払いの日とする地方が多かった。福島県浜通りでは、十三日なら日を選ぶ必要はなく、もしもそれ以外の日にするなら暦で吉日を見て決めるという。淡路島や佐渡でも十三日を日見ずとか日見ず吉日という。十三日を事始めとか正月始めと呼ぶ例が各地にあり、この日には煤払いだけでなく、正月用の松迎えをする、年木を伐りに行く、注連縄《しめなわ》を綯《な》う、炉の火を改める、正月用の米を搗《つ》く、あるいは年の市が立つなど、正月の準備をはじめる日だとされている。

煤払いの箒《ほうき》は、新しく切り出した笹竹を使うことが多い。地方によっては稲藁《いなわら》や豆幹《まめがら》、萩の幹、その他を笹竹にあわせ用いることもある。東北地方には長い棒に藁を束にして結びつけたものを作り、煤男・煤ぼんでん・ぼんぼりなどと呼んで使う地域がある。煤男と呼ぶ例は新潟県や群馬・長野県にもある。煤払いは、まず神棚あるいは炉の鉤《かぎ》、竈《かまど》といった神の宿る神聖な場所からはじめるものとされている。一家の主人が年男としてこれを行なう地方も少なくない。新しい草履《ぞうり》をはいて行なうという所もある。このような例から、煤払いは平素の大掃除とは異なるものと考えられていたことがわかる。

煤払いが終わると、箒は庭先や門口に立てておき、正月の火祭り（多くは小正月のどんど焼き）で焼くという所が多い。秋田県では小正月の庭田植えの心柱にしたりする。また、北部九州では神棚や自在鉤を払った藁箒を丸く曲げて海老《えび》に見たて、荒神や大黒の棚に上げている。箒を神社や道祖神・屋敷神などに納めて、あとで正月の火祭りで焼いたり、川に流したりする地方もあり、いずれにしても、煤払いの箒は粗末にしてはならないという感覚がある。用いた箒や出た煤のことをまとめて煤神様と呼ぶ例も、福島県や静岡・愛知県などにある。煤払いのす

商家の煤払い。(『東都歳時記』)

んだ晩には、普段とは違う変わり物をこしらえて屋内神に供えたり、家族が食べたりして祝う。長野県ではこの晩、かならず尾頭付きの魚を神に供えて年取りをする。これを汚れ年と呼んでいた。小豆粥・小豆飯や煤掃き団子・煤取り団子を作る風も広くみられる。いり豆を神棚や箒に供えたり、子供たちに与えたりする例も各地にあり、青森県や宮城県など東北地方の一部では、煤払いの晩に豆まきや豆占《まめうら》を行なっている。

煤取り節供(愛媛・長崎県)、煤掃き節供(青森・岩手県)、煤掃きの年取りあるいは煤掃き年(岩手・福島・群馬・長野県)、煤掃き正月(徳島県)などという名が各地にあることからもわかるように、煤払いは単なる掃除ではなく、正月を迎えるにあたっての重い節目であり、元来は年神の宿を清める神聖な行事であった。したがって、年内に死者をだした家では煤払いをしない、あるいは日をずらして行なうというような所もある。

なお、秋田県仙北地方では、盆迎えの準備がはじまる七月五日のことを盆煤掃きと呼んでいる。

（小嶋）

餅搗《もちつ》き

暮れに正月用の餅を搗くこと。搗く日は暮れの二十五日から三十日ころまでで、二十九日は苦餅《くもち》として忌む所が多い。また大晦日《おおみそか》に搗くのを一夜餅《いちやもち》として忌むことも各地にみられる。長野県東筑摩地方では臼の下や竈《かまど》などを塩で清め、臼へ注連縄《しめ》を張って餅を搗く。同じ長野県南安曇地方では臼の下に藁《わら》や荒菰《あらごも》を敷き、小杵で三人位がモヤイ搗きをする。以前は搗き手を役男といい、一週間ほど前から身を清めていたという。また糯米《もちごめ》をふかす火は、火打石できり火をしてその火でつけた。岡山県笠岡諸島では、月経中の女は餅搗きに参加しないとか、忌中や産後月日の満たない家では近所や親戚に搗いてもらった。このように餅搗きが神聖なものと考えられていたのは、この餅が年神への重要な供物であるからであろう。餅の種類には、糯米のみの白い餅のほか、粟餅・黍《きび》餅・蓬《よもぎ》餅・栃《とち》餅、雑穀や屑米の粉で搗くものなどがあった。

（佐藤）

臼伏《うすふ》せ

大晦日《おおみそか》に、臼に対して行なわれる行事。青森県津軽地方では年占《としうら》の形式をとる。すなわち、大晦日の夜、米を入れた枡の上に、それぞれ早稲《わせ》・中稲《なかて》・晩稲《おくて》と稲の品種をあてはめた三つの餅を置き、その上に逆さにした臼をかぶせる。一晩おいて元日の朝に臼をのけ、もっとも多く米粒の付着した餅のあらわす品種がその年の豊作とされていた。佐賀県東松浦地方で臼休めと呼ばれる行事は、大晦日の晩に庭の筵《むしろ》の上に横たえた臼に餅を供えて灯明をあげるもので、この場合には占いとしての性格はみられない。

臼を伏せて休ませる行事は一月十五日に秋田県の旧八郎潟周辺でも行なわれ、かつては東北地方の各地にみられた。これを二月一日に行なうこともあった。大晦日に伏せられた臼は、一月二日などの臼起こしという行事がその使いはじめになる。臼には搗き臼、磨り臼があり、穀物の脱穀・籾《もみ》すり・精白・製粉など食物調製の重要な用具である。それを伏せるのは、正月用の食物の準備も整い、祭りの日の慎みに入ることをあらわしたものと考えられている。このほか、臼は年神の祭壇や松飾りの台に用いられたり、葬送の際には清めの塩をのせる台になるなど、儀礼のうえでも重要な役割を果たしている。（齊藤）

注連飾《しめかざ》り

注連縄を装飾化したもので、正月用の注連飾りがよく知られている。しめ縄は標縄・七五三縄とも書く。本来は一定の区画を標示するための縄であり、神社などの聖域や村境などに張り巡らすことによって内外を区画し、不浄なものの侵入を防ぐために用いられる。正月の注連縄も年神を祀る神聖な空間を標示し、年神が来訪する方角とされる明きの方を空けて家の周囲に張り巡らすものであったが、現在ではこれを略して屋敷や家屋の入口や柱などだけにつける家が多い。注連飾りには、前垂《まえだれ》じめ・大根じめ・牛蒡《ごぼう》じめなどさまざまな形があり、縄の両端を結んだ輪飾りや、宝船や福俵を模したものなどもみられる。本来一本の縄であった注連縄が、時代を経るにつれて装飾化されて多様化したものが現在の注連飾りである。

注連飾りは年の市などで購入することが多く、近年では商店から買う家も増えているが、かつて農村部では各家庭で作られていた。作り方には地方ごとに特徴がみられる。清浄な藁《わら》を使って左撚《よ》りで作る例が多い。家の主人が作るものとされ、年末に注連縄作りの日を定めている所も多い。また、注連縄に

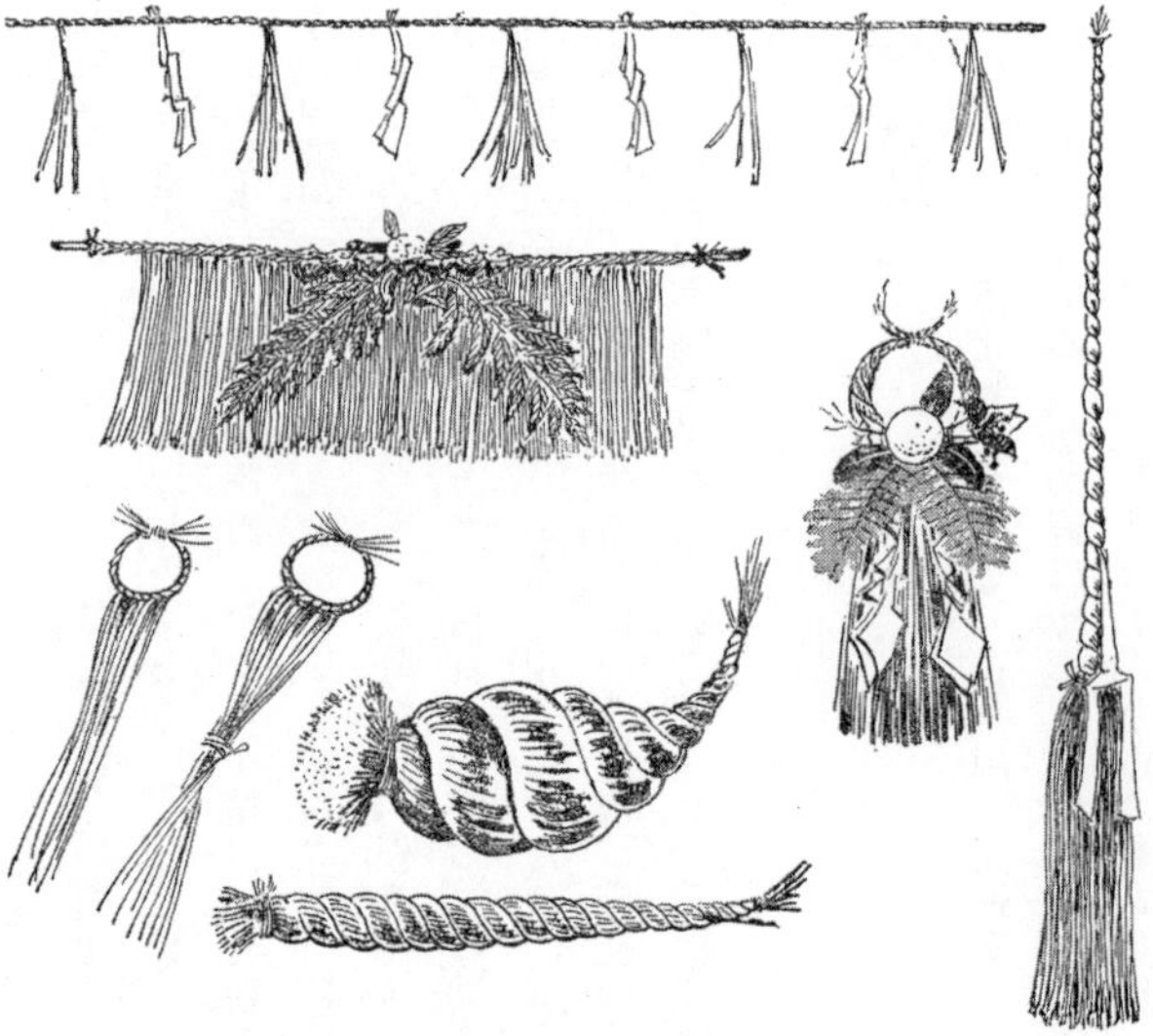

いろいろな注連飾り。（『年中行事図説』）

つけるものとしては、紙垂《しで》のほか裏白・橙《だいだい》・譲葉《ゆずりは》などが一般的である。魚や昆布など、正月の食物を飾りつける例も多い。鹿児島県大隅地方では左右の門松に注連縄を掛け渡し、そこに里芋と橙を飾るといい、東京都神津島でも裏白・橙・譲葉のほかに海老《えび》を下げるという。これは年神への供物の一種であり、注連飾りが松飾りや掛けの魚の習俗と関連していることを示している。また注連飾りをしておく期間を注連の内というが、これは松の内と同じで年神を祀る期間を意味する。注連飾りを片づける日を注連上げという所もあり、四日や七日の朝、一月十四日などに外して小正月の火祭りに焚くことが多い。この火焚き行事をどんど焼きとかさいと焼きといい、子供たちが各家から松飾りや注連飾りを持ち寄って一定の場所に集めて焼く。その火は神聖なものとされ、正月の供え餅や団子をあぶって食べたり、立ち昇る煙にあたると一年間風邪をひかないという伝承も広くみられる。

一方、正月に限らず一年中注連縄を張っておく例もある。これは神職の家に多いが、三重県伊勢・志摩地方では注連縄に「蘇民将来子孫家門」と書かれた札を下げて一年中張っておく習わしであったように、一般家庭でも通年で注連縄を張る場合もある。（萩原）

年神《としがみ》

正月に迎え祀る主神。ショウガツサマ（正月様）・トシトクジン（歳徳神）などとも呼ばれる。

性格　トシには、古くは穀物、とくに稲の意味があり、年神には稲を豊かに実らせてくれる田の神（農神）の性格が認められる。床の間に米俵を据えて年神の祭壇とする例が各地にみられるのはこのためである。目が見えないとか片足である、夫婦神であるなどという農神に特徴的な伝承も、しばしば年神に付随している。その一方で、家や一族の祖先神として崇められ、年神に福相の老人をイメージしている例も少なくなく、年神の性格は複雑である。しかし一般には明確な神格を意識することは少なく、年頭にあたって人々に新たな年を加えさせ、家々の繁栄をもたらす神だと漠然と考えられている。

年神の送迎と祭り　かつては年神迎えの準備を十二月十三日からはじめる所が多かった。年神の依《よ》代《しろ》となる松などの木を近くの山から迎えてきたり、祭場となる屋内の煤《すす》払いをし、神棚を整えたりすることだが、その期日はしだいに遅れ、二十日過ぎに行なう傾向になっている。「正月さん正月さん、どこからお出でた、三瓶の山から、蓑《みの》着て笠かべって、ことことお出でた」（島根県）というような唄が全国各地に伝えられているように、年神は正月にあわせてどこかから来訪すると信じられている。方角としては、多くは暦に記してある恵方《えほう》（明きの方）から訪れると考えられている。したがって、かつて固定式でない年神棚を用いていた家では、年神棚をその年どしの恵方に向けて設けていたのである。また、奈良県の盆地地域で、福丸迎えといって大晦日《おおみそか》夕刻に松明《たいまつ》に火を点じて家や集落の周辺を巡り、「福丸ドン、ゴザレ」などと唱えながら年神迎えをしているような例や、鹿児島県甑島《こしきじま》のトシドンのように、青年などが大きな仮面をつけ蓑《みの》を着て家々を訪れ（このトシドンは首切れ馬に乗ってくると信じられている）、座敷にあがったり子供を脅かしたりしたあと大きな年餅を与えていく、各地の小正月の訪問者を思わせるような例もみられる。

来訪した年神は、常設の神棚とは別に臨時の年神棚を設け、ここに神社などから配付された年神の神札を置いて祀ることがいまでは多くなっている。近畿・中国では床の間に米俵（種籾《たねもみ》俵もある）を据え、そこに松・幣束を立てて年神の依代としたり、主として東日本では暮れに迎えてきた大きな松を拝み松などと称して床の間や座敷中央に立て、ここに年神が鎮まっていると考えて供物をしている例も多くみられる。現在では単なる飾りのようにみなされている門松も、これに膳まで整えて供物をしている例が日本各地にあるように、年神の祭壇の一つであった。

年神の祭りは、大晦日の夕刻から元旦にかけて行なうのが本来である。神の来臨は夜という考えが一般で、そのため夕刻までに年神の祭壇を整えておき、神酒《みき》・餅・魚・野菜などの供物をし、来臨した神との直会《なおらい》の意味で家族そろってその前で正式な食事をし、一晩眠らずに神に侍座しつつ過ごして神の霊威を身に受けようとするのが、年神祭りの古い姿である。同時に元旦にはそれら供物を下げて家族一同が共にいただくと、神の霊力を得て新たに加齢することができるとも考えられている。祭祀を担当する年男は戸主がつとめるのが普通であるが、長男とか奉公人が年男になる例もあるし、西日本には祭祀に用いる若水を女性が汲むとしている所もみられる。このような家単位の年神祭りとは別に、熊本県や島根県の一部には、かつて常設の年神堂をもつ地域もあったようで、島根半島には一月六日に歳徳神を祀る神輿《みこし》が集落内を練る例がみられる。

年神が帰っていくのは、本来は祭祀が終了するはずの元旦の夜だったかと思われるが、実際の伝承は各地さまざまである。四日朝・七日朝などに年神棚をかたづける所では、その前日の夜まで祀り続けていることになる。正月初卯の日に帰るのだとか、小正月の火祭りの煙にのって帰っていくと信じられている例も少なくない。

関連する神々 記紀に大歳（年）神が登場するが、これと現行民俗行事の年神との直接の関連は明らかでない。また、年神の別名とも考えられている歳徳神は中世の陰陽道が説いた恵方を示す神で、暦の普及とともに民間に広まり、民俗神としての年神の性格をあわせえたものと思われる。

東北地方を中心に、暮れに餅や握り飯十二個（閏年には十三個）を床の間もしくは神棚・仏壇などに供えてオミタマサマなどと称している所があるが、これは『徒然草』にある「魂祭るわざ」と同じ伝承かと思われ、オミタマサマは年神の一側面を示すものといえよう。年神とともに厄神・疱瘡《ほうそう》神が来訪するという伝承も、全国各地に点々とみられる。

（田中）

明《あ》きの方《かた》

その年の年神（歳徳神）が来臨するという縁起のよい方角のこと。恵方（吉方）ともいう。その方角は干支《えと》の組み合わせによって決定される。こうした考え方は平安時代に陰陽道でいわれたのがはじまりで、暦に記され、暦の普及とともに一般化した。また、東北地方には前年最後の雷が鳴りおさまった山の方角から年神を迎える所があるように、干支とは別の方法で明きの方を定める伝承もある。恵方棚といって、明きの方に向けて年神の祭壇を設けることや、明きの方にある社寺に参る恵方詣りのほか、正月の若木を明きの方の山から迎えたり、初鍬入《はつくわい》れを行なう田畑の場所を明きの方に求めるなど、正月行事には明きの方を念頭においたものが多い。（萩原）

年棚《としだな》

　年神の祭壇。年神棚・歳徳棚などとも呼ばれる。常設の神棚や床の間をこれにあてる例も少なくないが、かつては来臨する年神のために臨時に設けるのが一般的であった。神棚を祀る部屋や床の間の近くに設けるのがほとんどであるとはいえ、中国地方の一部では納戸に、中部地方の一部では台所に設ける所があるなど、異なる例もみられる。また祭壇の形式は、家により地域によってさまざまである。

　棚形式のものとしては、常設の神棚に接続させて新たに厚手の一枚板の棚を設け、そこに年神の幣束を安置し注連《しめ》飾りや供物をする例が多いが、天井から棚を吊り下げる形式も全国的に多い。神奈川県相模原市の佐野川では、太さ二寸（約六センチ）、長さ四尺（約百二〇センチ）ぐらいの楢《なら》の木を四つに割って、縄で簾《すだれ》状に編み、その上に米俵を畳んで敷いたものを年棚とし、そこに年神札を祀り、松や注連飾りをして座敷の天井から吊るしている。このような場合には、正月が終わると棚は壊して焼却することが多いが、毎年利用できるように木の組立て式の年棚を準備している所もある。天井から下げた軸棒によって回転する構造の棚もあり、これは年神の来臨する恵方《えほう》に向けて毎年方向転換できるように工夫されている。

　米俵や臼を祭壇にする例も、近畿から中国地方にかけて多くみられる。岡山県新庄村では、デイ（奥の間）の床の間にフマエダワラ・トシノアシなどと呼ぶ種籾俵《たねもみだわら》二俵を並べ、その上に新しく編んだ筵《むしろ》を折り畳んでのせて祭壇とし、さらに天井から長さ三尺のコウガイというものを紐で吊るしている。紐には新しい稲十二把（閏年には十三把）を穂先を下に

岡山県新庄村、年棚に米俵が使われている。
（文化財保護委員会 無形の民俗資料 記録 第6集『正月の行事』2より転載）

して架け、この稲に柴・豆幹《まめがら》・餅花を立て、蜜柑や橙《だいだい》を藁《わら》で吊るしたり、その前に串柿や昆布などをつけた注連飾りをする。この種籾俵は単に祭壇であるにとどまらず、年神として祀りの対象になっていると解すこともできる。年桶といって桶を新調し、その中に鏡餅や米・柿・栗・昆布などを入れて俵の上にのせたり、床の間に置いたり、吊った棚に上げたりする例もみられる。

年棚には年神の幣束が祀られ、注連縄が張られるとともに山海のさまざまな供物がなされるが、大小の松が添えられるのも一般的である。大きな松を部屋の中央に立て、拝み松といって供物をして拝む所もある。門松として門口に立てて供物をする例もある。これらの松は、種籾俵同様、祭壇の一部であるとともに年神の依代《よりしろ》とも考えられる。

年棚は暮れのうちに準備し、正月の年神祭りの終了とともに撤去されるが、撤去の日は四日朝・七日朝・小正月・初卯の日・二月一日など、地域によって異なるのみならず同じ地域でも家によってかならずしも一定せず、そこに年神祭祀観のゆれをみることができよう。

なお、常設の神棚があるにもかかわらず臨時に年棚を設けることは、仏壇があるにもかかわらず先祖霊を迎えるために盆にわざわざ盆棚を設けるのと相似た、古い神迎えの形式を伝えるものである。

（田中）

門松《かどまつ》

一般には正月に門口に立てる松で、年神の依代《よりしろ》と考えられている。

松迎え　年の暮れに山から松を伐ってくることを松迎えやお松様迎えなどと敬意をこめて呼んでいる。山はどの山からでもよいという所が多いが、所によっては恵方《えほう》とか明きの方など、その年の縁起のよい方角と決めている。迎えてくる日は、以前は十二月十三日としていたが、今では都合のよい日としている。ただ二十九日は苦松ということで嫌う土地が多い。迎えてきた松は、立てるまでの間、座敷や床の間に置いておく。福島県檜枝岐村ではオサゴと呼ばれる米をふりかけて拝むなど、大切に扱われた。

形態と材料　門松というと、一般に門口に二本並べて立てるものを思い浮かべるが、それだけではない。岩手県北上市では家の南側の庭に杭を一本立て、そこに三階松・笹竹・栗の木の枝の三種を取り付けて、さらに矢をつがえた竹の弓を添える家がある。新潟県十日町市では枝松にハッチンチョウと呼ばれる紙を鳥の形に切ったものをつけ、玄関・神棚・床の間・便所などに飾る。東北地方には家の中に立派な松を飾り、これを拝み松と呼んでいる所がある。岩手県東磐井地方には松の大枝を神棚に飾って年神を迎える家がある。盛岡市では松を家の柱に釘で打ちつけたり、お供えの真ん中に立てたりする。秋田

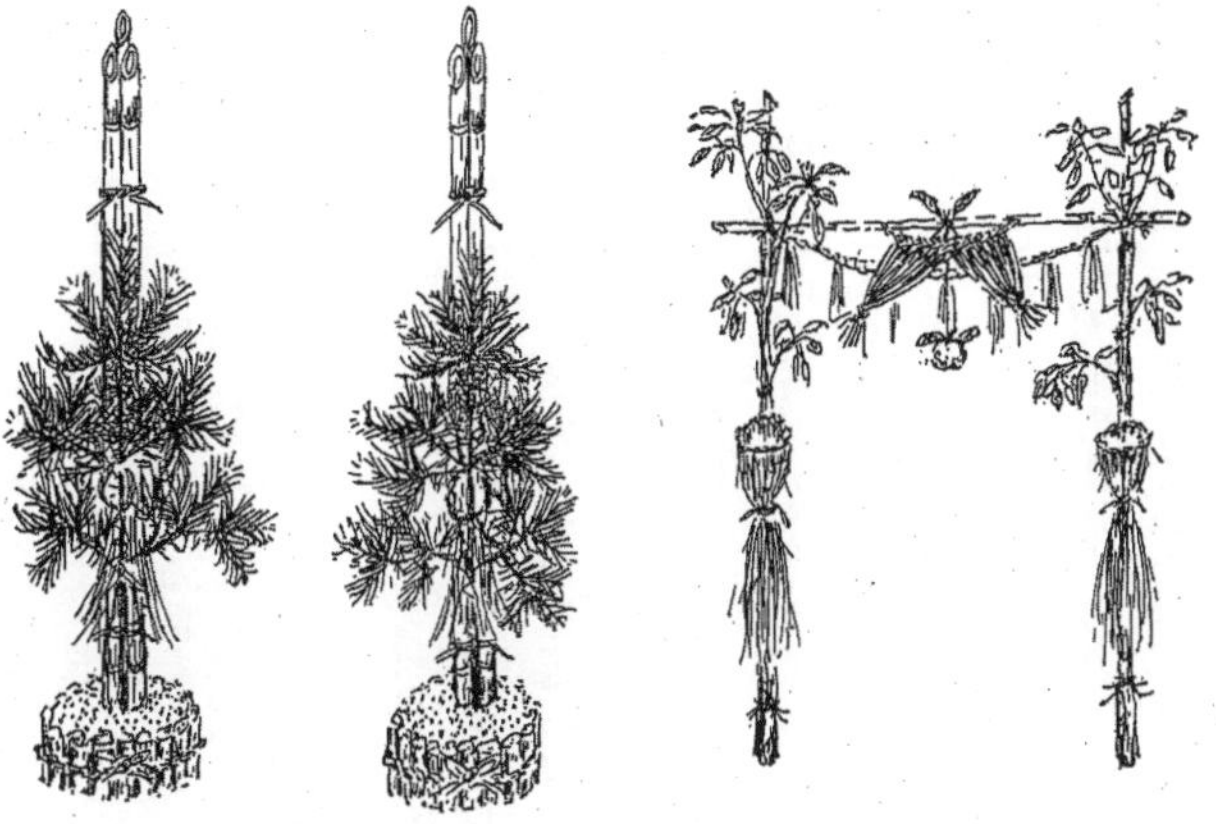

左は都市一般、右は鹿児島県の門松で中ほどに藁製の器がある。(『年中行事図説』)

県仙北地方では土蔵の入口や内庭などに米三俵を三角形に重ね、その上に松を飾った。青森県三戸《さんのへ》地方では家の中の柱に大きな松を飾り、その下に臼を伏せ、臼の上に若水桶・柄杓《ひしゃく》とお供えの餅をのせる。これを祝い松と呼んでいる。このように門松と総称されるものも、その形態は各地さまざまである。

庭に松を飾る場合、松にほかの木を添える地方もある。高知県では門松の根元に一尺二寸(約三十六センチ)ほどの割木を円形に取り囲むように立てかける。これをサイワイギとかオサイワイなどと呼び、割木には、樫・栗・椎・楢《なら》の木などが使われる。徳島県では松の根元に盛砂をしたり、割木で囲んで笹を添える所がある。さらに山口県では松に竹や梅を添え、その根元を年木と呼ばれる割木で囲んだ。この年木は神に捧げる焚き代といわれ、魔除けの力があると信じられている。

興味深いのは、門松に米や雑煮などを供える例である。三重県では藁《わら》で漏斗《じょうご》状に作ったツボケと呼ばれるものを門松につけ、その中に膾《なます》を入れて供える。神奈川県江ノ島ではオカンという藁で作った三角形の入れものの中に餅を入れて門松に掛けた。門松の根元に膳にのせた馳走を供える例もある。このように門松に食物を供えるのは、松に依りついている神への供物と考えることができるだろう。

松以外の樹木を立てる例がある。茨城県真壁地方では樒《しきみ》を立てた。その理由として、むかし弘法大師が加波山に登ったときに先祖が道案内をした、正月が近づいたので下山を乞うと大師が樒を折って与えた、それを門松のかわりにして正月を迎えたら道案内をした先祖たちは幸運に恵まれたなどで、それ以来樒を立てているのだと伝えている。広島県佐伯地方では椎、広島市では樫を立てる。山口県下関市でも椎を立て、これを門椎と呼んでいる。山梨県甲州市塩山では戸口に人形の注連《しめ》を張り、家の前には松のかわりに檜《ひのき》の枝を立てていた。五百年ほど前、ムラの中にある金山が全盛だったころ、ここで働いていた人々が山に松の木がなかったので檜を立てたことによるという。

門松を立てない家　各地には門松を立てないことを強調する家やムラがある。滋賀県湖南地方の木地屋の村では、昔惟喬《これたか》親王が継母の虐待を逃れてこの地を訪れたとき、大晦《おおみそか》日ではあったが、村人は親王を助けた。そのために門松を立てることができなくなり、それ以来この地では門松を立てなくなったという。群馬県六合《くに》村(現中之条町)には二つの山本イッケがある。両者とも先祖が戦いに敗れてこの地に落ち着いたが、一方の山本は大晦日の宵のうちに着いて門松を立てることができた。しかし、もう一方の山本は元日の明け方に着いたため立てることができなかった。そこで宵の山本は門松を立てるが、明けの山本は門松を立てないといわれている。ほかにも先祖が門松の陰から刺客に刺されたので門松を立てないとか、先祖が松で目をつかれたので門松を立てないなど、先祖の業績や苦難とかかわらせる伝承が数多く伝えられている。これらは餅なし正月に通じる伝承である。

取り外す日　門松をかたづけることを、長野県では松送り、熊本県阿蘇地方では松上り、東京の近くでは御松払いなどと呼んでいる。取り外す日は一月七日あるいは十五日とする例が多い。取り外した松は小正月のどんど焼きの火で焼いてしまう所が多い。（佐藤）

年木《としぎ》

正月に年神を迎えるために用いる木、とくに正月用の薪のこと。また、正月飾りの一つとして、門松の根元に添えたり戸口に立てたりする木。節木《せちぎ》と呼ぶ地方も多い。多くの土地で年木を伐る日は定まっており、とくに十二月十三日とするのが古いらしい。この日を年切り、年木の採り初めなどという例が九州にある。福島県浜通りでも十二月十三日が節木伐りで、この日、正月中に囲炉裏で焚く薪を伐ってきた。伐ってきた年木は門口に立てかけておくという所が多く、これに譲葉《ゆずりは》や注連《しめ》などを飾る土地もある。一方、門松の根元をくくったり、その根元に寄せかけておく割木を年木（あるいは節木・幸木）と呼ぶ例も西日本に多い。山口県などではこうした年木を神に捧げる焚き代（薪）とも魔除けとも伝えている。門松に添えるのではなく、単独で年木を立てる所もある。熊本県五木村出羽《いずるは》では、樫などの常緑樹三本を伐ってきて注連縄で巻き、ダラ（楤《たら》の木）・ツルノハ（譲葉《ゆずりは》）の木を添えて入口の両脇に門松のように立てるのを年木と呼んでいる。一対ずつ、門口・小屋・神前・仏前など各所に供える所もある。年木と呼ばれるものには、年神への供物としての薪という性格があるが、一方では門松同様、年神の依代《よりしろ》としての性格もうかがえる。（小嶋）

新木《にゅうぎ》

静岡・愛知・長野県など中部地方南部にみられる年木の一種で、小正月に家の門口などに立てる。土地によりオニギ（御新木か）ともいう。静岡県磐田市あたりの例では、三十センチほどの樫《かし》またはモチノキを二つに割ってその内側に消し炭で十二月あるいは十二（閏年には十三）と書き、対にして家中の門口に立てかけ、また神棚・仏壇・竈《かまど》・屋敷神などにもその小型のものを供える。木は四日の初山で伐ってくるという所が多く、土地によっては合歓《ねむ》・ヌルデあるいは松などを使う。十二月と書くかわりに十二本（閏年には十三本）の線を引く所もあり、これに餅や洗米を供える例もある。家の内外だけでなく、神社・道祖神・墓などムラの聖地に立てる所も少なくない。二十日正月に下げて、この日の馳走をこしらえる薪にしたりする。ニュウギ・オニギは、現在は門口に置く魔除けとされているが、もともと

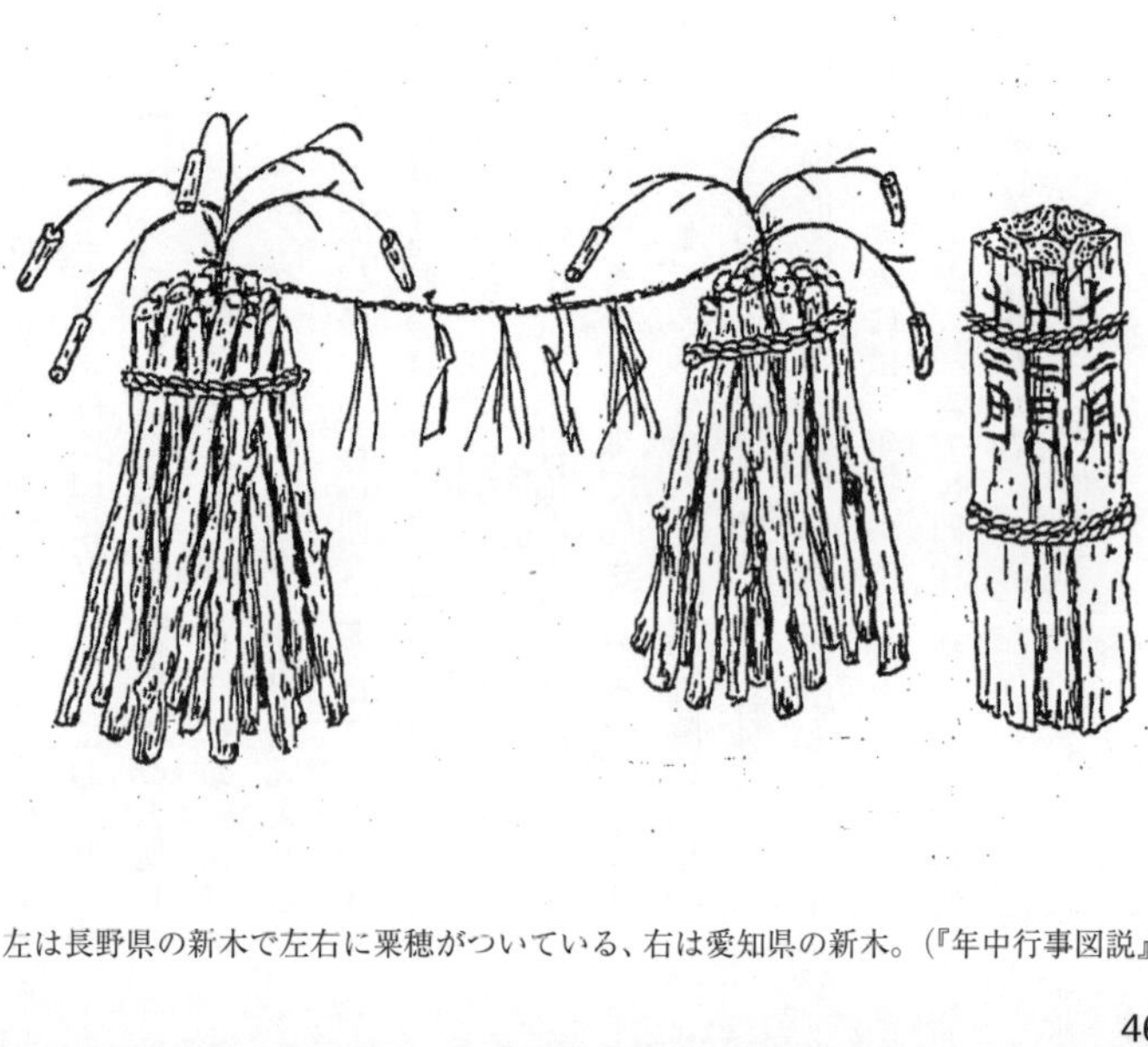

左は長野県の新木で左右に粟穂がついている、右は愛知県の新木。（『年中行事図説』）

は小正月の粥占《かゆうら》に用いたのではないかとも考えられている。静岡県東部・山梨県から関東地方にかけては、門入道《かどにゅうどう》と称して木の表面を削って顔を書き入れた棒を門口に立てる所も多い。（小嶋）

幸木《さいわいぎ》

正月の飾り物の一種で、年神への供物や正月用の食物としての魚菜を掛けて屋内に吊るす横木。四国・九州にみられ、土地によりサワギ・シャーギ・シャヤン・オバンザオなどの名がある。これに掛ける魚、あるいは木そのものを掛けの魚という所も多い。高知県西部では一・五メートルくらいの腕木を土間や入口の壁ぎわに吊るし、十二本の藁《わら》の吊り手に、海老《えび》を真ん中にして魚・大根・譲葉《ゆずりは》・稲穂・松明《たいまつ》などを左右対称に吊るしたものを、掛けの魚と呼んでいる。木種は楤《たら》の木・樫・椎・杉・松・タブノキなどである。魚を十二吊り下げるという所もある。魚種は鰹《かつお》・鯵《あじ》・鯛《たい》・鰯《いわし》・鰤《ぶり》などを用いる。魚や野菜は正月の間に順次食用にし、最後は二十日正月に下ろして食べつくす。あるいは、もっと保存しておき、苗代作りのときに食べる、六月一日に食べるという所もある。幸木そのものは毎年同じものを使い、不幸があったり、代替りしたりすると新しくするという例が多い。

なお、門松のもとに添える年木を幸木と呼ぶ例が、やはり四国・九州にある。（小嶋）

年越《とし こ》し

旧年から新年への境を越えるので年越しといい、かつてこの機会に年齢が一つ増えると考えていたために年取りとも呼ばれている。

年越しの夜は年の夜、年夜《としや》と呼ばれるが、大晦日《おおみそか》自体をそう呼ぶことがあるのは、この日の夜が重要な時間とされたことをあらわしている。かつては日の入りが一日の終わりであるとともに新しい日のはじまりと考えられていた。したがって一年のはじまりは現在の大晦日の夕刻からで、この場合はその夕食が一年で最初の食事にあたることになる。これが年越しの正式な食事で、年神に供物を供え、家族がそろって祝いを行なう機会であった。東北地方で大晦日の正式な食事そのものが年取りと呼ばれていたのもこのためである。このとき年取り魚・正月魚などと称して東北・関東地方では鮭、中部地方や近畿地方では鰤《ぶり》、西南日本では鰯《いわし》（目刺し）を食べる例が多くみられる。これらの魚は餅と共に供物として重要な食物と考えられ、これらの供物をそろって食べることで家族が共通に年をとったとする所もみられる。年越しそばもこのような食物の一つであったといえよう。そして年越しの夜は一晩中起きて火を焚き、神と共に過ごすのが本来の姿であった。

のちに一日の境を深夜とする考えが一般的になって、年越しの儀礼が重複したり移動したりすることになった。岐阜県大野地方で二番年といって大晦日に二度の年取りを行なったり、各地で家例（特定の家だけの習わし）として特別な年越しの行事がみられるのもこのためであろう。

年越し・年取り・年夜という名称は大晦日に限らず、それ以外の日にも用いられる場合がある。岩手県江刺地方などで十二月二十日をお田の神の年越しと呼んでいるように、一年で最終の神仏の縁日をその年越しとする所は多い。同地ではこれ以外にも、十二日を山神様、十四日を八坂（祇園）様、十七日を蒼前様《そうぜん》、二十五日を天神・文殊様、二十八日を荒神様の年越しと呼んでいる。また、全国各地には一月六日・十四日・節分も年越しと考える例がある。その場合、六日年越し（翌日は七日正月）、十四日年越し（翌日は十五日正月）などと呼ばれている。また、近畿地方には一月六日を神年越しという所がある。岩手県や宮城県などでは、十四日を女の年取りとも呼んでいる。長崎県の壱岐では節分を唐《から》の年取り・

昔の年取りと呼んでいる。これらの名称は、かつての暦法の名残で、祭日が月の満ち欠けによって定められていたころには十五日の満月の日がもっとも重要な日になる。この日を正月とし（望《もち》の正月）、これと新月との中間の日も重要な折り目としていたのが六日年越し・七日正月だったと考えられる。また、年の改まりの日として立春を重んじた場合（立春正月）には、その前日の節分が年越しにあたる。したがって、一月六日・十四日や節分には何か霊的なものの訪れを考えている例が多く、これらの日の行事には共通した性格が少なくない。

なお、その年に厄年にあたる者が、一月三十一日や二月一日に年取りの呪《まじな》いをして、その年の厄を早々に逃れようとすることがある。これを秋田県北秋田地方では年取り、長野県上伊那地方ではお年越しと呼んでいる。年を越して新年を迎えることは心身ともに生まれ変わったことを意味し、霊的な力の更新をはかることができるという年越しの性格をよくあらわしたものといえよう。（齊藤）

大晦日《おおみそか》

十二月の晦日のことで、年取り・年越し・大年・大つごもり・おもっせいなどとも呼ばれている。

大晦日の食事　この日の夜の食事が特別のものと考えられていたことは各地の伝承からわかる。新潟県佐渡などではオオトシユウハンといって、午後三時ごろに膳椀を出し、家族そろって神棚のある部屋に移って食事をする。このときには尾頭付きの魚、数の子、干し鰯《いわし》、蒟蒻《こんにゃく》、豆腐汁、大根煮つけに酒がつく。また青森県では豆腐汁、魚の煮染《にし》め、秋味（鮭）の塩引き、膾《なます》などが用意されるし、福岡県では数の子、黒豆、鰤《ぶり》の刺身、大根膾、煮染め、昆布巻などがついた。この膳に魚は欠くことのできなかったもので、新潟県では塩鮭を年取り魚とか年《とし》魚《ざかな》と呼んでいる。長野・岐阜県などでは鰤を年取り魚という。兵庫県では年越し鰯という言葉もある。さらに奈良県では棒鱈《ぼうだら》をかならず食べるとしていた。また、そばやうどんを食べるのも各地でみられる。それを晦そばとか年越しそばと呼んでいる。一般にそばを食べるのは、長いものを食べると長命になるからだと伝えている。

大年の火 大晦日の火を特別なものと考えていたことは各地に伝えられている。たとえば高知県下では、囲炉裏に径十五センチぐらいの樫・椎・榎などの丸太を四隅にくべて火を燃やした。これを福木・グンゼ・グンデンなどといい、一月三日あるいは四日まで消さないようにしていた。この火を大年（歳）の火といい、囲炉裏の四隅にいる貧乏神や悪魔を追い出すために焚くのだという。宮崎県では囲炉裏で燃やす木のことを年太郎と呼ぶ所があった。これは直径十五センチ、長さ七十センチほどの柏や樫の木で、燃え残りの十センチほどのものを家の戸口や玄関の戸袋の下や床下に保管しておくと泥棒が入ってこないという。静岡県では囲炉裏で火を焚き火種をたやさずに翌年まで引き継ぐことをネンネンボタと呼んでいる。和歌山県南紀地方では正月中燃やし続けることができるようにと、年越しの夜に大きな木を囲炉裏にくべる。これを世継ぎとか世継ぎ榾《ほだ》と呼んでいる。これを山梨県では年取り榾、兵庫県ではキジリキ、さらに奈良県ではセチボタと呼んでいる。

年神の来訪 大晦日の晩は年神が訪れてくると考えられていた。鹿児島県甑島《こしきじま》では鬼の面をかぶって蓑《みの》や黒いマントを着たトシドン（年神）と呼ばれるものがやってきて、子供たちに年玉という大きな餅を与える。福岡県では囲炉裏で茄子幹《なすがら》を燃やして厄病神を払い、戸口を開けてオンズキという福の神が来るのを待つ所がある。こうした年神や福の神の訪れを待つために、奈良県では庭先や村内の道、氏神の参道などに砂をまいたり、砂の道を作ったりすることがあった。宮城県では大晦日の夕食前か夜に戸主が布団などを持って家を出て、屋敷の外から入ってきて、「どこで年取るべや」とか「今夜どこさ泊るべや」とつぶやきながら家の周りを三度まわり、家の中から「おら家で年取らえ」と答えると、それを聞いて家の中に入るという所作をしている所があった。これはこの夜に神が家を訪れることをあらわしているものである。また、徳島県では夕暮れに羽織袴《はかま》で提灯《ちょうちん》をつけ、門に行き、扇子を広げて「ござれござれ」とか「お正月の神様おいでなされました」といって迎える所がある。さらに東北地方には大晦日の晩に座頭が泊めてもらいにきて、それを泊めてやったら小判が手に入ったという話が伝わっている。大晦日に訪れてくる人を歓待したら幸せになるというのは、年神の来訪と関係のある伝承である。

年籠り　大晦日の夜、神社で年籠りをすることは各地で行なわれていた。徳島県では若衆や子供が神社で夜明かしをしたが、これをお年取りに行くといった。佐賀県や福岡県では神社で一晩中火を焚いていることをツゴダキという。わざわざ参籠しなくても、家で夜寝ないようにするということも各地でいわれている。もし寝ると早く年をとって白髪になるなどといって、寝ることを戒めた。さらに島根県松江市美保関町では年男である戸主が、囲炉裏の火を消さないで起きていることを神様伽《かみさまとぎ》といっている。このように、大晦日から元旦にかけての夜は寝ないようにする。どうしても眠りたいときには寝るという言葉を忌み「俵を積む」とか「穂を積む」「稲を積む」などといった。

祓《はら》え　暮れに神社から祓え具をもらい、大晦日に戸主が家族一同の頭の上を祓ってそれを辻に立てておく所は多い。これをミソカッパライと呼んでいる。神社から紙を人形《ひとがた》に切った大祓えの形代《かたしろ》が氏子に届けられ、氏子たちはそれに一人ひとりの名前と生年月日を書いて、さらに各人の身体をなでて息を吹きかけてから神社に納める例は全国各地に多い。

このように大晦日は、元来、訪れてくる年神を待って供饌《ぐせん》し、家族一同身を清め、年神と飲食を共にし

つつ、神に侍座する。そしてその霊力を得て、新たな年を迎えようとする日なのである。（佐藤）

御魂《みたま》の飯《めし》

東日本各地の年越し行事において、ミタマ（御魂）に供える飯で、オミタマ・ニダマなどとも呼ばれる。握り飯に箸を立てたり添えたりして十二個（旧暦の閏年には十三個）供えることが多い。餅もしくは団子の例もある。供える場所は年神棚やその脇、床の間、仏壇、臼・米俵の上など、同じ地域でも家によってさまざまである。大晦日に供える点では一致するが、供えておく期間は三日間、六日間、一月十一日まで、あるいは小正月までなどまちまちである。この飯の性格はミタマという神によって決まる。従来この神については、年神、清まった先祖霊、新仏、年神より低い神霊、田の神などいろいろに解釈されていて、定説をみるにはいたっていない。この飯を供える各地の行事は仏教の影響などを受けてさまざまな変遷を遂げて現在にいたっているのであろうが、御魂の飯は正月行事の本質を理解するうえで重要な意味をもつものといえよう。なお、『徒然草』にいう東国の大晦日夜の魂祭るわざは、この御魂の飯の習俗とかかわりを持つものであろう。（田中）

除夜《じょや》

除歳《じょさい》・除夕《じょせき》などとも呼ばれ、旧年を除く意味で、大晦日《おおみそか》の夜のことをいい、新年を迎えるためにいろいろな行事が行なわれる。すでに「年越し」「大晦日」の項などで述べられているとおり、この夜は年神を迎えるために徹夜をするのが本来の姿であり、社寺では年籠りをして若者や子供が夜を明かしたりもした。早く寝ると白髪になるとか、しわが寄るなどといわれるのもこのためである。寺院では除夜の鐘を百八つ撞《つ》く。百七つは年内に撞き、残り一つを新年に撞くとしている所もある。百八つは人間の煩悩の数だとされ、鐘の音が人間の煩悩を追放してくれるという仏教の考えによる。京都市知恩院の鐘は日本最大のもので、撞木も大きく引き綱は十一本もあり、二十名・三十名の僧によって撞かれる。撞くときは豪快である。若い僧が綱の端を持って撞木を揺すり、いよいよというときに鐘楼のふちに両足をかけ、全身をそり返らせて叩きつける。除夜の鐘は大晦日の夜にテレビ中継され、今日ではすっかりなじみ深い風習になっている。（佐藤）

道具《どうぐ》の年取《としと》り

一軒の家のさまざまな道具を座敷や土間などに集め、それに飾りをつけたり餅や供物を供えて、道具に正月を迎え祝わせる行事である。一般には道具の年取り、道具の年越しといわれるが、金物の年取り、鍋釜の年取りなど代表的な道具の名称を冠して呼ばれることもある。岐阜・愛知県から東日本の各地に分布し、とくに小正月の行事として行なわれる所が多い。

岩手県雫石《しずくいし》町の例では一月十五日をつかだの年取りまたは女の年越しと呼び、夜に鍋・鍬《くわ》・釜・鎌・鉞《まさかり》・斧・鋸《のこぎり》・十能・唐箕《とうみ》・火箸など、農家が年中使う諸道具を洗い清めて下座敷に並べ、それぞれに餅を供えて拝む。この餅の形と数は道具によって異なり、たとえば鍵には十五センチくらいのかぎ形の餅を二個、唐箕には直径二センチくらいの丸餅を十二個供える。新潟県東蒲原地方や長野県下伊那地方などでは他家から借りている道具があればこの日までに返さなければならないとされ、この伝承からは、家族と同様に家に所属するものがそろって年を越そうとした感覚がうかがわれる。道具と同様に、動物の年取りとして牛・馬・鶏などの家畜・家禽のほか猫・鼠など、家に属した動物にも餅を与えて祝う所がみられた。

左は長野県、右は秋田県の道具の年取りで、餅を供えたり、輪飾りもつける。（『年中行事図説』）

小正月でなく、十二月の大晦日、つまり大正月に道具の年取りを行なう例もある。山梨県都留地方ではこの日、土間に臼を置いてその上にのせた板に新しい薦《こも》を敷き、鍬・鉋《かんな》・鋸・鉈《なた》などをのせて餅を供える。これを農具の年取りまたは鍬神様と呼んでいる。

このように小正月の行事と大正月の行事には共通するものがあり、その意義も同様に解されるものがある。たとえば、道具の年取りで供えられた餅は大正月の年玉やその餅と同じく正月に訪れた神霊の力や祝福がこめられたもので、この餅を供えることは家族と同様に家中が神の恵みを受けたことをあらわしている。道具などにつける飾りは晴着と同じくハレの日の姿をしめしたもので、道具を一か所に集めたり、臼を伏せたりするのは日常の仕事をしない、あらたまった期間に入ったことをあらわしたものと考えられる。小正月が終わると、これらの道具はもとにもどされるが、道具に供えられた餅を食べると身体が丈夫になるなどといわれるのは、神との共食により、その霊力をえたと考えられたからである。

なお道具の年取りといっても実際の道具を用いず、埼玉県秩父地方のように木で作った農具の模型を神棚に供えている例もみられる。（齊藤）

厄神《やくじん》の年取《とし と》り

大晦日《おおみそか》に厄神を家に招じ入れ、新年を迎えさせる行事。厄神の宿、厄神の年宿などともいわれ、全国に広く点々と分布している。この厄神を疱瘡《ほうそう》神と考えている所は多い。

清浄に整えた屋内に年神を迎え祀り、豊かで活力ある一年を過ごすために年神から年玉（年霊）・幸《さち》を授かろうとするのが正月であるという一般的な理解に対し、こともあろうに厄神をも迎え入れて祀ろうとしているのは、正月行事としては特異な伝承である。各地の事例は厄神の存在を意識し、屋内に設けた特別な祭壇に明らかに迎え入れるしぐさをして祀ったあと、比較的早くに送り出そうとしている点でほぼ一致している。

山形市の旧山寺村周辺では大晦日の夕方、礼装した戸主が提灯《ちょうちん》を持って集落の入口に出むき、姿なき厄神に向かって迎えの挨拶を述べたあと家へ案内し、奥座敷にていねいに座らせるしぐさをし、家族が囲むのと同じ年取りの膳を供えて皆で拝み、一夜を泊める。そして翌早朝に茶を供えてからふたたび拝み、前日に迎えた場所まで送りだしていた。細部は家によって異なるが、右のようなことをすると厄病にかからないという。神奈川県三浦市の一部では、辻から迎えた厄神を土間の臼神の近くに吊るした小さな桟俵の祭壇に祀り、元旦から三日まで里芋の雑煮を供え、四日朝赤飯を供えたあと送り出して、祭壇を辻に捨てたり林の木に縛ったという。同県相模原市のある旧家では、十二月三十日に年神棚とは別に青・赤の幣束を立てた厄神棚を納戸の柱に吊り、その夕方、開け放した裏庭に向かって戸主が「疱瘡の神様、厄神の神様、一夜の宿をいたします」と呼びかけたあと、厄神棚にお神酒《みき》と晦日そばを供え、家族一同で晦日そばを食べる。棚には六日まで供物をし続け、七日朝には屋内の正月飾りと一緒に外してサイノカミに納めている。岐阜県美濃市付近でも大晦日の夜に厄神棚を設け、灯明を点じ供物をしているが、これは行く所のない厄神に一夜の宿を貸し、その恩義によって厄病をまぬかれようとの考えからだという。そして、元日早朝には棚を除いて氏神の傍の納め場所に送った。香川県の小豆島では、大晦日に近くの辻に行って疱瘡神を迎える唱え言をしたあと、それを背負う真似をしながら家に戻り、庭の片隅に紙を敷いて祀る。そこへは正月三が日間餅を供え、夜には灯明を点じ、三日目には迎えてきたときと同様のしぐさをして辻に送りだしていた。

　このような行事は盆の餓鬼の供養などと同様、本来の祭祀対象に随伴してくる招かれざる神の霊威を

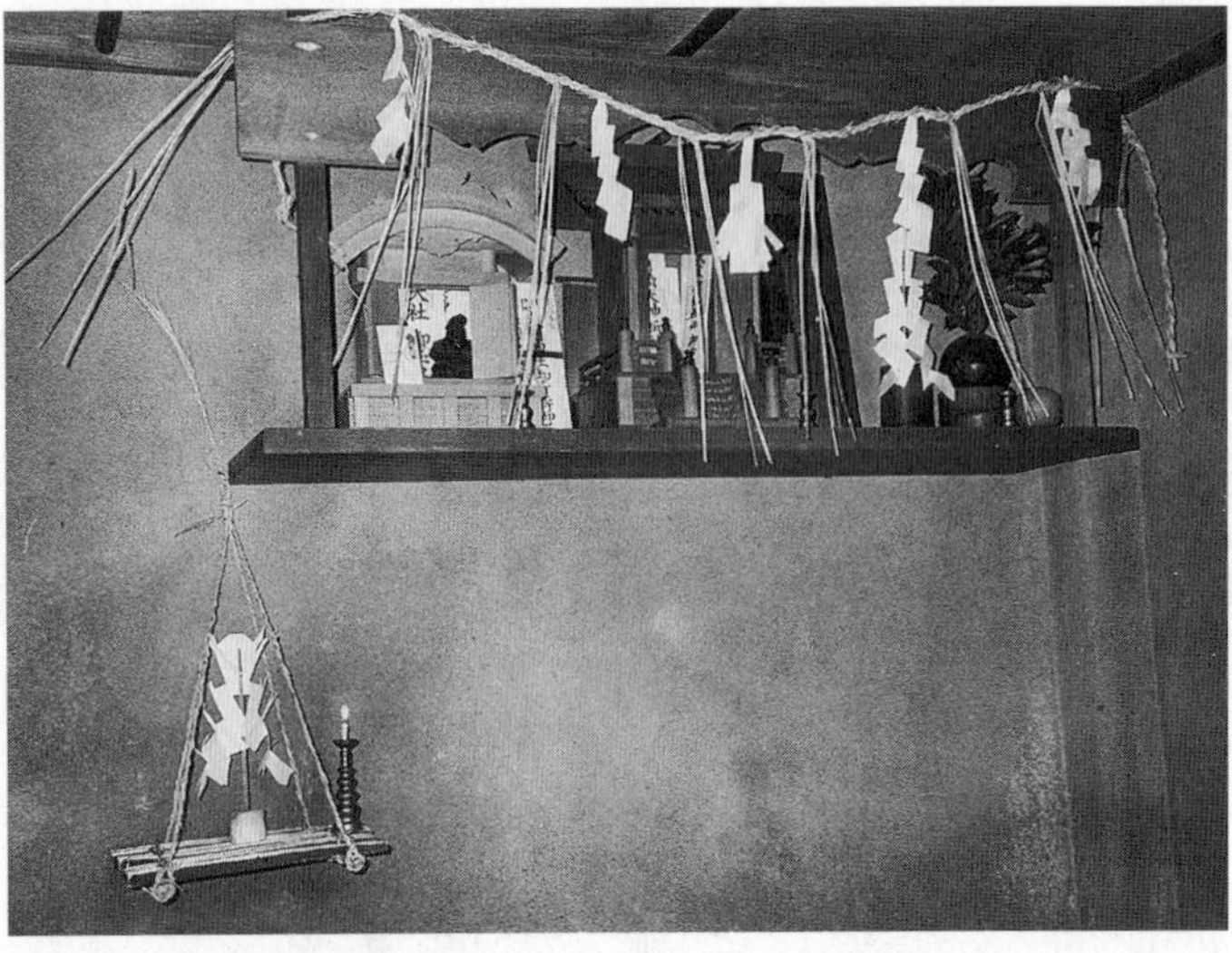

神奈川県川崎市、神棚の下に厄神棚を作り厄神を祀る。（1985年：小川直之）

恐れて、早々に祀り上げようとする心意に発したものであろう。また、節分の鬼の宿との類似性も指摘できる。（田中）

元旦《がんたん》

さまざまな正月迎えの準備を整え、大晦日《おおみそか》の行事もすませると、いよいよ元旦である。

元旦は、語義としては正月元日（一月一日）の朝であるが、一般には元日と同じ意味に使われている。古来、節日の一つに数えられ、宮中では天皇が早暁に天地四方山陵を拝する四方拝や、臣下が天皇を拝する小朝拝、元日の節会など、さまざまな年頭の儀式が執り行なわれてきた。各幕府・武家社会においても、それぞれの年頭の重要儀礼が行なわれてきたことは同じである。それらの影響を直接間接に受けながら、近世以降の暦の普及とともに、元旦の行事はしだいに全国的に統一に向かったと考えられる。

近代以降の全国ほぼ共通する元旦の行事は、年神祭りと初詣で、および家族・一族同士や近隣間の年始の挨拶にかかわることである。

年神祭りは正月行事の中心であるため、各家では大晦日《おおみそか》の夕刻に風呂に入って身を清め、年神に供饌するとともに一同そろって正式の食膳（お節料理など）を囲み、囲炉裏などで大火を焚いて終夜眠らないで元日の朝を迎えようと心がけていた。そして元旦には、年神への供物と同種の食料で雑煮をこしらえ、年頭の祝いをするのが本来の姿である。それに関連して、年男（一般には戸主がつとめる）は早朝に井戸や近くの川など、平素水汲みに用いている場所に出向いて若水を汲み、若水で縁起物の豆などを入れた福茶を沸かして家族そろって飲んだり、顔を洗ったりする。新年最初の水には邪気を払い人々を再生させる力があると信じられていたからである。

雑煮やお節料理とは別に、屠蘇を飲みあう風もあり、また宮中での歯固めの影響がおよんだ結果か、搗《か》ち栗や干し柿・熨斗《のし》鮑《あわび》・昆布などの堅い食品を食べて長寿を願う家も多かった。年長者が若年者に年玉を与えるのも元旦で、これは年神に供えた霊力のこもっている餅を与えるのが本来の姿である。年神への朝・昼・夕の供饌や家族の食事の支度は年男の仕事で、元旦は年男にとって忙しい日であった（盆には主婦が忙しい）。家での年神祭りとは別に、都市部を中心に、氏神や縁起のよい神社仏閣へ行き、一年の健康や家内の繁栄を願う初詣では年々盛んになっているかに思われる。

　年始の挨拶は、本来は分家などが本家を訪れて一族の長に祝詞を述べ、一族の長はそれらに丁重に応対し飲食を共にしつつ結束を確認しあう重要な儀式である。続いて本家が分家を訪れるのが手順であった。しかし、しだいに近隣知友同士の相互訪問にまで拡大され、商家が得意先を年賀に歩いたり、勤め人が上司宅へ挨拶に出向くようになっていった。さらに、相互訪問の煩雑さを嫌って、町内会・自治会単位で神社や集会所に集まって新年の祝詞を述べあったり、適当な会場を設けて会社などの賀詞交換会になった。

　元旦のつとめは、このように年神祭りや初詣で、年賀に訪れることがもっぱらで、元旦は平素の仕事が忌まれる休み日である。田畑の仕事はもちろん、刃物を使用して料理をしたり箒《ほうき》を用いて掃除することを避けるのは全国的な傾向である。そのため、年神祭りや年賀の義務のない女性や子供は、寝正月をきめこんだり、羽根つき・カルタなどの遊戯を楽しむ日となっている。

　なお、昭和二十三（一九四八）年制定の「国民の祝日に関する法律」により、この日は元日として、「年のはじめを祝う」ための国民の祝日に定められた。

（田中）

四方拝《しほうはい》

天皇の年頭最初の行事で、一月一日の早暁に神々への拝礼がなされる。陰陽思想の影響を受けて平安時代前期に成立した。当時は清涼殿の東庭に三座を設け、それぞれの座において、まず属性（北斗七星のなかの生年にあたる星）に無病息災を祈り、続いて天地と四方への拝礼が行なわれ、最後に父母の陵を遥拝するというもので、その年の五穀豊穣や無病平安などが祈られたのである。当時の宮中における年頭の儀はこのあと、歯固めや屠蘇などを召し上がる供御薬《みくすりをくうず》の儀式をへて、臣下が天皇を拝す朝賀・小朝拝が行なわれ、臣下に饗宴を賜わる元日節会（元旦宴会）へと続いた。四方拝はその後、摂関家などにも取り入れられようになった。その後中断や変容もあったが、宮中の行事としては現在も継承されており、神嘉殿の南座において天皇による天地四方の神々への拝礼、伊勢の皇大神宮への遥拝がなされ、五穀豊穣・国家繁栄・国民の幸福が祈られる。（田中）

若水《わかみず》

元日の早朝に汲み、年神に供えたり、正月の儀礼食を調理したり、あるいは顔を洗ったりするのに用いる水。これを汲むことを若水迎え・若水汲みといい、水道が普及するまでは各地で元旦の大切な儀礼となっていた。地方によっては初水・福水とも呼ぶ。正月三が日のあいだ毎日汲む地方もあり、東北地方には七日正月・小正月・二十日正月、さらに二月の一日・八日あたりまで、十数回にわたって汲む所もある。

若水迎えの作法　若水の汲み手は年男とする地方が圧倒的に多い。年男は正月の祭り主であって、一家の戸主がなることが多いが、地方によっては跡取り息子や、一家で一番年若の男が年男として若水を汲むこともある。ただし、九州・四国をはじめ西日本では、若水汲みを主婦の仕事とすることもまれではなかった。三重県や徳島県には夫婦で汲むという所もある。元日の早朝に、年男だけがまだ暗いうちに起きて汲みに出るという所が多く、したがって松明《たいまつ》や提灯《ちょうちん》を持つことになる。また、このとき他人と出会うのを忌むのが一般的で、会っても無言のままである。地域によっては、年男は正装して新しい草履《ぞうり》を履き、注連縄《しめ》や譲葉《ゆずりは》などで飾りつけた新しい桶と柄杓《ひしゃく》を持つ。青森県には魔除けに刃物を腰に下げてゆく例があった。水を浴び身を清めてから汲むという所も珍しくない。

若水を汲む場所は、掘り井戸以前には川や泉であった。井戸ができ、あるいは水道になってからも、若水だけは旧慣を守って元の場所から迎えている土地も少なくない。また、その年の恵方にあたる水場から汲む、あるいは恵方に向かって汲むともいう。東あるいは巽《たつみ》（南東）の方角の水場から、ということもある。

汲むにあたって餅や米を水神に供えたり、水に投げ入れたりする例は各地にみられる。青森県では粟餅を切ったものを昆布や松葉といっしょに井戸の中に投げ入れる。この餅を食べると虫歯にならないといって、あとで子供たちが箸《やす》で突いてとって食べたりする。愛知県では枡に鏡餅・米・田作り（ごまめ）などを入れたものを水神に供えてから汲む。散米して汲む例は多く、また福島県や愛知県などには塩をまいて汲む所もある。富山市では蜜柑二個を釣瓶《つるべ》に入れて水神に供え、奈良市では橘《たちばな》を井戸に落としてこれを汲み上げる。

若水はまったく無言で汲むという所と、めでたい唱え言をして汲むという所がある。唱え言はさまざまであるが、もっとも多いのは福を汲む、宝を汲むという内容のものである。たとえば愛媛県では「福汲む、徳汲む、幸い汲む、よろずの宝を汲みとった」などという。米を汲む、黄金を汲むという地方

岡山県新庄村、若水迎え。
（文化庁『日本民俗地図』Ⅱ（年中行事2）より転載）

もある。また、鳥取市河原町では「福どんぶり、福どんぶり」といい、これに似た唱え言の所も多い。「どんぶり」は釣瓶で水を汲む音であろう。「あらたまの年のはじめの……」という短歌形式の比較的長い唱え言も各地に伝わっている。東海・近畿地方では「ワカサ（の国）の水を汲む」という類の唱え言も聞かれる。若狭の国（福井県）に通じるという閼《あ》伽《か》井《い》屋にある若狭井から香水を汲む東大寺二月堂のお水取り（修二会）が、若水行事の一種であったことを示唆している。

若水の用途　若水はそのまま年神に供える、茶を沸かして供える、家族で飲む、茶を沸かして飲む、雑煮を作る、飯や粥を炊く、顔を洗うなどの用い方をする。雑煮を作る所が多いが、茶を沸かすことも広くみられる。関西では梅干しや昆布を入れたものを福茶・大福茶といって祝う。顔がきれいになるといって若水で家族が顔を洗った所も多く、佐賀県ではめいめいに若水手拭いを用意した。ささらで各部屋を振り清める（新潟県）、屋敷内の各棟にかけて火伏せとする（奈良県）といった例もある。

若水で年占《としうら》をすることは九州にみられた。大分県臼杵市野津町では早稲《わせ》・中稲《なかて》・晩稲《おくて》と決めた米粒を落として、浮いたものは不作だとする。鹿児島県日置市吹上町では餅を一つ入れ、裏返れば日照りの年、表が出れば雨の多い年だといった。

若返りの思想 若のつく語には若木・若菜・若湯・若餅などがある。若水の「若」も、年神の祭りに関連した「初」「新」の意味であると考えてよい。しかし、もっと積極的に、そこに若返りの思想をみることも可能である。

沖縄には、元旦にそれぞれの額に指で若水をつけるウビナディ（お水撫で）という儀礼がある。こうすると命が若返るとされ、この水をスディミズ（孵《す》で水）ともいう。宮古諸島では五～六月のシチ（節）に、若返りのために若水を浴びる。大昔、月と太陽（あるいは天の神）が人間に若返りの水を与えようとしたが、使者の失敗によって蛇がその水を浴び（だから蛇は脱皮再生を繰り返す）、人間は死すべき運命となったという話がシチの若水の由来として語られている。本土でも、月神月夜見《つくよみ》が変若水《おちみず》という若返りの水を持つという歌が『万葉集』に見え、古くは沖縄の伝承に通じる観念があったことが推測される。

「若返りの水」という昔話もこれと関係するもので、主人公の婆が若返ったのを正月として語る例もある。鹿児島から沖縄にかけて、新年に交わす挨拶に「若くおなりになったでしょう」という意味の言葉があるが、時間の更新と連動して個々の生命が更新されるという考えがあったことを示すものである。

なお、平安時代、宮中では立春早朝に若水を汲んでいたが、室町時代ころより次第に元旦早朝の行事となっていった。（小嶋）

初詣《はつもうで》

元日に土地の氏神に参詣することであるが、著名な神社仏閣へ元日に参詣することや、元日に限らず年が明けてからはじめて神社仏閣へ参詣することをいう場合もある。

大晦日《おおみそか》の夜に神社などに詣でて、社殿で徹夜をするということが各地にみられ、これを年籠りと呼んでいる。一日の境は、古くは日没時であると考えられていた。一日の区切りが日没時であるならば、一年の区切りも、一年の最後の日没時であり、大晦日の日没時からすでに新年がはじまると考えられていたのである。それが今日考えられているように、真夜中に一日の区切りをおくようになったのは、暦の知識や時計の普及などによるものであろう。このように一年の区切りが真夜中になると、大晦日の夜に詣でる除夜詣でと、年がかわって元日になってから詣でる初詣でとが区別されるようになった。このため、大晦日の夜に氏神に詣でていったん家に帰り、年がかわって元日になるとふたたび詣でることが行なわれるようになったり、大晦日の夜から元日になるまで神社にいることを二年参りという例がでてくるようにもなった。

江戸時代、民間では元日に恵方詣りが盛んに行なわれた。恵方とは年神のやってくる、その年の縁起のよい方角で、年によって方角が異なっている。元日の早朝、その年の恵方にあたる方角にある神社に参詣して開運札や神札・護符などを買い求めた。また、初詣でにレクリエーション的要素の加わった七福神詣りがあった。東京隅田川の七福神詣では三囲《みめぐり》神社の恵比寿・大国神、弘福寺の布袋尊、長命寺の弁財天、百花園内の福禄寿、白鬚神社の寿老神、多聞寺の毘沙門天を巡るものである。京都では八坂神社の白朮《おけら》詣りが有名で、神前に焚かれている大篝《かがりび》火から持参の火縄に火を移して家に持って帰り、元旦の雑煮を作るときに使用する。

正月行事は一般に仏教的なものとはかかわりがないとされているのに、初詣でに寺院に行くことも多くみられる。寺院の中で多くの参詣客を集めているのは、いわゆる祈禱寺であり、現世利益の観点から元日に加持祈禱をしてもらったり、祈願をすることによって一年の幸福をえようと考えられているのであろう。こうした傾向は都市の寺院に強くみられ、東京の浅草寺、千葉県成田市の新勝寺、神奈川県の川崎大師などでは毎年数多くの初詣で客を集めている。

正月には年神とか歳徳神《としとくじん》と呼ばれる神が家を訪れてくると考えられている一方、それだけで満足することなく、氏神や著名な神社仏閣に詣でて、よりいっそうの幸運をえようとするのが初詣でであろう。現在では、交通機関の終夜運転などによって多くの人々が神社仏閣を訪れ、どの神社にどれだけの人が初詣でに行ったかがニュースとして報道されるようになっている。（佐藤）

一般参賀《いっぱんさんが》

一月二日に国民が皇居に行き、天皇陛下とともに新年を祝賀する行事。天皇・皇后両陛下のほか皇太子・同妃殿下をはじめ皇族方が宮殿のベランダに立ち、宮殿東庭に案内された参賀の人々と祝賀を共にされる。その際、天皇が短い祝いの言葉を述べられるのが慣例となっている。参賀者が多い場合には入れ替わって何度も同じことが繰り返される。一月一日に天皇・皇后両陛下が宮殿内において、皇太子・同妃殿下をはじめ皇族方、立法・行政・司法の要人、各国大使と新年を祝う祝賀の儀に対し、一般国民とも新年を祝おうとの趣旨で、昭和二十八（一九五三）年以降この一般参賀は定められた。一般参賀の正式行事化の背景には、昭和二十三年に皇居が初めて国民に開放されたのを機に、正月に参賀した人々が記帳したこと、天皇がその参賀の人々の行列をご覧になったことがあるとされている。（田中）

垸飯《おうばん》

新年に親類縁者を招いて饗応することで、椀飯・垸飯とも書かれる。中世の武家儀礼の一つとして成立したもので、当初は主従関係を緊密にするため、有力な臣下が将軍に献上した饗応膳のことをそう呼んでいたが、饗応する行事全体をもいうようになった。その後、次第に戦国大名家にも取り入れられるようになって各地に広まり、近世になると、貴人をもてなすのとは逆に、上位の者が下位の者を盛大にもてなすことも垸飯と呼ばれるようになった。現在でもよく用いられる大盤振舞い（垸飯振舞い）の語はこのような行事がもとになっている。さらにこの風が、一般の家々の正月行事にも取り入れられるようになったからか、主として関東・中部地方一円には、現在でも毎年正月中に日を決めて親類や近隣の人々を招いて馳走を振舞うことによって、本家を中心に家々間の結束を確認しあう行事として続けている例が多くみられる。（田中）

年始《ねんし》

正月に親戚や知人宅などへ新年の挨拶にまわり、めでたい言葉を交わして新春を寿ぐこと。三が日の間に行なわれることが多い。年賀ともいい、門明けなどという所もある。新潟県十日町市ではレイと呼ばれ、かつて元日の朝に一族内の一番新しい分家がその直接の本家へ行って新年の挨拶をし、その後本家の主人と共に大本家へ行った。そこでは分家の順などの規則に従って座順が決定しており、大本家の家で一族中が新年の挨拶を交わし、一族の結束を確認しあった。長野県北安曇地方では、年始の客に栗や榧《かや》の実を盆に盛って茶と共に出す。これをツムノバチという。こうした盆や三方の上に餅・柿・栗・橙《だいだい》などをのせて年始の客に出す事例はほかでもみられ、新潟県ではこれをツムノボン、近畿地方ではホウライボン、高知県ではアサヤマなどと呼んでいる。近年では家ごとの年始はだんだん省略されて、神社や集会場などに地域の人々一同が集まって新年の挨拶をするようになってきている。また、挨拶すべき相手が遠方に多くなると、回礼の代わりに年賀状を出すようになり、近年は携帯電話やメールを用いた新年の挨拶もふえてきている。（佐藤）

寺年始《てらねんし》

僧侶が檀家の家々をまわり、年始の礼をして歩くこと。寺年始は一般の年始よりも遅く、一月四日かそれ以降に行なわれている。坊主礼・寺正月とも呼ばれることが多いが、坊主正月などと称している地域もある。僧侶は檀家世話人などのお供を連れ、各家に護符や暦などを配ってまわる。これは年賀の答礼ともいわれ、檀家の人々はそれ以前に寺へ年始に出かけているのだが、寺側の行事として正月を迎えた家々を訪れるのはこのときが最初になる。この寺年始までに松飾りを外さなければならないとする例は各地にみられ、僧侶に門松をくぐらせるものではないという所も多い。正月初めに僧侶の訪れを忌避する風習は、寺が死の管理を引き受けるようになり、また正月に迎える神霊がとくに清まったものとされたため、少なくともはれがましい三日間は、年神の祭場である家と寺との交渉を控えたことによるものと考えられる。（齊藤）

雑煮《ぞうに》

正月三が日の正式の食物。本来は大晦日《おおみそか》の夜に年神に供えたものを元日の朝に下ろし、ごった煮にして神と人とが一緒に食べるものである。九州では雑煮のことをノーライ（直会《なおらい》）と呼んでいる所がある。直会は神に供えた飲食物を祭りに参加した人々が食べあうことで、食物をとおして神と一体になり、その霊力をえようとすることである。

各地の雑煮　ひとくちに雑煮といっても汁や中に入れる具は地方により、また家によって違いがある。大ざっぱに、関東のすまし汁仕立てで切り餅を焼いて入れるものと、関西の味噌汁仕立てで丸餅を煮やわらげて入れるものとに区別することができる。秋田県では昆布と煮干しでだしをとり、蒟蒻《こんにゃく》・大根・芋・菜・蕨《わらび》などの野菜を入れ、醬油で味付けをして餅を入れる。埼玉県さいたま市では里芋・大根・人参・牛蒡《ごぼう》などをすまし汁仕立てにして、その中に餅を入れたものである。東京都福生市では人参・大根・里芋・牛蒡・昆布を入れたものを年男が作り、仏様・大神宮様・恵比須様に供える。家の人が食べるときには、その中に餅や三つ葉などを入れる。富山県では餅を焼いて入れる所と煮て入れる所がある。また、餅の形も丸餅とのし餅とがある。餅のほかに入れるものは、鯛《たい》・人参・牛蒡・蒟蒻・焼き豆腐・蒲鉾《かまぼこ》などであり、これを三が日神棚や天神に供え、それをためておいて四日の朝に食べる。これを四日タナサガシあるいは四日タナオロシといっている。山梨県甲府市ではのし餅を四角に切ったものと大根をいちょう切りにしたものを入れる。汁は醬油か味噌味である。兵庫県朝来《あさご》市では、雑煮は味噌汁の中に餅を入れたもので、餅以外のものは入れない。岡山県新見市哲西町では雑煮の中に豆腐・塩鰤《ぶり》・蒲鉾・するめ・昆布・大根のほか、蛤《はまぐり》を入れる。蛤はパッと口を開けることが、「明けましておめでとう」ということで縁起がよいためである。徳島県鳴門市では雑煮は白味噌仕立てであるが、二か月ねかせてちょうど正月になるように特別に味噌を作り、これを正月味噌と呼んでいる。福岡県筑前地方の雑煮はすまし汁で丸餅を入れ、ほかに焼きアゴと昆布・椎《しい》茸《たけ》のだし汁で、具にはするめ・椎茸・山芋・里芋・昆布・牛蒡・人参・鯛などが使われる。そのほかに角に切った鰤が入ることもある。

このように雑煮は各地各家でいろいろなものが作

岡山県新庄村、元日の年棚に供えられた雑煮。
（文化庁『日本民俗地図』Ⅱ（年中行事2）より転載）

られている。これを神に供えるという所があるように、特別な食物であると考えられ、雑煮を作ったり、神に供えるのは年男の役目としている所がある。鳥取県では年神に雑煮を供え、年男は家族がおきる前にお相伴といって一人だけで雑煮を食べる。また、年神への雑煮の供え方をモリカケといって、元日に供えた雑煮の上に二日の雑煮を供え、その上に三日の雑煮を供えるというように重ねてゆき、七日まで続ける。ずっと重なった雑煮で七草粥を作っている所もある。

雑煮を作るにあたって特別の燃料を使用する所もある。東京都福生市では豆と菊幹《きくがら》を燃やして作る。豆はマメに働け、菊はよいことをキクということを意味しているという。また、大阪府布施地方では雑煮は男が作り、最初の火は氏神で焚いたどんどの火種をもらってきて豆幹で火を焚く。

雑煮を食べるときに特別の箸を使う所もある。たとえば、神奈川県三浦半島では正月箸と呼ばれるカツの木（ヌルデ）で作った箸を使う。これは暮れのうちに神の分と家族の分とを作っておき、三が日の間使用する。香川県さぬき市津田町では、雑煮の箸にはかならず樫を用いる。これは堅いという縁起をかつぐためといわれている。また、宮崎県では萩で作った箸を使用する所がある。

雑煮に餅を入れないでほかのものを入れている所もある。香川県三豊市の志々島では、餅の代用としてカンノメと呼ばれるものを入れる。これは、粳《うるち》米八割と糯《もち》米二割をひいて粉にし小判型の団子にしたもので、三が日の雑煮の中に入れる。

雑煮を食べる前に歯固めをする所がある。福岡市では、小皿の上に譲葉《ゆずりは》と諸向《もろむき》（裏白）を敷いて、干し鰯と大根の一寸角ほどに切ったものを二片のせ、この大根に歯型を入れる例がある。この場合、大根は食べる必要はないという。

岡山県では雑煮を食べたあとは、クロを積むとか、稲グロを積む、あるいは寝正月といって、かつては雨戸を閉めて寝る所が多かったという。

一方、元旦に餅を食べるのをことさらに忌む餅なし正月の伝承も全国各地には少なくない。（佐藤）

餅《もち》なし正月《しょうがつ》

一般に正月には欠くことのできない食物と考えられている餅を、正月の供物や儀礼食として用いない習俗をいう。正月に餅を搗《つ》いたり食べたりすることを禁忌とする伝承は、広く全国的にみられる。その伝承は地域全体として守っている場合と、特定の一族や一家に限って守っている場合とがある。

餅を禁忌とする伝承　餅なし正月のあり方は大きく三つに分けられる。第一は正月用の餅をまったく搗かない、あるいは搗くことができないというもの。群馬県東村《あずま》（現みどり市）には正月用の餅を搗くことができない家があり、その理由として、先祖が貧乏して糯米《もちごめ》を買えなかったからだという。和歌山県田辺市鮎川では、正月には餅を搗かないでボーリュウと呼ぶ里芋を食べる。昔、大塔宮が熊野落ちして鮎川を通ったとき、餅を所望したが村人は与えなかった。のちに村人はその非礼を恥じて正月に餅を搗くことをやめ、そのかわり里芋を食べることにしたという。愛媛県八幡浜市保内町の平家谷でも餅は搗かない。源氏に敗れたため白色を忌むからだという。

第二は、餅は搗いておくが元日からある期間は食べないというもの。群馬県千代田町では、三が日は餅を食べない家がある。餅を食べると吹き出物や腫れ物ができるといい、餅は搗くけれど食べないでそばやうどんを食べるという。茨城県日立市十王町では一月六日まで里芋の田楽を食べて雑煮を食べない。その期間は餅を新藁《わら》に包んで天井裏にしまっておく家がある。

第三は、正月の餅を新年に入ってある期間たってから搗くというもの。栃木県宇都宮市近在の戸室では一月十四日まで餅を搗かず、三が日は赤飯を炊いて祝う。これは弘法大師百穴の心願を餅搗きの音で中止したという故事から起こっているという。群馬県東村（現みどり市）には小正月の十四日に正月用の松を外してからでないと餅が搗けない家がある。昔、戦いがあって年の暮れに正月飾りをして餅を搗こうとしたら、敵が攻めてきたので搗けなかった。それ以後は現在まで十二月の川浸りの日から一月十四日まで蒸籠《せいろう》が使えないという。

餅なし正月の由来　さまざまな由来が伴っているが、先祖と関係させているものが多い。先祖が貧しくて正月に餅を搗くことができなかったので、その苦労をしのんで子孫も餅を搗かない。先祖が年の暮れに餅搗きをしていたところへ、敵が攻めてきたり、落人が乱入してきたために搗けなくなった。先祖が異郷人としての高僧・貴人などが所望した餅を与えなかったり、彼らを虐待したりしたため、正月の餅搗きを禁じられた、などである。

また、禁を破って餅を搗いたり食べたりすれば凶事が起こるので守らなければならないという伝承もみられる。餅を搗いたり食べたりしたときに人が死んだとか、餅を搗くと餅そのものが血の色に染まるというもので、栃木県足利市梁田《やなだ》のある家の場合には、何代か前に餅搗きをしていたとき、こね取りをしている男を杵で搗き殺してしまった。そののち、餅を搗くと血で染めたように赤くなるので禁止してしまったというものである。餅を搗いたり食べたりすれば、家が火災となったり、手にした餅が火となってしまうという場合もあり、埼玉県飯能地方には正月餅を搗いたため火事になったからといって、餅を搗かない家がある。

これらの例は、白色を忌むため餅を搗かないという例とともに、白色・赤色の象徴性にもかかわる由来となっている。餅のかわりに食べる食物には小豆飯・団子・麺類などもあるが、里芋、山芋の類が顕著である。

餅なし正月については、その構成要素によって類型化できるが、諸事例は各々いくつかの類型にまたがっていることがわかる。また、積極的に餅を禁忌とする伝承は伴わないが、餅を新年の供物・儀礼食としないで餅以外の食物を優先させている例も、全国的に分布している。その場合とくに多用されているのは里芋と山芋である。東北地方は山芋が中心で、九州は里芋が中心となり、その中間地帯には双方が混在している。正月に餅を禁忌する伝承は、里芋・山芋を儀礼食として優先させる伝承とともに、日本における文化の系統の問題として、水田稲作農業とは異なる焼畑農耕文化に結びつくものと考えられている。（茂木）

お節料理《せちりょうり》

お節とは節供のことで、お節料理は節供と呼ばれる行事日に用いられる料理の意である。一般には、それら行事日のうちもっとも重要でにぎわう正月の正式な食事もしくはその食品のことをいう。

年神祭りの重要な機会である正月には、年神に酒や餅などを供え、供えたのと同じ食品の一部を雑煮にして家族・一族がそろって食べあい新年を祝いあうので、本来の意味としては雑煮もお節料理の一種と考えられる。しかし普通には、雑煮やお神酒《みき》・屠蘇《とそ》・福茶・搗《か》ち栗あるいは白米飯とは別に、重箱などに盛られた数々のめでたい食品をさす。都市部では幾段にもなった組重に派手やかに詰めた料理を準備することが多い（そうすることが近年の全国的傾向ともいえる）が、全国各地には組重を用いない所も多い。祝いの食品も各地さまざまである。子孫繁栄を願っての数の子やごまめ（田作り）、一年間マメに働くことができるようにとの意での煮豆のほか、叩き牛蒡《ごぼう》・昆布巻・卵焼き・蒲鉾《かまぼこ》や、里芋・大根・人参・豆腐などの煮染め、鮒《ふな》などの甘露煮、貝類などが全国的に多い。栗や豆のきんとん・羊羹《ようかん》などの甘味類、大根・蕪《かぶ》・人参などの酢の物も用意される。このほかに地域それぞれの伝統的な食材が用いられているが、しだいに肉類や珍しい輸入野菜も加えられるようになってきた。また、年取り魚・正月魚などといい、それぞれの地域で鰤《ぶり》・鮭・鯛《たい》・鱈《たら》・鰹《かつお》・鰯《いわし》など、正月の料理には一定のある種の魚を欠かせないとする伝承があるが、これらの魚料理もお節料理の一種だということができるであろう。

お節料理という語はおそらく新しいのであろうが、何らかのお節料理を準備するようになったのは、各地各階層間に正月を祝う慣行が広まったのと同じくらい古いことと思われる。これを食べるのは正月三が日とか七日までとか各地さまざまであろうが、年神祭りが大晦日夕刻《おおみそか》からはじまるとする古い年初観によれば、大晦日の夜から食べはじめてもよいわけで、かつて東京では年越しの正式な食事をオセチと呼んでいたという。また、お節料理のことは一般にオセチといい習わしているが、正月に客を招いて

飲食を共にすることや、正月に神棚に供物をすることをオセチと称している所もある。（田中）

豚《ぶた》

鹿児島県奄美地方や沖縄県で豚のことをワァといい、儀礼食として重要な位置を占める。各家庭では屋敷内に豚舎を設け、数頭ずつ飼育していた。春と秋に種付けし、子豚は二か月もすると引き取り先が決まった。旧暦十二月二十七日から三十日にかけて、一戸あるいは数戸で一頭の豚を屠殺し正月料理に用いた。豚の屠殺をワァークルシー（豚殺し）といい、とくにこの時期のそれをさすのが一般的であるが、昭和三十五（一九六〇）年前後から取り締まりが厳しくなったために、行なわれなくなっている。最近では、年末になると肉店から豚肉の巨大なかたまりを買い求める姿がみられる。奄美では年の夜にはワァンフネ（豚の骨）という、豚の骨つき肉と野菜を煮た料理が付き物である。一連の正月行事でも豚の利用部位と調理法は各々決まっている。供物として餅や団子が主流を占める本土との対比で、豚から餅への変化と捉えるか、別の伝統として捉えるか見解は分かれる。儀礼以外にも広く利用され、豚の血を沸かして味噌汁にしたり、血イリチーといって血のかたまりと肉・野菜を炒めて塩や味噌で味をつけて食べる。釣糸や網に塗って丈夫にするのにも用いられた。脂は固めて長期間保存し、料理や整髪にも用いた。（古家）

屠蘇《とそ》

山椒《さんしょう》・桔梗《ききょう》・肉桂《にっけい》（クスノキ科の常緑喬木の樹皮）・白朮《びゃくじゅつ》（キク科のオケラの外皮をはいだもの）・防風などを調合して紅絹《もみ》の袋に入れ、酒かみりんに浸したもの。年の初めに飲むことによって一年の邪気を払おうとする。中国伝来のものと思われるが、日本では少なくとも嵯峨天皇の時代、すなわち九世紀の前半には用いられていた。元日から三日間御薬といって屠蘇散・白散・度嶂散《としようさん》を天皇にすすめた。江戸時代には都市の庶民の間にも広がって医者が病人に贈ることもあった。近年は布袋に入った屠蘇散が薬屋などで売られており、これを銚子などに入れて酒かみりんに浸す。これを飲むために、銚子と三つ重ねの杯とをセットにしたものが売られている。飲むのは目下の人から順というのが作法とされているが、これは中国の風習によるものであろう。（佐藤）

鏡餅《かがみもち》

正月用の丸く大きな餅。ご神体の鏡の形と同じように円形をしているところから鏡餅といわれたものと思われる。

丸い餅　餅の語源については、「長もちする」からであるとか、「もち歩くことができる」、「満月すなわち望月《もちづき》の日に作る食品である」、「その形を望月に似せて望月の日に作った」からとか、諸説ある。『豊後国風土記』逸文には、餅を弓の的にしたという、おおよそつぎのような話がのっている。豊後国球珠《くず》郡に広く肥えた土地があり、ここに大分《おおきた》郡の人が移り住み、田を作り裕福な暮らしをしていた。ところが、あるとき主人が弓を射ようと思ったが的がなかったので、餅をくくりつけて的とし、弓に矢をつがえて射たところ、餅は白鳥に変わり飛び去ってしまった。それからは急に家が衰え亡びてしまったという。このことから以前の餅は丸餅であったのではないかと思われる。丸餅について柳田国男は人間の心臓の形に似せたものだと述べている。米の力への信念から餅には特別な力があるとする考えがあったらしく、峠の茶屋で売っている力餅は、これを食べる人に力を与えると考えられている。また、出産のときの餅や誕生祝いの餅を力餅といって、それが人の生命に力を与えると考えられていた。正月の鏡

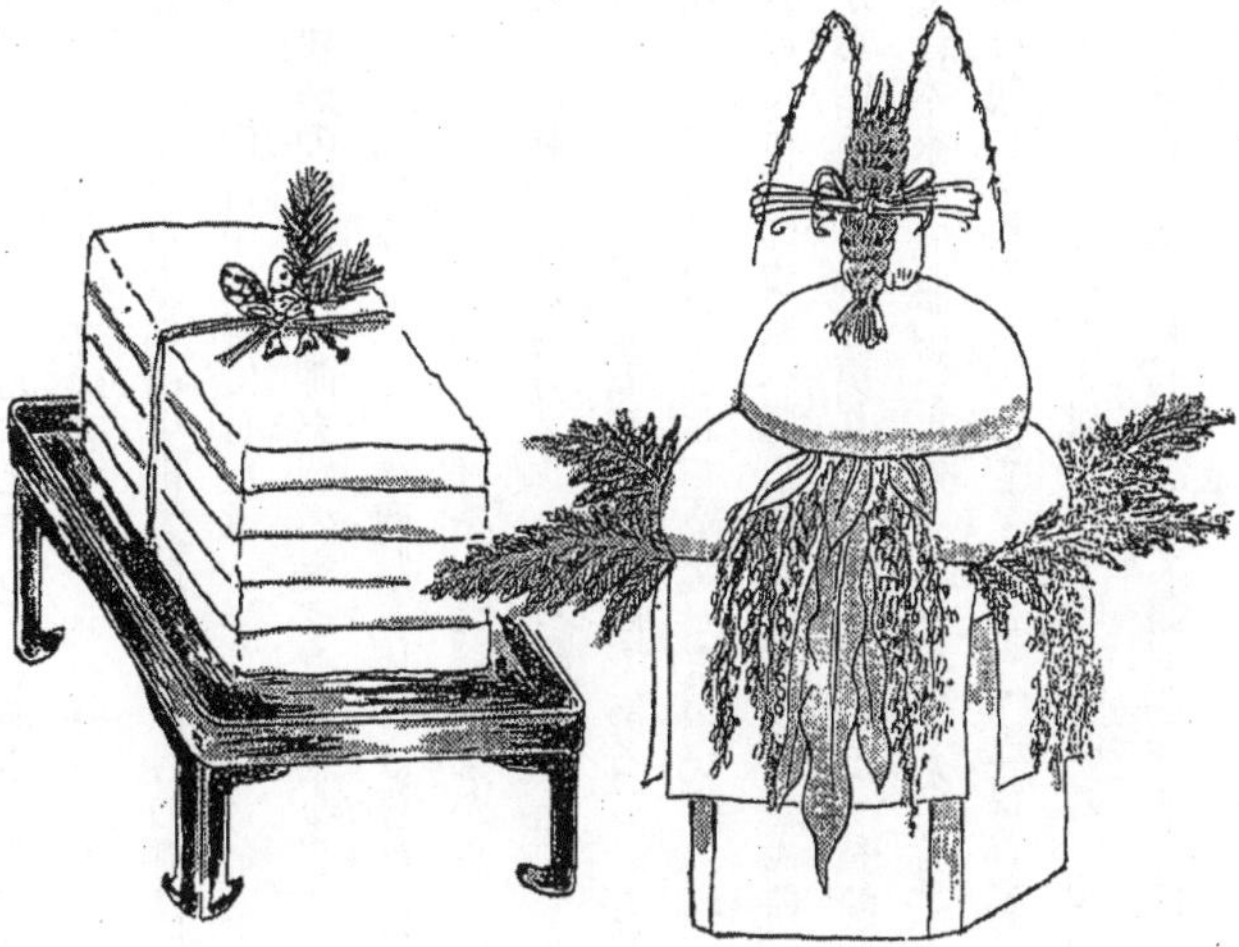

左は秋田県、右は東京の鏡餅。(『年中行事図説』)

餅も神へ供えたり、家人も食べたり、贈答などに用いられている。年玉と称して、これを食べると神から新しい力を授かるとする考えがある。

飾る場所 飾る場所は所により家によって多少の違いがある。一般に年神・床の間・仏壇・天神・恵比須・水神・竈神《かまどがみ》・蔵・荒神・農機具・臼・杵、それに各部屋などに飾った。東京都福生《ふっさ》市では大小七組の鏡餅を作り、大きい二組は大神宮と恵比須に一組ずつ飾る。残る大きな一組は米櫃《こめびつ》に入れて保存しておき、十五日の繭玉飾りの臼の前に飾る。一方、小さい四組のほうは年神・床の間・仏壇・蔵の中にそれぞれ飾る。このように餅の大小で飾る場所を区別する地域は多くみられる。たとえば埼玉県長瀞《ながとろ》地方ではお正月様と山の神に大きなものを供える。大小ではなくて、三つ重ねと二つ重ねで区別しているのが千葉県長生地方にある。三つ重ねは屋内の神仏に供え、二つ重ねは稲荷・井戸神・農具に供えた。

鏡餅は暮れの餅搗《つ》きのときに正月用の餅と一緒に

搗いたが、その際に最初に搗いた餅を鏡餅にする所と、二番目に搗いた餅とする所がある。千葉県長柄町では、最初の餅はアカオトシといって鏡餅に作らない。また東京都福生市では、一臼目の餅は汚いとして二臼目を鏡餅にした。

鏡餅の贈答 鏡餅を嫁の実家や親戚などに贈る風習が各地にみられる。福岡県各地では暮れの餅搗きが終わると、その年に嫁をもらった家から嫁の実家に掛け鰤《ぶり》が届けられる。これは鏡餅二重ね（実家が片親の場合には一重ね）と鰤一匹である。一方嫁の実家からは掛け戻しとして鏡餅一重ねが贈られる。佐賀県では嫁の実家へ贈られる餅を嫁くさん餅、実家から贈られる餅を戻り餅と呼んでいる。長崎県対馬では本家・元服親（男性の成年式にとる仮親）・鉄漿《かね》付け親（女性の成年式にとる仮親）・近親者などに餅を持っていくことを餅配りと呼んでいる。四国地方では親戚や実家に持っていく鏡餅を年玉と呼んでいる所が多い。

鏡餅のいろいろ 鏡餅はさまざまな名で呼ばれ、いろいろなものと共に飾られる。名称はオソナエ・オスワリ・オカザリ・オカガミなどと呼ばれるが、大分県津久見市ではトビ、同県南海部《みなみあまべ》地方ではハマと呼ばれている。福岡県ではトシノモチとも呼ばれ、米一升で作られる。それは三方の上に白紙を敷き、譲葉《ゆずりは》などを置いて鏡餅を飾り、その上に橙《だいだい》をのせて飾る。鏡餅の上に星の餅またはワオキといって小さな餅を三つのせる風が島根県東部や隠岐の島前にみられる。兵庫県では蓬莱という飾りがある。三方の上に鏡餅・串柿・榧《かや》・搗《か》ち栗などをのせて、蜜柑を花のように割って昆布でくくって水引をつけたもので、正月に家を訪れた客の前に出して挨拶をうける。佐賀県や熊本県などではテカケとかテガキと呼ばれるものがある。これは米や鏡餅・蜜柑・干し柿などを三方に盛ったものである。

供えた鏡餅を下げる日は鏡開き・鏡あげ・オカザリコワシなどといって、一月十一日の例が多く、下

ろした餅は一般に雑煮や雑炊にして食べる。その際、餅を刃物で切ることを不吉であるとして、叩き割る所が多い。　（佐藤）

年玉《としだま》

一般的には正月に親などから子供に贈られる金銭のことをいうが、各地の事例をみると、それ以外のものをも年玉と呼んでいる。富山県立山町の雄山神社では各家庭から家族の人数や家の格などに応じて初穂米を集めて年餅を作り、この餅を年玉と呼ぶ。この餅は竹筒で型をとり、円筒型に固まった餅を輪切りにしたものである。各家では、これを初詣でのときに神社で氏子総代から家族の人たちの年齢にあわせた数だけもらって、元日の朝の膳の上に各人の年齢分を置いて食べる。人々は神から賜わるものと信じ、この年玉を食べることによって年を重ねる。奈良県野迫川《のせがわ》村では、膳に五重ねの鏡餅と白米一升、家族の人数と同じ数の蜜柑をのせ、膳の隅には暦や財布を入れた一升枡を置いたものをイタダキまたはお年玉と呼んでいる。元旦に床の間の前に家族が年齢順に並んで座り、主人がそのお年玉を両手で捧げ持ち、年長者から順に明きの方を向いて「誰それ何歳になります」といってイタダキの下に頭を下げて、年をいただく。このような年神から年玉をもらうという例はほかにもある。島根県東部の海岸地方では大晦日《おおみそか》に年神が年玉を配るといわれている。そこでは、ある男が年をとりたくないので藪《やぶ》の中に隠れていると、年神が竹の上から年玉を投げていかれたので、しかたなく年を一つとってしまったという話が伝えられている。また、鹿児島県の甑島《こしきじま》では大晦日の晩にトシドンと呼ばれる年神が訪ねてくる。トシドンは大きな鬼の面をかぶり、蓑《みの》を着たり、黒いマントを着たりして数人でやってくる。家に入ると、子供たちを脅したり、教えさとしたりしたあとで、最後に懐から年玉と呼ばれる大きな年餅を出して、

鹿児島県薩摩川内市、大きなトシモチを子供に与える甑島のトシドン。
(文化庁『日本民俗地図』Ⅱ(年中行事2)より転載)

子供に与えて帰っていく。子供たちは、この年玉をもらわないと年をとることができないという。

九州では神に詣でるときや若水迎えに用いるオトビ、すなわち米を白紙に入れてひねったものを年玉と呼んでいる。佐賀県では元日の朝に年縄に米を三粒はさんで若水迎えに持っていくものが年玉である。また島根県東部では正月の飾りつけがすっかり終わると、小さな白紙に米と昆布を包んでお年玉と呼び、それを三方にのせ、神仏に参るときにかならず供えた。

以上のような例から、年玉の古い形は餅とか米の包みで、年神が持ってきてくれるものと考えられていたことがうかがえる。この年神からの賜わり物、つまり年賜《としだま》とする考えのほかに、トシのタマ、つまり年の霊(年の魂)と考える説もある。年玉はトシすなわち米を作るのに必要な威力・霊力であり、そのトシダマの象徴が米であり、米で作られた餅であるとするのである。年玉は神から一人ひとり分け与えられるものであり、タマは何かをするための威力の源と考えられていた。しかし日がたつと古くなり、威力も衰えるので、新年にあたって更新する必要があると解釈されていたのであろう。（佐藤）

初夢《はつゆめ》

一年で最初にみる夢。室町時代の京都付近では、節分の夜から翌日の立春の明け方にかけての夢が初夢とされていたが、江戸時代になると除夜の夢とされたり、年越しの夜は寝ずにいる習慣から元日の夜から二日の明け方にかけての夢ともされた。このような違いが生まれたのは、立春をもって新年のはじまりとする考えと、一月一日をもって正月のはじまりとする考えの二通りの年初観があったためである。この夢に縁起をかつぎ、良い夢をみようとして宝物や七福神などを満載した宝船の絵を枕の下に敷いて寝る習慣がある。宝船の古い図柄には空《から》の船と獏《ばく》の字を記したものがあり、獏は悪夢を食べる動物とされたことや、悪い夢をみたときには宝船の絵を川に流す風習があることなどから、本来この船は悪夢をのせてかなたへ流し去るために描かれたものかもしれない。このように夢は呪《まじな》いによる対処ができるものと考えられてきた。夢はまた神がおくったあの世からの知らせとも考えられ、神前に参籠して良い夢を祈願したり、良い夢を買って幸福を得るという昔話なども伝えられている。（齊藤）

玉《たま》せせり

福岡市東区の筥崎宮において、一月三日に地元の人々が木製の玉を奪い合いつつ境外末社の玉取恵比須神社から本社に移動させる神事で、玉取祭のこと。清められた陰陽二個の玉のうち女玉は筥崎宮に奉納され、男玉が玉取恵比須神社に奉納されたあと、大勢の褌《ふんどし》一つの青少年が、男玉を肉弾戦さながら競り合い手から手へ奪い合いつつ本社に運んで神職の手に渡し、本社に陰陽二玉がそろってこの神事は終了する。神霊が宿るとされるこの玉に触れると無病息災・開運が叶うと信じられ、また、漁民と農民間で豊漁豊作を競う年占の要素を持つため、激しい熱気が多くの人を引きつけ博多の正月を彩る行事となっている。形態としては全国各地の押し合い祭り・裸祭り・喧嘩祭りに似ており、玄海・博多湾沿岸では珍しくない。同時にこの地域には海中から取り上げた丸石をエビス神として豊漁祈願の対象とする例が多くみられ、元来はエビス信仰から発したものではないかと思われる。（田中）

箱根駅伝《はこねえきでん》

正式名称は東京箱根間往復大学駅伝競走。東京大手町の読売新聞東京本社と神奈川県箱根の芦ノ湖間、往復二一七・九キロを往路復路各五区間に分け、一月二日・三日の二日間にわたって競う駅伝。テレビでも放映され正月の風物詩の一つとなっている。ただ一月二日・三日開催は昭和三十一（一九五六）年からで、以前は二月にも開催されていた。主催は関東学生陸上競技連盟で、読売新聞社が共催する。日本マラソンの父とも言われる金栗四三らが、大正九（一九二〇）年に早大・慶大・明大・東京高師の四大校駅伝競走として誕生させ、戦中戦後の中止期間はあったものの、平成二十五（二〇一三）年で九十回となる。現在本戦出場校は二十チームであるが、予選まで入れると参加大学は五十ほどになる。なお駅伝競走の意の駅伝の語は、古い駅制にあやかり大正六（一九一七）年に東京奠都五十周年を祝って京都・東京間の継走に用いられたのが最初とされる。（田中）

カルタ

カルタは遊びに使うカードで、花札など種々あるが、一般にはいろはカルタ・歌ガルタのことをいう。江戸時代以来主として正月の室内遊戯として人気をえてきた。いろはガルタには子供向けの教訓的な諺が用いられることが多い。歌ガルタの代表は小倉百人一首で、藤原定家の撰んだという百人の歌人一首ずつの和歌（短歌）を上の句（五七五）と下の句（七七）に分け、上の句を読み上げて下の句の札を取りあうものである。教養として和歌に親しむ優雅な遊びとして、また社交上の遊戯として大人にも人気があり、遊びをこえ競技としても発達した。昭和三十年代になりその名人位・クイーン位の決定戦が天智天皇を祭神とする大津市の近江神宮で行なわれ、テレビ放映もされるようになって正月を彩っている。近江神宮が会場となっているのは、小倉百人一首の最初の歌が天智天皇の御製「あきのたのかりほのいほのとまをあらみ　わがころもてはつゆにぬれつつ」であることにちなんでいる。

（田中）

松《まつ》の内《うち》

正月の門松を立てている期間のこと。門松を取り外すのは、早い所で四日であるが、七日・十五日とする所も多い。その日はマツオロシなどと呼び、多くの場合、年棚や神棚の松もとる。お正月のお別れといって門松は芯だけを残して土にさす例も多い。ほかの部分はどんど焼きの火などで焼く。この火にあたると風邪をひかないという。全国的には七日に松を取り外す例が多く、これを松納めと呼び、この日以後を松明けという。このように門松の立てられている元日から七日までを、本正月と呼んでいる所もある。熊本県では十四日・十五日を松上りあるいは松倒しと呼んでいる。宮城県では元日から十五日までを松の葉中と呼んで仕事を休む所がある。門松は年神の依代《よりしろ》と考えられているので、門松を取り外す日が年神の帰るときであり、松の内は年神を祀る日と一致するはずであるが、年神が帰る日を卯の日としている所があるなど、松の内と年神祭りの期日とはかならずしも一致していない。（佐藤）

仕事始《しごとはじ》め

年の初めに、実際の仕事の開始に先だって儀礼的に仕事を行なうこと。一月二日・四日・十一日に集中している。

農業の仕事始め 田や畑に行って、鍬《くわ》で少し耕して竹や松あるいは譲葉《ゆずりは》などをさす行事をクワイレ・カイレ・イチクワなどの名称で呼んでいる。鳥取・島根県では田打ち正月とも呼ばれる。東北地方では農はだてと呼ばれる行事が十一日に行なわれる。これは農始めの意味で、宮城県では十一日に馬屋の肥やしを背負って田に行き、田を少し起こして肥やしを置き、その上に年取りのときに種袋の上に立てた松を立て、明きの方を向いて豊作を祈る。この松のことを県南地方ではオガンマツ（拝み松）と呼んでいる。

屋内において、農作業に必要な用具を整えようとする仕事始めもある。綯《な》い初《ぞ》めはその一つで、縄を綯う仕事始めである。神奈川県綾瀬市では二日に荷車に使う縄を少し綯って、宝という字の形にして床の間に供えた。鳥取県では牛の綱などを綯うほかに、年神の草鞋《わらじ》といって草鞋を片方だけ作って年神に供える所がある。倉吉市では小さいほどよいといって二寸（約六センチ）ほどの草鞋を作る。また、日南町では草鞋を年神ではなく大黒柱の門松にかけ、これをサンバイ様（田の神）の草鞋と呼んでいる。この年神の草鞋は隣の島根県でも綯い初めとして作られている。ここでは三十センチほどの大きなもので、片方だけ作る。片方だけしか作らないのは、年神は足が一本であると考えられているためである。ほかにも奈良市付近では、一月三日に仕事始めとしてノデと呼ばれる細い縄を綯う。これはノウデとかノウバなどとも呼ばれ、苗を束ねる藁《わら》のことである。石川県では藁かちといって臼を伏せ、その上で手杵で藁を打って、一年間の縄や草履《ぞうり》を作ることを仕事始めとしている所がある。

臼に関係する行事は九州にもあり、臼の使い始めとして臼起こしという行事が二日に行なわれる。大晦日《おおみそか》に伏せて休めておいた臼を起こして実際に餅の搗《つ》き始めをする。またあらかじめ搗いておいた餅を臼に入れて杵の音をさせるだけという所もある。岡山県では十一日が牛の使い初めをする日で、春場とかカケソメなどと呼ばれている。牛を田に引き出して、サンバイの「さ」の字の形に引く。

山の仕事始め　初山・山入りなどと呼ばれ、山に行って適当な木を山の神にみたて、餅や酒などを供えて枝を伐ってくる。全国的に行なわれているが、鹿児島県大隅地方では山の口明け、薩摩半島では二日山、北薩摩地方では若木伐りという名で呼ばれている。同県の出水市では青年が二日の早朝に山へ行って鉈《なた》で若木を伐ってくる。椎・樫・杉などまっすぐで長いものを伐り、皮をはいで白い肌にし、頂には葉を残す。これを担いできて、各戸一本ずつ庭に立てる。これを立ててから、鉈の餅という鉈に供えてあった餅を汁にして食べる。庭に立てた若木は乾いたらツンギといって天井の梁《はり》の上にのせて、叺《かます》を置くのに用いる。

漁業の仕事始め　船祝いとか船起こしなどと呼ばれている。横浜市では二日朝に主人が四角い籠に大きな鏡餅を一個のせ、その上に少しずつ小さくして三段に餅を重ねる。さらにその上に菱形の餅を三重ね積み、四角の餅四切れをその菱餅の上に置いて船に持っていく。頭付きの魚と大根・人参の膾《なます》を添えて船の艫《とも》に置き、それにお神酒《みき》・お散供《さんぐ》（米）・塩をあげて拝み、そのあとに船主と乗り子が穴あき銭を投げて祝う。

その他の仕事始め　一月二日に新年はじめての掃除をすることを掃き初《ぞ》めという。元日に掃除をすると福をはきだすといって二日にする。また、縫い初めといって布や紙の袋を縫い、これに米を入れて年神に供える所が各地にある。鳥取県境港市では米袋のほかにトンドサンの着物といって、紙で小さな着物を四枚縫って年神に供える。島根県ではやはり縫い初めといって主婦が袋を二つ縫い、それに米を入れてトシトコ様に供えておき、その米は田植えなどの日に炊くという例が多い。神奈川県では若者の初会合をウタイゾメ（謡初め）と呼んでいる。横須賀市では二日に若者たちが集まり、祭りの囃子方を決めたり、太鼓のけいこ始めをし、このとき一年中の行事の相談をした。新年にはじめて風呂に入ることを初風呂・初湯などという所がある。熊本県阿蘇地方では二日あるいは三日にたてる初風呂のことを若湯と呼び、これに入ると若返るという。鹿児島県では商い始めとして若塩売りがあるが、これは塩を作っている人々が二日早朝に塩を売ってまわることをいう。買った家々では、それを床の上に少々供えたり、正月用として用いる。大工の仕事始めとしては、島根県赤来町（現飯南町）では二日に竹で墨差しを一、二本作り、あとは大工道具の手入れをした。また同県隠岐では繁盛を祈って打ち出の小槌という小槌を仕事始めとして作る。

このほかにも多くの作業に仕事始めがあり、これを行なうことによって、それ以降（多くは翌日以降）本格的な仕事にとりかかることができると考えられているのである。（佐藤）

書《か》き初《ぞ》め

新年になってはじめて書をかくことで、試筆・吉書・筆始め・初硯《はつすずり》なども呼ばれ、多くは一月二日に行なわれる。江戸時代後期に寺子屋が普及することにより手習始めということで庶民の間に広まった。若水で墨をすり、菅原道真の画像を掛け、恵方《えほう》に向かってめでたい唄や詩を書いた。ふだんは反故《ほご》紙《がみ》で練習していても、このときばかりは新しい白い紙に書き、それを座敷などに飾った。この書を吉書あげなどといって七日か十五日のどんど焼き・左義長・塞《さえ》の神祭りなどと呼ばれる火祭りのときに燃やし、書が煙とともに高く舞い上がると手が上がる、つまり書が上達するといって喜ぶことは各地にみられる。大分県日田市上津江町では「年の初めに筆とりて、万の宝われぞ書き取る」と書いて神棚に供える。島根県吉賀町柿木村では書き初めをする際に「元日の朝墨すり流し筆とりて、よろずの宝われぞ書きとる」という唱え言をする。（佐藤）

初荷《はつに》

一月二日に店が新年はじめて荷を出すことで、商店の仕事始めである。初荷というと元日のほうがふさわしいようにも思われるが、江戸時代の人は縁起を好んで、元日を初日、二日を初日二日、略して初二、つまり初荷に語呂が通じるところから二日になったとする説がある。しかし、元日は年神祭りをすべき日であるために仕事を休み、それが終わったと考えられる日をもって仕事始めとするのが本来の考えで、多くの商店ではそれを二日にしていたということであろう。馬・車・舟などに元日の夜半過ぎから商品を高く積み上げ、それを紅白の衣で美しく飾り、弓張提灯《ちょうちん》を掲げて運び出したりした。こうした情景は俳句にも詠まれている。「痩馬を飾りたてたる初荷かな」（正岡子規）、「おとなしくかざらせている初荷馬」（村上鬼城）などがあり、きれいに飾りたてられた馬が目立ったようである。明治十年代の初荷は、三井物産会社や三菱商会などでは、夜中から笛太鼓でにぎやかに囃したて、そろいの印絆纏《しるしばんてん》を着て、茜木綿《あかねもめん》の頬かむりをし、紅提灯をつけて荷を出したと、当時の新聞に記述されている。（佐藤）

船祝《ふないわ》い

船主が年の初めに船霊を祀る祝い。一月二日に行なわれることが多いが、七日や十一日に行なう所もあり、祝いかたも各地さまざまである。千葉県市原市では、二日の日に船尾に大火鉢を置いて火を燃やし、錨《いかり》を上げる形をして船首を沖へ向け、乗り子が掛け声にあわせて出船の操作をする。そのあと船尾に集まって手拍子を打ち、船霊に供えたお神酒《みき》を飲んで、船上から餅・蜜柑・おひねりなどを集まった人たちにまく。鳥取県赤碕《あかさき》町（現琴浦町）では二日の夜明け前に初湯を沸かして入り、身体を清めてから神棚に供えてあるお神酒・するめ・一升二合の米を盛った盛り米・塩などを持っていって船に乗る。また、同県岩美町では船に大きな松を飾り、鏡餅を供えて船主が水夫と共にお神酒を供える。そのあと船主の家では本膳を出して水夫たちに馳走をする。青森県風間浦村では十一日に船を沖に出し、金比羅の竜を描いた札を海面にまいて今年の漁を占うとともに、海上安全を祈願する。（佐藤）

初山《はつやま》

新年にはじめて山に入り、仕事始めとして木を伐ること。二日・四日・六日・八日・十一日などに行なわれる。島根県では山入り・若木迎えなどと呼ばれ、同県隠岐では六日朝に明きの方へ向かってカキ餅・白米を供えて拝み、山へ行って松や杉などの実のなる木を二束伐って持ち帰り、雑煮と共にトシトコさん（年神）に供える。茨城県では六日に山入りをするが、これは烏よばりともいわれている。早朝松の枝を二、三本伐り、それに幣をつけて餅・米・塩鮭を供える。このときに「カラース、カラス」と烏を呼ぶ。神奈川県葉山町では山始めとか山祭りと呼び、四日に供え餅の一部と散供《さんぐ》（米）そして注連《しめ》飾りを持って山の入口に行き「これから山をはじめさせていただきます」という。このときにオンバンという木を伐ってきて、二本ずつ束にして、十一日に家の中の飾りをとって年神に供える。同地ではこの木をアーボ・ヘーボ（粟穂・稗穂）という。和歌山県で初山踏みというのも木を伐りはじめる行事である。

（佐藤）

柴祭《しばまつ》り

主として鹿児島県大隅半島に伝承されている初山の一種で、初山の古い姿を伝えるものかとされる。柴の口明けとも呼ばれている。一月三日早朝（二日か四日の所もある）に潔斎した神職や集落の代表者が裏山に入って、柴の神だとされている大木に注連《しめ》飾りをしたり、粢《しとぎ》・焼酎などを供えて祀る。終わると火を焚いて粢を焼いて食べたりする。集落の人々はこの火を見たり、神職の吹く法螺貝《ほらがい》の音などによって柴の口があいたと考え、各種の仕事を始める。この柴祭りが終わるまでは戸外で火を焚いたり、大きな物音をさせるのを遠慮する所があったり、柴祭りをしに山入りする人々を見ると死ぬなどといわれ、正月の厳重な物忌み生活が課されていたことがわかり、正月の祭りの古い姿がとどめられていると考えられている。柴祭りには猪猟など狩猟の模擬儀礼の伴う例が多く、狩猟始めとしての性格も指摘されている。

（田中）

鍬《くわ》入《い》れ

年の初めに田畑に行って行なう仕事始め。十一日に多く行なわれるが、二日・四日・七日の所もある。福島県北部では、十一日の未明に、一升枡に餅二つ・田作り・米と、ガギタレと呼ばれる年の暮れに供えた餅に敷いた紙を細くさいたものをつけた松を持って田畑に行き、「一鍬ざんぶりしょ、二鍬ざんぶりしょ、三鍬目のさきに金銀茶釜を掘り出して、

神奈川県相模原市、鍬入れ。（1976 年：小川直之）

ざんぶりしょ、ざんぶりしょ」と唱え、一鍬入れてから、左・右と三鍬うなってそこに松をさし、一升枡の餅を供える。茨城県ではクワタテとかカイレと呼ばれ、畑を鍬で三回うない、幣をつけた松枝を立てて餅・塩鮭・米などを供える。三回おこすのは早稲《わせ》・中稲《なかて》・晩稲《おくて》を意味し、烏を呼んで烏がどこをついばむかによって早稲・中稲・晩稲の作柄を占うという。熊本県八代市坂本町では二日の早朝に苗代田に行き、鍬で盛土をして、そこにツルノハ（譲葉《ゆずりは》）・茅《かや》をさし、とび米という籾《もみ》のおひねりを供える。そして「一升まいて千俵」といって一升枡に入れた種籾をまく。（佐藤）

烏勧請《からすかんじょう》

烏呼びともいい、主として年頭に、烏に餅や米を与え、その食べ具合で作柄の豊凶などを占おうとする儀礼のこと。東日本では鍬入れや初山に結びついて行なわれる例が多い。青森県では一月十一日の朝、年男が家の裏へ行き、「トーイトイトイ、ヤートレ」「シナイ、シナイ」などといって烏に餅を投げてやる。烏は山の神の使いとされ、烏が自分の家の餅を食べるのを吉とする。秋田県北部では一月十二日の山の神の祭りに餅を藁《わら》につけて木の枝にかけ、「ポッポー」と烏を呼んで与える。やはり烏の食い方で吉凶を占う。また、福島県磐城《いわき》地方では一月十一日の鍬入れを「みさき」とも「お烏」ともいい、田畑の中に三か所、早稲《わせ》・中稲《なかて》・晩稲《おくて》と定めた餅か洗米を置いて、「オカラース、オカラース（あるいはオミサキ、オミサキ）」と烏を呼び、最初についばんだ種類が豊作だとしている。この習俗は関東地方にもあり、静岡県にはこれを烏講と呼ぶ例もある。奈良県には、寒中に子供たちが月の数の白小餅を烏に投げてやる烏の餅やりという行事があるが、西日本では地域の神社や小祠の神事として行なっている例が多い。また、愛知県の熱田神宮・津島神社、滋賀県の多賀大社、広島県の厳島神社など、著名な神社にもこの神事が伝えられている。長崎県島原半島の「烏勧請、猫勧請」と唱えて飛んでいる烏に石を投げてくわえさせようとする遊びも、この儀礼の模倣と考えられる。これらの行事の前提には烏をミサキ（神の使わしめ、従属神）とみる観念があり、烏を通じて神意をはかろうとするものとみられている。（小嶋）

御用始《ごようはじ》め

御用とは公用・公務の意で、官庁など公共性の高い職場の仕事始めのことをいい、官庁の年末年始の休暇の明ける一月四日（日曜日と重なれば五日）に行なわれる。官庁と取引の多い金融機関などの企業の仕事始めもこの日にならっている例が多い。かつては少し祝い酒のはいることもあり、年頭の挨拶など晴れやかな雰囲気のまま一日を終えることもあったが、近年はほとんどの職場では簡単な挨拶程度ですませ、すぐ仕事に取りかかっている。この中で、証券取引所では仕事始めである新年最初の立会いを大発会と称し、華やかな振袖姿の女性職員などを表面に出してにぎやかに景気を盛り立てようとしている。（田中）

出初《でぞ》め式《しき》

新年になって消防士がはじめて出そろって消防の動作などを演ずるもので、全国各地で一月六日前後に行なわれる。万治二（一六五九）年一月四日に江戸の火消したちが上野東照宮で梯子《はしご》乗りをしたのがはじまりとされている。明治八（一八七五）年に今の東京駅の近くにあった東京警視庁練兵場で行なわれてから年中行事となった。東京の場合、その後は日比谷公園・皇居前広場・代々木練兵場・明治神宮外苑・晴海《はるみ》などと場所を移して行なわれ、最近は有明で行なわれている。東京消防庁音楽隊の演奏するマーチにのって消防士・消防自動車・化学消防車などがパレードして、消火演習や消防車からの放水などが行なわれる。ここには火消し組の人々が刺子袢纏《さしこばんてん》に草鞋《わらじ》ばきで組印のまといを振り、木遣《きや》り唄をうたいながら参加する。そして大きな梯子を立てて、その上で背亀とか谷のぞきなどの軽業を披露して、見物している人々を驚かせる。（佐藤）

田打《たう》ち正月《しょうがつ》

仕事始めの儀礼の一つで、年頭に耕作開始の模擬的労働を行なう稲作の予祝儀礼。一月十一日ごろの行事となっている所が多い。山陽・山陰・北陸・中部地方ではこの日、苗代に予定している田または古田に松や榊《さかき》を立てて田の神を祀り、供物をして、形だけ田に鍬を入れる。この際、「一鍬に千石、二鍬に万石、三鍬に数知れず」と唱えながら田打ちを行なう所もある。

この日、藁《わら》や茅《かや》を苗に見たてて雪中にさし、田植えの真似をする東北・北陸地方の例や、十一日に実際の仕事始めをしたり、小正月の夜に家の中で豊作の予祝である田遊びを行なっている所もある。

また、ウチゾメ・クワタテ・サクイレ・クワイレ・ノウダテ・ウナイゾメなどの別称は、いずれも農作業の開始を意味する語である。供物の米を烏についばませて稲の作柄を占うこともする。ほかの地方で行なわれる一月二日などの鍬入れの行事と性格的には同じものである。内容的には、作神の性格を強くもつ年神が家から出て田に移り、田の神となって以後稲の生育を見守り続けるといわれる。田畑に立てる松や榊の枝は田の神の依代《よりしろ》といえる。この日で正月の年神祭りが終わり、新たな年の仕事が開始される日であったというかつての観念が、この行事の中に継承されているといえよう。（茂木）

蔵開《くらびら》き

新年になってはじめて蔵を開ける儀礼で、一月十一日としている所が多い。この日まで蔵を開けてはいけないといわれており、新年に必要なものは、あらかじめ暮れのうちに蔵から出しておいた。千葉県佐倉市では、この日にはじめて蔵から米や麦を出して千葉市方面に売りに行った。また、蔵に膳を供えるが、古くは米俵の上に膳を供えていたという。東京都青梅市では蔵の神から下げた餅を焼いて膳にのせて供えた。山形県では、年男は身を清めてからお神酒《みき》と膳を持ち、提灯《ちょうちん》を持った子供を先頭にして蔵に行き、大黒・稲倉魂の神に五穀豊穣を祈った。この日が農家の稼ぎ始めといわれている。大分県ではこの日まで大黒が蔵におられ、この日に出雲に行かれるとしている所がある。二日とか五日など、蔵開きの日を十一日以外としている所もある。（佐藤）

鏡開《かがみびら》き

正月の期間中、神に供えていた鏡餅を下ろして雑煮や汁粉にして食べることで、多くは十一日に行なわれる。鏡餅を雑煮などに入れるとき、刃物で切ることを不吉だとして叩き割る所は各地にみられる。愛知県蒲郡《がまごおり》地方ではオソナエワリと呼び、熊本県では鏡餅を切った形が墓石に似ているので石塔たおしという。鹿児島県ではユエモンサゲ（祝い物さげ）と呼んでいる。神奈川県山北町ではソナエワリといって、お供えを入れた小豆餅を神に供え、嫁はお供え餅や新しく搗《つ》いた丸餅を二つ持って里帰りをした。二つの餅の一つは実家で細かく割って近所に配り、残りの一つは持ち帰る。山口県ではイワイナラシというが、イワイというのは中国地方で鏡餅のことで、鏡餅を砕くことをめでたくいいかえた言葉である。

なお、鏡開きは武家の具足開きと関係深いが、具足開きは江戸時代初期までは正月二十日に行なわれていた。（佐藤）

初釜《はつがま》

茶の湯で新年最初の茶事のことをいう。新年の客をもてなすもので、仕事始めの一つ。方法は流派や亭主の趣向によるが、まず炭手前のあと懐石が供され、中立をへて濃茶が出されるのが普通である。そのあと、薄茶を点《た》てるなどするほか、茶事上のさまざまな遊びをして楽しむことが多い。床の間には新年らしくめでたい軸を掛けたり飾りをするなど、しきたりを重んじながらもそれぞれの趣向がこらされる。由緒ある茶道具や新しい茶道具が披露されたりもする。ただ、初釜は近代に入っての風だという。茶の湯にとっての正月は、秋の開炉を待って茶壺の蓋の封紙を切り、その年の新茶で茶事をすることだとされている。（田中）

歌会始《うたかいはじめ》

あらかじめ発表されている題にもとづいて、宮中で行なわれる一年最初の歌会。天皇・皇后両陛下をはじめ成年皇族方臨席のもと、召人《めしうど》・一般詠進者（十名ほど）・選者などが出席し、選ばれた一般詠進歌、選者の歌、召歌、皇族・皇后陛下の歌の順で披講（読みあげること）され、最後に御製（天皇陛下の歌）の披講がある。披講は披講諸役が独特の唱え方で行なう。歌会始の起源は定かでないが、室町時代にはすでに宮中の行事として催されていた。その後盛衰はあったが、近代に入っては明治二（一八六九）年に行なわれたのが最初で、七年には一般からの詠進も認められた。第二次大戦前にはいわゆる旧派の御歌所歌人によって選歌されていたが、戦後、御歌所廃止に伴い、短歌の世界で活躍中の歌人五名ほどが選者に委嘱されて一般詠進歌を選歌するようになり、また、テレビでも放映されるなどして次第に国民に親しまれる行事となっていった。（田中）

七日正月《なぬかしょうがつ》

一月六日の夜から七日にかけて行なわれる行事。各地でさまざまなことが行なわれており、かつてはこのときが重要な折り目と考えられていたことがわかる。

六日年《むいかどし》　一月六日の夜を六日年あるいは六日年越し・六日年取りなどと呼んでいる所が各地にある。『東都歳事記』の六日の条に「良賤年越を祝ふ。六日年越といふ」と記されている。神奈川県でも六日年越しと呼び、そばを作って神に供えたり、長芋をすってご飯にかけて家の神々に供えたりした所がある。また鹿児島県ではムカドシと呼び、モロノキ（イヌガヤ）という針状の葉に黒い粒状の実のなっている木と、茎に鋭い刺のある楤《たら》の木を、門松をとり去ったあとに立て、さらに神仏や墓にも供える。

六日の晩に大晦日《おおみそか》や節分と同じような行事をする所も各地にみられる。大分県では鰯《いわし》（目刺）や塩鯖の頭付きで年取りをした。石川県では夜明かしをする風があり、この晩に寝るとしわがよるといわれている。長野県北佐久・小県《ちいさがた》・諏訪地方では六日を蟹《かに》どしとか蟹の年取りなどと呼んでいる。以前は子供が新年の暖かい日に小川に行って蟹をとり、これを年取りの肴にしたり、萩や豆幹《まめがら》の串にさして戸口にさし、流行病除けとしていた。しかし蟹がとれなくなってきたので、蟹の絵や蟹という文字を書いた紙片をはさむように変わってきた。また、蟹とかカニと書いた紙を火にあてて「稲の虫も菜の虫も桑の虫も焼けろ」と節分と似たことをする所もある。この夜に豆まきをする所もある。大分県国東《くにさき》地方では、六日の夕方にムギノキといり豆を年神に供えたのち、一人がムギノキを焼きながら「一番麦」と大声で叫ぶと、ほかの人が「鬼は外」と叫んで豆を外に向けてまく。さらに「二番麦」と叫ぶと「福は内」と応じて内に向かってまく。豆をまいたあとで、囲炉裏の灰にその年の月の数の豆を入れ、その焼け具合で月々の天候を占う。また、徳島県では鬼の豆は黒くなるほどよいといわれ、黒くいって年の数だけ食べ、神々に二粒ずつ供える。豆をまいて家の周りの鬼を追い、福を家の中に招くのだという。残った豆は一升枡に入れて正月棚に供える。

鬼火焚き　九州の各地には七日の早朝に火を焚く行事がある。これを鬼火焚きとかホゲンキョウなどと呼んでいる。佐賀県では青竹・茅《かや》・藁《わら》などを利用して鬼小屋とかオネブ小屋などと呼ばれる小屋を神社の境内や広場などに造り、六日の晩には子供たちがそこに泊り、七日の早朝に燃やした。小屋を造らないで竹や藁を燃やす所もある。大分県では七日の早朝に、田に竹を何本も立てて、その根元に藁や杉の葉を入れて火をつける。この火で餅を焼いて食べると中気にならないといわれている。また、子供は書き初めを棒の先につけて火の中に入れ、焼けて高く上がるほど書が上手になるといわれている。

この鬼火焚きについて、佐賀県内にはいくつかの言い伝えがある。鬼火焚きで焼く餅は、七か所の鬼火で焼いたり七回転がして焼いたものをとっておくと流行病にかからないという。また、鬼火焚きの火にあたると病気をしないともいわれている。焼け残った竹や餅を焼くときに使用した竹は家に持ち帰って、三角に曲げて門口や屋敷の入口、ムラの入口などに立てる。この竹のことをオニノテ・オニノテコボシ・オニバライなどと呼んでおり、魔除け・夏の病気除け・火事除け・泥棒除けなどに効きめがあるという。

飾り下ろし　七日を正月の飾りを取り外す日としている所は各地にある。山梨県丹波山村のお松引きの行事は盛大である。七日の早朝、七草粥やご飯を門松に供えたあと、若者たちが二股の大木で橇《そり》を作り、集めた門松をのせる。橇の周囲は笹竹で囲み、その中央には太鼓を打つ若者が乗ることができるようになっている。午後になると男たちが木遣《きや》り唄をうたいながら大綱で道祖神の前まで引いて行く。橇からは蜜柑が投げられ、それを子供たちが歓声をあげて拾う。これほど盛大ではないが、秋田県では注連《しめ》正月とかトシナビキといって正月の飾りや門松を下ろす。宮崎県では七日の餅割りといって、新婚家庭へは嫁方から直径三十センチほどの鏡餅が贈られ、仲人・夫婦・両親・親族が集まって餅割りを行なった。仲人が鏡餅の割り初めをし、それを四、五センチほどの大きさに分けて二個ずつ客に配った。

七草　七日正月の行事の中で全国的に行なわれているのが七草である。セリ・ナズナ・ゴギョウ・ハコベ・ホトケノザ・スズナ・スズシロという春の七草を入れた粥を作るといわれているが、入れる菜は所によって違いがあり、これにかわるさまざまなものが用いられている。この七草粥を作る際には唱え言がある。これは所によって違いがあるが、「唐土の鳥が渡らぬさきに……」という一節はほとんどの地方で共通している。

（佐藤）

七草《ななくさ》

一月七日の朝に七種の菜を入れた七草粥を食べる行事。七種の菜はセリ・ナズナ・ゴギョウ・ハコベ・ホトケノザ・スズナ・スズシロといわれているが、所によって違いがあり、七種ではない場合も少なくない。なお、平安時代には正月七日に七種若菜が作られ、また江戸時代には、正月七日は五節供の一つ人日として祝われていた。

七草粥　粥を作るために、七草叩きなどといい、六日の夜から七草の葉を年神棚の前とか大黒柱の前などに俎《まないた》を用意して包丁で刻む。このときの唱え言が各地に伝えられている。この唱え言は各地一定しているわけではないが、その中の「唐土の鳥が渡らぬさきに……」という部分に共通性がみられる。主なものをあげてみると、「七草なずな、唐土の鳥が日本の土地に渡らぬうちにはし叩け、はし叩け」（富山県）、「七草なずな、唐土の鳥が日本の空に渡らぬさきに、七草なずなのセリ叩く」（埼玉県）、「唐土の鳥といなかの鳥と帰らぬうちになにたらたらせりたらたら」（秋田県）。なかには唐土の鳥が出てこない唱え言もみられ、「日本の鳥とさんぼの鳥がかちおてばたばたかちおてばたばた」「なんなん七草鳳凰の鳥は知らぬ国から渡らぬようにてってんてててろ、てってんててろ」（大阪府）、「日本の国にオームの鳥や渡らぬアイサ（間）になずな七草はたいておましょ」（奈良県）という所もある。このように唱え言は各地で少しずつ異なっている。刻むときには、なるべく大きな声を出して唱え言をするとか、七回、あるいは四十九回唱えるなどといわれている。

これらは、いったん年神などに供えたあと、下ろしてきて七日の朝には七草粥として食べるが、七草の種類も各地に違いがみられる。福岡県では七草汁とか七草雑炊と呼ばれ、セリとナズナを含むありあ

神奈川県平塚市、包丁の峰と杓子で七草を叩く。（1981 年：小川直之）

わせの七種を入れる所がある。佐賀県ではセリ・ネギ・ホウレンソウ・高菜・大根・人参・蓬《よもぎ》・小松菜のなかから七種を選んで入れる。岡山県笠岡市ではひきわり雑炊と呼び、裸麦をひき割ったものにホウレンソウ・牛蒡《ごぼう》・大根菜・セリ・ナズナや丸餅を割って入れて作り、それを年神や門松に供える。鳥取県では七草粥のことを七日ミソウズ、同県西部ではサバーコと呼んでおり、赤碕町（現琴浦町）ではセリ・蕨《わらび》・柿・大根の葉・搗《か》ち栗・菜の葉・餅の七種を入れて作る。群馬県では米・麦・豆・豆腐・昆布・大根・人参などを入れて七種になればよいといわれているが、三味線草や七草と呼ばれているノコギリッパはこれだけで七草とされている。新潟県は雪国のため、春の七草は用意することができないので、手に入るもので縁起のよいものなら何でもよいといわれている。たとえばセリ・干し柿・楤《たら》の芽・豆・昆布・小豆・米などの七種を入れた。

七草粥の由来　七草粥を作る理由として、長野県では如来様が日本に渡ってきたときに七草粥を作って供えたからだという所があるし、新潟県佐渡では年神が「お前たちは今日からこのようなまずいものを食って懸命に働け」といわれたからだといっている。ほぼ共通に伝えられているのは、七草粥を食べると一年中の病気を防ぐことができるというもので、愛知県ではこれを食べ残すと田の草が残るという。佐賀県では「七草の汁を身体につけるとマムシに食われない」とか「七草を食べるまでは青物を食べてはいけない」などという。また、七草爪などといって六日の夜に七草汁を爪につけておいて七日の朝に切ると、爪が病まないという所も多い。たとえば、兵庫県では爪に七草の茹汁《ゆでじる》をつけると爪を患ったり裂けたりしないとか、犬の爪といって夜切ってもよいという。福島県ではこの日に爪の切り始めをするとか、爪切り湯といって夜になって湯に入り爪を切るというが、こうするとその一年間は夜に爪を切ってもよいとされている。そうでないと世をつめるとして、夜に爪を切ってはいけない。

七草粥と十五日の小豆粥は両方食べるべきもので、片粥はいけないと神奈川県や静岡県でいっている。またこの日に七草風呂といって、野菜や野草を煮た菜汁を風呂水に混ぜる所が熊本県にある。七草風呂に入るとマムシにかまれないとか、腹痛にならないという。福岡県でも七草の湯に入ると病気をしないという。

鹿児島県や宮崎県などでは、七歳になった子供が晴着を着て、膳に椀をのせて持ち、近くの七軒の家をまわって七草雑炊をもらい、それを持ち帰って食べると七所雑炊の力で健康によく育つといわれている。富山県でも七日の雑炊を七歳になる子が七軒からもらい集めて食べると、菜がよくできて運もよく、病気もしないといって、お盆を持って各家をまわり集める。岩手県の室根山で近年まで行なわれていた七草籠りは、農民たちが旧正月六日に山のお籠り堂に集まり、社地の木で玩具のように小さな鍬台を作り、丑《うし》の刻に神主が祈禱をしたあと、田打ちの唄にあわせて一同鍬台で堂の板壁を叩くことだった。鍬台はあとで田の水口に立てたり、余った苗を積み重ねた上にさしておくという。（佐藤）

鬼火《おにび》

九州一帯で、主として一月六日や七日に行なわれる火祭りで、九州以外で小正月に行なわれる左義長やどんど焼きに類似した行事である。福岡・佐賀県と長崎県の一部に一月十四日・十五日に行なう例がみられるが、多くは六日年越しや七日正月の行事である。鬼火という名称が一般的であるが、北九州でホゲンキョウ、南九州でオネコ、長崎県で鬼の骨、鹿児島県ではデボやドヤドヤなどとも呼ばれている。この行事には木戸口で家ごとに火を焚くものと、村中でまとめて火を焚くものがある。山から伐ってきた青竹・雑木や藁《わら》などが焚く材料にされるが、この日までに外した正月飾りを火にくべることもあった。また数日前に各家から集めた竹や藁で子供たちが泊る小屋を造り、それをこの日に燃やす所もある。

鬼火・鬼の骨などの名称は火にくべた竹の破裂音で鬼を追いはらう、あるいは鬼に見たてた竹や木を焼くことに由来し、このほか火が燃えるときの囃し声からきたと思われる名称もみられる。京都府丹後地方の古い記録には左義長のときに「とうどや、ほうけんじょう、左義長左義長」と唱えたことが記されていることから、ホゲンキョウというのもこの際の唱え言の一部だったと考えられる。この行事には、節分や小正月の行事と共通した魔物や災厄を祓うという性格がよくあらわれている。（齊藤）

蟹《かに》どし

長野県北佐久・小県《ちいさがた》地方で行なわれる六日年越し行事の一種。一月六日の夕方に、萩・茅《かや》・豆幹《まめがら》などの串に沢蟹をさして火であぶり、家の各入口にはさんで魔除け・疫病除けとする。あぶるときに「稲の虫も、菜の虫も焼けろ」と唱える所もある。近年、沢蟹のかわりに蟹の絵もしくは「蟹・茅」「カニ」などと書いた紙を、そのまま門口に貼ったり串にさして掲げておく例が多くなっている。長野県内には節分に同じことをする例もある。全般的に節分のやいかがしとの類似が指摘でき、七日正月を迎えるにあたって、蟹のはさみの威力や蟹をあぶった臭気で疫神の侵入を防ぎ、災厄を防ごうとしてはじめられたものであろう。また、陰陽五行説にもとづき、木気の春を迎えるために、木気の前にある水気の冬の象徴物である蟹を殺すことに意味のある、迎春呪術であるとする考えもある。（田中）

勧請掛《かんじょうか》け

不幸をもたらす悪霊・疫神がムラに侵入しないようにとの考えから、大草鞋《わらじ》・藁《わら》製手桶《ておけ》やさまざまな形に結んだ印を注連《しめ》縄でつなぎ、杉の葉や草花で飾って、村境や川に引き渡すなどして、外界との境を締め切る行事。所によっては男女のシンボルを吊り下げる場合もある。一月七日前後に行なう所が多いが、小正月に行なったり、正月の「おこない」の諸行事の一つとなっている所もある。初春の行事といえるが、まれに一月・五月・九月の年三回行事を重ねる地域や、三月に入ってから行なっている所もある。分布は全国におよんでいるものの、奈良県・滋賀県南部に集中的な分布がみられる。関東地方の海寄りの地域にも多い。ツナツリ・カンジョウツルシ・オニノコンゴなどと呼んでいる所もある。奈良県平群《へぐり》町椣原《しではら》では、家々から藁を持ち寄り、オンズナとメンズナを作る。その綱で綱引きをしたあと、一月八日に村境を流れる平群川に綱をかけ渡す。福井県敦賀市砂流《すながれ》では、一月七日の夜、村境の道の両側にある大きな欅《けやき》の木に太い注連縄を張りわたし、それに板を吊るす。板にはムラに住む藤原姓三十余名の名を記し、裏には「蘇民将来子孫也」と書かれている。同じ悪霊除けである蘇民将来との習合もみられる。（茂木）

鷽替え《うそか》

福岡県の太宰府天満宮などで行なわれる、参詣人が作り物の鷽を取り替える行事。太宰府天満宮では一月七日の夕方、参詣人がそれぞれ一年間神棚に祀っていた木製の鷽（今は社務所などで売っている）を持ち寄り、「替えましょ、替えましょ」と声を掛けて互いに交換しあう。その中に神社から出された金の鷽があって、これに当たると吉兆として喜び、神社からお神酒《みき》をいただく。鷽は持ち帰って神棚にあげ、火伏せとする。この太宰府の行事は江戸時代後期に大坂や江戸に伝わり、大阪天満宮や亀戸天神でも行なわれるようになった。そのほか各地の天満

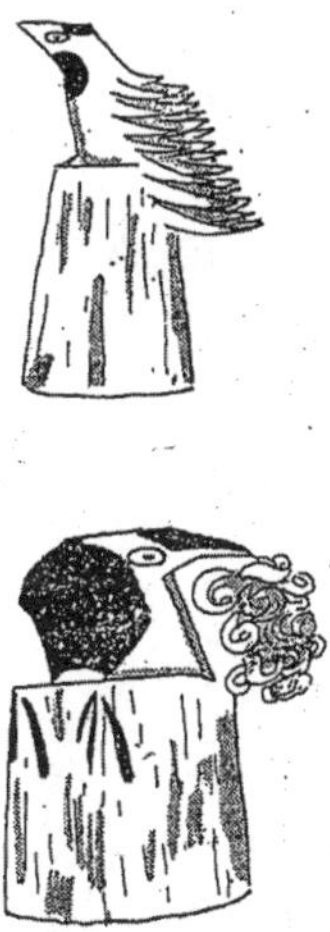

東京の鷽替え、右下は福岡の鷽。（『年中行事図説』）

宮もこれを行なう所がある。鷽替えは一年間の嘘を鷽につけて罪・穢れを祓うのだとか、一年間の凶事を嘘として吉に変えるのだとか説明されている。木製の鷽は祭具である削り掛けに似ており、もとはこれを奪いあう一種の年占《としうら》であったろうとする説もある。もっとも現在では参詣人が鷽を買い求めるだけの行事になってしまっていることが少なくない。大分県宇佐神宮の鳩替え神事など、鳩・玉・剣・達磨・花などを取り替える同じような行事が、九州をはじめとする西日本のあちこちにみられる。（小嶋）

蘇《そ》民《みん》将《しよう》来《らい》

疫病除けとして、正月に社寺が授ける八角形や六角形に削った木製柱状の護符で、「蘇民将来子孫人也」などと書かれている。木札や紙札もあり、これらを門口に貼ったり、身体につけておけば、厄除けになると信じられている。作物の害虫除けとして田畑に立てる所もある。蘇民将来の名は『備後国風土記』逸文にあらわれる。昔、備後の国に、善人で貧しい兄の蘇民将来と、裕福ではあるが無慈悲な弟の巨旦《こたん》将来が住んでいた。ある夜、武塔《むとう》神という北方の神が、南海の女神を娶《めと》りに行く途中、ここに一夜の宿を求めたとき、弟はことわり、兄の蘇民が快く迎えた。武塔神は、実は疫病の神であったのだが、それをもてなしたためその代償として、兄は子孫にまで末永く神の庇護が約束されたという話である。そのため蘇民将来の名を記した護符を門口に置いたりすれば、疫病をまぬがれるというのである。この話は六月末の夏越しの由来ともなっている。岩手県水沢市の黒石寺の蘇民祭（旧暦一月七・八日）のように、裸祭りした青年たちがこの護符や護符の入った袋を奪いあって災厄除去を願う例もある。（茂木）

十日戎《とおかえびす》

一月九日・十日・十一日の三が日間にわたる、エビスを祀る神社の祭りで、九日が宵戎、十日が本戎（本祭り）、十一日が後戎もしくは残り福と呼ばれる。西日本各地に分布し、西宮神社（兵庫県）・今宮戎神社（大阪府）がとくに有名である。かつて西宮では九日夜にミカリ神事といって神職をはじめ氏子たちが厳重な忌み籠り生活に入り、市中の家々は松を逆さに立て門戸を閉じ、灯火・音曲を禁じて謹慎したという。十日午前六時の神社表門開門を待って福を求める人々が本殿一番のりを競う。祭りのクライマックスは十日夜で、今宮戎神社では「商売繁盛ササ持って来い」の掛け声が境内に渦巻き、縁起物を束ねた小宝（吉兆）を肩にした参拝客でにぎわう。西宮神社の十日戎はすでに鎌倉時代にはあったが、江戸時代になると今宮戎神社のと共に商人の祭りとして相当のにぎわいをみせるようになり、エビス神

大阪市、今宮戎神社の十日戎で笹を授与する。（1993年：齊藤純）

を勧請した各地諸社にも広まっていった。（田中）

小正月《こしょうがつ》

一月十四日・十五日を中心とする正月。元旦を中心とする大正月と対になった語で、小正月のほか、地域によっては十五日正月、望《もち》の正月、女の正月、女の年取り、若正月など、さまざまに呼ばれている。太陰太陽暦（旧暦）にあってはその年はじめての満月に当たるときで、月の満ち欠けを日々の推移の目安にしていたころ（あるいは目安にしていた人々）には元旦にもまして重要な年初の諸行事の営まれるときであった。内容は多彩で、互いに関連しあっているとともに地域による変差も大きい。全国的にみると、農耕の予祝、年占《としうら》、邪霊除け、神霊の訪れ（小正月の訪問者）、火祭りに大別できる。

農耕の予祝　予祝行事のありかたは、倉田一郎『農と民俗学』（一九四四年）以来、モノツクリ系とサツキ系に分けて考えるのが一般的である。モノツクリとは、餅・団子や木片などで稲・粟・稗《ひえ》などの穀物や繭・綿花・野菜類の形をこしらえ、それを大小の木の枝にたくさんさして神棚などに飾ったもので、豊かな実りのさまをあらかじめあらわしておけば、後日それが実現されるとの信念にもとづき、行なわれている。このような作り物は餅花とか繭玉、木綿花、アーボ・ヘーボ（粟穂・稗穂）などと呼ばれているが、これらとは別に柔らかい水木の枝の一部を削って花が咲いたようにする削り掛けといわれるものも作られる。餅花や削り掛けの美しさが印象的であるため、小正月を花正月と呼ぶ地域もある。もう一方のサツキとは、年間の順調な農作業の過程を模擬的に演じる所作である。かつて主として東北地方一帯で行なわれ、戸主が庭の一画を田に見たてて籾《もみ》殻《がら》をまいたり苗に見たてた松葉や切り藁《わら》を植える所作をする庭田植えのほか、田植え踊りなどといい若者などが早乙女に変装して各家々を訪れることもあった。また、その所作を演じて米・銭をもらい歩く人々もあった。このサツキ系の行事は、広く全国の神社で行なわれている芸能としての田遊びと深い関係があるものと思われる。これら農耕の予祝儀礼は、望ましい結果をあらかじめ年初に示すことにより、神霊を動かしてそのようにあらしめようとする、イギリスのJ・フレーザーのいう類感呪術の一種である。

果実のなる木（柿の木が多い）を叩いて豊熟を誓わせる成木責《なりきぜ》めや、祝い棒で新嫁の尻を打って受胎を願うハラメウチなども、小正月の予祝行事の一種である。

年占《としうら》　粥《かゆ》を用いた粥占や豆による豆占などで、作物の豊凶や天候を占おうとすること。烏を呼んで餅や穀物を与え、その食べ具合によって豊凶を占う烏勧請《からすかんじょう》が小正月に行なわれることもある。

邪霊除け　中部地方山地から関東地方にかけてのように、各入口に門入道とかオツカド棒というものを立てて邪霊の侵入を防ごうとするものから、藁苞《わらづと》や横槌を家の周囲を引きまわしたりそれで地面を叩いたりして蛇の侵入やモグラの活動を押さえようとするもの、鳥追い唄をうたいながら子供が田畑をまわって害鳥を追い払おうとする行為、福井県若狭地方から京都府・鳥取県の日本海寄りの地方にみられる狐の害を防ごうとする狐狩りなどがある。

神霊の訪れ　年初に神々が祝福に訪れるという信仰を背景にした行事で、具体的には青年や子供が神に扮して集団で各家々を訪れ、祝福の言葉を述べ餅・銭などをもらい受けるというもの。よく知られているものに秋田県男鹿半島のナマハゲ（近年は大《おお》晦日《みそか》に行なわれることが多い）があるが、各地にはホトホト、カセドリ、チャセゴ、トロヘイなど類似のものが多くあり、これらを民俗学では小正月の訪問者と総称している。社祠や臨時の小屋に籠ったあとで訪れたり、仮装をして擬声を発したり、手製の祝い品を持参したり、人々に水や泥をかけたり逆にかけられたりし、小正月のにぎやかな行事となっている。先に述べた鳥追いや次の火祭りの小屋行事などと形式上似ている部分があるほか、春駒・万歳など職業化した門付け芸にも通じるものである。類似の訪れ人(神)は、日本列島のみならず東アジア各地やメラネシアなどにも広く分布している。

火祭り　大火を焚く行事で、左義長、どんど焼き、さいと焼きなどさまざまな名で呼ばれ、この火で門松や正月飾りを焼却する所が多い。その際、小屋を造り子供たちが一晩籠ったあと焼却する例も多かった。火祭りは全国各地で行なわれているが、東北地方一帯は希薄で、九州では鬼火焚きといって七日に行なってしまう所が多い。伝統的な小正月行事が衰退しつつある現代にあって、この火祭りは、都市部の自治会などが主催する形でいっそう盛んになっているかに思われる。

このように小正月の行事内容は多彩であるが、小正月の開始と終結をいつと考えたらよいのか確かなことはいえない。十三日から十五日までと考えるのが一般的であるが、農耕予祝のモノツクリに用いる木を一月二日とか四日の初山に伐ってくる例が東日本に少なくなく、この場合、初山には小正月行事開始の日としての意味があるといえよう。この木はさらに保存され、春の水口祭りに用いる所もある。また、餅花・繭玉などは二十日の風にあたらせるなどといって十九日夜までに外す例が少なくないことを考えると、このときが小正月の一応の終わりだとみなされていたのかとも思われる。（田中）

女《おんな》の正月《しょうがつ》

一月十五日の小正月を女の正月という所がある。元旦を中心とする大正月を男の正月というのに対して小正月をこのようにいい、同様に大晦日《おおみそか》の年取りに対して十四日の晩を女の年取りという所も多い。この種の名称は東北地方をはじめ全国各地にみられる。小正月には削り掛けや餅花を飾ったり、鳥追いや成木責《なりきぜ》めなどさまざまな行事が行なわれるが、この時期に女性の休み日を設けたり、女性独自の行事を行なう所も少なくない。たとえば長崎県西彼杵《にしそのぎ》地方では十四日に女性が磯に集まり飲食をするのが女子《おなご》の正月であるといい、岩手県釜石市山谷ではこの日に女性の集団が作付けの模擬儀礼を行なうという。朔旦《さくたん》正月（一月一日）より望《もち》の正月（一月十五日）を古い正月とする考え方からすれば、女の正月は単に女性の休み日ではなく、女性を中心として祭事を行なうところに意味があったのであろう。（萩原）

繭玉《まゆだま》

木の枝に繭形の餅や団子をつけて神棚や床の間の前に据え、養蚕の成功を祈願する小正月の飾り物。広義には農作物の豊穣を願って木や藁《わら》に餅や団子をつけた、いわゆる餅花を総称することもある。新年

神奈川県秦野市、繭玉飾り。（1986年：小川直之）

にあたって、立派な繭や豊かな農作物の形を作ることにより、今年もかくあれかしと祈る類感呪術の一種である。

一般にこれらの飾り物は小正月の十四日に準備されるが、その材料には仕事始めとして一年で最初に山に入る初山などの機会にとってきた栃・榎・水木などを用いる。枝には繭のほかにもさまざまな作物をかたどった餅・団子がつけられ、色どりとして蜜柑などが下げられることもある。繭玉を飾る場所は一か所に限らず、神棚や屋敷神の祠、蔵・井戸・竈《かまど》など数か所にわたることもあり、埼玉県入間地方では年神・荒神・俵神・臼の神・水神・井戸神・蚕神・氏神などの神々に供えるという。これらは小正月の終わりとともに外されるが、長野県などでは二月の初午の日の蚕玉《こだま》祭りにも繭玉を作る。繭玉の団子は、かつては子供のおやつともなっていた。団子をゆでた水に特別な力を認め、家の周囲にまいて害虫や蛇除けにしたり、果樹の根元にかけて豊穣を祈るのに用いる所もある。

繭玉と呼ぶのは関東・中部地方を中心として主に東日本で、団子・団子木・団子さしという名称も東日本にみられる。一方、餅花という名称は全国的に広く点在し、柳餅は九州・四国に多くみられる。そのほか、にめの餅（鹿児島県）、稲株（富山・石川県）、稲の花（長崎県北部）、木綿花・綿団子（千葉県房総半島・長野県北部・愛知県西部）などいろいろな名称が各地にあり、形態もさまざまである。

繭玉という名称は明らかに養蚕に関係したものだが、本来は藁《わら》に餅や団子をつけて穀物の穂をかたどり、その実った様子をあらわしたものがもともとの形と考えられている。それがしだいに農業に関するさまざまな飾り物をつけるようになり、複雑に、また華やかになっていった。この飾り物は一年のはじめにあたって農業の成功を祈願し、あらかじめその様子を模して祝っておくもので、養蚕が普及すると繭のよくできた状態をまねた繭玉がつくられた。そして、養蚕の流行によって繭玉はこのような飾り物を代表する名称になっていった。木綿花や綿団子という名前も綿栽培の普及によるものであろう。

これらの飾り物は現在でもみかけるが、一年の農業の成功を祈るといった意義はすでに薄れて、単なる装飾と考えられている場合が少なくない。養蚕が廃れてからはとりやめた所も多い。（齊藤）

削《けず》り掛《か》け

木の枝を薄く削って作った祭具で、紙が普及する以前の古い御幣の形態を残す。今日では主として小正月の行事に用いられている。関東・中部地方一帯をはじめ九州などにも広く分布しており、その名称も花・木花・搔《か》き花・削り花・穂垂れなどさまざまである。東京都神津島では一月十四日を花正月といい、お花（松と柳で作った削り掛けを割竹の先端にさしたもの）を一対ずつ餅と共に神棚にあげて神社に納

右より栃木・伊豆大島・東京・長野・鹿児島の削り掛け。（『年中行事図説』）

める風習があり、埼玉県にも同じく花正月の呼び名がある。山梨県西八代地方では削り掛けを割竹の先端にさしたものをオホンダレ（御穂垂れ）という。穂垂れとは稲穂のように房状にたらした削り掛けである。九州には一月十四日を穂垂れ曳きと称する所が多く、宮崎県では餅花のことを穂垂れと呼んでおり、かつては餅花ではなく削り掛けを用いていたものと思われる。このように、削り掛けには花弁状のもの、房状にたらしたものなどをはじめさまざまな形がみられる。その形は稲などの穀物が実った状態を模しているといわれ、その年の豊穣を予祝する意味がある。材料には、正月の若木迎えの際に山から伐ってきたヌルデ・接骨木《にわとこ》・水木・柳などの木が使われる。静岡市では削り掛けを作る日を花掻き日といい、長野県から北関東一帯にかけてはモノツクリといって餅花や繭玉とともに削り掛けを作る所が多い。飾る場所は家の門口や神棚・仏壇など屋内の各所、墓地などであり、小正月の終了後に片づけられる。また、取り外した削り掛けを薪にして小豆粥を煮たり、下げたあとしまっておいて稲の種蒔きの日に苗代に立てて田の神の依代《よりしろ》とする所もある。

粟穂・稗穂や南九州でハラメウチ行事に使用されるハラメ棒、粥占《かゆうら》に用いる粥掻き棒（祝い棒ともいう）のような小正月の祭具・飾り物に対しても、その一部を削って削り掛けふうにする場合がある。

なお、アイヌのイナゥと削り掛けは形態がよく似ており、両者の関係が指摘されている。（萩原）

粟穂《あわぼ》・稗穂《ひえぼ》

粟や稗の穂の実った様子を模して作られる小正月の飾り物の一種で、アーボ・ヘーボともいわれる。木で作るものと餅で作るものがある。埼玉県で粟穂・稗穂と呼ばれるものは、ヌルデなどの木を十センチ位に切り、皮のついたものを稗、皮をむいて白い部分を出したものを粟の穂に見たてたものであ

長野県阿南町、垂れているのが粟穂・稗穂。（一九三〇年：国学院大学折口博士記念古代研究所）

る。それぞれ細竹の先につきさして穂の垂れさがる様子をあらわし、家の中の鴨居に下げたり畑や堆肥場などに立てておく。あるいは穂にあたる部分を俵のように束ねて神棚などに供えることもある。岩手県雫石町では小正月に多くの飾り物が作られるが、そのなかで柳の枝の先に餅をつけたものを粟穂と呼び、居間の長押《なげし》などに飾っている。粟穂は熊本・愛媛・高知・島根県の一部にもみられるが、主として東日本に分布し、とくに粟穂・稗穂と一組で飾るのは関東地方が分布の中心である。この飾り物を餅で作るのは東北地方にしかみられない。繭玉と同様に農耕の開始に先立ってその成功をあらかじめ祝っておく儀礼と考えられ、かつては粟や稗が食物として重要だったことをうかがわせるものである。（齊藤）

穂《ほ》垂《だ》れ曳《ひ》き

南九州における小正月の予祝行事。年初にあたって、稲穂のよく実った形を作って神霊の発動を促し、秋の豊作を願う類感呪術である。この名で呼ばれる行事には二種ある。一つは、一月十四日の夜、チガヤの束を、秋に吟味して刈り取って保存しておいた初穂の米を蒸した湯気やその米でこしらえた粥で湿らせ、それに初穂の稲の籾殻《もみがら》をつけ、大竈《かまど》の上に供えたり台所の柱に掛けておく。このように稲穂がよく実り垂れたさまをかたどった作り物がホダレで、ホダレを作り祝うことが穂垂れ曳きである。ホダレはこのあと田の水口祭りに用いられることから、穂垂れ曳きは秋→正月→春と連続する行事群の一部として位置づけることができる。チガヤでなく稲藁《わら》を用いたり、餅花を作り祝うことをこのように呼ぶ例もある。もう一つは、一月十四日の夜、大きな鍋に野菜や魚を包丁をあてない（すなわち切り刻まない）まま入れた味噌汁をこしらえ、その具を長い箸でたらしながら腹いっぱい食べることをいう。箸ではさんだとき、野菜の葉が長く垂れるのが秋の稲穂の実った様子に似ているわけである。（田中）

庭田植《にわたう》え

小正月に田植えの所作をする行事で、予祝儀礼の一つ。雪の中の一画を田に見たてて、そこに藁《わら》や松葉・豆幹《まめがら》などをさして田植えの模倣をする例が多い。主として東北地方にみられ、実際の田植えと区別するため、行事の行なわれる場所や時期にちなんで庭田植えあるいは正月の田植えと呼ばれるが、同様の行事をサツキという実際の田植えの呼称をもって呼ぶ所も少なくない。青森県小川原地方では、一月十五日の夜、裏畑の雪の上で藁と茅《かや》を束ねて苗に見たて、五株と七株ずつ二尺四方くらいに立て、その夜に雪が降ってこの株にかかっていると、稲の花がかかったといい、豊作の前兆として喜ぶという。稲ばかりでなく、豆・麻について行なう所もあり、水田・豆畑・麻畑を想定した場所に、それぞれに藁・豆幹・麻幹をさしている。岩手県雫石町《しずくいし》では、一月十五日の朝、年男は門松を新しい若松と取り替え、前の門松を庭田植えの場所に立てる。豆と麻をそれぞれの場所にまき（実際には豆幹・麻幹を立てること）、田は三枚作る。この庭田植えは家族一同で行なう。早乙女と子供は藁を持ち、水見役の男は鍬《くわ》をかつぎ、代掻《しろか》き役は馬鍬《まんが》とサエ竿（馬の鼻取りの竿）を持っていく。まず代掻きが馬を追いまわすように「ほうほう」と叫び、早乙女は植え始めに「一ぞく（一束）さ五升ずつ成るように」といいながら植えていき、植え終わると皆で田の上のほうに向かって、今年も豊作でありますようにと田の神を拝む。行事がすんで皆が家にあがると、身を清めて、着替えをした年男が二つの膳を神棚にあげて年神をうやうやしく礼拝する。家族一同も次々に拝する。なお、この晩に田植え踊りをする人々が来て泊る所では、踊り連中も総出で田植えの所作をし、笛・太鼓・手拍子に田植え唄でにぎやかに、きれいな衣装と花笠を身

秋田県大仙市、藁や豆幹を植え（刺し）、煤男を立てる。
（文化庁『日本民俗地図』Ⅱ（年中行事2）より転載）

につけた早乙女たちがうたいながら植えるという。また、この日は朝から「お田植えに上がりました」といって、いろいろに変装した二人組・三人組と、多くの田植え人が入れ替わり立ち替わり来て餅をせがんだという。

庭田植えは、家々の主人や年男が自ら行なうのが本来の形であったと考えられるが、もっぱらムラの若者や子供に委ねている所や、なかば職業化した者が家々をまわってこの演技を行なう所などもある。また、青森県八戸地方のえんぶりのように、定型化した所作と唄を伴って田植え踊りと称している芸能が東北地方に広く分布する。

このような東北地方の家々で行なわれる庭田植えと、全国各地の神社を中心として営まれる御田植え祭り・田遊びとは、予祝儀礼として同じ意味のものである。（茂木）

成木責《なりきぜ》め

果樹の幹を棒で叩いたり、刃物で傷をつけたり、その傷口に粥《かゆ》を塗り込んだりして樹木をいじめ、豊穣を強要する行事。小正月に家々で行なわれる一連の豊穣予祝行事の一つである。多くは一月十四日の午前中に梨・桃・柿などの果樹に行ない、なかでも柿が多い。果樹の幹を叩きながら、「成るか成らぬか、成らねば伐るぞ」と唱え、木にかわって「成ります、成ります」と答える所作をするが、これを一人で行なう方法と、父子で掛け合うやり方とがある。地方によっては男女で行なう場合や、いまでは子供だけの遊びとなっている所も多い。

名称は木おどし・木責め・木まつり・なれよし・なれなれなど地方によってさまざまであるが、行ない方は全国ほぼ同じである。また、成木責めに使う棒を長崎県では千《せん》なれ棒、同県対馬では子はらみ棒といい、この行事が単に果樹をおどして豊穣を約束させるだけでなく、男根を思わせる叩き棒が豊穣の呪《まじな》いとなっている面を知ることができる。丈夫な子が生まれるようにと、近所の子供たちがこの棒で嫁入りした女性の尻を叩きに歩く嫁叩き棒もある。果樹は精力を持ち過ぎるとかえって果実を少なくするので、傷をつけることは実際の効果をもっているという説明もなされるが、成木責めの本質は、新年にあたって、果樹に豊穣をあらかじめ約束させてしまう呪術にあるといえるであろう。なお、昔話「猿蟹合戦」の中で、蟹が柿の木に向かって唱える言葉は、この成木責めの文句と関連があるとされている。（茂木）

水祝儀《みずしゅうぎ》

ムラの若者らが新婚者、とくに婿に水を浴びせかける儀礼。水祝い・水かけともいう。朝婿入りや嫁入りの行列の際に行なわれる例もあるが、婚礼の翌年の小正月の行事となっている地方も少なくない。福島県いわき市には、ムラに新しく婿に入った者を愛宕神社の境内に集め、若者たちが手桶の水を頭からかけて火伏せの祈願とする小正月の行事があり、水祝儀とか水祝いと呼んでいる。山形県米沢市近辺でも小正月の十五日に同じ組の者が婿の家に集まり、白衣・裃《かみしも》をつけた婿に水をかけて水祝いをした。長野県諏訪地方では一月十七日の山神祭りの日、島根県簸川《ひかわ》地方では正月の氏神詣でのおりに行なっていた所があり、また新潟県魚沼市では十五日の股倉神社（現在は八幡宮に合祀）の例祭に水祝いが行なわれたという。江戸時代には全国各地にこの風がみられ、幕府や諸藩は悪習としてしばしば禁令を出していた。こうした婿いじめの習俗は、ムラの娘たちの婚姻には若者仲間が大きな権限をもち、その承認と祝福が必要だったことをうかがわせる。新婚の家でムラの若衆連中を招待して宴を張ることを水浴びせ祝いと呼ぶ例（静岡県浜松市付近）や、村外婚の場合に、婿の家から嫁のムラのニセ衆(若者仲間)に出す金を水かけ銭と呼ぶ例(鹿児島県南さつま市坊津町)もある。なお、福岡県春日市の「春日の婿押し」はこの水祝儀が国の重要無形民俗文化財として指定されたものである。(小嶋)

祝《いわ》い棒《ぼう》

小正月の呪術的行事に用いられる神聖な棒の総称。暮れの松迎えや正月早々の若木迎えなどに伐ってくるヌルデ・接骨木《にわとこ》・柳・桑・栗などの木で作られる。手に持てる適当な長さに切ってから、皮を剝いだり、削り掛け状にしたり、いぶして白黒の綾模様をつけるなど、簡単な加工がほどこされている。これで打つことによって豊産が約束されるとされ、成木責《なりきぜ》めと嫁叩きに用いられるものが、その代表といえよう。成木責めには鉈《なた》や鎌などで木に傷をつけて豊熟を誓わせ、そこに粥《かゆ》を塗り付けることも多いが、このような霊力の認められる棒で叩くのが本来の形かとされている。嫁叩きは『枕草子』にも類例のみえる古い習俗で、オカタブチ・ハラメウチなどとも呼ばれ、子供の一団が新嫁のいる家を訪れ、削り掛けや男根を形どった棒で嫁の尻を叩いてはらませようとするもの。鳥追いに子供が持ち歩く棒や小豆粥を掻きまぜたあと春に田の水口に立てる粥掻き棒も、祝い棒の一種と考えられる。(田中)

年占《としうら》

一年間の作物の豊凶や天候などを占うこと。年末から小正月にかけてと節分に行なうことが多い。この期間は年の変わり目と意識されるためか、いろいろの行事に多かれ少なかれ年占の要素を見いだせる。

年占の方法は多く、竹筒などに入った粥の量で占う粥占《かゆうら》、豆の焼け方や皮のはじけ具合で占う豆占、搗《つ》きたての餅を米の上に並べて臼を伏せておき米粒のつき具合で占う臼伏せ、水中に餅や米粒を投げ込んで沈み具合で占うものなどがある。さらに小正月の左義長で煙の立ち昇る方向によって、作物の豊凶を占うこともある。綱引き・相撲・的射・舟競争などでも、競技に勝ったほうが豊作あるいは豊漁とする年占の要素がうかがえる。年占を行なうのは、家庭にあっては正月の年男と同様とすることが多く、厄年にあたる者がとくに念入りに行なう例もある。

粥占・豆占　粥を用いた年占は家ごとに行なわれるほか、神事として神社でも行なわれる。竹筒や粥掻き棒を用いる例が多く、占う事柄は地域によってまちまちで、それは主として生業のちがいによる。千葉県成田市では、各家ごとに一月十五日に柳の箸の先端に十文字の切れ込みを入れ、それを小豆粥の中に突っ込み、粥のはさまり具合によって一年の作物の豊凶を占う。切れ込みに粥を入れた箸は神棚や荒神など正月の鏡餅を飾った所に供えた。東京都大田区では家単位ではなかったようだが、筒粥神事として大正末まで、一月七日に六郷神社で行なわれていた。昼間に流鏑馬《やぶさめ》を行なった的場で、夜になると大釜に米一升二合を一斗二升の水で煮つめ、七、八升ほどに煮つまったところに、節のない長さ一尺二寸（約三十六センチ）の矢竹を十二本筏《いかだ》状に組んだものを入れた。これはイカダと呼ばれ、それぞれの竹筒には米・麦・小豆・黍《きび》・粟・稗《ひえ》・桃・梨・雨・風・水・世の中と書いてあり、翌朝に神主が引き上げて、竹筒の中に入った米粒を調べてその年の豊凶を占った。その日の夕方になると人々は粥をもらいに行き、年占の結果を記した粥占表という印刷物を一緒に持ち帰るのであった。流鏑馬も、もともとは神事として年占の意味をもつと考えられており、山梨県富士吉田市の秋祭りで、馬の走ったあとから吉凶を占うのは、それを示唆する例とされる。東京都利島で行なわれる一月十四日の粳粥《うるちがゆ》祭りでは、神主のかわりを果たすホーリが中心となって、氏神の社において、糸を通した五本の竹筒に一から五までの番号をふり、それぞれで人・蚕・漁・麦・秋作を占おうとするもので、粥の中にこの竹筒を吊り下げてから取り出し、竹を割って中に入っている粥の粒を数え、その多少により吉凶を占った。

豆占の例として、茨城県古河市では焙烙《ほうろく》で大豆をいり、豆の皮のはじけ具合をみて、皮がむける年には大風が吹くといい、皮がむけずに黒く焼けると雨が多く、水害が起きやすいという。新潟県岩船地方では豆を囲炉裏の灰の上に十二個並べて天気を占う。豆はまず枡に入れて恵比須・大黒に供えてから下ろし、十二個囲炉裏に並べ、火をつけた杉の葉で軽くなで、白い灰になれば晴、黒く炭化すれば雨として結果を紙に記し、台所の壁に貼っておいた家もある。

競技　綱引きは、東日本では小正月に、西日本では盆行事、九州は八月十五夜に行なわれることが多い。上下《かみしも》、東西などの対立する集団が引き合い、その勝敗で占うのである。石川県輪島市では上が勝てば豊穣、下が勝てば大漁とし、秋田県大仙市大曲では上が勝てば豆が安くなり、下が勝てば米が安くなるといった。あらかじめ一方を吉とし他を凶と決めている所では、競技というよりも神事の色彩が濃くなり、吉のほうが勝つように段取りしている。これに対して、舟競争には綱引きほど年占の意識は見いだせない。数少ない例の一つとして、愛媛県西条市の大崎龍神社の管弦祭では、旧暦六月十一日・十二日に神の海上渡御・還幸があるが、若者による舟競争がそれとは別に行なわれる。成人式を迎える若者はこのためにかならず地域に帰ってこなければならないとされており、競争で北が勝つと豊漁、南が勝つと豊作といわれる。（古家）

小豆粥《あずきがゆ》

一月十四日または十五日に作る粥。小豆を入れる例が多いため、一般に小豆粥といえばこの日の粥と解されることが多い。新潟県佐渡で染粥、石川県などで桜粥と呼ぶのはその色によるもので、小豆の赤い色はハレの日の食物のしるしである。このため小豆粥は大師講など一月十五日以外の日の食物として用いられる場合もある。中部・中国地方で望粥《もちがゆ》というのは本来は望（満月の十五日）の粥という意味だったと考えられるが、この粥にはきまって正月の餅を入れることから餅の粥だと思われるようになっている。粥を吹いて食べると田植えのときに風が吹くとか、粥が硬いと田が干上がるなどの俗信があるのは、この日の行事が一年の農耕の成果と深く関係すると考えられていたためで、この粥を用いて年占《としうら》を行なうことも多い。この粥自体にも特別な力が認められたらしく、手足につけたり、粥の器を洗った水を家の周りにまくと虫除けになるという。このような力は神に供えた食物に共通して認められるものであった。（齊藤）

粥占《かゆうら》

小正月に粥を用いて行なう年占《としうら》の行事。粥占には一月十五日の朝に炊いた小豆粥を使って行なうことが多いが、七草や各地域の神社の祭日にあわせて行なう場合もある。占いの方法は、ヌルデなどの木で粥掻き棒という先の割れた棒を作り、それで粥をかきまわして割れ目にはさまった米粒の数で豊凶や天候を占うものと、竹や蘆《あし》の管を粥に入れて煮込み、その中に入った粥の量で占うものに大別される。そのほか、粥に浸した穂や藁《わら》束についた籾《もみ》の量で占うものや、保存しておいた粥にできる黴《かび》の様子で占うものもある。粥の中に小さな餅や団子を一つ二つ入れておき、よそった椀にそれが入っている者が幸せを得るというような占い方もある。

群馬県みどり市大間々町では一月十五日の朝に作った小豆粥を二本のヌルデの粥掻き棒でかきまわし、米粒が多くはさまればその年は豊年とされる。

兵庫県の粥占、右は山梨県の粥掻棒。(『年中行事図説』)

そのあと粥掻き棒は半紙にくるんで神棚にあげておき、後に苗代の水口（水の取入れ口）に立てる。この粥を食べる箸もヌルデの木で作り、これも保存して田植えのときの食事に用いる。この箸ははらみ箸と呼ばれ、子孫繁栄と稲がよくはらむようにという意味がこめられているという。また粥掻き棒で女性の尻を叩くと子供がさずかるともいわれる。このような粥掻き棒を使う例は主として関東・中部地方に多くみられる。この粥を吹いて食べると田植えのときに風が吹き、粥の器の洗い水を家の周りにまくと虫除けになるという。粥掻き棒は成木責《なりきぜ》めに用いられることもあり、先のみどり市大間々町の例からも明らかなように、この棒と粥には災いを防ぎ、豊穣をもたらす力が認められていたらしい。稲作の行事とも関連し、粥占は一年の農耕に対して重要な意味をもつ儀礼であった。

　粥占のもう一つの方式は筒や管を用いる占いで、中部地方以西に点々とみられる。長野県北安曇地方では各戸で行なうものと、ムラで行なうものの二通りがある。共同で行なう場合は神社などで氏子がたちあい、神主が祝詞《のりと》を唱えるなかで占いがなされる。この方式は管粥神事・筒粥神事として各地の有名な神社でも行なわれ、その結果が印刷されて参詣人に配布されるようになっている。

その他、茅《かや》の枯れ穂や藁《わら》束を粥に浸し、それを籾にまぶして占う方式がある。これでは、一番多く籾のついたものにわりあてた品種の稲を豊作とするものであり、穂だめしと呼ばれて中国地方に広く分布している。（齊藤）

歩射《ぶしゃ》

神社の境内などに的《まと》を立て、弓で矢を射て当たりどころで一年の吉凶を占う春の神事。流鏑馬《やぶさめ》のように馬に乗らずに射るところから歩射の名があるとされ、奉射・仏者などの字を当てる所もあり、備射・飛射ともいう。また、このような神事は地方により名称が異なり、中国・四国・九州では百手《ももて》、北関東を中心にオビシャと呼ばれるほか、的射《まとい》（長崎県五島列島）・御門弓《おかどゆみ》（香川県海岸地方）・弓祈禱《ゆみぎとう》（愛媛県大三島）・徒的《かちまと》（福岡県香椎宮）などとも呼ばれている。

現在伝えられている歩射にはさまざまな形がある。一月四日に行なわれる千葉県長生村《ちょうせい》一松の神事のはオマトといい、矢の一本一本を農作物の種類になぞらえ、的から外れたものが不作だという豊凶占いである。埼玉県秩父地方の出原《いでわら》では、二月二十五日の諏訪古鷹《こたか》神社祭礼で歩射の神事が行なわれる。的には同心円が墨で何本か描かれ、それに矢を二十四本射るが、白い所に矢が当たると晴が多く、黒い部分に当たると雨が多い。また、的から外れると嵐がくるといわれている。これを天気占いと呼んで、この結果から今年植えつける作物の判断をしている。鬼の面を的にしたり、鬼という字を的に書き、それを射抜くことで悪魔払いにする例は、千葉県流

滋賀県若宮神社の射礼、右下は京都五社神社の的。(『年中行事図説』)

山市の赤城神社や東京都新宿区下落合の御霊神社などの祭礼にみられる。三本足の烏を的に描く例もある。

茨城県龍ヶ崎市周辺では、一月十五日ころから二十一日までの間にオビシャ(御歩射)と称し、年番の家に集まって飲食をしたあと、夕方に太鼓と笛を奏で、「正一位牛頭《ごず》天王、悪魔を払いヨーイヤナ」と高唱して疫病除けのために道を練り歩く。オビシャのなかには、このようにすでに弓を射る神事が消滅し、祭典と飲食だけになっている地方も多い。こうした所ではオビシャが日待ちと同義語になっている場合がある。千葉県成田市近辺では、男オビシャ・女オビシャ・若い衆オビシャ・子安オビシャ・妙見様のオビシャなど、年齢により男女によりいくつものオビシャがみられる。

広く弓矢を射る行事全体をみわたすと、南九州の柴《しば》祭りのように猪狩りを演じるもの、馬に乗って弓を射る流鏑馬、矢を放つことで結界の表示を意味する芸能などがあり、的にも動く的（運動的）、動かない的（静止的）の区別がある。しかし一般的にはこれらを歩射の範疇に入れることは少ない。（茂木）

小正月《こしょうがつ》の訪問者《ほうもんしゃ》

一月十四日または十五日の晩、すなわち小正月の晩に、子供・青年・厄年の者・貧者などが家々を巡り歩いて新しい年の祝福を与え、餅などをもらったり、もてなしを受けたりする行事の総称。

東北地方と中国・四国以西に濃く分布するが、そのほかの地方にもみられる。名称としてはホトホト・コトコト・ゴリゴリ・カパカパ・バタバタなど、訪れるときの音や戸を叩く音を表現したもの（中国地方東部、千葉・茨城・青森県の一部）、トヘトヘ・トイトイ・トロトロ・トロヘイに類するもの（中国地方西部、福岡県）、ナモミハギ・ナマハゲ・ヒカタタクリ・アマミハギなど、足にできた火だこを剝《は》ぐことを意味するもの（秋田・青森・岩手・石川県）、カセドリ・カセダウチに類するもの（東北地方南部、九州南部、神奈川・静岡県の一部）、チャセゴに類するもの（宮城・岩手県）、カユツリに類するもの（四国地方）、タウナイ・ナエトリ・ハタケサンダン・ワタカイなど生業の予祝的意味をもつもの（全国各地）、道祖神祭りなど道祖神の行事と結びついたもの（山梨・神奈川県）など、さまざまな系統がある。

行事の細部は土地ごとに異なるが、訪問者が蓑笠《みの》を着たり、頰かむりをしたり、あるいは面をつけたりして変装することが広く行なわれている。「明きの方からチャセゴに参った」「春の始めにカパカパ参った」「カイツリカイツリ祝わんせ」「福の神が舞い込んだ」などと祝い言を述べる例がある一方、まったく無言で訪れるものもある。藁《わら》・黍幹《きびがら》・木片あるいは大根で作った簡単な細工物（馬・農具・舟・銭差《ぜにさし》など）を持参することは各地にみられるが、また何も持たない所も多い。訪問を受けた側では餅・米・

銭などを与えるのが一般的である。ナマハゲなどでは問答をして酒をふるまう。餅や米を渡す際に水をかける風もしばしばみられる。

何軒もの家々からもらい集めた食物には特別な力があると信じられるところから、この行事は厄除けと結びつき、また一方では物乞いと化したり、さらには万歳をはじめとする正月の門付け芸として職業化したりしているが、ムラの青年たちによるものが古い形と思われる。遊戯化しているものが多いなかに、ナマハゲなどに対しては畏怖の感情が残されており、数は少ないが、訪問者を見ると目がつぶれるといったり、訪問者が灯火を持つことや言葉を発することを禁じたりして、密儀的雰囲気を強調している例もある。訪れの時期こそ異なるが、沖縄県八重山諸島のアカマタ・クロマタやマユンガナシなどの厳粛で神秘的な来訪神の行事は、おそらくこうした小正月の訪問者のより古い姿を示していよう。年の改まる最初の満月の夜に他界から神が訪れてこの世に祝福を与えてゆく、あるいは、そうした神の来訪によって年が改まるという信仰が、これらの行事の根底にあったと考えられる。蓑笠は神として訪れるための扮装であった。

近代になって、この行事のもつ物乞い行為が卑しまれるようになり、警察や学校の嫌うところともなって、この行事を廃れさせてしまった所が少なくない。（小嶋）

なまはげ

秋田県男鹿半島などで行なわれている小正月の訪問者行事。恐ろしい形相の仮面および異装と、子供らに対する威嚇・懲戒の行為を特徴とする。

行事の名称と分布　男鹿半島ではよく知られたナマハゲのほかに、ナモミハゲ・ナモミョウハゲ・ナマミハギ・ナマゲなどという名で呼んでいるムラもある。ナモミ・ナモミョウなどは囲炉裏に長くあたっているど足などにできる火だこのことで、これらの名称はそれを剝《は》ぐ意だと説明されている。

同系の名称と似た内容をもつ行事は、男鹿半島を含む秋田県の日本海寄りの地域一帯、山形県の鳥海山西麓、石川県の能登半島、さらに岩手県の三陸沿海地方などに分布している。ナマハゲ・ヤマハゲ(秋田県秋田市・南秋田地方・由利地方)、ナゴメハギ(秋田県能代市)、ナゴミタクリ・ナナミタクリ・ヒカタタクリ(岩手県遠野市・釜石市・上閉伊《かみへい》地方)、スネカ・スネカタグリ(岩手県大船渡市・気仙地方)、アマハゲ(山形県遊佐《ゆざ》町)、アマミハギ・アマメハギ(新潟県村上市、石川県輪島市)などである。また、名称や訪れる日は一様ではないが、南九州から沖縄県にかけては同じような仮面仮装の集団の訪れる行事が多い。

行事のあらまし　男鹿半島のナマハゲでは、訪問者(ナマハゲ)に扮するのはムラの青年たちである。笊《ざる》や木の皮などで作った怪異な鬼の面をつけ、稲藁《わら》や菅《すげ》でこしらえたケデ(蹴出し)や蓑《みの》をまとう。採り物は木製の大包丁と手桶が一般的である。ナマハゲは二匹一組で、これに従者がつき従う例が多いが、三〜五匹一組で出るムラもある。ナマハゲの一匹を赤ナマハゲで親爺、もう一匹を青ナマハゲで婆などとする。ムラによっては二〜三組のナマハゲが出る。

大晦日《おおみそか》の晩(かつては旧暦の小正月の晩)、ナマハゲの一団は年内に不幸や出産のあった家を避けて、ムラ内の各戸をまわる。手桶を叩き、「ウォー、ウォー」と叫び声をあげて家々に上がりこみ、「悪だれ童《わらし》いねが、泣ぐ童いねが、袋さ入れて連れて行くぞ」などと大声で子供を探しまわって威圧する。「アネチャいだが、一所懸命稼ぐか稼がねが」などと、新嫁・新婿もナマハゲに脅され、いたずらをされたりする。戸主がこれをとりなし、餅と酒肴を献じてもてなして送り出す。戸主とナマハゲが、どこから来たのか、名は何というか、新しい年の漁や作柄はどうか、などの問答を交わす例もある。ナマハゲのケデから落ちた菅は鉢巻にして頭病みの呪《まじな》いなどとし、ナマハ

秋田県男鹿半島のなまはげ、衝立の陰では子供が怖がっている。（菅江真澄「おがのさむかぜ」秋田市辻家所蔵、須藤功撮影）

ゲに献じられた餅はナマハゲ餅といって、食べると無病息災だとして珍重される。ナマハゲの面をつけると気が荒くなり、また酒も入るので、その所作はかなり荒々しいものである。今日のナマハゲは出発する前に村氏神でお祓いを受け、訪問先では新年の挨拶をしたり神棚を拝んだりするが、これらは明治期に官憲の干渉が加わった結果だという。また、近年では行事全体の観光化が進んでいる。

ナマハゲの起源伝承　この行事は怠け者を懲らしめるために鬼あるいは「お山」（男鹿半島で本山・真山のこと）の神が火だこを剝ぎに来るのだと伝えているムラが多い。しかし、いくつかの異なる起源伝承もあり、漢の武帝が連れてきた鬼、天邪鬼《あまのじやく》、男鹿半島に漂着した異邦人、本山・真山に追放された罪人、修験者などがナマハゲとなったとしている。よく知られているのは武帝の連れてきた五匹の鬼とする伝承である。武帝は男鹿半島に飛来して本山・真山の神（赤神）となったが、鬼どもは里の者をさらって食い、人々を苦しめた。そこで村人が鬼と一夜のうちに千段の石段を作ることができるか否か賭をしたところ、鬼が九百九十九段まで積んだところで夜が明けてしまった。その結果、鬼は二度と里にあらわれないことを約束したが、村人はこれを憐れんで、年に一度、小正月の晩に彼らを招いてもてなすこととした、などと伝えられている。本山・真山への登山口にあたる赤神神社五社堂は武帝と鬼どもを祀るという。

ナマハゲは、ほかの小正月の訪問者行事と同様、年の改まる晩の神の来訪を儀礼化したものとみられるが、男鹿半島では本山・真山に対する信仰が背景にあって、来訪神は本山・真山からやってくると考えられているのである。数組のナマハゲが訪れるムラには、一番ナマハゲは太平山から、二番ナマハゲは本山・真山から、三番ナマハゲは八郎潟のスガ（氷）を渡って来るという所もある。岩手県気仙地方のスネカも「天狗山から来た」と答える例があり、また、山形県遊佐町のアマハゲも鳥海山信仰と関係があるとの説がある。

一方、この仮面仮装の群行する行事が若者集団の管理下に行なわれ、新参の若者が特殊な扱いを受けたり、準備作業に女子供を近づけてはならないなどと秘儀的側面をもつことなどから、メラネシアなどにみられる祭祀的秘密結社との類似を指摘する見解もある。また、中国南部や東南アジアの諸民族に類似の訪問者行事が広く分布することも知られ、それらとの関係が注目されている。なお、この行事は「男鹿のナマハゲ」として国の重要無形民俗文化財に指定されている。（小嶋）

かまくら

秋田県下にみられる子供たちを中心とする小正月の行事で、雪室に籠る行事や雪室そのものを「かまくら」といっている。もっとも有名なのは横手市近辺で月遅れの小正月（二月十五日前後）に行なわれているものである。数日前から子供たちは、道端や井戸のかたわらに雪を積んで縦横二メートルほどの雪室を造り、その中に神棚をしつらえてオスズサマと呼ぶ水神を祀る。十五日の晩には、ここに集まって神棚に餅や甘酒を供え、自分たちも食べたり、餅や賽銭を携えて水神参りに来る大人たちにふるまったりする。また、鳥追い唄をうたって各戸をまわる。

一方、仙北地方や河辺地方には、左義長や鳥追いと結びついた行事を火ぶりかまくら・かまくら焼き・かまくら竹合戦などと呼び、それを行なう場所をかまくら畑と呼ぶ例がある。また、『出羽国秋田領風俗問状答』には、近世、久保田（秋田市）の侍町で一月十五日の晩の左義長を鎌倉と呼んだとある。これは、雪で四方の壁を造り、茅《かや》・門松などを積んで「鎌倉大明神」「左義長」などと書いた紙旗を立てて火をつけ、さらにその火を米俵に結びつけた標《しめ》につつして振りまわすというもので、このとき「ジャアホイ、ジャホイ」と囃したり、「鎌倉の鳥追いは、頭切って塩つけて……」という鳥追い唄をうたったという。子供たちはほたき棒を手にして、行き交う女性の尻を打った、ともある。

このように、かまくらは左義長と鳥追いの結びついた小正月の行事で、雪室は東日本の正月行事に広くみられる子供たちの仮小屋（ドンドン小屋・鳥小屋）の一つのバリエーションとみることができる。横手市の例は、これが水神の祭りとして特殊化したものであろう。鎌倉大明神という旗を立てたり、鎌倉権五郎景政を祀るという例もあるが、「かまくら」という語は鳥追い唄の冒頭の詞からきているとする説が有力である。かまくらの行事は、関ヶ原の戦い後に佐竹氏が常陸国から秋田へ転封してきたことによってもたらされたという言い伝えがあり、事実、茨城県にはよく似た囃子詞や鎌倉云々の鳥追い唄が伝えられている。雪室を造る鳥追い行事は新潟県にもあって、ホンヤラドウ・ユキンドウなどという。

なお、秋田県美郷町の行事は「六郷のカマクラ行事」として国の重要無形民俗文化財に指定されている。（小嶋）

鳥追《とりお》い

農作物に害を及ぼす鳥の駆逐を目的とした小正月の呪術的儀礼。また、そこに由来すると考えられる正月の門付け芸。

小正月の鳥追い行事は信越・関東地方以北の東日本に顕著で、家ごとに行なわれるものと、ムラの行事として主に子供たちによって行なわれるものとがある。東北地方には、十五日または十六日の早朝、一家の主人などが板を打ったり戸を叩いたりして音を立て、「粟鳥ァホイ、稗鳥ァホイ、オラ家のカグジコさ、スズメ落ちないように、ホーイ、ホーイ」（青森県）などと唱えて家ごとに鳥追いをする所がある。宮城県や岩手県では年縄のシデ（注連縄などに垂らす

岩手県雫石町、鳥追いで子供たちが家々をまわる。
（文化庁『日本民俗地図』Ⅱ（年中行事2）より転載）

紙）を束ねて竿の先につけ、これを庭先に立てたり振ったりして、「ホーイ、ホーイ」「ヤーヘイ、ヤーヘイ……」と囃して鳥追いをする。この竿をホイホイザオ・ヤヘイガミなどという。

鳥追いがムラの行事として行なわれる場合には、子供たちが鳥追い唄をうたって家々をまわるという形が多い。秋田県平鹿地方では少年たちが数人ずつ組になって「鳥追いに参りました」とムラの中をまわった。迎える側が「よく来てくだされました。ご大儀ながら追うてくだされ」と応えると、「鎌倉の鳥追いは、頭切って塩つけて、塩俵へぶち込んで、佐渡が島へ追ってやれ、佐渡が島近くば、鬼が島へ追うてやれ」というような唄をうたい、餅・銭をもらってゆく。宮城県桃生地方ではこの行事をエズノワル・エジロワリなどといい、十四日の夜、子供たちが家々を訪れては、松の棒で地面を突きながら「エーエーエー、エンズノワル鳥追わば、頭割って塩つけて……」と三度唱えてゆく。子供たちの鳥追いは、小屋掛けとそこへのお籠りを伴うことも多い。この小屋を鳥小屋・鳥追い小屋・ワアホイ小屋などと呼び、子供たちはそこに籠って鳥追い唄をうたい、餅を焼いて食べたりする。福島県の七小屋参りのように、大人たちがこの小屋を拝んで歩く風もあった。左義長と結びついて、最後に小屋を焼く所も少なくない。また、雪の多い地方ではこの小屋を雪で作り、秋田県ではかまくら、新潟県ではホンヤラドウ・ユキンドウ・コモリアナなどと呼んでいる。

さまざまな鳥追い行事に共通するのは、鳥追い唄が重要な要素となっている点である。内容は、「○○の鳥追いだ」という鳥追いの宣言、「頭切って塩つけて……」という害鳥への仕置き、「蝦夷が島さ……」などという追放先の指定、あるいは他者の怠惰や無能への揶揄《やゆ》などを含むことが多く、かならず「ホーイ、ホーイ」とか「ジャーホイ」という囃子詞を伴う。害鳥を除こうとする呪言であると同時に、その囃子詞や、物を叩いて発する音は、実際の農作業における鳥追いに由来するとみられる。

鳥追いは遅くとも中世には年頭の祝福芸として芸能化し、近世前期には千秋万歳《せんずまんざい》や「たたき」などと呼ばれる人々が鳥追いと称する門付けをしていた。やがて、江戸をはじめとする都市では、編笠をかぶり、三味線や胡弓を抱えた鳥追い女が「やんらめでたや……千町や万町の鳥追いが参りて……」などと祝言を述べて歩くのが正月の風俗となった。芸能化した鳥追いは東海地方や近畿地方の田遊びにもみることができる。（小嶋）

もぐら打《う》ち

小正月に行なわれる害獣駆除の儀礼。九州などではもぐら打ちといい、ほかにもぐら追い・もぐら送り・なまこ引きなどともいう。九州では竹の先に藁《わら》苞《づと》をつけた叩き棒や藁束で唱え言をしながら家の周囲の地面や畑を打つのが一般的で、家ごとに行なう

上は宮城県、左下は福島県、右下は群馬県のもぐら打ち。（『年中行事図説』）

例と、ムラの子供たちが家々を打ってまわって餅などをもらい歩く例とがある。唱え言は「モグランソ、モグランソ、隣の屋敷行ってもっくり返せ」（宮崎市）など、モグラを追い出そうとするもののほか、成木《なりき》責《ぜ》めや嫁叩き、あるいは亥《い》の子《こ》に類似した唱え言もある。一方、東日本では「なまこどんのお通りだ」「横槌どんのお通りだ」などと唱えながら、藁苞に入れた本物のなまこや、それに見たてた草鞋《わらじ》や馬沓《うまぐつ》、あるいは横槌を引きまわしてモグラを追う。とくに、槌を引きずりまわす例は東北・関東の各県に広く分布する。なまこを使う例は宮城・岩手県などでみられる。　（小嶋）

狐《きつね》狩《が》り

小正月に、田畑に害をなす狐を駆除する目的で行なう儀礼。鳥追い・もぐら打ちなどと同類のもので、福井県若狭地方から鳥取県に至る日本海側に分布する。多くは、一月十四日の晩、子供たちが決まった唱え言をしながらムラの中を歩くというもので、京都府北部では子供組が鉦《かね》・太鼓で「狐狩りに候」など囃しながら各家から米や銭をもらい集め、それで共同飲食をしている。鳥取県西部では天狗や獅子の面をかぶってまわる所が多い。若者組や大人の行事となっている場合もある。最後に村境まで行って、「ようなく狐を追い出せり」と唱えたり、藁《わら》で作った狐を焼き捨ててあとを見ずに帰ってくるという所もある。また、隣村との境に御幣を立てる、竹垣を結ぶという所もあって、疫神送りや道切り的な性格もうかがえる。嫁祝いと結びつけて行なっている土地も少なくない。

なお、これらとは逆に、近畿地方には狐を聖視し、狐の施行、野まきなどと称して寒中に野山の狐に施し物をしようとする例もある。　（小嶋）

門付《かどづ》け

家々を訪れ、唱え言をしたり芸を演じたりして金銭や食物をもらい歩く行為。また、それを行なう者。こうした行為には、特定のハレの時間に行なわれるものと、ときを限定せずに行なわれるものとがあり、また、共同体内部の者が行なうものと、外部からそれを生業とする者がやってきて行なうものとがあった。

共同体内部の者が行なう門付けは、正月のように特別な時間の中で行なわれるもので、ホトホト・カパカパ・カセドリ・ナマハゲなど、小正月の晩にムラの青年や子供たちが異装で家々を訪れる行事（小正月の訪問者）に代表される。訪問者たちは簡単な祝い言を述べたり、縁起物を置いたりして、餅や銭をもらってゆく。鳥追いのように害鳥・害獣の駆除儀礼の形をとることもある。千葉県山武《さんぶ》地方のオオゴッタ、新潟県北蒲原地方のクリカキネンシ、三重県多気地方のモノモウなどは大正月に出る。正月以外では、各地の盆行事のなかに、子供や青年たちが念仏を唱えてまわる門付けがみられる。

専業者の門付けも暮れから初春にかけて訪れるものが多い。中世では唱門師《しょうもんじ》の行なう千秋《せんず》万歳が代表的なもので、正月に仙人の装束で小松を手に推参し、さまざまの祝言を述べたという。こうした門付け芸人は、近世にはきわめて多種のものが存在した。たとえば、十九世紀前半、屋代弘賢の発した「風俗問状」に対する諸国からの答書には、正月の門付けとして、万歳・大黒舞い・春駒・鳥追い・猿曳き（猿廻し）・夷《えびす》廻し（夷かき）・三番叟《さんばそう》・福俵・太神楽（獅子舞）・座頭（盲法師）・ささら摺り・四つ竹・お福・ほめら・福と徳との餅搗《つ》き・人形廻し・たわら吹くなどの名があげられている。万歳は中世の千秋万歳から出たもので、烏帽子《えぼし》姿の太夫と才蔵の二人組が鼓にあわせてめでたい祝言を述べ、ユーモラスな掛け合いを演じて舞った。大黒舞は、面や頭巾で大黒天に扮した者が打出の小槌を振りながら祝言を述べて舞った。春駒は作り物の馬の首を持って訪れ、夷廻しは箱の中の夷人形を舞わせて門付けをした。このほか、暮れから正月にかけて節季候《せきぞろ》・舞々・鹿島の事触・物吉《ものよし》なども出、節分には厄払いの門付けもあった。さらに、門説経・門談義・歌祭文・歌念仏・ちょぼくれ・女太夫・願人《がんにん》坊主・住吉踊りなど、多くの雑芸人が季節を問わず訪れ、また、鉢坊主・鐘《かね》鋳勧進《いのかんじん》・巡礼・六十六部なども念仏や和讃を唱えて家々の門に立った。

近世の門付け芸のかなりの部分は近代以降にも引き続きその姿がみられたが、徐々に衰退して、現在では万歳や太神楽・猿廻しなどが一部で継承されているにすぎない。ムラの子供たちの門付けも、廃れさせてしまった所が多い。近代社会のなかで門付けに対する卑賤視が進行したことは否めない。しかし、かつては新春の門付けは新しい年を寿ぐためになくてはならないものとして心待ちにされ、随時訪れる門付けの人々も、それなりに丁重な扱いを受けた。そうした背景には、神が異郷から旅をしてこの世を訪れるという来訪神の観念があったと考えられている。（小嶋）

三河万歳《みかわまんざい》

門付けの代表的なものが万歳であり、万歳の中では三河国（愛知県）の三河万歳が最もよく知られている。万歳は一般に太夫と才蔵が二人一組になって演じ（人数の多い例もあるが）、太夫は風折烏帽子《かざおりえぼし》に大紋の直垂《ひたたれ》を着て手には中啓《ちゅうけい》（扇子）を持ち、才蔵は烏帽子と素襖《すおう》に半袴《はんばかま》を着て手には鼓を持ち（これら衣装は座敷で演じるのと門付けの場合では多少異なる）、祝言を述べたり、両者で滑稽な掛け合いをして喜ばせた。三河万歳は徳川将軍家の出身地の万歳であるため、江戸時代には苗字帯刀を許されていたといわれ、一月十一日には江戸城開門の厄払いをつ

江戸時代、座敷で行なわれた万歳。(安城市歴史博物館「浮絵万歳図」)

とめ、関東一円を檀那場として栄えていた。現在、愛知県の西尾市や安城市に伝承されている。このほかにも会津万歳・加賀万歳・越前万歳・尾張万歳・伊予万歳などがあり、門付けはしなくなっているが各地に保存会を組織して継承されている。なお、演芸の漫才は万歳の太夫と才蔵の滑稽な掛け合いの部分が継承され発展したものとされる。(田中)

左義長《さぎちょう》

小正月の火祭り行事は、全国的にはどんど焼きの名で知られ、左義長というのは北陸地方や岐阜・愛知県のほか、近畿地方を中心に西日本に分布する名称である。どんど焼きと同様に一月十四日もしくは十五日に行なわれ、村内の一定の場所で竹や木を組んで飾りをつけ、それに火をかけて正月の飾り物を焼く点では共通している。しかし、東日本のように道祖神と関連した性格はほとんどみられない。

名称の由来　左義長という名称のおこりには諸説あるが、確かなことはわからない。その一つに、宮中で行なわれた正月の火祭り行事に三毬杖の字が当てられていることから、破損した毬杖《ぎっちょう》を三脚のように組み合わせて焼いた故事に由来するという説がある。毬杖は毬《まり》を用いた競技に使われる杖で、この競技には新春の年占《としうら》の意味もあったらしく、それに用いる杖は縁起物とされていたのかもしれない。そのため、民間において門松や祝い棒のような神聖な縁起物を焼いた火祭りに、三毬杖という名前がおこったという。また別の説として、東日本で稲架《はさ》（稲をかけて乾燥させる設備）をサギッチョと呼ぶ例や、木を組んだ臨時の火鉤《ひかぎ》掛けなどをこの名で呼ぶ例があることから、三本の竹や木を組んで三脚にしたものをサギチョウと呼び、このような形の篝火《かがりび》を焚いていた民間の行事が、宮中での毬杖の故事と結びつき、三毬杖の字が当てられるようになったとする考えもある。いずれにしても小正月の火祭りは民間で古くから行なわれ、それに宮中で一定の形式があたえられたものらしい。

行事　宮中での左義長は平安時代にさかのぼるが、室町時代には一月十五日に行なわれ、天皇の書き初めを焼くために吉書の三毬杖と呼ばれていた。清涼殿の東庭に組んだ青竹に吉書・扇子・短冊などを結びつけ、それに火をつけて「とうどやとうど」と囃したてて燃やしたが、これらに唱門師《しょうもんじ》らの関与もみられた。

現在各地で行なわれている左義長には、子供とのかかわりと左義長小屋の存在が注目される。徳島県牟岐《むぎ》町では、十四日に正月飾りや歯朶《しだ》を浜に集め、青年団がムラごとに立てた杉や竹の柱に結びつける。これを左義長と呼び、その先端には笹に下げた短冊や「宝来山」と書いた幟《のぼり》をつける。子供たちは各戸から薪を集め、左義長の隣に作られた左義長小屋で一晩を過ごす。十五日の朝になると子供たちは「左義長に火をかけまんでんしょ」と村内を触れ歩

神奈川県大磯町の左義長。(1990 年：齊藤純)

き、人々が集まったところで火をつけ、人々は柏手を打ってこれを拝む。笹が景気よくはじけるとその年は天気がよいとか、火に当たったり火で焼いた餅を食べると一年中丈夫に過ごせるといい、火を神聖視し、火に災厄を祓う力を認めていた。また、この火や煙で年神を送ると考えていた所もあり、その場合、子供はその司祭としての役目を果たしていたといえる。(齊藤)

どんど焼《や》き

小正月の火祭り行事。村内の一定の場所で正月飾りなどを燃やすもので、一月十四日・十五日の行事とする所が多い。

名称と祭日　小正月の火祭りは北海道や東北地方北部を除いて全国的に行なわれており、もっとも広く分布しているのはドンドヤキ・ドンド・ドウドなどの名称で、火が燃える様子をあらわす囃子詞からきたものと思われるが、「とうどやとうど」という唱え言から変化したとも解されている。西日本にはサギッチョ・サギチョウという名称が多くみられ、しばしば左義長という字が当てられている。中部地方東部から関東・東北地方にかけては、さいと焼き・三九郎・道祖神祭りなど道祖神にちなむ名称がみられ、関東・東北地方には鳥小屋・鳥追いなど、鳥追い行事に関連した名称をもつものがある。そのほか、この日に正月の松飾りを焼くことから、松焼き・松送り・お飾り焚きとも呼ぶ所もある。このように東日本の火祭りには道祖神祭りや鳥追い行事と複合した行事が多い。

行事の日取りは一月十四日・十五日がもっとも多いが、九州では鬼火・ホゲンキョウと呼ばれ、一月七日に行なわれることが多い。和歌山県や兵庫県の一部では大晦日《おおみそか》に行なう所もある。

行事と年占《としうら》 どんど焼きは村外れや辻・河原などの村境にあたる所で行なわれることが多い。このような場所に木や竹を組み、飾りをつけた一種の柱を立て、その周りに各戸から集めた正月飾りや薪・藁《わら》などを積みあげる。この材料を集めるために子供たちが集団で家々をまわり、催促に応じない家があれば悪態をつき賽銭として金品を強要することまであった。柱を中心に木や竹・藁などで小屋を作り、数日前から子供たちがそこで集団生活をしていた例も多い。この小屋は一般に正月小屋と呼ばれている。この正月小屋は柱と一緒に焼かれる場合も少なくない。どんど焼きの柱は村内の小区分ごとに数基作られることもあり、その燃え方を競い、また燃え方で幸運を占う一種の年占になっている場合がある。火が燃えあがると大声で囃したて、青竹が景気よく破裂する音は喜ばしいものと感じられている。この火にあたったり、あるいは火で焼かれた餅を食べると一年中病気にかからないという。また、書き初めを火にくべて高く舞いあがると習字が上達するとか、どんど焼きの灰を持って帰り、家の周囲にまくと災い除けや虫除けになるともいわれる。兵庫県や福島県などでは正月に訪れた神がどんど焼きの煙にのって帰っていくという所もある。

どんど焼きで神が帰るという伝承や松送りという名称は、正月に迎えた神を送り返すことを示唆する。松は年神の依代《よりしろ》と考えられているため、松の飾りを燃やすどんど焼きは、暮れの年神迎えと対をなす行事と考えられる。一方、竹を破裂させたり大声をあげたりすることや種々の呪《まじな》いからは、この機会に災いをもたらす神霊をも追いはらうという意味を見いだせる。同様な性格をもつ鳥追い行事や、村境にあって災いの侵入を防いでいる道祖神の祭りにどんど焼きが習合しているのも、そのためであろう。

どんど焼きに立てる柱は、長野県などではおんべ(御幣)と呼ばれる。御幣は神殿などに納めて神がそこにいることをあらわすもので、このような柱と一体化した正月小屋は神の社《やしろ》とも考えられる。正月小屋での子供たちの生活には、年齢に応じた役割分担がみられ、子供たちの自主的な管理にまかされていた。こうした子供は神を祀る特別な役割を果たしていたと推察され、天野信景の『塩尻』という近世の随筆には、道祖神の祭りにおいて子供が神主としての扱いを受けたことが記されている。行事のなかで物乞いや悪態がとくに許されたのも、この日の子供の特別な役割によるものと解されよう。明治期以降、学校教育の普及に伴い、このような子供の行為が教育上好ましくないとされ、変容を余儀なくされた行事も少なくないが、今なお各地で盛んに行なわれている。

なお、このような小正月の火祭り行事は、盆の火祭り行事と一年を両分して対応し、両者に共通した性格が指摘されている。(齊藤)

道祖神《どうそじん》

村境や辻・峠などに祀られる境を守る神。関東地方や長野・山梨・静岡県を中心に、道祖神の祭りを小正月の火祭り行事に習合させている所が多くみられる。この神が守る境とは外側の見知らぬ世界との接点であり、具体的な場所としては村外れや峠がそれにあたる。辻にも境としての性格がみられるのは、しばしばムラの出入口に位置し、見知らぬ者と出会う場所でもあったからであろう。これら現実の境は、しばしばあの世とこの世の境とも同一視された。境にはそこを通過する者を守ると同時に、外異からやってきて、人々に災厄をもたらす悪霊を防ぐ目的で、威力の強いものが神として祀られていた。このような境の神の一つの姿が道祖神である。

境の神　道祖神は塞《さえ》の神（サイノカミともいう）・道陸神《どうろくじん》とも呼ばれている。古くは道祖神もサエノカミと読まれており、サエは遮るという意味をあらわしたものと解されている。境の神の信仰は古くから存在したと思われ、イザナミ・イザナギの離別譚を語った記紀神話の中には黄泉《よみ》の国との境を塞《ふさ》いだ岐《ふなど》の神が描かれている。岐とは道の辻を意味し、このような場所がしばしば悪霊の侵入するあの世との境と考えられていたことを示している。平安時代には岐の神として性器状のものをあらわした男女の神像が都の周囲で祀られていたことが『本朝世紀』に記されている。これはまた御霊神とも呼ばれていたが、非業の死者が御霊となって災いをもたらすのを防ぎ、鎮めるために祀られたのであろう。性器はしばしば災いをとりはらう呪力をもつものとして崇拝されており、現在の道祖神の信仰にも性的な要素は少なくない。一方、『万葉集』の旅の歌の中には、道の神に供物をたむける風習をうたったものがある。これも峠や国境に祀られた境の神への儀礼と考えられるが、このような神が道をゆく旅人の守り神ともなっていった。中国で行路の神とされた道祖の信仰が日本に移入されると、道や旅人を守る境の神が道祖神という名で呼ばれ、後に境の神が一般に道祖神とされるようになっていく。都の発展につれて

長野市、正月飾りを積み上げて人形を作る。（一九九三年：小川直之）

御霊信仰が盛んになり、都や畿内の周囲に境の神を祀って災いの侵入を防いだが、この祭りに参加した山伏や陰陽師などの手によって境の神の信仰にまとまった形式があたえられた。そして彼らによって伝えられた道祖神の信仰が民間の境の神に影響し、後に各地でさまざまな形をとるようになるのである。

道祖神の多様性　道祖神は境の神の性質を媒介として、さまざまな神仏に結びつき、多様な性格を示すようになっている。その一つが安産・子育ての神としての道祖神である。このような信仰が生じたのは、あの世とこの世の境に祀られた神が、そこを通って生まれてくる子供の守り神とされたことによるものであろう。境の神の信仰は地蔵信仰の中にも姿をかえて結びついている。これは、地蔵が六道の辻に立ち、あの世で人々を救うとされたことによる。境の神の性格は地蔵の中に流れ込み、このため地蔵が村外れや辻に祀られたり、子供の守り神という性格が強調されるようになった。地蔵が立つ賽の河原の賽は、塞の神との関連を示しており、石を積みあげる風習は本来塞の神への祭式の一つであったと考えられている。そのほか、境の神の性的な側面が注目されて、良縁を祈願したり、性病の平癒を願うなど性にまつわる願い事がなされることも多い。旅の安全を祈って草鞋《わらじ》などを供えるのは道の神の性格にもとづくものだが、威力が強調されて、道祖神を祟《たた》り神と考えている場合もある。

道祖神の神体もさまざまである。東日本には道祖神・道陸神・道六神などの文字を刻んだ石碑が広く分布している。中部地方と関東地方の地域の境界には男女二体を彫った神像が多く、以前は性行為を示す神像も多かったが、明治以降に風俗取り締まりのために撤去され、今では珍しくなっている。伊豆半島には男性の単身像が祀られ、山梨県などでは丸石が神体で、同様のものは大阪府南部にもみられる。男性の性器をあらわした像は各地に点在し、東北地方では金精《こんせい》様とも呼ばれているが、西日本にはあまりみられない。小祠に祀られている道祖神も全国的に分布するが、その数は比較的少ない。

道祖神祭り 道祖神の祭りは一月十四日・十五日のどんど焼きの行事として行なわれる。このような祭りは関東地方を中心に東日本に多い。行事の名称もさいの神焼き・さいと焼き・道祖神祭りなど、道祖神とのつながりをよくあらわす。内容も基本的にはどんど焼きと同じだが、中部地方と関東地方各地の境界付近では道祖神の前で祭りを行なう。山梨県や伊豆半島には火祭りの火の中に道祖神の石像を投げ入れる所もあった。山梨県には道祖神祭りに獅子舞や能三番を奉納し、火祭りとの関連が薄くなっている例もある。また、子供たちの訪問に重点がおかれ、塞の神をあらわした祝い棒を手にしてムラを巡り、各戸を祝福して歩く行事が山形県や秋田県などで行なわれる。なお、虫送り・精霊送りのときにも道祖神の所まで送るという例が各地にみられる。

（齊藤）

裸祭《はだかまつ》り

男たちが裸で社寺に参拝する行事、もしくは裸で参加する祭り。厳冬の正月の時期に行なわれるものと、夏祭りにおける神輿渡御《みこしとぎょ》のさいの裸での神霊奉仕がある。夏の裸行事は、水かけ習俗の伴う悪病の祓えの意味をもった祭りであるが、正月の裸祭り(参り)は寒中の厳しい潔斎《けっさい》による禊《みそぎ》である。正月が年の初めの神聖なる物忌みの期間であるという民俗的意識が行事の底流にあり、心身ともに穢《けが》れない無垢の姿で神仏の前に参拝し、あるいは行事に参加しなければならないという伝統的な思想が生き続けている。そうした正月の民俗である裸の行事が、競い合いや年占《としうら》を伴って、さまざまな様式を作りあげていった。おおむね小正月前後の時期に行事が集中している。岩手県盛岡市の八幡宮では、小正月の夜(一月十五日)に太い注連縄《しめ》を腹に巻き白い鉢巻きをしめた裸の男たちが、左手に持った鈴を振り、右手に幣束を持って、息のかからぬよう口には紙をくわえ、神社にお参りする習俗が残っている。一方、裸祭りとして知られる岡山市西大寺の会陽《えよう》は修正会《しゅしょうえ》結願の行事で、旧暦一月十四日(現在は二月第三土曜日)の満願の日には、裸の男たちが近くの川で水垢離《みずごり》をとって境内・本堂に詰めかける。何千人という男たちの待ちかまえている中に二本の神木《しんぎ》が投じられて奪いあう。このような例は各地に見られる。(茂木)

成人《せいじん》の日《ひ》

国民の祝日の一つで、一月第二月曜日。「おとなになったことを自覚し、みずから生き抜こうとする青年を祝いはげます」日として、昭和二十三(一九四八)年に「国民の祝日に関する法律」によって一月十五日と定められた。平成十二(二〇〇〇)年からは一月第二月曜日となった。この法案を審議した国会での政府説明では、もともと元服や裳着《もぎ》といった成年儀礼は、宮中や貴族社会では一月五日までに、武家社会では一月十一日までに行なわれていたが、国民全体の祝日であるからこれらの日を避け、しかもあまり元日に近くない松の内の日を選んだ、としている。しかし、もともとこの日は小正月であり、元日を中心とする大正月と並んで重いハレの日であった。成人の日には、地方自治体ごとに二十歳の新成人を集めてこれを祝う行事、いわゆる成人式が行なわれる。一九六〇年代以降、女性の振袖姿が目立つようになり、成人式は通過儀礼の一つとして定着した観がある。青年たちが都会に出てしまっている地方では、彼らが帰省しやすい正月や盆に成人式を行なっている例もある。

なお、民俗社会における伝統的な成年儀礼は、女子は十三歳前後、男子は十五歳前後に行なわれることが多く、女子のは鉄漿《かね》付け祝い・ゆもじ祝い、男子のは褌《ふんどし》祝い・兵児《へこ》祝い・烏帽子《えぼし》祝い・元服などと呼ばれていた。（小嶋）

藪入《やぶい》り

一月十六日と七月十六日を藪入りといい、商家の奉公人や嫁が年に二度の暇をもらって親元で過ごした日として知られている。藪入りの語源についでは諸説あり、都会からみた場合に奉公人たちの故郷が草深い田舎であることから、この日の帰郷を藪入りと称したともいわれる。また、これに養父入りの字を当てたり、宿入りの転訛とする説明もみられるが、いずれもこの日に宿下がりして実家に帰ることを示している。

藪入りを奉公人の休み日とするのは、とくに都会において顕著にみられ、『東都歳事記』にも「今日商家の奴婢やぶいりとて、主人の暇を得て家に帰り、父母兄弟に謁し、又は神仏に詣し、自在に逍遥す」と記されている。実際には家に帰らずに芝居見物などに興じる者も多く、この日の江戸市中は藪入りの奉公人たちでにぎわったという。また、文字通り山間の叢林に立ち入る風習を藪入りと呼ぶ例が奈良県吉野地方にみられる。この一帯は焼畑地域であり、盆が過ぎたころ、嫁に出た娘が婿を連れて里帰りして山仕事を手伝うことを藪入りと称していたという。同様にこの日を嫁の里帰りの日とする所は多く、近畿地方では六入りといい「六の餅」を搗《つ》いて嫁が親元に持参する風習もみられた。里帰りに贈答慣行が伴っているのは、それが正式な訪問であることを示している。鹿児島県では藪入りの日をオヤゲンゾというが、これは親見参の意味であり、実家の親と対面する日であったことがわかる。

このように藪入りは、奉公人や嫁など、家を出た者が正式に実家を訪問する日であった。とくにその日程が一月と七月の十六日に設定されているのは、それが正月と盆の先祖祭りと深いかかわりがあることを示している。かつて江戸では一月十六日はオサイニチ（御斎日）という物忌みの日とされており、この日に神仏詣でや閻魔《えんま》詣りが盛んに行なわれていた。地方においても一月十六日には地獄の釜の蓋が開くとの伝承があり、この日を仏の正月とか仏の口明けと称してその年はじめての墓参りに行く所や、仏壇に餅などの供物を供えて先祖を祀る所は多い。新潟県蒲原地方ではこの日を後生始めといい、大阪府南河内地方で鉦《かね》起こしと称するのも同様で、念仏などの仏事を開始する日とされている。また、鹿児島県徳之島では一月十六日を先祖正月といい、沖縄県でも前年に不幸のあった家ではこの日にミーグソー（新後生）の焼香供養を行なうという。正月と盆に死者の霊が家に戻ってくるという意識は全国的に共通してみられ、そうした時節に実家に帰って先祖祭りに参加することに藪入りの本義があったものと思われる。（萩原）

十六日祭《じゅうろくにちさい》

鹿児島県奄美地方から沖縄県にかけて広くみられ

る旧暦一月十六日の先祖祭りで、親戚が集まって墓前に供物をして祀る。ジュウロクニチと通称されるが、グソーの正月（後生の正月）ともいう。後生は死後に霊魂が去りゆく地下あるいは遠隔の地をさし、死後三十三年までの個性をもった霊魂がそこにとどまっているとも考えられている。一月一日を現世の正月とし、十六日はその年最初に先祖を祀る日であることから、対比してそういわれるのであろう。とくに死者がでて一年以内にはミージューロクニチ（新十六日）・ミーサといってより盛大に祀る。先祖祭りとしてはシーミー（清明祭）のほうが盛んな沖縄島中南部では、この日は新仏のでた後二〜三年目まで墓参りする例が多い。奄美群島では一月十五日を先祖の年の夜として餅や馳走を供え、十六日をウヤホウマチリ（先祖祭り）といい一族で墓参りする。新仏の家はミーゴーシ（新頭蓋骨）の家といい、親戚が集まって先祖を供養する。

十六日祭について、『島尻郡誌』に以下の伝説が紹介されている。昔から首里では一月十五日に、中山門と守礼門との間で大競馬が行なわれた。翌十六日は、役人たちの慰労日として、潟原《かたばる》（海岸の砂浜）で競馬があり、毎年観衆は黒山のように集まった。ある年、恋人を病死させてまだ一週間もたたない女性が、悲しみのため例年どおり競馬を見にいく気になれず、友人と一緒に亡き人の墓参りをしてその霊を弔った。これが一般に広まり、首里・那覇で十六日に亡き人を祀る例となり、しだいに沖縄全土に広まった。

沖縄島東部の宮城島の例では、重箱に馳走を用意し、竹筒の花さしと酒二合を持って墓参りする。新仏のある家ではアラジューロクニチといって、丸餅と肴の重箱を持って他の人々よりも一時間ほど早く墓参りする。南部の兼城《かねぐすく》でも、新仏のある場合に早目に墓参りしたが、それは新仏がまだ成仏していないためという。宮古島砂川《うるかわ》では、家ごとに墓を持っているので、各々そこへ墓参りすることになっており、分家したばかりで墓のないものは本家の墓参りに加わる。墓まで遠い場合には、現在では便法として途中で霊を迎え、そこに重箱・酒・茶を供える。石垣島白保《しらほ》の例では、十五日に墓掃除をし、十六日は餅や九種類の品を入れた重箱・酒・紙銭・米・線香・花を持って墓参りする。餅・卵・蛸《たこ》などは赤く着色し、落雁などは赤・黄・緑の三色に色をつける。墓前では供物を置き、参会者各々が線香を立て、不在者の分もそれとことわって立てて拝む。前年の十六日祭以後に死者のでた家では華美にせず、墓参りは行なわずに仏壇に香を立てるだけで、供物も白を基調にしたものにする。十六日祭が祝い事であることはシーミーと同様で、赤く着色した供物を用い、一族内に死者がでると三年間は行なわないとする所もある。

なお、本土各地の一月十六日の仏の正月、仏の年越し、仏の口明け、後生始めなどとの関連が注目される行事である。（古家）

ミーサ

沖縄県では新仏をさす言葉で、旧暦一月十六日に過去一年間に新仏を出した家が行なう墓参りをもさす。ミージューロクニチともいう。墓の入口の両側に廻り灯籠を吊るし、餅や肴の入った重箱を供えて先祖を祀り、灯籠を焼き捨てて家に戻って仏壇に参る。鹿児島県奄美地方から八重山地方にかけて、名称は異なるが同様の行事が分布している。十六日は新仏の出ていない家でも、祝い事の雰囲気の中で墓参りが行なわれるが、沖縄島中部・南部では新仏のある家だけの墓参りとする傾向が強い。沖縄島北部の本部《もとぶ》町具志堅では、ミーサのある家では門中の人々が集まって提灯《ちょうちん》を持って浜に出、その一年間に亡くなった人が早く先祖としてやすらげるように祈る。そのあと重箱を持って墓参りする。そのほかの家では、それぞれの墓へ参ったあと、ミーサのある家へ行く。（古家）

二十日正月《はつかしょうがつ》

祝い日としての一月二十日のこと。正月の終了日についてはさまざまな解釈が可能であるが、元旦中心の大正月、十五日中心の小正月を通じて、一月二十日を正月の祝い納めとする伝承がかつては全国的であった。行事内容は正月食品の食べ納め、小正月のモノツクリの収納、春秋の神去来信仰を背景にしたもの、灸《きゅう》据えや厄除け、麦の予祝儀礼など各地各様であり、それに応じてこの日の呼称にも特徴がある。

名称としては、もっとも広い分布をもつ二十日正月のほか、近畿地方を中心とした西日本各地では骨正月・頭《かしら》正月・アラ正月などと呼ぶ。食べ尽くしてほとんど骨だけになった鰤《ぶり》など正月用の年取り魚の残りを入れた雑煮を作ったり、骨・あらを大根などと一緒に煮た馳走を用意して正月の祝い納めをしている。この日が魚などを食べるべき重要な節日と考えられていたことを示すものであろう。正月の供え餅を下ろして歯固め餅として食べる例もみられる。東日本の一部でお棚探しと呼んでいるのも、正月食品を食べ尽くす日と考えていたからであろうし、石川・富山県などで乞食正月と呼んで物乞いが正月食品の残りをもらい歩くことを認めていたのも、同じ心意にもとづく伝承かと思われる。岡山県などには牛馬に餅を食べさせて正月をさせる所があった。東日本で繭玉オロシ・団子オロシ・稲刈り粟刈りなどといって、飾り団子など小正月の農作予祝の各種モノツクリを取り外す所が多いのも、この日が小正月の終了日と考えられていたからである。関東地方を中心とする東日本ではこの日を恵比須講として祝っている。これには秋に稼いで戻ったエビス神が、この日働きに出るという伝承を伴う例が多く、正月が終わっていよいよ労働開始の時期到来という心意から生じた伝承かと思われる。この日、ムラの初寄合いや若者入り、ムラ共同の初仕事などを行なっている所もある。二月二日の二日灸と並んでこの日を二十日灸と称して灸を据えたり、二月一日の年重ねの祝いと同じく厄年の者がこの日に厄除けする例が各地にあるのも、正月が終わって新たな日々に入ったと考えられていたからである。また、中国地方では麦正月・麦飯正月・腹太正月などと呼び、麦畑に寝ころんで「今年の麦はよい麦だ」などと予祝の唱え言をしたり、夕飯に麦とろろを腹いっぱい食べて外に出、麦褒めをした。なお、現在一般に一月十一日に行なわれている鏡開きは、武家では具足開きと称した一種の仕事始めで、甲冑《かっちゅう》に供えた鏡餅を手や槌で砕いて雑煮に入れて食べていたが、江戸時代初期までは二十日に行なうのが慣例だった。

なぜ正月の祝い納めがこの日に設定されるようになったのか、確かなことはわからないが、平安時代の宮廷行事としての内宴の影響を指摘する考えがある。内宴とは正月の公式行事が一段落つく二十日過ぎに天皇が多忙であった群臣をねぎらう宴会で、正月の最後を飾る行事であった。（田中）

忌《き》の日《ひ》

一月二十四日から二十五日にかけて、八丈島と青ヶ島を除く東京都の伊豆諸島では、海のかなたから悪霊が飛来すると信じて物忌みが行なわれ、三宅島ではこの日を忌の日と呼ぶ。えたいの知れない恐ろしい神霊として利島ではカンナボウシ、御蔵島では忌の日の明神などと呼ばれている。御蔵島では一月二十日に島に上陸し、二十五日にムラに到着するという。どこまで接近しているかを人々は承知しており、そこより中へはいると異変が起こる。そのため、二十四日は戸締まりを厳重にして早く寝、戸外に出てはいけない。女は真夜中に、前日ひいた米粉をこねて椿油で揚げた油揚げを作ってもてなし、忌の日の明神を喜ばせる。二十五日には早朝に沖へ帰っていくといわれる。利島では各戸で悪臭をはなつトベラや野蒜《のびる》を入口に立てるが、とくに忌み慎むことはしない。一年の農耕が開始される前の忌みごとの名残であるとか、迎え祀られる神が妖怪化したと考えられている。鹿児島県吐噶喇《とから》列島の正月行事との類似も興味がもたれ、黒潮水域をめぐる民俗文化の中で捉えられるべき伝承である。（古家）

寒行《かんぎょう》

僧侶・修験者や一般の信者が、寒中三十日の期間中に行なう修行。厳寒の苦行は、逆にそれだけ多くの功徳をもたらすであろうとの信仰から行なわれる。寺堂内で坐禅を組んだり誦経するほか、寒垢離《かんごり》といって滝に打たれたり冷水をあびたり、寒念仏といって白装束で笠をかぶり鉦《かね》や太鼓を叩きながら念仏・題目・和讃を唱えつつ街を托鉢して歩くなど、修行の形態はさまざまである。社寺にお百度参りをしたり、寒灸といって灸をすえることも寒行の一種といえよう。節分の夜に青年たちが腰に鈴をつけ裸で社寺へ参ることもある。このような寒の修行が学校教育にも採用され、柔・剣・弓道などで寒中の朝早く登校して練習に励む寒稽古になったものと思われる。長唄・詩吟など声曲をたしなむ人が、寒中に声を鍛えるとよいと考えて練習することもあり、寒《かん》声《ごえ》といって俳句の季語にもなっている。（田中）

天神講《てんじんこう》

天満天神すなわち菅原道真を祀る行事で、道真の命日である二十五日に行なわれることが多い。天神は本来、国つ神に対する天《あま》つ神の意味であるが、平安時代中期以降はもっぱら、藤原時平一族に失脚させられた菅原道真の御霊《ごりょう》をさすようになった。道真の御霊としての天神は、当初は災害をもたらす雷神、のちには無実の罪を救う神、慈悲の神などという性格を付与されたが、江戸時代になるともっぱら学問や文芸の神として信仰されて各地に勧請され、寺子屋などでもこれを祀るに至った。現行の民俗としての天神講の多くは学問・手習いの神としての天神を祀るもので、子供の行事である。茨城県取手市では一月二十五日が天神講で、子供たちは二十四日の晩にヤドに泊って馳走を食べ、習字をして、「奉納天満天神」などと書いた紙を笹竹に下げて天満宮へ納めていた。同様の行事は全国各地にある。初天神として一月十五日に行なう例が多いが、二月に行なう地方、学校の卒業期にあわせて三月に行なう地方もある。長野県などで子供組を天神講仲間と呼ぶように、天神講はほとんどの場合、子供の行事となっているが、なかには大人や若者の講行事が天神講の名のもとに行なわれている地方もある。（小嶋）

初不動《はつふどう》

一年最初の不動尊の縁日で、一月二十八日。旧暦一月二十八日や一か月遅れの二月二十八日を縁日とする寺堂もある。不動尊は平安時代初期に空海によって大陸からもたらされた。その後、死者回向の十三仏の一番目に挙げられるようになり、右手に剣、左手に羂索を持つ忿怒の像とともに次第に一般社会に広まり、除災や病気平癒、怨敵降伏、開運などに効あり、煩悩から救ってくれる密教の仏として多くの人に信仰されるようになった。同時に不動尊を祀る寺院や堂も建立され、信者を結集する不動講が組織されていった。これらの寺堂では毎月二十八日を不動尊の縁日としたが、その年最初の縁日が初不動である。千葉県成田市の新勝寺（成田不動）などの寺堂では、この日には多くの信徒で賑わっている。（田中）

初庚申《はつこうしん》

年が改まった最初の庚申《かのえさる》の日に行なわれる庚申

静岡市、初庚申の夜の供物。(1971年：富山昭)

信仰にもとづいた物忌み。庚申の日は六十日ごとに巡ってくるが、初庚申の行事がもっとも盛んである。ほかに穂《ほ》の上《え》庚申（九月）・止《とめ》庚申（最後の庚申）を加えた、年三回の庚申が重要視されている。庚申信仰は中国の道教に源を発しているが、日本では日待ち・月待ちの習俗と習合して全国に広まった。道教の説によれば、人間の体内には三尸《さんし》という小さな虫がすんでいて、庚申の夜に寝ている人間の体を抜けだして天に昇り、その人間の罪状を天帝に報告するという。そのため罰を恐れて三尸を腹中にとどめておこうとして庚申の夜は眠らずにあらかじめ決めておいた当番の宿に集まり、庚申待ちと称して過ごすことが江戸時代から盛んに行なわれた。日本では、庚申が農神や作神の性格を強くおびるようになり、初庚申にはその年の農事の相談をする機会とした。「話は庚申の晩」といって四方山話をして過ごすことも多かった。また、初庚申の日に汲んだ水を囲炉裏の上に吊るしておき、火伏せの呪《まじな》いにする所もあった。現在でも続けている所はあるが、このような庚申の集まり（庚申講）は第二次大戦後急速に衰えていった。全国に分布している庚申塔は、三匹の猿を青面金剛が踏み、その上に瑞雲《ずいうん》がたなびき、日月が刻まれている石塔が多い。これは、庚申講をはじめてから三年目ごと、または、三十三年目を記念して初庚申に建てられたものが多い。（茂木）

太子講《たいしこう》

この場合の太子とは聖徳太子のことで、大工や左官・鳶・木挽・屋根屋・桶屋・建具屋・石工など、聖徳太子を職祖神とする建築関係職人の同業者の講。一月・五月・九月の十七日とか二十二日に集まり、聖徳太子の画像などに供え物をして皆で職の繁栄や怪我のないことを祈願し、飲食を共にして親睦も深める。一年最初の太子講のさいには、当年の手間賃の統一などを話し合ったりもする。聖徳太子には早くからいろいろな伝説があり、職人の間で太子を職祖神として崇める信仰は、室町時代末ごろに始まったのではないかとされている。鉱山師や鍛冶屋にも聖徳太子信仰はあるが、この場合には十一月八日の鞴《ふいご》祭りとして行なわれることが多い。なお、太子講と仏教の弘法大師などをゆかりとする大師講とは異なるが、古くはともに神の子を意味する大子を祀る同じ信仰にもとづいていたのではないか、とする考えもある。（田中）

山焼《やまや》き

春を迎えるにあたって奈良市の若草山の芝生を焼く行事。かつては一月十五日に行なわれていたが、近年、一月第四土曜日の行事となった。山麓では昼間からにぎやかに演芸が催され、夕刻になると東大寺と興福寺の衆徒が春日大社の神火を松明《たいまつ》に移して山麓の野上神社に行き、そこで春日大社の神職によって無事を期す祈願が行なわれたあと、山麓から火がつけられる。まもなく全山火につつまれ、花火が打ち上げられたりして、しばし火の祭典が繰り広げられる。行事の由来については、東大寺と興福寺が寺領の境界争いをしていたので、江戸時代中期に奈良奉行が仲裁に入って毎年山を焼いて緩衝地帯を設けるように勧めたからだとか、牛鬼という妖怪が山中に出没したので山焼きをしたのだなどと伝えられている。古くから各地で野焼きといわれ、早春に新芽の盛んな発生を促すために採草地などに火をいれる慣行があり、これが古都において特異な観光行事化したものと考えられる。（田中）

伊勢太神楽《いせだいかぐら》

三重県桑名市などの神楽組が西日本各地を演じて歩く獅子舞と放下《ほうか》芸（曲芸）からなる神事芸能。近世には伊勢神宮との関係が深く神宮の神札を配って歩いたが、現在は神宮との関係はなく自らの神札を配る。かつては組も多かったが、現在活動しているのは六組である。これらの組が十二月二十四日に守護神としている増田神社に集合して総舞（十六曲全部を演じること）を奉納している。また、組単位に正月早々から初冬までほぼ一年中断続的に長年の檀那場を順次まわり、家ごとに何曲かを演じて配札したり竈《かまど》祓いをしたり、神社境内や広場で総舞を演じて地域住民と交歓することに特色がある。現在の廻檀の範域は近畿・北陸・中国・四国地方の十三府県におよぶ。毎年定まった日に伊勢太神楽を迎える地においては、皆で集まってその芸を楽しみあうことが年中行事化している。なお、伊勢太神楽は国の重要無形民俗文化財に指定されている。（田中）

春の行事

和歌山市、淡島神社の雛流し。（一九九九年：齊藤純）

立春から立夏の前日までを春ととらえ、その期間にほぼ重なる新暦の二月から四月までの行事をここに収めた。しかし、卯月八日は旧暦四月の行事であるし、山遊びやレンゾなども実際には新暦の五月に行なわれる場合があり、例外は少なくない。たとい立夏後の行事であろうと、春の行事に加えてもさほど違和感のないものは、関連あるほかの行事とひとくくりに述べたほうが分かりやすいと考え、ここに収めた。一か月遅れで五月に行なわれることのある灌仏会についても、同様である。

春の行事には修正会・おこない・田遊びのように、現在でこそ二月に行なわれることが多いが、性格上は年の初めの行事であるものがある。事実これらは、旧暦のころには正月に行なわれることが多かったわけで、予祝的意味合いの強い行事である。

それに対し、陽光に誘われて野山や磯浜に遊ぶ山遊び・磯遊び・浜降りなどがある。三月節供もその一つである。いかにも春らしい行事で、これらは農事開始に先だって豊作を祈る神祭り・物忌みの名残ではないかと考えられている。春には山の神が田の神として下ってくる伝承が各地にあるし、山遊びや卯月八日のように神を迎えてくる行事もみられる。この神には、農事を守り家の安寧を支えてくれる田の神・祖霊という両様の性格が認められる。彼岸やシーミー（清明祭）は明らかに祖霊祭であるが、この時期に先祖を祀ろうとする心意は涅槃会や灌仏会の定着も促したといえよう。（田中）

春《はる》の祭《まつ》り

春という言葉は晴《は》る・張《は》る・墾《は》るなどの言葉と関係が深いといわれる。つまり、春は長い冬籠りが明けて陽光がさしはじめ、草木が芽吹いて新しい生命に満ちあふれる季節であり、人々が田畑の仕事にとりかかる季節でもあった。こうした季節観は、いわば自然の推移にもとづいた生活感覚であるが、一方では暦によって規定される生活のリズムも存在し、祭りの日取りも暦のなかに位置づけられてきた。日本では、現行の太陽暦に改暦されるまでの明治五（一八七二）年以前は、月の朔望《さくぼう》にもとづく太陰暦と太陽の運行を二十四等分した二十四節気とを組み合わせた太陰太陽暦（旧暦）を用いていた。この場合、太陰太陽暦では一月・二月・三月が春にあたり、二十四節気では立春から立夏までを春としている。ただし、暦のうえの知識は実際の季節観とかならずしも一致するわけではなく、実感として春が感じられるのは旧暦二月ごろからである。

豊作を祈願する祭り　このような日本人の季節観や祭りの体系は、稲作農耕の過程と密接に関係しているといわれる。各地の祭りの時期をみてみると、その多くが春と秋の二季に集中してみられるのが特徴であり、それぞれ農事の開始と収穫に対応するものとして理解される。秋の祭りが新嘗祭《にいなめさい》に代表される収穫感謝の祭りであるのに対し、春の祭りは年のはじまりにあたって一年の平安と豊穣を祈願する祈年祭的な性格が濃厚である。各地の神社の春祭りのなかには、御田植え祭りや田遊び・田楽などの芸能を行なう所もみられるが、これは稲作の過程を模擬的に演じて豊作を祈願する予祝の行事であり、その多くは正月行事のなかにも組み込まれている。それ以後に行なわれる春の祭りは、むしろ実際の農事の開始にあわせて神を迎えて豊作を祈ることを基調とするものが多い。

この神は、一般に田の神といわれる稲作の神である。毎年春先になると山の神が里に下りてきて田の神となり、稲の順調な生育を見守る。そして秋になって無事収穫を終えるころに、ふたたび山に帰っていくという伝承は、ほぼ全国的に分布している。もちろん縦に長い日本列島のことであるから春の訪れや農事の開始時は一様ではないが、田の神が下りてくる時期はおおむね旧暦の二月ごろからとする所が多い。旧暦二月の祭りとしては初午《はつうま》（二月最初の午の日）が知られている。これは稲荷信仰の祭日であるが、稲荷自体が農業にかかわる神であることから、初午祭りは春の田の神祭りと結びついているといわれる。同様に、春亥《い》の子《こ》（二月最初の亥の日）や春の社日《しゃにち》（春分に一番近い戊《つちのえ》の日）などに田の神を迎える所も多い。この季節になれば苗代作りや種蒔きなどの農作業が実際にはじまるため、田の神を迎えるのに適していたのである。

神を迎える祭り　春の祭りには、神を迎えるにあたって忌み籠りをしたり、穢《けが》れを落とすための祓えの行事を伴うのも多い。たとえば事八日《ことようか》（二月八日）や春事《はるごと》（三月十五日が多い）などのコトの日には疫神や病送りに関連する伝承が多くみられ、三月節供に飾る雛《ひな》人形も本来は厄を託して祓い流すための人形《ひとがた》であった。また、同じ三月節供には浜降りとか磯遊びと称して水辺に出て飲食を行なう所も多く、これも禊《みそぎ》に関連しているものと考えられる。このように三月・四月ごろになると終日を屋外に出て過ごす習慣が広くみられる。これは一般に磯遊び・山遊びといわれる。現在では春の行楽行事と考えられがちであるが、本来は山や浜辺に一日籠って神を迎える祭りとして行なわれていたものであろう。とくに卯月八日には花見とか春山入りといって山遊びをする地域が多く、山の花を長い竿につけて庭先に立てる天道花《てんとうばな》の風習もみられる。これも山から田の神を迎える作法の一つと考えられる。春の花は田の神の依代《よりしろ》であり、また春そのものの象徴でもあった。古くは春の花が散るころには疫病がはやるとの信仰もあ

り、神社で行なう鎮花祭《はなしずめ》り・やすらい祭りなどはこの疫病を送る行事とされている。（萩原）

次郎《じろう》の朔日《ついたち》

二月一日のことで、この日は各地でいろいろな名称で呼ばれている。次郎の朔日と呼ぶのは関東地方に多く、埼玉県では粟餅・ぼた餅・赤飯などを作って仕事を休む。一般的にいって一月一日を太郎の朔日と考え、続く二月一日を次郎の朔日と呼ぶのは何ら不思議なことではない。しかし、二月一日を太郎の朔日と呼んでいる所が九州や四国にある。愛媛県伊予三島市（現四国中央市）では太郎朔日といって餅を搗《つ》いて神に供える。熊本県ではこの日に山の太郎が河の太郎と交替する日だからこのように呼ぶのだという。河の太郎とは河童《かっぱ》のことで、河童は山に入ると山の神となり、川に入ると河太郎になるといわれている。長崎県の五島列島ではこの日を初朔日と呼んでおり、白・黒・黄色の三色の団子を箸にさして家の隅々に立て、子供たちが「団子さそ子さそ」といいながらそれをとっていく習わしがある。このように二月一日を太郎の朔日とか初朔日という伝承は、一月十五日の小正月を新年としていたころの名残であると解釈されている。したがって次郎の朔日という名称は、小正月であった新年の開始が、その後に一月一日に移動した結果、太郎の朔日では不合理と感じたことから生じた呼び名であろうと考えられている。

山口・宮崎・高知・大分県などでは一月一日に対してもう一度ある朔日・正月という意味で、この日を並び朔日とか並べ正月と呼んでいる。さらにヒテエ正月・ヒトヒ正月・ヒヒテ正月などと呼んでいる所もある。香川県綾南町《りょうなん》（現綾川町）では、本正月は数日間続いているが、この日は一日だけの正月という意味でヒトヒ正月という。岡山県ではヒテエ正月と呼び、朝、新しい注連《しめ》を年神に張り、前夜に搗いた餅で小さな祝い餅と雑煮を作って年神に供える。岡山県にはご飯を山盛りにして年神に供える所がある。これを島根県雲南市大東町ではメシクラべと呼んでいる。これは正月のようにしばしば膳を供えないので、この日に一年分を供える意味だとされている。

東北地方ではこの日に、男四十二歳、女三十三歳の年祝いをする。年重ねや年直しと呼んでいる所もあり、新しく松や注連縄を飾り、もう一度正月を繰り返す。鹿児島県長島では年取直しといって餅を搗き、これを藁苞《わらづと》に入れて道端の木に掛けておき、通行人にとって食べてもらう。茨城県高萩市あたりでは、厄年の者がいる家では餅を搗き、門松を一月三十一日に立て、この二日間は正月とまったく同じ行事を行なう。高知県十和村《とおわ》(現四万十町)では、正月中に死人のあった家では餅を搗いて祝い直しをした。これらは、正月のあとの最初の朔日を新たな元日と考えることによって厄年や不幸を去年のこととしてやり過ごし、これからの日々を新しい年として過ごそうとしたものであろう。(佐藤)

厄落《やくお》とし

男の二十五歳・四十二歳、女の十九歳・三十三歳などの厄年の者が災厄をまぬかれるために行なう儀礼。正月ないしは節分に行なわれることが多い。厄払い、厄除けなどという語も同じ意味で用いることがあるが、とくに厄落としという場合には、何かに厄をつけて落とす呪術的な儀礼をさすことが多い。広く各地にみられるのは、節分の晩に自分の年齢の数だけの豆を辻や村境などに落としてくるというものである。このとき、他人に見られてはならない、後ろを振り返ってはならない、ともいう。わざわざ物乞いの前に紙につつんだ豆や銭を落として拾わせるような例もある。湯具を落とすこともあった。このほか、人を招いて宴を張ったり、餅を配ったり、あるいは逆に小正月の訪問者として餅をもらい歩いて食べたりする共食の儀礼によって厄を分散し、自らの厄を逃れようとする習俗もある。さらに、年重ねなどと称して、小正月・二月一日・節分・六月一日などに門松を立てたり雑煮を食べたりしてもう一度正月を迎え、一つ余計に年をとったとして厄年をやり過ごす風もある。また、節分の晩の社寺参拝は厄参りなどといって、厄落としのために参るものとされる。近世の江戸や京坂には、節分の晩に厄落としの祝い言を唱えて歩く門付けの者があった。（小嶋）

黒川能《くろかわのう》

山形県鶴岡市黒川の春日神社に奉納される地元住民の演じる能で、演目は能五百番以上、狂言五十番を数えるといわれる。黒川の氏子二百余戸が上座・下座に分かれ二月一日・二日の王祇祭《おうぎさい》に演じるのが主で、一日には上座・下座それぞれの頭屋宅に王祇様と呼ばれる神体を迎えて夜を徹して演じ、二日には神体を春日神社に送って行き、神社拝殿の舞台で両座が競演する。三月の祈年祭、五月の例大祭、十一月の新嘗祭《にいなめさい》にも奉納するほか、神社以外でも二月第四土曜日のローソク能（ローソクの灯のもとで演じる）や夏の薪能などでも演じられている。室町時代後期に当時の領主武藤氏が伝え、その後も代々の領主が保護してきたため、役者をはじめ役割分担の多くが世襲であったり、所仏則《ところぶつそく》と呼ばれる翁舞や中央の五流の能では絶えたといわれる演目や謡い方も伝えられている。国の重要無形民俗文化財に指定されている。（田中）

二日灸《ふつかきゅう》

一年で最初に据える灸。多くの地方で二月二日の行事になっているためにこう呼ばれる。灸を据える特別な日は、一年に二回決められていた所が多く、長崎県島原地方では二月と五月の二日、または二月と八月の二日で、やいとすえ（灸すえ）と呼ばれる。この日は村全体の休み日になり、また若者組の寄り合いに新参者が酒などを持って加入する日でもあった。古くは江戸でもこの日を奉公人の出替わりの日とし、生活が更新される機会の一つであったらしい。灸には治療として実際の効果もあるが、山形県庄内地方では皿灸といって、二月六日に皿の上に据えた灸を神棚に上げて拝んだあと、年齢順に家族の頭の上にのせ「悪病災難にあわぬように」と唱える風習があるように、呪《まじな》いとしての性格ももっている。これは多くの民間療法に共通した性質で、二日灸もこれからはじまる農業労働に対して何らかの信仰上の意義をもたせていたものと考えられる。（齊藤）

上は長野県、下は鳥取県の二日灸。（『年中行事図説』）

節分《せつぶん》

本来は季節の移り変わるときの意で、立春・立夏・立秋・立冬の前日をさしたが、のちには立春の前日のみをいうようになった。現行暦では二月三日ないし四日。

節分・立春と正月　現行の太陽暦は、原理的には冬至正月であり、立春は二月に訪れる。明治五(一八七二)年まで公式に採用されていた太陰太陽暦、いわゆる旧暦は立春正月であったから、立春は年頭ないしは年の暮れ(だいたい元日を中心として前後それぞれ半月の間)に当たった。太陰太陽暦においては、大正月および小正月は月の朔望《さくぼう》という太陰暦的要素にもとづく年頭、立春は黄道上の太陽の位置という太陽暦的要素にもとづく年の初めという性格をもっていたことになる。このため、節分を年取り、年越し、大年、年の夜などと呼ぶ地方が少なくない。また、ある地方で節分に行なわれる行事が、ほかの地方では大晦日《おおみそか》や六日年越し・十四日年越し(小正月の晩)の行事となっていることもあるのは、旧暦においては大晦日・元旦と節分・立春が接近していたからである(約三十年に一度は同日になることもあった)。煤《すす》払いの日としていたり大晦日に豆まきをする例も東北地方をはじめ各地に少なくないし、小正月に行なわれることの多い成木責《なりきぜ》めやもぐら打ちを節分に行なう地方もある。

豆まきと鬼　節分行事の代表は豆まきである。民間では、節分の晩、家ごとに大豆をいり、これを枡に入れて神棚に供えたのち、一家のあるじなどが「鬼は外、福は内」と大声で唱えながら家の出入口や各部屋にまいていく。青森・秋田県などには「鬼は外、福は内、天に花咲け、地に実なれ」と唱える例もある。明きの方(年神の訪れる方角、恵方ともいう)へまけとか、明きの方からまきはじめろともいう。まく人は年男と呼ばれる。まき終わると家人はそれぞれ自分の年齢の数(あるいはそれに一つ加えた数)の豆を食べる。年豆などといい、これを食べると息災だという。豆を辻や村境に落としてきて厄落としとする所も少なくない。また、月の数（通常十二個、閏年は十三個）だけの豆を囲炉裏の灰に並べ、それぞれの焼け具合によって今後一年間の天候や豊凶を占う、いわゆる豆占《まめうら》も行なわれる。保存しておいて、海や山に出かけるときに持っていくと難に遭わないともいう。節分の豆まきは、室町時代の京都で行なわれていたことが文献にみえ、「鬼は外、福は内」の言葉もあった。

豆まきは、一般には災いを象徴する鬼を豆で打って追い払う行事であると考えられている。しかしながら、節分つまり年の変わり目に訪れる鬼には、年神と連続する一面をみることもできる。狂言「節分」には、豆を食べようと蓬萊の島からやってきて、宝物をだまし取られ、豆をぶつけられて逃げだす鬼が登場するが、これなどは福をもたらす訪れ神の痕跡を残しているといえよう。鬼の子孫と伝える家では、節分の夜に鬼迎えといって、膳を供え、寝床を敷いて鬼を泊めるというような例もある（兵庫県香美町の前田家など）。「鬼は外、福は内」という唱え言は、訪れ神の性格が福神と悪神に分化したことをうかがわせる。鬼をある種の訪れ神とみると、豆はそれに対する散供という形の供物であるとも考えられよう。

追儺《ついな》 豆まきの行事に少なからず影響を与えたと考えられるのが、疫神を駆逐する行事としての追儺である。追儺は中国で古くから行なわれた儀礼で、周代には方相氏《ほうそうし》と呼ばれる呪師が熊の皮をかぶって黄金の四つ目の面をつけ、黒と赤の衣装に戈《ほこ》と盾を持ち、百官を率いて疫鬼を追ったという。日本でもこれを取り入れ、平安時代の宮中では、毎年の大晦日に大舎人《おおとねり》が方相氏となって中国の古式に近い形で追儺を行なったが、やがて異装の方相氏を鬼とする誤解が生じ、群臣が桃の弓、葦の矢でこれを射て追い払う形となった。その後、宮中の儀礼は廃れたが、鬼追いの式は寺院の修正会《しゅしょうえ》・修二会に取り入れら

埼玉県秩父市、三峯神社での節分の豆まき。（1972年：内田賢作）

れたり、神社で節分祭として行なわれるようになった。京都の廬山寺・吉田神社、奈良の法隆寺・薬師寺、東京の浅草寺など、各地に名高いものがある。民間の鬼やらいとしての豆まきは、春訪れる神を迎える習俗に、こうした中国伝来の追儺が影響を与えて成立したと推測される。

このほか、節分には、鰯《いわし》の頭や柊《ひいらぎ》を戸口にさして魔除けとするやいかがしや、害虫を封じる虫の口焼きなどの呪術的な儀礼が行なわれている。鬼脅しとして、目籠を庭先に高く掲げる習俗も愛知・静岡県にみられる。このように現行の節分の行事は、悪しきものを祓い出す、あるいは悪しきものの侵入を防ぐことに力点がおかれている。これは新しい年を迎えるにあたってのさまざまな儀礼的要素が、暦法の普及とともに、年神を迎えることに重点をおく正月の行事と、厄払いないしは魔除け的な節分行事とに分化していったのだと考えられる。近年では関西を中心に、縁起がよいといって恵方に向かって太巻き

ずしを食べる風習が広がりつつある。（小嶋）

やいかがし

焼き嗅がしの意で、臭気で鬼（邪霊）を追い払うとして、節分の晩に鰯《いわし》の頭などを焼いて戸口にさす儀礼。または、その呪物としての鰯の頭など。鰯の頭を豆幹《まめがら》にさし、これにつばを吐きかけて火にあぶり、柊《ひいらぎ》の葉を添えて家のすべての戸口にさす例が多い。鰯の頭と柊とは別に、鰯と同時に髪の毛や葱《ねぎ》・ニンニクなどを焼いていっそう強い臭気をたてる地方もあった。串には刺のある柊・山椒《さんしょう》などの小枝を用いる所も多い。静岡・愛知県では、これを焼くとき、あるいはさすときに「ヤイカガシの候、隣のバンバア、屁をひってウンシャラクサイ」（静岡県磐田市）などという唱え言をした。また、鰯を焼くときに「よろずの虫の口を焼け」などと唱え、害虫を封じる呪《まじな》いを行なう例が各地にある。ヤイカガシの習俗については、本来、年の変わり目に訪れる神霊に対する供物であったとする説、物忌みのしるしとする説、焼畑の害獣除けに起源をもつとする説などがある。（小嶋）

豆占《まめうら》

年占の一つ。主として節分の夜、囲炉裏の火の周囲に各月を指定した十二粒（閏年には十三粒）の大豆を並べ、焼け具合によってその年の作物の豊凶や月々の天候を占おうとするもの。たとえば群馬県水上町（現みなかみ町）では、煙だけが出て焦げないと風、豆油が多く出たり黒焦げになったりすれば雨、早く火がついて赤くなると日照りなどと占った。感じよく茶色に焼けると米麦のできがよいと喜ぶ所は多い。奈良市平城地区では、いった豆に黒塗りの盆を伏せてしばらくおき、盆裏に豆の湯気がたっぷりついたら今年は水に不足しない年だといって喜んだ

長野市、小豆焼き占い。(1993年:小川直之)

りする。漁村でも行なわれ、青森県では白くきれいに焼けると吉で豊漁、半白半黒だと半吉、真っ黒だと凶と判断するほか、豆に番号をつけて何番目の網が大漁でどれが不漁になると占う所があった。このように手軽に行なえるので、かつては粥占《かゆうら》とともに民間に広く分布していた年占である。(田中)

祈年祭《きねんさい》

春の初めに、これからの一年が豊作のよい年であってほしいと祈る祭り。祈年祭《としごいのまつ》りともいう。律令時代においては国家の重要な祭りで、『延喜式』によると二月四日に行なわれ、神名帳記載の全国の神社にも国から幣帛《へいはく》が供進されていた。のち次第に衰え室町時代に入って廃絶した。しかし近代になって、稲作の発展、皇室の隆盛、国家の安泰を祈る祭りとして復活した。第二次大戦後は公的性格を失ったが、現在でも行なっている神社は多い。特に伊勢神宮においては古来重要な祭りに位置づけられ、中断はあったものの、現在は二月十七日に祈年祭大御《おおみ》饌奉幣《けほうへい》が行なわれている。古く「とし」（年）には稲の実りの意味があり、実りの豊かならんことを願う古代の民間の祭りと何らかの関係があるかと考えられる。それならば、農耕開始期に田の神を祭る現行の民俗との深い関係も推測され、収穫を感謝する秋の祭りと対をなす、農耕儀礼の体系に含まれる祭りだといえる。（田中）

雪《ゆき》まつり

二月上旬、北海道や新潟県などで雪を用いた大きな像を作り競う観光行事。札幌市のさっぽろ雪まつりは特に有名で、昭和二十五（一九五〇）年からはじめられた。祭りの期間、大通り公園などの会場には工夫をこらした巨大な雪像や氷彫刻がいくつも立ち並び、訪れる人々の目を楽しませる。新潟県十日町市でも第二次大戦後早くから行なわれているが、これらの影響を受けたのか、近年、雪の多い所では村起こしの一環としての各種雪祭りが誕生している。（萩原）

事八日《ことようか》

二月八日と十二月八日の通称、もしくはこの両日の行事の総称。関東地方を中心とする東日本には両日を行事日とし、西日本には十二月八日のみをハレの日とする所が多い。同じ十二月八日でも、東日本・西日本では行事内容に差がある。

コトの意味　コトは行事・祭り事・斎事を意味する言葉で、コトと呼ばれる行事はかならずしもこの両日に限られるわけではない。青森県八戸《はちのへ》市付近の旧暦三月七日の精進事、東北・関東地方の三月十五日の梅若事、近畿・中国地方の旧暦二月から四月にかけての各種の春事などはいずれもコトと呼ばれ、変わり物をこしらえて神に供えたり物忌みのときを過ごそうとするものである。春以外でも、正月のある日をコト節供と称して祝う例や、栃木県の田植え休みのサナブリゴト、石川県能登地方の刈上げ祭りのアエノコトなど、コトの名をもつ行事は多い。このなかで事八日はもっとも広い分布をもつものであるが、いつごろからなぜこの両日を特別の日とするにいたったかについては、中国の『荊楚歳時記《けいそさいじき》』に十二月八日を臘日《ろうじつ》とすることや朝鮮民族文化との比較、寺院行事の影響を考えるべきであるが、確かなことはわからない。ただ、『玉葉《ぎょくよう》』の仁安二(一一六七)年二月八日の条に「事始了」とみえていることから、すでに平安時代の終わりには、一部の人々の間で特別の日と意識されていたことがわかる。現在、両日のうち一方を事始め、他方を事納めとする伝承が多い。正月をはさんだ前後の月の八日を、東京とその周辺部のように十二月八日を事始め、二月八日を事納めとする伝承からは、コトが正月を中心とする神祭りの意と捉えられていたことが推測される。逆に二月八日を事始めとする伝承からはコトが一年間の各行事だと考えられていたことがわかる。いずれにしても、この日の伝承には物忌みに関するものが多く、一年間の農事が終了して次の農事がはじまるまでの冬の物忌み期間の、印象深い両端が現在のような事八日として強調されるようになったのであろう。

各地の行事の内容　多彩な各地の行事内容は、さまざまな神霊（厄神や妖怪が多い）の訪れを信じてこれを退散させたり、ときには歓待しようとするものと、針供養とに大別できる。餅・団子・小豆飯・そば・けんちん汁などの変わり物をこしらえるのが一般的である。また、行事内容に応じてこの日についての特徴ある呼称もみられる。

関東地方とその周辺では、目一つ小僧・ダイマナク・ヨウカゾウなどという一つ目小僧のような妖怪が訪れると考え、目数の多い籠《かご》や笊《ざる》・篩《ふるい》などを門口に高く掲げてこれを退散させようとしている。目籠

埼玉県日高市、高く掲げた魔除けの目籠。
（文化庁『日本民俗地図』Ⅰ（年中行事1）より転載）

や笊は、かつては来訪する神の依代《よりしろ》であったかとも解されている。このほか、門口に柊《ひいらぎ》や唐辛子をさしたり臭気の強いニンニクや髪の毛を燃やして厄神や妖怪を撃退するとともに、戸外の履物をしまいこんで妖怪などからの難を逃れようとしたり、夕方早く帰宅して静かにして過ごすべきだと考えるなど、この日には物忌み謹慎の生活を送らねばならないとの心意がうかがわれる。山仕事を休む所が全国各地にあるのも同じ考えからであろうが、この日の妖怪のイメージには、その前後の日々に去来を説く山の神の影響を無視することはできない。日は異なるが篩など目数の多いものを掲げて妖怪を退散させようとする事例は韓国など周辺の国々にもあり、相互関連が考えられる。神奈川県にはミカワリバアサンと呼ぶ妖怪の訪れを信じていた所があるし、静岡・山梨・長野・新潟県などにはムラ総出で藁《わら》人形や神輿《みこし》をしたててカゼの神・コトの神などと呼ぶ厄神を村境へ送り出す所がある。これは、元来は春秋の農神の去来信仰と関連ある伝承かと思われる。また、福島県会津地方の二月八日と十二月八日の疫神の天への昇降を述べる際、杵の音をさせよといって空臼でもよいから餅搗《つ》きをすべきだと考えているのも、やはり農神去来信仰を背景としたものである。関東地方西部から山梨・長野県にかけては妖怪の訪れが道祖神信仰や小正月の火祭りの由来と結合して語られてもいる。なお、茨城・栃木県にはかならずしも悪神ではなく、笹神様という笹を三本束ねたものを立てて供物をし、この神から福運を授かろうとする心意もみられる。このように東日本各地では両日を一対にし、何らかの神霊の来訪を説いてそれに対するさまざまな行事を執り行なっている。

西日本各地では十二月八日のみの伝承が中心であるうえ、かならずしも特別な神霊の来訪を説かない点、東日本と異なっている。鳥取県などでは八日吹きと称してこの日は風が吹き荒れると信じられていたり、瀬戸内海に面した各県では豆腐や蒟蒻《こんにゃく》を食べて年間の嘘を消し捨てようという所がある。また、石川・富山県では針千本という魚が海岸に吹き寄せられるという。八日吹きの伝承は東北地方にもあり、とくに神霊の来訪は説かなくても、神去来の際にはしばしば風が吹くという一般的伝承から推察して、かつては西日本各地でもやはりこの日に何らかの神霊の来訪を意識していたといえるであろう。また西日本に二月八日の伝承が希薄であるのは、正月のコト節供や各種の春事が営まれ、これらが二月の事八日に代わる機能を果たしているからであろうか。

なお、針供養の行事は全国に分布しており、前記の豆腐・蒟蒻を食べて嘘を捨てようとすることや、針千本が吹き寄せられるという伝承と微妙に交錯している。（田中）

針供養《はりくよう》

古針を供養して裁縫の上達や怪我のないように願

う行事。全国に分布し、事八日《ことようか》（二月八日と十二月八日）の両日もしくはどちらかの日に行なわれる。針の使用を忌んで裁縫を休み、古針・折れ針を豆腐・蒟蒻《こんにゃく》・餅などにさし、近くの社寺（主として淡島《あわしま》神社）に納めて供養してもらったり、川へ流したりするのが一般的である。個人で行なうほか、針子が師匠宅に集まって行なったり、学校の行事となったりしている。身につけたり愛用した道具類に、ある種の霊の存在を認める心意に支えられている行事である。本来の起源や意味は事八日の行事全体の中で探らねばならないが、婦人に縁のある和歌山市加太の淡島神社の淡島願人《がんにん》が広め、江戸時代後期から明治期にかけて裁縫学校などで行なわれ、定着したものとされている。

なお北陸地方には、この日は八日吹きといって天候が荒れ、針千本という魚が吹き寄せられるという伝承があり、針供養の行事と関連があるかという。（田中）

東京都台東区、浅草寺淡島堂の前で豆腐に針をさしている。（2006年：田中宣一）

初午《はつうま》

二月最初の午の日を初午といい、稲荷の祭日として知られている。稲荷信仰は全国的にみられ、総本社である京都の伏見稲荷大社には祭神の稲荷神が初午の日に稲荷山に降臨したとの言い伝えがあり、初午の稲荷祭りも古くから行なわれていた。稲荷はイネナリの意味であるといい、もともと農業の神への信仰を基盤とし、春先の農業を開始する時期に田の神を迎えて祀る風習は広く行なわれていた。近世の江戸市中では稲荷信仰が流行し、「伊勢屋、稲荷に犬の糞」といわれるほどに数多くの稲荷社が勧請され、初午行事も盛んに行なわれていた。初午行事では、稲荷の祠《ほこら》に「正一位稲荷大明神」と書かれた幟《のぼり》を立てて灯明をあげ、油揚げや赤飯などを供えるのが一般的である。とくに関東地方にはこうした行事が分布している。稲荷講として子供が集まって太鼓を叩いたり、お籠りや共同飲食をして祝う所が多い。茨城・埼玉・栃木県では大根下ろしといり大豆・塩鮭の頭などを使った膾《なます》を作って供える風習がある。これはスミツカリ・シモツカレなどと呼ばれ、現在も郷土食として親しまれている。

一方、稲荷祭りとは異なる初午行事も各地にみることができる。とくに午(馬)にちなんだ行事が多く、東北地方や中部地方の一部には初午に蒼前《そうぜん》様や馬頭観音など馬の神に詣でる風習があり、宮城県岩沼市の竹駒神社で開かれた初午の馬市はよく知られている。また、関東・中部地方の養蚕が盛んであった地域では、初午に養蚕祈願が行なわれた。これはオシラサマや蚕影《こかげ》様・蚕玉様などの養蚕の神に繭形の餅や団子を供える行事で、長野県下伊那地方では蚕玉と記された石塔に粟穂や団子を供えたという。

初午のころは火事の出やすい季節であることから、火に関する伝承もよく聞かれる。初午の早い年には火事が多いという言い伝えは全国的で、福島県や茨城県では初午にお茶をいれると火事をだすと

烏森稲荷の初午祭り。(『東都歳時記』)

いって、かつては火を使うことを避けたという。また長野県北部では初午をドウロクジンの火事見舞いといっているが、これは小正月の火祭りで道祖神(ドウロクジン)の小屋を焼いたことに対する見舞いであるといい、藁《わら》で作った馬に餅をのせて道祖神に供える行事である。また、初午を厄落としや厄除けの日とする所は近畿地方に多く、厄年の男女が社寺に参拝したり、餅や団子をまいたり、柳の箸を立てるなどさまざまな厄落としの呪法がとられる。九州北部には髪の毛がよくのびるようにと毛髪を川に流す風習があったが、これも本来は厄落としの意味があったと思われる。このほか二の午や三の午までする所もあり、鹿児島県奄美地方のように四月最初の午の日を初午と呼ぶ所もある。(萩原)

稲荷信仰《いなりしんこう》

稲荷は日本人にとってもっとも身近な神の一つ

で、その信仰の中心地は京都の伏見稲荷大社である。伏見稲荷は本来秦《はた》氏の氏神で、和銅四（七一一）年の創祀とされる。『山城国風土記』逸文の伊奈利社の条には、秦公伊侶具《はたのきみいろぐ》が餅を的にして射たところ、これが白鳥と化して山の峰に飛び移り、そこに稲が成った（生じた）との由緒を伝えている。伏見稲荷の祭神は宇迦之御魂大神・佐田彦大神・大宮能売大神・田中大神・四之大神からなる稲荷神で、総じて食物神あるいは農業神の性格をもつと考えられている。また、のちに伏見稲荷が東寺の鎮守として崇敬されたことから真言密教の影響を受け、稲荷神と荼《だ》吉尼《きに》天との習合もみられた。近世になると伏見稲荷の分霊社が各地に広がり、竹駒神社（宮城県岩沼市）・笠間稲荷（茨城県笠間市）・穴守稲荷（東京都大田区）・祐徳稲荷（佐賀県鹿島市）などがそれぞれの地方の信仰拠点となっていった。また、宗教家による稲荷下ろしや稲荷下げと称する託宣、憑物《つきもの》落としや病気治しなども盛行し、これらの修法を通して稲荷信仰の教化・宣伝も行なわれた。とくに、江戸市中では稲荷神が流行神《はやりがみ》化したことから「伊勢屋、稲荷に犬の糞」とまでいわれるほど数多くの稲荷が勧請された。現在、稲荷神社は全国に分布している。その多くが「正一位稲荷大明神」と称するように、伏見稲荷の分霊社として普及したものである。その数は、比較的大きな社だけでも三万余りにのぼるという。そのほかにも小規模な土地神として祀られる稲荷や、同族神としての稲荷があり、屋敷神として各戸の宅地内に稲荷を祀るのも関東地方を中心に広い地域にみられる。

このように稲荷信仰が受容された基盤には、民間における田の神と狐に対する信仰があったことが指摘されている。農村部では毎年春に山の神が里に下りて田の神となり、秋にはふたたび山に戻るとする去来伝承が広く聞かれる。農業をはじめる春先に田の神を迎えて祀る風習は一般的であり、稲荷の初午祭りもこうした田の神祭りを基盤として成立し普及したものと理解される。また、稲荷といえば狐がつきものであるが、本来狐を霊的な動物とし、田畑に出没する狐を田の神の神使とする地域は多く、狐の鳴き声や動作によって作物の豊凶を占う風習もあった。全国各地には狐塚と呼ばれる塚があるが、その多くは田畑の近くに位置しており、田の神の祭場であった。このような田の神＝狐に対する信仰が農業神としての稲荷と結びついた結果、狐を稲荷の神使としたり、稲荷と狐とを同一視する考え方が定着したと考えられる。さらに、農業神としての稲荷は、その普及の過程でさまざまな富や幸福をもたらす神としても信仰を集めるようになった。都市部では商売繁盛や病気治癒などを祈願する現世利益的な福神としての稲荷信仰が顕著であり、また漁村においても稲荷は漁をもたらす漁業神として信仰されるなど、稲荷信仰は民衆の生活に密着して多様な展開を示している。 （萩原）

建国記念の日《けんこくきねんのひ》

国民の祝日の一つで、「建国をしのび、国を愛する心を養う」日として、昭和四十一（一九六六）年に「国民の祝日に関する法律」によって定められ、政令によって二月十一日とされている。この日は、明治六（一八七三）年以降、現行の「国民の祝日に関する法律」が昭和二十三（一九四八）年に制定されるまで紀元節として祝われていた。紀元節を二月十一日にしたのは、『日本書紀』に、初代天皇とされる神武天皇が橿原宮《かしはら》において帝位についたのが辛酉年《かのととり》の春正月の庚辰朔《かのえたつついたち》だと記されており、明治政府がこの日を太陽暦に換算して決めたことによる。

暦使用以前における神武天皇即位の年月日の不確かさや、それを太陽暦に換算することの是非など、この日についての科学的根拠をめぐって議論も多いが、とにかく明治以降国家の紀元として祝われてきた二月十一日が、建国記念の日に採用されたのである。

（田中）

バレンタイン・デー

二月十四日。三世紀後半に聖人ヴァレンティヌス（Valentinus）が殉教した日にちなむキリスト教の祭日である。キリスト教では、この日は愛を与える日とし、それが相手に贈り物をする習慣になった。その由来については、この日小鳥たちが番《つが》いはじめるという西欧の伝説にもとづくとも、あるいはローマ時代の豊穣祭に由来するともいわれるが定かではない。欧米では恋人どうしがカードや贈り物を交換する習慣になっている。日本では女性が男性にチョコレートを贈って、愛を告白する日とされている。これは製菓会社の宣伝によるものであるが、現在では新しい行事として定着した観がある。さらに近年では三月十四日をホワイト・デーと称し、バレンタイン・デーの返礼として男性から女性にキャンディなどを贈る風習も盛んになりつつある。

（萩原）

実朝《さねとも》忌《き》

鎌倉幕府三代将軍で、歌人でもあった源実朝の忌日で、旧暦一月二十七日。建保七（一二一九）年に鶴岡八幡宮で甥の公暁に襲われて落命した日である。実朝の墓がある神奈川県鎌倉市の寿福寺では、昭和二（一九二七）年より実朝忌が修され、高浜虚子など鎌倉在住の俳人によって実朝忌句会が催された。昭和二十六年からは、毎年三月上旬に鶴岡八幡宮で実朝忌俳句大会が開かれている。また、実朝の正室の本覚尼が京都に建立した大通寺では、平成八（一九九六）年より、一月二十七日に実朝忌の法要と講演会などを催している。鶴岡八幡宮では八月の立秋の前日から九日までぼんぼり祭を行い、実朝の誕生日の九日には実朝祭で俳句や短歌の大会があり、多くの観光客を集めている。神奈川県秦野市にある源実朝公御首塚では、平成五年より十一月二十三日に実朝まつりとして、稚児行列、俳句や短歌の作品展示などをしている。（山崎）

修正会《しゅしょうえ》

修二会・修正鬼会《おにえ》などの名称もあるが、いずれも同じ趣旨をもつ正月儀礼である。寺院中心に行なう年頭の法会であり、歴史的には宮中の吉祥悔過《きっしょうけか》にはじまる。平安時代中期から修正会と呼ばれるようになり、一月上旬より中旬に至るまで続いた。奈良の東大寺では修二会となり、旧暦二月一日（現在は三月一日）から十四日までの間、二月堂で行なわれる。十三日目のお水取りの行事はとりわけ有名である。お水取りは、二月堂開祖の実忠が天平勝宝四（七五二）年に菩薩聖衆の悔過行法を模写したことをはじめとする。十二日夕方より畿内の信者が奉納した籠松明《かごたいまつ》十二本を堂童子が担ぎ、堂の回廊で振りまわす。そのとき火の粉がとびちる。この火の粉を浴びると災厄が払われるというので、振りまわされる松明にあわせて、群衆がはげしく動く。十三日午前二時前後に、呪師を先導にして練行衆が牛王《ごおう》杖《つえ》をつき、本堂南石段下の閼伽井《あかい》屋にある若狭井《わかさい》から香水を汲みとり、本堂の仏前に供える。この香水の水源は若狭国（福井県）遠敷《おにゅう》明神前の音無川の水で、これが地下水脈となって若狭井にたどりつくという。この井戸水はこのお水取りのときだけ水が湧いてくるという伝説があり、この水を飲むと病気が平癒するという俗信もある。同じ時間に若狭明神の神宮寺でお水送りが行なわれる。これは古くからの聖水伝説にもとづいており、正月の若水行事の意味があり、お水取りが行なわれてはじめて春がくるという。東大寺のほかにも、かつては全国の有名寺院で修正会が実修され、平安時代の東寺・西寺・法成寺・円成寺・六勝寺ではきわめて盛大に行なわれていたと記録に残されている。十四日の結願の日にはどやどや・堂押し・押し合い・だだおし・会陽《えよう》などの名称で行事がある。奈良県桜井市初瀬の長谷寺は修二会結願の十四日夜にだだおしと称する追儺《ついな》で知られる。岡山市西大寺観音院の会陽は裸祭りとも呼ばれ有名である。旧暦十二月二十四日のコトハジメ、二十七日のシンギトリがあって、旧暦一月一日から十四日まで修正会となる。読経が行なわれている間に、楊《やなぎ》で作った牛王杖（福杖という）で床をはげしく叩く。そして結願の十四日深夜に裸祭りがある。灯火の消えた闇の中で、牛王紙に包まれた神木《しんぎ》が投げ下されると、裸形の男たちがいっせいにその神木をとるためにもみあい、きわめて壮観である。

大分県国東《くにさき》半島の六郷満山で行なわれる修正会は修正鬼会の名で知られている。六郷満山の二十八か寺は八世紀に仁聞菩薩によって開創されたという縁起をもつ。修正会の際に日本全国からこの地に神仏が集合してくるので、開基の仁聞菩薩は鬼の姿となって悪魔を退散させるという。現在は二十八の寺はなく、成仏寺・天念寺・岩戸寺などで伝承されているにすぎないが、六郷満山独自のスタイルをもつ土着性の濃い修正会として注目されている。もともと民間にあった正月初頭の悪霊退散の行事が、中国から伝来した追儺と同様な意味をもって整えられたものであり、基本には春の正月を待ち豊作を祈願する日本人の心意がそこに伝えられている。（宮田）

涅槃会《ねはんえ》

釈迦の涅槃にちなみ、その日にあたる旧暦二月十五日（現在、多くは三月十五日）に行なわれる行事。涅槃とは釈迦が悟りの境地に達して死んだことをいい、各寺院ではその様子を描いた涅槃図を掲げて経を読む。京都市の清凉寺釈迦堂では夜に大松明《たいまつ》に火をつける火祭りも行なわれ、嵯峨《さが》のお松明として知られる。民間でも仏の命日としてこの日に行事を催す例は多く、奈良県では涅槃講といって子供たちが宿に集まって会食し、子供組や若者組に加わる風習がある。福岡県柳川市付近ではこの日に麦焦《むぎこ》がしを作って食べるため、香ばし節供と呼んでいる。東日本の各地にはやせ馬・やしょ馬という団子や餅を作り、寺でもそれを配る所がみられ、これは片手で握った団子の形がやせた馬に似ていることからきたものらしい。旧暦二月十五日は一年で第二の望《もち》（満月）の日にあたり、また春の農事の開始期に相当するなど、この行事の普及には仏教の教義のほかに、農耕儀礼のうえで重要な折り日としての意義があったと考えられている。（齊藤）

おこない

初春に行なわれる豊作や地域の安寧を願う行事。近畿地方を中心に、その周辺地域に広がっている。宮座の正月行事として代表的なものであり、同じような内容の行事でも地域によって結鎮《けっちん》・荘厳・歩射《ぶしゃ》・春祈禱《はるぎとう》などとも呼ばれる。いずれも仏教の修《しゅ》正《しょう》会《え》や修二会の影響を受けており、悪魔払いの意味も同時にもっている。例えば京都府南山城村山城田のおこないは、昔から一月六日に諏訪神社と観音寺で続けられ、村人たちは宮座の座衆から櫨《はぜ》の木にはさんだ牛王《ごおう》宝印を受ける。このときに子供たちが櫨の木で観音寺本堂の縁を叩く乱声《らんじょう》が知られている。梅の枝でお堂の床を叩く所もある。受けてきた牛王宝印を田の水口に竹にはさんで立てておく所も多い。行事の最後は直会《なおらい》という神人共食の宴で終わるのが一般的である。おこないのときに宮座への座入りをする例も多い。（茂木）

田遊《たあそ》び

稲作の手順を演じることによって、稲の実りをあらかじめ神に約束させる予祝行事。社寺において神事芸能化しているものが多い。内容は田打ち・代掻《しろか》き・種蒔き・田植え・草取り・鳥追い・刈上げというように、細かな稲作の過程を模擬的に演じ、代掻きでは牛の面をかぶった者が出たり、田主《たろうじ》が見まわったりするさまをおもしろく見せる工夫もされている。一つの演目が終わるごとに、砂を掛け合うことで耕すさまをあらわしたり、翁《おきな》と媼《おうな》が出て交接におよんだりする例や、ヒルマモチ（昼間持ち）が最後に子を産んだりする演出の例もある。これは、こうした行為に感染して稲もよく実るという感染呪術とされる。

行なわれる時期は、全国的に旧暦一月中心の初春と五月の田植えの時期に多いが、九州では祈年祭の意識のもとに二月に行なう例が多い。また四月に行なわれる例は近畿・中国・九州にみられ、稲の種下ろしの祭りと関係があるといわれる。六月以降も田遊びの行なわれる所は少数ながらも各地にある。田遊びという名称が用いられるのは主に東海地方で、田打ち（神奈川・静岡・島根県および南九州）、田祭り（神奈川・愛知県）、田作り（熊本県）、鍬《くわ》祭り（岐阜・茨城・群馬県）などのほか、北陸地方ではナリワイとも呼ばれる。近畿地方を中心に全国に分布する御田植え・御田の名称は、田遊びよりむしろ一般的である。春の耕作始めに由来する田遊びを、農作業の一過程の田植えで代表させて御田植えと呼ばれたことは、田遊びそのものの構造的変化があるとみなければならない。鹿児島県では田打ちと御田植えの二つが使われ、田植えどきに行なわれる田植え祭りと区別するために、田遊びに対して打植祭りという造語が近世にはいってから使われるようになった。このようにさまざまな名称で呼ばれるものの、内容的にはあまり差はない。

田遊びが確認できるのは、現存するもの約二百か所、失われたものも含めると三百二十八か所を数える。東北地方は伝承が希薄で、関東地方南部の東京都・神奈川県から静岡・愛知県の東海地方にかけて広く分布し、近畿地方では奈良県に、中国・四国で

奈良県河合町、広瀬神社の砂かけ祭り。(『奈良県史』13巻)

は島根県に分布が集中している。九州にも多く、とくに南九州に多い。儀礼形態、詞章や歌謡の共通要素からみて、全国的に個別に同時発生したものとは考えられず、どこかで創作され、形が整えられて伝播したものであろう。なお、田遊びには都々古別神社の御田植(福島県)、板橋の田遊び(東京都)、藤守の田遊び(静岡県)、田原の御田(京都府)など、国の重要無形民俗文化財に指定されているものが多い。(茂木)

えんぶり

青森県八戸市付近で初春に行なわれている予祝の田植え踊り。えんぶりは、この地方でエンブリコとも呼ばれる田をならす道具の杁《えぶり》のことで、語源はエブル・エブリという揺する意味の動詞にあるといわれている。すなわち田を揺り動かして、田に宿っている精霊を力づけ、その年の豊作を約束させようという心意がこめられている。もとは小正月の十五日に踊られていたが、現在は二月十七～二十日の四日間の行事となっている。八戸周辺の各集落から二十人前後を一組として、約三十組のえんぶり組が出て、長者山の新羅《しんら》神社に集まって参拝したあと豊年祭の旗をおしたてて三八城《みやき》神社へ行き、社前で踊りを奉納したあと、市中の家々を巡り祝福の言葉を授ける。組は馬頭の烏帽子《えぼし》をかぶった烏帽子太夫三～五人を中心として、松の舞・大黒舞・えびす舞などのはやし舞の組、「えんこえんこ」と呼ぶ子供たちの踊り手、太鼓・笛・鉦《かね》・三味線、歌い手・旗持ち・世話役などで一組が構成されている。伝承では、源義経が平泉を落ちたときからはじめられたとか、建久二（一一九一）年南部光行が糠部《ぬかのぶ》五郡を領して入部したときに始められたとも伝えられている。ほかに田植え万歳・稲取り舞・金輪切りなどの芸を演ずる。「八戸のえんぶり」は国の重要無形民俗文化財に指定されている。（茂木）

三月節供《さんがっせっく》

三月三日の行事。上巳《じょうし》の節供・雛《ひな》節供・桃の節供などともいう。現在、この日の行事としては、女児の初節供の家を中心に、菱餅・桃の花・白酒・あられなどを用意し、雛人形を飾って女児の成長を祝う雛祭りがもっともよく知られている。災厄除去の願いを背景にした行事や、磯に出たり近くの山に登って馳走を食べながら皆で遊び暮らすことも広く行なわれている。古く中国において、この日かこの日に近い上巳の日を重視して曲水《きょくすい》の宴など水辺の行事を催したり、桃花酒を飲み草餅を食べて災いを除去しようという習俗があった。このことと日本古代の水辺における禊《みそぎ》や祓《はら》えの思想が結合して宮廷社会で特異な発展をしたあと、江戸幕府がこの日を五節供の一つに定めたこともあって江戸時代に民間に普及した。さらに、この前後に営まれていた農耕開始を控えてのさまざまな祭りと習合して、現在みるような三月節供が成立したとされる。

雛祭り　早くから三月三日は節日として祝われ、奈良・平安時代には天皇が水辺に行幸し、流れに杯を浮かべ、貴族たちによって詩が賦され和歌が詠まれるという風流な宴が催されていた。また桃酒を飲んだり蓬《よもぎ》の草餅を食べたりして、桃・蓬によって身体の邪気を払おうとしたものである。

ただ、雛祭りの成立は遅い。雛人形を玩具として美しく飾りたてて祝う現在のような雛祭りが形を整えたのは、貴族・武家・上層農民など上流社会や都市部においては室町時代から江戸時代にかけてのことで、農山漁村部にまで広く普及したのは近代に入ってからである。しかしその起源は、平安時代に祓えの道具である贖物《あがもの》として人形《ひとがた》を用いたことと、幼女がそれらでひいな遊び（雛遊び）をしていたことに求められる。人形に息を吹きかけたり肌身に押しあて、これに心身の穢《けが》れを移して水辺に流し棄てる風習は古くからあり、『源氏物語』須磨の巻にも三月上巳の日に光源氏が陰陽師を召して祓えをさせたあと、その人形を舟に乗せて海に流したことがみえる。当時すでにこうした呪具としての人形が中国伝来の行事と習合し、三月三日や上巳の行事の中に定着していたことを示すものである。幼児の身の穢れを祓うために、あまがつ（天児）・ほうこ（這子）と呼ばれる人形も用いられていた。そして人形もしだいに手をかけた立派なものが作られ、棄てずに保存されたり贈答の品とされるようになって呪具としての性格を薄め、幼児の玩具や飾って楽しむ雛人形になっていったとされる。一方、ひいな遊びは、三月三日に限らず、幼女が草雛や瓜に顔を描いたものなど可愛い人形を工夫して遊んでいたところへ、呪具性を薄めた人形が加えられてしだいに三月三日の遊びとなり、雛人形の調度も整えられて室町時代には雛祭りに移っていったとされる。江戸時代になると、貴族社会のみならず幕府や大名家でも盛大に雛祭りが祝われ、それが町人階層にもおよび、都市部には雛人形を売る雛市が立つまでになった。この過程で、三月三日を女児の節供とする考え方が定着していったと思われる。

現在華やかになっている雛祭りの源には、このような心身の穢れをつけて流し棄てた祓え具としての人形がある。現在でも鳥取県の一部などで行なわれている流し雛、すなわち雛人形で身体をなでたりしたあと、それに菱餅や田螺《たにし》・桃の枝などを供え白酒をかけてから、三日の夕方桟俵にのせて川に流すという行事には、かつての水辺の祓えという古い心意が今なお伝えられている。同時に、この日各地で用意される菱餅・桃の花・白酒は、かつて蓬の草餅や桃酒によって邪気を払おうとした名残である。

磯遊び・山遊び　同時期の行事として、雛祭りとともに近年まで全国に広く分布していた磯遊び・山遊びなどの野外行事は、子供や女性が重箱に馳走を詰めて磯や山へ出かけて終日遊び暮らしたり、臨時の竈《かまど》を築いて煮炊きし共同飲食するものである。こ

埼玉県秩父市、河原に雛人形を飾り、粥を作って食べる。(1975年：内田賢作)

れらは、本格的な農事に先がけ、家を離れて物忌みの生活を送って田の神の祭祀者の資格を身につけようとしたり、すでに述べたような水辺で祓えや禊を行なおうとした古い信仰を背景にしているとされる。

沖縄県の、蛇と契って妊娠した女性がこの日、浜に出て海砂を踏んで蛇の子を流産して事なきをえたという話なども、水辺の祓えの信仰をうかがわせるものといえる。このような磯遊びは旧暦三月三日前後の大潮のときにする例が多く、都市部周辺ではこれが潮干狩に発展し、山遊びは遊楽としての花見の成立を促したとされる。また、野外行事が雛遊びと結合している例もみられる。静岡県掛川市小谷田《おやだ》では神社横手のヒナ山に皆で遊びにいって食を共にし、不用になった雛人形に海を見せたあとここへ納めていた。同県富士市木島では雛人形を涼みに連れていくと称して、河原の土手や山で花見をする家があった。愛知県新城市大海では女児が好みの雛人形を持ち、重箱に煮染《にし》めを入れて誘いあって山へ行き、「雛さま、雛さま、よく花を御覧うじろ」と呼びあったという。各地で雛人形に田螺などの貝類を供えることにしているのも、雛祭りへの磯遊びの影響であろう。（田中）

流《なが》し雛《びな》

三月節供に雛人形を川に流し送る行事。古くから人形《ひとがた》という呪具で身体をなでて穢《けが》れを祓い流し去ることが行なわれていた。雛人形の起源もこの呪具にあるとされ、現在各地にみる流し雛はそのような古い心意を伝えるものかと思われる。鳥取県の流し雛の多くは、雛壇に飾った二組の雛のうち一組を神棚に納め、残りを夕方に供物をしたあと桟俵にのせて流すのである。長野県南佐久地方では、子供たちが河原で煮炊きして雛に供え、皆も食べたあと、古雛を桟俵にのせて流す。静岡県小笠地方では、神社近くのヒナ山に登り、馳走を食べたあと不用になった古雛に海を見せてから、その場に納めたり川に流したりしている。川に流すわけではないが、群馬県多野地方では雛祭りのあとに病人がでると、雛に身代りになってもらおうと考え、病気を捨てるために雛人形を神社や桑畑に送り出すことがあるという。

（田中）

磯遊び《いそあそび》

三月から五月にかけての大潮のころ、仲間が集まって近くの潮の引いた磯や浜に出て、飲食して遊ぶ。干満の差の大きい太平洋沿岸部や瀬戸内海地域に広く分布し、鹿児島県奄美地方や沖縄県ではハマオリ（浜降り）・ハマウリなどと呼んでいる。同じ季節に近くの山に登って飲食を共にする山遊びと同様、もともとは信仰を背景にした行事であったが、山遊びが都市部で花見遊宴に発展したように、磯遊びも潮干狩の楽しみとして現在に継承されている。

各地の磯遊び　山遊びと同じく三月節供（旧暦）に行なう所が多く、宮城県気仙沼市の海岸部ではご節供磯といって、この日に潮干狩をする。山口県の瀬戸内地方では節供潮などといい、弁当を用意して潮干狩に出かけたり、船で遠出をして終日遊び暮らしたという。静岡県の伊豆地方では三月三日に馳走を持った仲間が磯に出て遊び、アワビ・サザエなどの磯物を採取してきて雛《ひな》人形に供えている。雛人形に貝類を供える例（内陸部では田螺《たにし》など）は全国各地に多く、このような磯遊びの気持ちを伝えるものといえよう。長崎県対馬では瀬祭りと称し、三月三日に集落あげて終日磯遊びをしたという。宮崎・鹿児島県では三月十五日・十六日に地域の人々が馳走を携え、そろって磯や浜で飲食して遊ぶ所が多く、鹿児島県ではこれをハマデバイ（浜出張り）とも呼んでいる。同県奄美地方ではハマオリと称し、かならずしも三月三日に限ってはいないが、前日に用意した馳走を持って浜に下り、一族とか組ごとに小屋を建てて集まって飲食を共にしつつ過ごす。このとき簡易な竈《かまど》を築いて一緒に煮炊きをしたり、闘牛や相撲・舟競争などの余興をして楽しむ。海に囲まれた沖縄県のハマオリ（ハマウリ）はさらに盛んで、三月三日に蓬《よも》餅《ぎ》や田芋煮をこしらえて神仏に供えたり、余興としての踊りをしたり、集落によっては神人たちが浜辺で祈願したりする。男性も行なうが女性のほうが熱心で、浜降りするとお産が軽くなるとの俗信や、昔話の蛇聟入り系統の伝承が伴っている。浜降りした人々は波頭を三回すくって手や顔を洗うとか、浜に出られない病人や幼児のために海水を汲んできて手足を洗わせるという所もある。このほか、平素でも鳥類が家に飛び込んだ場合にはこれを不吉と感じて家族そろって浜降りする例もあり、沖縄県のハマオリには禊《みそぎ》・祓《はら》えの意味が強く認められる。

戸外での共同飲食　しだいに遊楽的傾向を強めていった磯遊びであるが、水・潮で心身の穢《けが》れを祓おうとの信仰や、戸外での神との共同飲食の風習にもとづく民俗と考えられている。水辺での禊・祓えは古く中国の上巳《じょうし》の行事にあり、また日本においても古くからこの季節に存在したとされている。磯遊びを三月三日に行なう例が多いのは、この二つの習俗が習合した結果ではないかと思われる。戸外での共同飲食の習俗は、仲間とか集落こぞって食物を携えて行ったり、わざわざ竈を築いて煮炊きをして一緒に食べ合うなかにうかがうことができ、家から出て、皆でどこかに籠って神々と共に過ごそうとした古い信仰の名残かと思われる。禊・祓えにしろ、戸外での共同飲食にしろ、この季節に行なわれていることに注目すれば、磯遊びは実際の農事に先だって行なわれていた古い神祭りの形態を継承する行事ではないだろうか。

磯や浜のない内陸部や、磯浜があっても潮の干満の差の少ない日本海側に磯遊びそのものがないのは当然であるが、それらの地域においても水辺に出ることや戸外での共同飲食をキーワードとする行事はみられる。これらは子供の行事になっているものが多く、岩手県ではカマコヤキ（カマコタキ）といって、子供が数人ずつ組を作り、河原に竈を築き鍋釜を持ち出して煮炊きして終日遊んだという。群馬県の神流川《かんながわ》流域などでは雛祭りと習合してオヒナガユと呼び、このとき雛人形を河原に持ち出して煮炊きした粥を供え、子供たちで食べあった。類例は長野県や山梨県などの山間部にもあり、太平洋沿岸部の磯遊びと意味のうえで通じあう行事だといえよう。（田中）

浜降《はまお》り

鹿児島県奄美地方や沖縄県において、浜に出て手足を浸し清め健康を祈る行事をハマウリと呼んでいる。農耕儀礼と先祖祭りの性格をもち、浜に下りることにちなんだ行事名であり、内容は多岐にわたっている。旧暦三月三日および七月ころに時期を決める場合と、臨時に行なうことがある。

奄美地方では、三月三日に蓬《よもぎ》餅を作ったり、里芋を煮て麦粉と黒糖を混ぜて臼で搗《つ》いたウムムッチー（芋餅）を作り、仏壇に供えるほか親戚同士でやりとりする。海のものを鍋に入れないと耳が聞こえなくなるとか、海に出ないと鼠《ねずみ》になるといって、海とのかかわりを強く意識している。また蛇の化身と知らずに通じた女性が、三月三日に浜降りすることにより流産して事なきをえたことから、毎年続けるようになったともいう。徳之島では旧暦七月の盆のあとの丙《ひのえ》・丁《ひのと》・戊《つちのえ》の三日間行なわれる。丙の日は準備で、浜に小屋を建て、その内に石三個を鼎《かなえ》状に立てた炉を作る。丁の日は家ごとに新米で赤飯を作って仏壇に供えてから墓参りし、晴着姿で浜降り、小屋で酒宴となる。前年の浜降り以後に生まれた子供の首には、ニンニクを三個糸に通して下げ、浜では額を潮でぬらして海岸の白砂を踏ませる。その夜は小屋に泊り、戊の夕方家に戻る。夜は広場で相撲をし七月踊りをしながら家々を順にまわり、各家では粥をふるまい、翌朝まで踊り明かす。

沖縄県では旧暦三月三日に行なわれる。沖縄島北部の国頭《くにがみ》村与那では、男は与那川で雨乞いをして豊年の祈願をし、女はノロ殿内で祈願をしてから浜降りする。一年以内に死者のでた家では蓬餅と肴を持って墓参りする。名護市汀間《ていま》ではハマウショーコー（浜御焼香）といい、海で死者がでた家やその親戚が馳走を作って海で供養する。ほかにも各地で、海へ出て海水を浴び、山へ行くことを禁じることが共通している。これにはアカマタという蛇が女をはらませたのを、無事堕ろした奄美地方のそれに類似した伝承が伴っている。沖縄島西方の渡名喜島では、この日に海の石を七つ転がすと堕胎できるともいう。また、鳥が不意に家の中に飛び込んできて、とくに位牌にとまったりすると、家を封鎖して家中そろって浜に出て一泊ないし三日三晩過ごして戻ることがあり、これも浜降りという。　（古家）

山遊《やまあそ》び

三月から五月の決まった日に、仲間で近くの特定の山に登って飲食を共にして遊ぶ。そのとき、藤や石楠花《しゃくなげ》・ツツジなどの花を採取して持ち帰る例が多い。全国に分布し、三月節供や卯月八日の行事と重なっている所もあり、日や内容の細部は地域によってさまざまである。

各地の山遊び　宮城県大和町吉田では薬師がけといって、四月八日に酒や餅を携えて近くの七ツ森（七つの山々）に祀られている薬師を一日がかりで参り歩く。同県にはこのような薬師参りが多いが、亘理《わたり》町逢隈田沢《おうくまたざわ》では、かつて八十八夜に山登りと称して煮染《にし》めや酒を持って海の見える山へ登り、酒盛りをしていたという。群馬県の赤城山麓地域では、五月八日（旧暦のときは四月八日）の赤城山の山開きにちなみ、集落全戸とか青年男女の仲間同士などの集団で赤城山に登拝して飲食を共にし、その帰途ツツジの花を折りとって持ち帰り、神棚に供えたり、養蚕の蔟《まぶし》の上にのせて豊蚕を祈ったりする。赤城山は死霊のこもる山として知られているためにこの山遊びはとくに注目されるが、同県下には同じような山遊びの対象とされるタケヤマ（嶽山）などと称される山が多くある。静岡市井川地方では、四月八日にかならず山に入り、ツツジの花を持ってきて神棚に、ウツギの花をとってきて仏壇に供えるのをしきたりとする家があったというが、同県下では山から持ってきたツツジの花を長竿につけて軒先に立てる風もあり、これらは近畿地方に多い天道花《てんとうばな》の行事と同じである。また、同県では三月節供に年寄りや子供までそろって近くの山に登り飲食をしてくる所があるが、このとき不用になった雛人形を持っていき、海を見せてから人形を納める場合もあったという。近畿地方には四月八日に山からツツジの花などを持ってきて軒先に高く掲げる天道花・高花の行事が広く行なわれているが、奈良県各地にはこれと似た嶽《だけ》のぼりなどと呼ばれる山遊びがあった。温暖な日を選んで集落ごとに決まっている近くのダケ（嶽）と呼ばれる山に誘いあって登り、携えてきた馳走を見晴らしのよい場所で食べ、ときにはうたったり踊ったりしたのである。嶽のぼりを、レンゾと呼ばれる行事日に行なう所もある。四国地方一帯では三月三日とか四日（旧暦）に行なう例が多い。愛媛県宇和地方には、子供が組を作り、近くの山に丸太などで櫓《やぐら》や小屋を造ったりして馳走を持ち寄ってそこで遊び、互いに櫓攻めをして櫓につけてある旗を奪いあったりしていた所がある。鹿児島県各地でもタケメイ（嶽参り）などと呼び、近くの有名な山や神を祀る山に登る山遊びが盛んである。同県垂水市近辺では、とくに若い男女が競って高隈山系の白山に四月三日（旧暦のときは三月三日）に登り、頂上の白山神社に参ったあとアケボノツツジ（これを嶽花と通称している）の枝を折って土産に持ち帰るが、家人・友人は途中までサカムカイとして出迎え、そこでにぎやかに飲食を共にして過ごすのである。

山への信仰　このような山遊びは、都市部においては遊楽目的の花見の行事として発展するのであるが、もともとは人々の山や花に対する信仰と、実際の農事に先だつ日の戸外での神との共同飲食の風習にもとづく民俗と考えられている。古くから山は神霊のこもる場所とされていた。修験道で峰入り修行をするのもそのためであるが、各地の山遊びには修験道の春の峰や夏の峰の影響もあるであろう。同時に、山遊びとして登る人里近い山には先祖の霊がこもっていたり、田の神が冬の間は山の神として鎮まっているという信仰が一般的で、山麓の人々にとっては信仰上親しい山であった。したがって山遊びには、農事の開始に先だって山に入り、神霊と飲食を共にしつつこれらの霊力を身につけたり、田の神を里に迎えようとする目的があったのではないかとされる。その際、美しく咲くツツジ・藤などの花を、作物の豊かな実りを感じさせるものとして、また田の神の依代《よりしろ》として折りとり、持ち帰るのだというのである。（田中）

嶽《だけ》のぼり

奈良県の山沿いの村々で行なわれる春の山遊びの行事。春先に弁当などを携えて山に登り、一日を過ごす。葛城《かつらぎ》地方の二上山では四月二十三日に嶽のぼりを行なう。現在では付近の小山や池の堤で弁当を食べる程度になったが、かつては山頂で護摩が焚かれ、酒・肴の煮売り屋や覗きからくりが出るほどのにぎわいをみせた。嶽とか嶽さんと呼ばれるのは、このような山に雨乞いのため登山をするなど、水神としての性格が指摘されている。二上山に登る人々も、嶽から流れる水で稲を作っている地域の人々といわれ、これは二上神社を郷社として祀った範域と重なっている。吉野地方の竜門岳も嶽さんと呼ばれ、この山に共有地をもつ三つの集落が四月十七日に嶽のぼりをした。県東部の奈良市都祁《つげ》や宇陀市室生《むろう》では各大字ごとに嶽が決まっており、それぞれの別の日に登山をする。嶽のぼりは山遊び・山がりとも呼ばれ、農家の春休みであるレンゾの機会に行なうことも多い。花の咲く春の楽しみの一つであるが、以前は山で神を迎えて共食する神事の一つであったと考えられている。（齊藤）

花見《はなみ》

花、とくに桜の花を観賞するために、戸外に出かけて飲食する行事。観桜は平安時代以来、貴族たちに風雅として愛され、また近世以降は都市部の大衆の行楽として発達し、都市近郊には多くの桜の名所ができた。しかし、そうした風俗としての花見とはやや異なり、旧暦三月・四月の特定日に野山に出かけて過ごす、いわゆる山遊びの行事を花見と呼ぶ例が各地にある。広島県安芸高田市美土里町では、四

隅田川堤の花見。（『東都歳時記』）

月三日に子供仲間や青年団が重箱に馳走を入れて近くの山へ登り、火を焚いたり歌をうたったりして終日遊ぶ行事を花見・花見節供と呼んでいた。岩手県には四月八日の山遊びを花見八日という言い方がある。概して、三月節供やその翌日を花見とする例は西日本に、また卯月八日を花見という例は東日本に多い。

春の花には農作業や狩猟・漁撈の開始の目安となる自然暦の役割があり、また、稲の花に見立てて作柄を占うという年占《としうら》の役割をも負っている。卯月八日の天道花《てんとうばな》などのように神霊を迎える依代《よりしろ》という性格も認められる。山遊びとしての花見の花はかならずしも桜だけを意味しないが、桜はこうした性格をもつ春の花の代表であったということができる。各地で、作物の種下ろしや植えつけが桜の開花を目安に行なわれるだけでなく、辛夷《こぶし》を田打ち桜と呼ぶように、同様の役割をもった他種の花をもサクラと呼ぶことがある。桜が年占に使われることも多く、島根県隠岐にはそれを世の中桜と呼ぶ例がある。サクラという名そのものがサ(田の神)の依代を意味するともいう。花見は農耕の予祝的性格をもった山遊びの一つの形であり、風俗としての花見はそこから派生したものと考えられる。なお、散る花を厭うて、はなしずめの祭り(鎮花祭)・やすらい祭りを行なう神社もある。　(小嶋)

梅若忌《うめわかき》

謡曲「隅田川」で有名な伝説上の主人公梅若丸の忌日で、旧暦三月十五日。梅若丸は吉田少将惟房《これふさ》の子で、人買いにだまされて東国に下り、隅田川のほとりで非業の最期を遂げたとされる。その忌日(現在は四月十五日)には東京都墨田区にある木母寺《もくぼ》で大念仏の供養が営まれた。梅若伝説にちなんで、旧暦三月十五日を梅若様・梅若事《こと》と呼ぶ所は関東・東北地方一帯に分布している。一方、近畿・中国地方

木母寺の大念仏。(『東都歳時記』)

では春事とか事祭りと呼ばれる行事があり、二月の事八日《ことようか》の行事とともに、コトと呼ばれるこれらの日は春の重要な折り目であった。梅若忌には事の餅を搗《つ》いてこれを流すことによって厄払いをしたり、水神祭りが行なわれるなど禊《みそぎ》に関連した行事がみられる。また、この日は梅若の涙雨が降るともいわれ、水に関連した伝承が多く聞かれるのが特徴である。梅若丸の伝説も、本来は小童の姿をした水神に対する信仰にもとづくものと考えられる。(萩原)

彼岸《ひがん》

二十四節気の一つである春分を中日とし、前後各三日ずつの計七日間をいう。春分は、現行暦では三月二十一日ごろ、旧暦では二月になる。

彼岸会《え》　この期間中、各寺院で彼岸会の法会が行なわれる。彼岸はサンスクリット語の pāra (波羅)の訳で、生死輪廻の此岸に対してそれを解脱した悟りの境地（涅槃《ねはん》）の意である。また浄土教では現世に対する浄土をさすことにもなる。春分・秋分を中心にその前後を彼岸と呼び、彼岸会を行なうことについては、太陽の運行と西方極楽浄土を結びつけた説明がなされている。すなわち、「観無量寿経」に落日を通して西方浄土を観想する日想観が説かれ、唐の善導は「観無量寿経疏」で太陽が真西に没する春分・秋分にこれを修すべきことを説いたことに典拠を求めるのである。他方、これとは別に、昼夜の長さが等しい春分・秋分は中道の思想にかない、ために仏事を行なうのだとする説明もある。このように仏教的色彩の濃い彼岸であるが、インドや中国にはみられず、日本独自の儀礼といわれている。彼岸の語は平安時代中期の『宇津保物語』にみえるのが初見とされる。

民間の彼岸の習俗　彼岸に団子やぼた餅を作り、寺参り・墓参りを行なう風は全国にわたってみられる。静岡県で「入りスリヤキ餅、中日ぼた餅、明け団子」などというように、日によって仏壇や墓に供える供物を変える例が多い。彼岸の寺参りは檀那寺に限らず、東京の六阿弥陀参り、大阪の四天王寺参りのような行楽を伴った寺参りが各地で行なわれる。大小さまざまな巡礼霊場も、このころ多くの巡礼者を迎える。九州では、彼岸籠りなどと称して山登りをする風もある。百万遍や天道念仏などの念仏行事を行なう地方も多い。長野県では同族の先祖祭りが彼岸に行なわれる。また、春彼岸は農耕の開始期にあたるので、彼岸の水に種をつけると虫がつかず豊作になる（石川県）などといって、この日を種付けや種下ろしなどの目安としている地方もある。

死者供養　彼岸の山登りや寺参りを新仏の供養とする例はまれではない。静岡県東部では彼岸に日金山（十国峠）に参ると死者に会えるという信仰があり、死後三年間参るべきものとされている。同様に同県西部では浜松市の鴨江観音に参る。香川県丸亀市や多度津町では彼岸の中日に弥谷《いやだに》参りと称して、やはり死霊の行く山である弥谷山へ参る。また、埼玉・千葉県には、新仏の供養のために多数の札を各所の地蔵に貼って歩く地蔵札の習俗があり、彼岸に行なわれることが多い。新たな死者のでた家の彼岸を初彼岸とか新《あら》彼岸と呼び、親戚縁者がこれを訪う慣習は各地にある。

一方、秋田県には盆と同じような儀礼をもって先祖を迎える習俗がみられる。鹿角市一帯では春の彼岸の入りに子供たちが墓地の入口や小高い丘で火を焚き、「おじな、おばな、明りの宵に団子しょって来とれゃ、来とれゃ」とうたい、また明けには同様に「行っとれゃ、行っとれゃ」とうたった。同県北部の各所に類似の習俗がみられ、この迎え火・送り火を万灯火《まとび》とか野火と呼んでいる。新潟県や山口県にも火を焚いて仏の迎え送りをする習俗がある。島根県石見《いわみ》地方では彼岸の入りに地獄の釜の蓋が開くという。彼岸の明けに仏壇や墓に供える供物を送り団子とか土産団子・土産餅と呼ぶ例はあちこちにあり、青森・宮城・山形・茨城県には彼岸に巫女《みこ》をたのんで口寄せをする例がある。

彼岸の太陽信仰　彼岸の中日（春分の日）に太陽を拝むことは各地にみられる。広島県のいわゆる安芸門徒の地域では、彼岸の中日は地獄の責苦が休みになる日で、日輪様がそれを喜んでくるくるまわりながら極楽の門に帰るといい、たらいの水に太陽を映して拝む風がある。千葉県館山市では、中日の午後三時になると太陽が病人に代わって病むために輝きをますといい、これを拝んだ。中日の入り日はその形を三体にあらわすといって拝む所もあちこちにある。兵庫県から京都府北部・福井県西部にかけてと和歌山・愛知県の一部には、彼岸の中日やその前後に太陽の運行を追って歩く行事がみられた。朝、弁当を持って家を出、東へ東へと歩いていって上る太陽を迎え、午後は西に向かって歩いて入り日を送るのである。途中、線香を焚いたり米をあげたりして太陽を拝む。日迎え日送り・コンニチサン迎え・

日の供・お天道さんのお供えなどと呼んでいる。

日本の民間の習俗には、明瞭な太陽信仰といえるものは意外に乏しく、彼岸の習俗はその数少ない例である。長野県北安曇地方には彼岸の明けをさす日《に》天願《てんがん》という言葉があり、「ひがん」の語は本来は日願ではなかったかという説もある。三月節供や卯月八日など、春の行事の背景には、死者供養と農耕の予祝儀礼の性格をもった春山行きの伝統があるとみられるが、それが太陽信仰や仏教（とくに浄土教）と結びついて展開しているのが春彼岸の習俗といえよう。ただし、農耕儀礼的な要素は、直接には彼岸と近接した社日の行事に結びついて伝承されていることのほうが多い。（小嶋）

春分《しゅんぶん》の日《ひ》

国民の祝日の一つで、「自然をたたえ、生物をいつくしむ」日として、昭和二十三（一九四八）年に「国民の祝日に関する法律」によって定められた。昼の時間がしだいに長くなって、昼夜がほぼ等しくなる日で、三月二十一日ころにあたる。この日は仏教の彼岸会の中日にあたり、古来「暑さ寒さも彼岸まで」といわれ、厳しい寒さが遠のく目安の日とされている。この日は明治初期以来、昭和二十二年までは春季皇霊祭と呼ばれた。宮中の皇霊殿において、天皇が歴代天皇をはじめ皇族を祀る祭儀が行なわれ、国の祭日でもあった。（田中）

社日《しゃにち》

春分・秋分にもっとも近い戊《つちのえ》の日をいう。春の社日を春社、秋の社日を秋社ということもある。いずれも彼岸中にあたることが多い。社日の観念は中国から伝来したもので、社は土地の守護神、社日はその祭日の意である。古くはその期日に異同があったが、唐代以後は一般に立春・立秋後第五番目の戊

（五行のうちの土気の日）が当てられ、これが日本の暦に取り入れられた。

地神の祭り　本来の社日の意味に比較的近いのは、土地神としての地神を祀る習俗である。社日には、地神講を行なう例が関東や中国・四国地方にみられる。神奈川県ではこの日、ムラごとあるいは組ごとに地神講が行なわれる。輪番の宿に各家の戸主などが集まって、地神の掛軸を掛けて拝み、飲食する。この講で「堅牢大地神」「地神塔」などと刻んだ石塔を建てることもある。群馬県や静岡県東部でも同様の講ごとが行なわれている。兵庫県淡路島から徳島・香川・岡山県にかけては、天照大神・倉稲魂命・埴安媛命・少彦名命・大己貴命の五神の名を刻んだ五角柱の石塔を建てている所が多く、これを地神さんと呼ぶ。社日には幟《のぼり》を立てて注連縄《しめ》を張り、祭りを行なう。

地神は土地の神であるから、その祭日である社日には土をいじってはならないとする禁忌は広く知られている。土を掘ると地神さんの頭を掘ることになる、といったりしている。

農神の去来伝承　より広く認められるのは、社日に祀る神を土地の守護神というよりもむしろ農神とする伝承である。この日に農神が去来するという伝承をもつ所も少なくない。

地神講を行なう神奈川県下でも、地神は百姓の神、作の神で、春の社日に下りてきて秋の社日に帰っていくと伝えている。長野県小県地方では春の社日に下りて秋に上る神をお社日様と呼ぶが、これは田の神だといい、社日には餅を搗《つ》く。静岡県御殿場市あたりでもお社日さんは田の神だといい、春は素麺《そうめん》と赤飯、秋は薩摩芋と赤飯を神棚に供えて祝っている。愛媛県松山市周辺の農村では、社日に去来する神を田の神・歳徳神《としとくじん》・オイベッサン（恵比須）・大黒などといい、去来の仕方についても、春に山から村へ下りてきて秋に山へ帰る、春に家から田に出て秋に帰る、春に出雲へ田作りに行き秋に帰る、などの伝承が混在している。福岡県八女市星野村では、社日さんは春に出雲から作を見にきて、秋に作がよければ早く帰り、悪いときは遅くまでいる、つまり秋の社日が早く来る年は作がよいと伝えている。社日が遅く来て早く帰る年は豊作だとする伝承は群馬県などにもあるが、土地によってはまったく逆の伝承を伝える。社日に田畑に出たり土を動かしたりすることの禁忌について、この日は作神が田畑を巡り歩くからだとしている地方もある。また、宮城県栗原市金《かん》成《なり》などでは、春の社日には種が天から下り、秋には天に上ると伝えている。春の社日に種池の水替えをする、種俵に水をかける、種籾《たねもみ》の交換をするという例は各地にある。秋の社日に稲穂を供えることは愛媛県などにみられ、刈上げ祭りとしての亥《い》の子《こ》の前段階の穂掛け祭りとなっている。

このように、社日は春耕・秋収の重要な節目の一つと捉えられている。農神去来の伝承は、春に山から神が下りてきて田の神となり秋の収穫後に山に帰るという観念が社日と結びついて展開したものと考えられる。

社日参り　社日に鳥居（のある神社）七か所を拝んで歩くという習俗は、関東・中部・近畿・四国地方などに広く分布する。これを社日参り・七鳥居参りなどといい、社日と彼岸の中日が重なった年に（徳島県）、石の鳥居を（全国各地）、南向きの社を（長野県）、橋を渡らずに（徳島県）、帰りは鳥居をくぐらずに（和歌山県）などという条件をつけていることもあった。多くの場合、これを行なうと中風にかからない、下《しも》の世話にならないなどの伝承が伴っていた。長野・群馬県などでは蚕が当たるともいう。この日に近在の八つの八幡社に参ったり、五社参り・十二社参りなどとする地方もある。

また、京都府北部では、朝、東方の社寺に参って日の出を迎え、そこから南をまわって西方へ行き、日の入りを送って帰ってくる行事を社日参りとしていた。これはほかの地方では彼岸の中日に行なわれ、日迎え日送り、あるいは日の供などと呼ばれる習俗である。和歌山県下ではお供と称して、七鳥居参りをすることも、また日の供をすることもあるという。（小嶋）

卒業式《そつぎょうしき》

学校教育法施行規則に学年は三月三十一日に終わると定められているので三月に実施されるが、日は学校によって一定ではない。学校行事の中の儀式的行事の一つで、式では在校する学校の教育課程を修了したことを証する卒業証書が校長（学長）から授与される。そのあと校長の式辞、来賓の祝辞、在校生の送辞、卒業生の答辞などと続くのが一般的で、国歌や校歌の斉唱、「蛍の光」「仰げば尊し」その他の歌が歌われることも多い。卒業生にとっては無事学業を修了したことと教師や友人との別れという哀歓の交錯する日であるとともに、小・中・高校では（近年では短大・大学においても）父母の参列も多く、多くの人に祝われ今後の生活への意欲を新たにするという通過儀礼の意味を持っている。同時にその前後の日には記念写真を撮ったり、謝恩会・卒業記念パーティの催されることもあり、式典じたいは厳粛に行なわれるが、卒業式は祝祭的雰囲気を持つ行事である。（田中）

入学式《にゅうがくしき》

学校教育法施行規則に学年は四月一日から始まると定められているので、四月一日か、学校によっては少し遅れたそれに近い日に実施している。学校行事の中の儀式的行事の一つで、式では校長（学長）の式辞や来賓の祝辞があり、担任の紹介などが行なわれる。そのあと校歌の練習や各種オリエンテーションのあることが多い。小・中・高校では（近年では短大・大学においても）父母も参列し、入学生にとっては新しい制服を着用して多くの人に祝福される日であるとともに、未知の生活への決意を新たにする通過儀礼としての意味も持っている。家庭においても子供の入学を祝い、また、この季節は多くの地域で桜の咲く春爛漫のときでもあるので、入学式の式典じたいは厳粛に進行していても、祝祭的雰囲気に包まれた行事である。　（田中）

全国交通安全運動《ぜんこくこうつうあんぜんうんどう》

道路交通の安全を期すため、国や地方公共団体、交通安全協会やバス・トラックの協会など交通安全団体により、春（四月六日～十五日）と秋（九月二十一日～三十日）の二回行なわれる。第二次大戦後の道路状態の悪さと運転マナーの乱れからくる死傷者の増加を解消するために、交通安全思想の普及徹底を目的として、昭和二十三（一九四八）年秋から始まった。その後に道路状態は好転したが、高度経済成長とともに車社会が到来し、運動の重要性はますます高まっている。近年の運動はスピード違反や飲酒運転の根絶に加え、シートベルトとチャイルドシートの正しい着用の徹底、高齢者の交通事故防止、自転車と歩行者のトラブル解消などにも力点が置かれている。ポスターやメディアを通しての広報活動とともに、交通ボランティアに協力を求めて徹底をはかったり、学校・幼稚園などに出向いて交通安全教室を開いたり、街頭活動にも積極的に取り組んでいる。　（田中）

火振《ひぶ》り祭《まつ》り

熊本県阿蘇市の阿蘇神社で、三月に行なわれる「卯の祭り」期間中の申の日の神迎えが、多くの松明を振りまわす一面火の海の中で行なわれるため、この名称となった。火振り神事ともいう。この神迎えとは、樫の木を神体とする妃神を迎えることだと解され、迎えたあとで神婚の儀が執り行なわれる重要な神事である。同神社では、このほか一年間に、関係諸神社とともに、踏歌節会、御田植え神事、風祭り、柄漏流《えもりなが》し神事（眠り流しであろうという）、火焚き神事（霜害を防ぐための火焚きとされる）、田の実祭りなど、農耕儀礼と関係深い祭りが行なわれている。このようなことから神婚伝承は後世の解釈であって、火振り祭りは、元来は農耕開始に先立ち山から木に依りついた田の神を迎える意味の神事だったのではないかとされている。火振り祭りを含む一連の農耕儀礼的祭りは「阿蘇の農耕祭事」として国の重要無形民俗文化財に指定されている。　（田中）

青柴垣神事《あおふしがきしんじ》

四月七日（かつては旧暦三月三日）に、島根県松江市美保関町の美保神社で行なわれる神事で、初冬の諸手船《もろたぶね》神事と対をなす。この地域の草分け筋の本家十六家とその分家筋の家々からなる頭屋組織が運営し、選ばれた二人の頭屋と小忌人《おんど》と呼ばれるその妻が神役をつとめる。神事は七日前からさまざまな準備が整えられ、当日の午前中には会所で人々が神役の頭屋を拝んだり、神楽が舞われたり、頭屋が芋膳を食すなどの儀式が行なわれる。午後、頭屋や神職をはじめ関係者が二艘の船に分乗して対岸にある客《まろ》人社《うどしゃ》へ参り湾内を巡る。船の先頭には御幣が据えられ、五色の旗が立てられ、幔幕がめぐらされた四本の柱には多くの青柴がつけられ、芸能を演じながら進む。青柴で飾られた様子が記紀の国譲り神話で事代主命が船を青柴垣に変えて海中に沈んだ件を思わせるので、神事の名称になった。この神話は神事の由来ともされているが、神事本来の意味としては、春に神霊の復活を迎えるという古い伝承を背景にしたものとされている。　（田中）

御柱祭《おんばしらまつ》り

長野県の諏訪大社において、寅年・申年という六年に一度、四～六月に行なわれる式年造営御柱大祭のこと。オンバシラ・ミハシラサイとも呼ばれる。行事は山中での樅の大木の伐採、山出し、里曳き、柱建て、式年遷宮祭などからなり、祭りの意味は山の神を大木に依りつけて降臨させる説や社殿造営の代用説などがある。諏訪大社は上社の本宮と前宮、下社の春宮と秋宮の四社で構成されており、各神社とも境内に四本の柱を建てるので、この期間には合計十六本の大木が必要になる。年により、また上社と下社とで多少日は異なるが、とにかく四月前半にこれだけの大木の山出しが開始され、五月前半には里曳きがなされる。その途中には、急勾配の坂道を曳く木落としや宮川の川渡しなどの見せ場があったり、木遣り音頭が競演されたりするので、地元も華やぎ見物客も多く訪れて賑わう。この年に地元では、

長野県茅野市、諏訪大社上社の御柱の木落とし。(2010年：降旗正)

結婚や家普請は控えるべきだとの禁忌が伝承されている。類似の御柱祭りは周辺部の神社にも多くみられる。（田中）

日吉山王祭《ひよしさんのうさい》

滋賀県大津市の日吉大社で行なわれる四月十四日の例祭を中心とするその前後の祭り。山王総本宮の日吉大社は多くの神社群からなり、祭りも大がかりである。まず三月の第一日曜日には二基の神輿《みこし》が八王子山にある奥宮に担ぎ上げられ、四月十二日夜に下ろされて東本宮の拝殿に安置される。十三日夕刻からこの神輿を含む四基の神輿が、宵宮落としといって勇ましく揺さぶられながら西本宮に向かう。これで西本宮には計七基の神輿が勢ぞろいしたことになる。十四日午前には西本宮で祭典が執行され、午後に七基の神輿は担ぎ出されて船で琵琶湖上に出、唐崎沖で粟津の御供を献じられたりしたあと、夕刻に還御する。十五日には西本宮で船路御供が献じられ、祭りは終了する。この期間、大榊《おおさかき》神事、天台座主の正式参拝と読経、献茶祭り、稚児の花渡り式、他神社からの献饌がある。また、神事に農神の降臨や神婚という解釈もあり、華やかであり伝統ある祭りとして複雑な構成になっている。（田中）

高山祭《たかやままつ》り

岐阜県高山市で春秋に行なわれる祭り。春の高山祭りは四月十四日・十五日で、日枝神社の例大祭である。飛騨の匠の技によるからくり人形が演技する荘麗な彫刻の屋台が曳き出される祭りとして、知られる。高山の屋台は全部で二十三基あり、春の祭りでは市街地の南半分地域の十二基が、秋の祭りでは北半分地域の十一基が曳きまわされる。

四月十四日の試楽祭《しがくさい》では、午前十時ごろに屋台は神明町の通りに勢ぞろいし、神輿《みこし》の出発を待つ。日枝神社にて奉幣祭・大和舞・大太神楽の奉納などがあり、午後一時ごろに榊《さかき》を先頭にした神幸行列が陣屋前の御旅所へ向かって出発する。神幸の列立は獅子舞・大太神楽・闘鶏楽・雅楽に続いて、一文字笠に裃《かみしも》姿の壮年氏子がお供する。屋台も神幸に従って、要所要所でからくり人形を披露しながら御旅所へ向かう。夜祭りは提灯《ちょうちん》の淡い光りで飾られた屋台の引きまわしがある。翌十五日の本楽祭《ほんがくさい》には、午前十時ごろ御旅所を出発した神輿は町中をまわり、御旅所に戻ったあと、午後六時ごろには神社への還御を終える。神幸に従っていた屋台は夕刻、中橋詰めでからくり人形の技を披露し、引払い式を行ない各町の屋台蔵へと帰っていく。

秋の祭りは十月九日・十日で、桜山八幡宮の例大祭である。九日の早朝に屋台の並び順の抽選会があり、神社正面の通りに引きそろえられる。午前中に神社にて祭典を行なう。屋台はそのまま夕方まで据え置かれ、夜に入って江名子川沿いに各町へ分かれていく。翌十日には神輿渡御があり、榊・獅子・闘鶏楽・大太神楽・雅楽・一文字笠に裃を着た警護の行列が続く。江名子川沿いの御旅所に着いて祭典を行なったあと町中を渡御して神社に戻る。その間、屋台は桜山八幡宮の境内に一日そろえられている。なお、この祭りに関して「高山祭の屋台行事」として国の重要無形民俗文化財に指定されている。（茂木）

レンゾ

近畿地方、とくに奈良県でいう春の農休み。レンドともいう。日取りは地域ごとに異なり、その地域の社寺の縁日にあわせている例が多い。すなわち、斑鳩《いかるが》町ほかの法隆寺レンゾ（法隆寺の会式、三月二十二日）、桜井市の三輪レンゾ（大神《おおみわ》神社の祭り、四月九日）、大和郡山市の矢田レンゾ（矢田寺の練供養、四月二十三日・二十四日）、高市地方の久米レンゾ（久米寺の会式、五月八日)、葛城市當麻《たいま》ほかの当麻レンゾ(当麻寺の練供養、五月十四日)という具合である。レンゾ・レンドは練供養の意味の練道であろうともいう。そのほか、お大師さんレンゾ、お釈迦さんレンゾ、八十八夜レンゾなどとして、弘法大師の命日の三月二十一日(あるいは月遅れで四月二十一日)や旧暦四月八日、八十八夜などに行なう所もある。この日は、親戚・知己を招いて馳走したり、近所が誘いあわせて弁当を持って出かけたりして、にぎやかに一日を過ごした。吉野の白銀山・高見山、宇陀の鳥見山あるいは二上山などへ嶽《だけ》のぼり(山遊び)する村々も多い。これらの日は農事の開始にあたっての休日であり、これがすむと労苦を伴う田の作業が本格化するため、この日の餅をレンゾの苦餅と呼ぶのだという。隣の大阪府などでは同じような行事をハルゴト(春事)と呼んでいる。(小嶋)

十三詣り《じゅうさんまいり》

十三歳になる子供たちが旧暦三月十三日に虚空蔵菩薩を祀る寺院へ参詣し、知恵を授けてもらう行事。かつては男子は十五歳ころ、女子は十三歳ころが一人前になる年齢とみなされており、成人式に相当する元服や鉄漿《かね》(お歯黒)付けなどの儀式が行なわれていた。民間でも十三鉄漿付けなどの言葉が残り、男子には成人になったしるしに褌《ふんどし》が贈られることもあった。また、成人仲間に加わる男子が集団で各地の霊山や社寺に参詣することは広く行なわれていたが、このような風習と虚空蔵尊の縁日の十三日が関連づけられて、十三詣りが行なわれるようになったものであろう。各地ではそれぞれ有名な虚空蔵尊で十三詣りが行なわれている。京都市嵐山の法輪寺では、帰途に寺の前の渡月橋を渡りきる前に後ろを振り返ると授かった知恵が返ってしまうといわれ、子供たちがうつむきかげんに橋を渡る姿がみら

れた。　（齊藤）

御影供《みえく》

三月二十一日に真言宗諸寺院で行なわれる祖師空海の年忌法会。「みえいく」「みえいぐ」ともいう。毎月二十一日に行なわれるのを御影供、三月二十一日のを特に正御影供といって区別する。平安時代前期に、東寺（京都市）で行なわれたのが最初とされる。御影堂に空海の画像を掲げて報恩・供養するほか、空海の像の衣更えをする寺院もある。本格的な春の訪れを感じるころなので、よく知られた真言宗寺院の御影供には多くの信者が訪れ、それに伴い市も立ったりして、信者にとっては楽しい賑わいの日でもある。また、農作業開始の時期にもあたるので、農村部では奈良県のレンゾのように農耕儀礼と習合させたような形で行なっていたり、一種の娯楽行事として続いている場合もある。　（田中）

御忌《ぎょき》

浄土宗の祖師法然の年忌法会をいい、浄土宗諸寺院では年間最大の法会として多くの参詣者がある。京都市東山区の浄土宗総本山である知恩院では四月十八日午後から二十五日午前までの七日間が御忌で、その間の夜はお逮夜といって笏念仏行道が行なわれる。徳川将軍家の菩提寺であった東京都港区の増上寺では四月一日から七日までが御忌である。法然の入滅は建暦二（一二一二）年一月二十五日であるため、かつては一月十九日から二十五日までの七日間が御忌であったが、新暦ではこのころはまだ厳寒にあたるので、改暦された明治前期に陽気のよい四月の行事に改められた。　（田中）

蓮如忌《れんにょき》

本願寺第八世蓮如の忌日に行なわれる法会。蓮如は数多くの御文《おふみ》（もしくは御文章）と呼ばれる伝道文書を残したことでも知られる本願寺中興の祖で、明応八（一四九九）年三月二十五日に入滅した。本願寺系の寺院ではこの忌日法会として蓮如忌を催すが、現在は月遅れの四月二十二日から二十九日にかけて行なう所が多い。浄土真宗の信仰が盛んな北陸地方ではれんぎょさん（れんしさん）の御忌《ぎょき》とも呼ばれ、蓮如ゆかりの吉崎御坊（福井県）へ詣ったり、寺院での法会が営まれる。ほかにも農村部では特色ある行事がみられる。とくに、この日に信徒がそろって宴を張る所や、山に登って一日を過ごす行事をする所が多い。これをれんぎょさんの山遊びともいう。春のこの時期に山遊びをする風習は全国的にみられるが、これは農耕の開始に伴う神迎えの行事とされている。北陸地方の蓮如忌の行事は、ちょうどこの山遊びの季節と重なるために両者が結びついて行なわれるようになったものと考えられる。四月下旬から五月上旬にかけては、京都から吉崎への蓮如の御影道中も行なわれる。

（萩原）

遍路《へんろ》

それぞれの願いを持って、四国四県に設定されている弘法大師（空海）ゆかりの八十八ヶ所の寺院を巡拝すること。巡拝する人も遍路・お遍路さんと呼ばれる。季節は特に定まっていないが、陽気のよくなる三月中旬から四月下旬にかけてのものが多い。聖地の巡拝は巡礼と総称され世界に珍しくないが、日本では平安時代末に成立した畿内を中心とする西国三十三観音霊場巡り（西国三十三ヶ所）が最も古く、中世以降、六十六部廻国巡礼や坂東三十三観音霊場巡り（坂東三十三ヶ所）など多くの巡礼が成立した。四国八十八ヶ所もその一つであるが、これは特に遍路と呼ばれ、最もなじみ深い巡礼だと言えよう。お遍路さんは弘法大師と共に歩いているとの気持ちで菅笠や白衣などに同行二人《どうぎょうににん》と記し、金剛杖をつき、

香川県さぬき市、大窪寺は四国八十八ヶ所結願の札所で、杖を納める人も多い。
(2012年：村尾美江)

ご詠歌を唱し各寺院に納札して歩く(ゆえにこれら寺院を札所という)のが普通である。遍路は苦行であり修行であったが、近年では自動車で納札したりバスツアーで訪れる人が多くなり、レクリエーションの意味も強くなっている。道筋の住民が飲食物や手拭い類をサービスすることがあり、この善意の行為は「お接待」と呼ばれ遍路の特徴の一つである。これにはお遍路さんの聖性にあやかろうとの意もある。一夜の宿(善根宿という)を提供することもある。季節や日を定めて、わざわざ遠方から接待に訪れる人々もみられる。全国には四国八十八ヶ所から持ち帰った護符や土をもとに新たな八十八ヶ所を設けている地も少なくなく、これらは写し(移し)霊場と呼ばれる。なお、遍路の語は、山中や海辺の辺地を巡る意ではないかという。遍路の起源は中世末かとされるが確かなことは未詳であり、八十八に固定した理由にも定説はないが、伊予国(愛媛県)の貪欲な右衛門三郎が前非を悔いて発心し、弘法大師の跡

を追ったというのを、遍路の始まりとする伝説が伝えられている。（田中）

灌仏会《かんぶつえ》

四月八日を釈迦の生まれた日として祝う行事。月遅れで五月八日に行なう地域もある。釈迦の誕生仏に香水《こうずい》（今日では甘茶）を注ぐのでこの名があるが、仏生会・降誕会・浴仏会・竜華会などとも呼ばれる。誕生仏を花御堂に祀ることから、花祭りの名でも親しまれている。

灌仏、すなわち仏に香水を注ぎかけることは、「普曜経」などに、釈迦降誕のおり、帝釈天・梵天および九竜が香水をもって釈迦を洗浴した、とあることに由来する。もっとも、インドでは灌仏は四月八日に限らず行なわれていたようで、これが四月八日に結びついたのは中国に伝わってからだとされている。日本では『日本書紀』推古十四（六〇六）年の条に、この年の四月八日、元興寺において斎を設け、さらに「是年より初めて寺毎に、四月の八日、七月の十五日に設斎す」とあるのが、灌仏会（ならびに盂蘭盆会《うらぼんえ》）の初見である。天平十九（七四七）年の法隆寺および大安寺の資財帳にはそれぞれ「金泥灌仏像一具」の記載があり、灌仏の儀もこのころには行なわれていたとみられる。さらに『続日本後紀』承和七（八四〇）年には、内裏の清涼殿において四月八日に灌仏を行なった記事があり、以後、毎年恒例の宮中儀礼となった。鎌倉時代には東大寺・薬師寺・東寺などの諸大寺でも恒例の行事となっており、時代が下るにしたがって諸国の寺々で広く行なわれるようになった。

今日の灌仏会の一般的な形は、寺院の境内にさまざまの花で葺き飾った花御堂を作り、その中の水盤に小さな誕生仏を安置して、参拝者らがそれに甘茶をかけるというものである。古くは五色の香水を用いたが、江戸時代に甘茶にかわったとされている。

花御堂の誕生仏に香水をかける。(『東都歳事記』)

この甘茶をもらって帰って飲むと丈夫になる、目につけると目がよくなる、これで墨をすって字を書くと習字が上手になるなどという。その墨で「千早振る卯月八日は吉日よ、神下げ虫を成敗ぞする」などと書き、門口や屋内に貼って虫除け・蛇除けとする習俗も広く各地にみられる。

灌仏会に花御堂を設けるのは、釈迦生誕の地ルンビニーの花園になぞらえてのことと説明される。しかしまた、この日をとくに卯月八日などと呼び、山に登ってとってきた花を竿にゆわえて庭先に高く掲げたり、軒先にさしたりする習俗が各地に分布している。この民間の卯月八日の行事には、直接には仏教の教義と結びつかない死霊・祖霊ないしは田の神・山の神の祭りという性格があり、花はその依代《よりしろ》とみることができる。釈迦の誕生を祝う行事が広く民間に定着したのは、このような習俗と結びついた結果であろう。

なお、釈迦誕生を祝う行事は、中国では二月八日に行なわれた記録もあり、また、インド・スリランカ・ミャンマー・タイなどの南アジアでは、誕生・成道・入滅ともにヴァイシャーカ月（インド暦の第二月。太陽暦では四月・五月）の満月の日に盛大に祝っている。（小嶋）

卯月八日《うづきようか》

旧暦四月八日のことで、民俗学では四月八日の行事の総称として用いられる。実際にこの日をウヅキヨウカ・オツキヨウカ・シガヨウカ・ヨウカビ・オヨウカなどと呼ぶ地方もある。新暦では月遅れの五月八日とする地域も多い。

卯月八日の山行き　この日を山遊びの日、山登りの日と定めている例が各地にある。たとえば宮城県では野がけといって、ムラじゅうが誘いあって高みの山へ登り飲食する所がある。徳島県の剣山山麓地方では高い所に登って海の方を眺めるといい、山いさみと呼んでいる。老若男女が酒食を携えて近くの小高い山に登って一日過ごす習俗は広い範囲に認められ、高い山・お山はじめ・山遊び・山遊山《やまゆさん》・嶽《だけ》行き・花見・野山行きなど、さまざまな名で呼ばれている。八日が薬師の縁日にあたるために薬師へ参る所も東日本に多いが、これも山行きの変形とみることができよう。また、鳥海山・蔵王山・赤城山・浅間山・三峰山・立山・大峰山・大山《だいせん》など、著名な霊山の山開きの日としたり、この日に春の例祭を行なうという例も少なくない。山伏の峰入り修行もこの四月八日を一つの目安とし、羽黒山伏はこの日から夏の峰に入り、中世の大峰山では大晦日《おおみそか》から山中に籠っていた晦《みそか》山伏が出峰した。

天道花《てんとうばな》　卯月八日の山行きでは、ツツジ・石楠《しゃくな》花《げ》・藤・山吹・ウツギ・樒《しきみ》など、山の花をとってくるという所が多い。近畿・中国・四国では、この花の束を竹竿の先に結わえつけて庭先に高く掲げ、天道花あるいは高花・夏花・八日花などと呼ぶ。これらはお天道様に供える、月に供える、お釈迦様に供える、仏に供えるなどと説明され、団子や水・線香を供えたり、水を振りかけたりすることもある。関東地方では藤やウツギの枝を軒先にさしたり戸口に飾ったりすることが多く、埼玉県にはこの日を藤の節供と呼ぶ所がある。仏壇あるいは神棚・屋敷神に供えることも珍しくない。

卯月八日の死者供養　卯月八日の山行きを、とくに新仏の供養のために行なうとする例がある。群馬県の赤城山東麓では、過去一年間に死者をだした家の者はこの日にかならず赤城山の地蔵岳に登り、死者の名を大声で呼んだ。この地域では死者の魂は赤城山に行くと考えられており、名を呼ぶとその姿が空中に見えるともいう。兵庫県加西市の法華山でも、卯月八日に新仏の遺族が登って賽の河原に樒を置いてくる風がある。そのほか、新潟県上越市の米山薬師、京都府舞鶴市の松尾寺、香川県三豊市の弥谷山《いやだに》、鳥取県倉吉市の九品山などでも、新亡の供養のために四月八日に参る習俗がみられる。

卯月八日を墓参りの日としている地方もある。京都府から兵庫県にかけての丹波地方では、この日を花折りとか花折り始めと称して、新仏のでた家では嫁いだ娘たちまで里帰りして墓参りをする。兵庫県多紀地方あたりの例では、新仏のある家へ親戚が団子やおはぎを持ってきて、高花の下で樒やウツギを供えた。これを卯月年忌と呼んでいる。卯月年忌の名は新潟県や熊本県にもある。この日の墓参りは瀬戸内の島々や四国地方にもみられ、大阪府南部では盆月の一日と同様、地獄の釜の蓋が開く日だとしている。このように、卯月八日は盆・彼岸とともに死者、とくに新しい死者の祭りを行なう日であり、山からとってくる花は盆花と同じように死霊ないし祖霊の依代《よりしろ》としての意味をもつと考えられる。釈迦の誕生を祝う灌仏会《かんぶつえ》すなわち花祭りは、このような在来の信仰と結びついて民間に受容されたものであろう。

田の神迎え 卯月八日の行事には、農耕（稲作農耕）の開始に伴う神迎えという性格も認められる。山の神が春に山から下りてきて田の神となり、秋の収穫後には山に帰るという田の神と山の神との交替・去来の伝承は全国に広く分布している。山の神の田への降臨を四月八日、山への帰還を十月八日とする例は山形県などにある。鹿児島県喜界島で四月八日をソーリ（サオリすなわち田の神の降臨）と呼ぶのも同じ意味であろう。この日、田に入るのを忌んだり、鍬《くわ》や鎌《かま》を持ってはならないとする所が少なくないのも、田の神の祭日であるからだと考えられる。兵庫県豊岡市竹野町では、この日に苗代の水口祭りをする。こうしたことから考えると、卯月八日に山からとってくる花は山の神＝田の神の依代ということになる。石楠花などは本来、山の神の花であるという説もある。また、山へ花を摘みに行くのは若い娘らの成女式であり、山の神の巫女《みこ》として山の花すなわち山の神の依代を髪にさして下りてきたのが纏頭花《てんとうばな》と呼ばれ、それが天道花となった、とする見解もある。

死者の祭りという性格と農神迎えという性格の、どちらをより根源的とみるかについては意見が分かれている。また、卯月八日という祭日については、もともと農耕開始期にあたる四月の十五日（満月の日）は三元（一月・七月・十月の十五日）に劣らぬ重要な節日であり、その忌みに入る日が八日であった、というのが柳田国男の説である。この季節のうちで、とくに四月八日に行事が固定したのは、やはり仏教の影響とみるべきだとする見解も根強い。（小嶋）

シーミー（清明祭《せいめいさい》）

沖縄県で、旧暦二十四節気の一つ清明（新暦では四月五日ごろ）の節に行なう先祖祭り。沖縄島中部・南部で盛んである。十八世紀中ごろに中国から沖縄に伝わった清明の風習が、沖縄在来の先祖祭祀と結合し、まず首里の士族層に流行して徐々に一般へと波及した。清明節に入ると、日を決めて門中墓《もんちゅうばか》の墓前に門中成員が集まって、供物を供えて会食する。供物の重箱を置く場所や参会者の座順は、宗家を中心として早い分家から順になっており、系譜の認識が反映している。

門中と墓　沖縄島では、門中といわれる男系の親族団体が先祖祭祀に大きな位置を占めている。門中の構成は総本家筋（長男の系統）を中心とし、次男以下の分家群とその子孫がピラミッド状に配列され、男が生まれなければ女は婚出させて男系の血縁にあたる次世代以下の男児を養子に迎えて跡を継がせるのである。門中が発達している沖縄島南部では、ウフムートゥ（大元）とかムートゥヤ（元家）といわれる総本家には門中の成員を記した系図があり、先祖を葬るための巨大な門中墓をもつものが多い。墓の多くは亀の甲羅の形をした亀甲墓と呼ばれるもので、前庭を広くとってあり、参会者が共食し宴を楽しむ空間となっている。ウフムートゥの清明祭は

沖縄県伊是名村、門中墓の墓前での会食。（『伊是名村史』下巻）

とくにカミウシーミー（神御清明）といい、クディという門中の祭祀を司る女性神役が中心となって行事が行なわれる。門中墓をもたず、家族ごとに別々に墓を作る場合もあるが、本家筋の墓へ分家側から拝みに行き、分家同士も行き来する。このように、清明祭には墓を介した一族の結びつきの確認あるいは強化の機能が認められる。

祝い事としての清明祭　供物や死者がでたときの作法で比べてみると、清明祭の雰囲気に陰気な感じはなく、祝い事として行なわれている。重箱に飾りつける蒲鉾《かまぼこ》の表面を赤く色づけ、餅も赤いものを用いる。同じ門中内に死者がでると三年間は赤く色づけてはいけないとされ、那覇市では、三年間は清明祭を行なわないとする場合もあり、これが祝い事であることと関連するのであろう。

女性の立場　女性は供物の準備などをする。一方、墓前で線香を供えたり先頭になって拝むのは男性とする例が多い。婚出した女性は、夫方の清明祭をすませてから実家の清明祭へ参加する。ここに実家の門中に属していながら、死後は別の門中である婚家の墓に葬られるという沖縄の女性のおかれた微妙な立場が見いだされる。門中のクディになっている女性などは、是非とも参加するよう要請されるため、遠方に婚出した場合でもはるばる実家の墓へ戻らねばならないとされている。

十六日祭との関連　宮古・八重山地方では、清明祭の日に沖縄島に宗家をもつ人々は遥拝所を通して拝む。その他の人々は墓参りなどせず、清明祭と同様の雰囲気を醸し出しているのは一月十六日の十六日祭である。一月十六日は、門中の発達した沖縄島の中部・南部では新仏のでた家に限って墓参りすることが多い。沖縄島北部と宮古・八重山地方の門中が未発達な所では、ほとんどの家々がこの日に墓参りをする。

最近では、清明祭の日取りはムラごとに清明節の期間中の日曜日などに日を決めて行なうことが多くなり、その日は墓にムラ人が集まるので集落内には人の気配がなくなってしまうほどである。本土では春秋の彼岸や盆に墓参りするのに対し、沖縄県では清明祭の比重が非常に高く、中国との長年の文化交流のあとをうかがわせる。（古家）

シマクサラシ

沖縄県で、悪疫からの防御のために旧暦二月・三月・九月・十月・十二月ころに、ムラ単位で行なわれる共同祈願。本土の道切りに対比できる。ムラの出入口に牛または豚の血を塗り骨をはさんだ左縄を張り、ノロや根神《ニーガン》・ツカサなどが聖地を巡って悪疫払いをする。各家庭でも門に左縄をわたし、骨を吊り下げる所もある。沖縄島ではシマクサラー・マークサラーウガン、宮古島ではスマフサラ、八重山諸島ではシマフサリヤーなどという。八重山の竹富町祖内では、十月の壬《みずのえ》か癸《みずのと》の日に公民館で牛を殺し

沖縄県宮古島、道切り用の細い縄がある。（1991 年：泉水英計）

てムラ人に配り、血を塗った左縄をムラの入口に張った。その臭いで悪疫を払うと説明される。各家から米と酒を集め、水・牛肉・塩・米・線香などと一緒に芭蕉の葉で作った筏《いかだ》にのせて、ツカサらの神女が海へ流した。現在ではツカサが聖地を拝むだけになっている。肉は味をつけないで炊き、公民館で子供たちに串にさして食べさせたが、今ではこれを子供が喜ばず、菓子で代用している。フーチゲーシといって、病気が流行したときには、山羊のあばら骨を左縄に吊るしてムラの入口に下げる所もあった。いずれの場合にも、旅行者のムラ内通行は禁じられ、浜を通るなどしていた。沖縄島中部・南部では牛や豚を殺すのはやめているが、今日でも行なう所がみられる。（古家）

壬生《みぶ》狂言《きようげん》

京都市中京区の壬生寺で、信者を主とする大念仏講の人たちによって演じられる念仏狂言。悪疫駆除・五穀豊穣の祈願や死者供養を目的として、四月二十一日〜二十九日の春の大念仏会のほか、節分と秋の特別公開の日（十月上旬の三日間）に演じられる。独自の狂言堂において金鼓（鉦）・締太鼓・笛で囃すなか、仮面をつけ無言（口中で念仏が唱えられているという）で演じられることが特徴である。起源は未詳であるが、十六世紀半ばには演じられていた記録がある。現行曲として三十番が伝えられている。四月の大念仏会では日に五番ずつ行なわれ、毎回初番には舞台手すりに積み上げられた多数の焙烙を下に突き落とす焙烙割《ほうらくわり》が演じられる。この焙烙は信者が厄除けを願って節分に奉納したものである。このほか同市の念仏狂言には、円覚上人が鎌倉時代に始めたという嵯峨大念仏狂言（清凉寺）やゑんま堂大念仏狂言（引接寺）があり、壬生狂言・嵯峨大念仏狂言は国の重要無形民俗文化財に指定されている。（田中）

釈奠《せきてん》

孔子をはじめ儒教の聖人を祀る行事。一般人には馴染みが薄いが、知識層、特に儒学を学問の主体としていた江戸時代の武士階級にとっては、重要な行事だった。聖人たちの彫像や画像に牛や羊の肉、蔬菜などを供え音楽を奏して祀るほか、儒教古典の講義も行なわれる。古代の大学寮の行事であったが、江戸時代前期に、幕府が湯島の聖堂で春秋二回盛大に営むようになってから各地の藩校でも取りあげられ、全国に広まった。近代になって廃絶した例が多いが、東京の湯島聖堂では明治後期に復活させ、現在、四月の第四日曜日に大成殿において徳川宗家当主が祭主をつとめ、酒、生鯉、蔬菜などを供え、孔子祭として行なっている。佐賀県多久市では釈菜《せきさい》と称し、多久聖廟において四月十八日と十月十八日に春秋の野菜を供え、市長や教育関係者が中心となり明代の衣装をつけて続けている。栃木県の足利学校では十一月二十三日に行なっている。（田中）

昭和の日《しょうわのひ》

平成十九（二〇〇七）年に加わった国民の祝日の一つで、四月二十九日。「激動の日々を経て、復興を遂げた昭和の時代を顧み、国の将来に思いをいたす」日として、平成十七年五月の「国民の祝日に関する法律」の一部改正によって定められた（平成十九年より施行）。四月二十九日は昭和天皇の誕生日であるため、昭和二（一九二七）年に天長節に定められ、昭和二十三年の「国民の祝日に関する法律」制定以降、昭和六十三年まで天皇誕生日として祝われていた。昭和天皇崩御後は昭和天皇の遺徳をしのんでそのまま国民の祝日の一つとして残され、みどりの日として祝われてきた。なお、四月二十九日が「昭和の日」となるにともない、平成十九年から「みどりの日」は五月四日になった。（田中）

夏の行事

京都市、祇園祭りの山鉾巡行で先頭を行く長刀鉾。(一九九一年：茂木栄)

夏というと一般には灼熱の太陽や暑さをイメージするが、立夏から立秋の前日までを夏ととらえ、その期間にほぼ重なる新暦の五月から七月までの行事をここに収めてみると、意外に水にかかわるものが多い。梅雨を含むからそれも当然であろう。盆行事を別に一章を設けてそこで述べるかわりに、ここに放生会・終戦記念日などの立秋後の行事や、沖縄県のシチ（節）・ウヤガンを収めた。

メーデー・八十八夜・憲法記念日・五月節供と並べてみると、現在では風薫る季節のものであるが、旧暦では八十八夜と五月節供は一か月以上も離れていた。五月節供は菖蒲が生育する梅雨前期の行事で、十分な水を必要とする田植えを直後に控え、元来は田の神祭りの物忌みの雰囲気を漂わせた行事だったとされている。梅雨の季節は、じめじめしているうえ気温も高くなり、田植えや稲の生育にはよいが、クーラーのない時代には実に過ごしにくい時期であった。当然身体も衰弱する。冷蔵庫のないときには食物も腐敗しやすくなり、衰えた身体でそれらを食べると病気になりやすい。というわけで、この時期には疫病が流行った。また、田畑には虫害も発生した。それらを御霊のしわざと考え、御霊を鎮めるために行なった祭りが夏祭りである。

一年の前半部が終了するこの時期は、気候不順で稲の不作が予想されたり病気が続いたりすると、新たな年への蘇りを期待する行事も、かつてはしばしば行なわれたのである。（田中）

メーデー

五月一日に行なわれる労働者の祭典。アメリカのシカゴを中心として八時間労働制を要求し、一八八六年五月一日にゼネストを行なったことに由来する。日本では大正九（一九二〇）年の上野公園におけるメーデーが最初で、第二次大戦前は十六回行なわれ、戦後は昭和二十一（一九四六）年に復活して現在にいたっている。

ヨーロッパでは、季節の変わり目としての春祭りの日にあたる。その前夜は男児が紙の帽子にステッキを持ち、魔女に扮した少女たちを追いかけたりした。青年たちは鉄砲を撃ったり鞭《むち》を鳴らして大きな音を出して魔女や悪霊を追い、畑に火をつけて魔女の像を焼くなどした。当日は、子供が白樺や樅《もみ》の若枝を持って各戸をまわり祝福した。また、ムラ全体を祝福するものとして、メイポールをムラの中心に立てて踊って楽しむ。現在もドイツのミュンヘンより南の地域では盛んに行なわれている。明治期の女学校教育初期に日本にも紹介され、メイポールダンスは盛んに行なわれた。（古家）

八十八夜《はちじゅうはちや》

立春から数えて八十八日目にあたる日のことで、新暦では五月二日ごろになる。これが暦本に記されるようになったのは明暦二（一六五六）年の伊勢暦からで、その後伊勢暦師の要望によって貞享三（一六八六）年暦に採用されて普及した。二百十日とともに日本独特の暦注で、雑節の一つとなっている。「八十八夜の別れ霜」「八十八夜の忘れ霜」などといって、この日を過ぎれば霜害の心配がなくなるとして、八十八夜を目安に稲の苗代への種蒔きを行なう所が多い。日本は南北に長い国で、北と南では気候のずれが大きく、実際には東北地方や中部地方山間部ではこれ以後も霜の降りることがある。種蒔きなどの農作業は各地方ごとに気候の変化にあわせて行なえばよいはずであるが、八十八夜を目安にする所が多いのは、花鳥草木、雪融けの様子によって気候の変化を知る自然暦のほかに、暦に生活の基準を求めたことのあらわれである。（小川）

憲法記念日《けんぽうきねんび》

国民の祝日の一つで、五月三日。「日本国憲法の施行を記念し、国の成長を期する」日として、昭和二十三（一九四八）年に「国民の祝日に関する法律」によって定められた。この日は、昭和二十一年十一月三日に公布された日本国憲法が、昭和二十二年五月三日に施行された、その日にあたる。この日の前後には、昭和の日・みどりの日・こどもの日と国民の祝日が続き、さらに初夏の雰囲気の爽やかな時期にあたるので、この日を中心に一般に大型連休（ゴールデンウィーク）と呼ばれ、行楽シーズンとなっている。

なお、憲法が公布された十一月三日は明治期には明治天皇の誕生を祝う天長節として、昭和に入ると明治節に定められていた日で、現在では文化の日となっている。（田中）

みどりの日《ひ》

国民の祝日の一つで、五月四日。「自然に親しむとともにその恩恵に感謝し、豊かな心をはぐくむ」日として、平成一（一九八九）年に「国民の祝日に関する法律」によって定められた。初めは、昭和天皇の誕生日にあたる四月二十九日を「みどりの日」としていたが、この日は昭和天皇の遺徳をしのぶ心情により、平成十七年五月の「国民の祝日に関する法律」の一部改正によって、平成十九年以降、「昭和の日」と改められたので、それに伴って「みどりの日」は五月四日となった。（田中）

五月節供《ごがつせっく》

五月五日の行事で、端午の節供ともいう。

こどもの日の成立　古代より宮中や貴族社会では この日を重要な節日としており、近世に入って、五節供の一つとして江戸幕府の式日に定められるにおよんで武家社会にも定着した。さらに、この時期に行なわれていた田植えなどの民間の諸行事と習合しつつ、都市部からしだいに農山漁村部へも浸透していった。旧暦五月は古来田植え月であり、田植えには、大田植えの例に顕著に認められるように、田の神を迎えて行なう神祭りの意味が強くうかがわれる。近代の五月節供には、このような神の来訪を待って物忌み謹慎して過ごそうとした心意と、古代に宮廷社会に受容されたあと徐々に民間に広まっていった中国伝来の端午の諸要素、さらに後世に芽生えた男児の祝いという側面が渾融していて複雑である。すなわち、近代における各地の特徴的な伝承は、菖蒲《しょうぶ》や蓬《よもぎ》を母屋・土蔵など各建物入口の軒先にさしたり、菖蒲湯に入ること、男児のいる家で鯉幟《こいのぼり》や鍾馗《しょうき》・武者人形を飾ること、相撲・舟競争などの競技をしたり凧揚《たこあ》げをすること、災厄防除の特殊な呪《まじな》いをすること、女の家などと称して女が威張ることのできる日とすること、粽《ちまき》や柏餅を作って食べることなどである。現在では、このうち男児の節供の面が強調される傾向にあるとともに、昭和二十三（一九四八）年以来この日が「こどもの日」として国民の祝日の一つに定められ、国民すべてに祝われるようになった。

菖蒲《しょうぶ》と蓬《よもぎ》　中国では水中（汨羅《べきら》）に投身した屈原の霊を弔ったことが端午の起源の一つだとされるとともに、五月を悪月とする考えがあり、古くから菖蒲や蓬を門口にさしたり菖蒲酒を飲んだりして邪気を払おうとしていた。日本でも五月五日に、平安時代から菖蒲や蓬を宮中の御殿や市中の民家にふきわたすなど、さまざまなことに用いていたことが『枕草子』などに記されており、現在の各地にある菖蒲・蓬に関する習俗が古くからのものであることがわかる。蛇や妖怪に狙われるという危難から逃れるために、菖蒲を燃やしたり菖蒲田に逃げ込んで脱したという伝承が各地にある。また、菖蒲湯に入るいわれとして昔話蛇聟入りの苧環《おだまき》型の話を伝えている所も多い。これらから、菖蒲・蓬の強い臭気で悪霊を防御しようとする考えのあったことがわかり、またこの時期に何らかの神霊の訪れを意識していた名残でもあろう。古代には貴族たちが毒気を除くために薬猟《くすりがり》をしたり、この日の節会行事に邪気を避けるため菖蒲を冠にさしたりもしていた。

別に、騎射儀礼の際に天皇・群臣ともに菖蒲鬘《あやめかずら》を頭にかける風があったが、折口信夫によると、日本の古俗として成年戒（成男戒）を受ける若者のために菖蒲で作った鬘を準備することもあった。この鬘がのちに菖蒲冑《しょうぶかぶと》となり、さらには冑そのものや冑をつけた武者人形を贈る風習ともなったという。

これには音通から菖蒲を尚武と解する武家の考えが影響を与え、この日を男児の節供とする意識を育てたものかといわれている。同時に、この日に菖蒲で打ち合ったり、菖蒲で鉢巻きをして男児が印地《いんじ》打ち（石合戦）をすることや、相撲・舟競争・闘牛・闘鶏などの競技が各地にみられた。元来占いの性格をもっていたこれら競技が、しだいに勇壮な戦いのイメージを強くもつようになり、男児のものとされるようになった。関東・東海地方で男児の初節供を祝って凧揚げをしたり集団で大凧を揚げるのも、同種の変化を遂げたものといえよう。薫風を受けて泳ぐ鯉幟は現在この日を代表する風物詩となっているが、鯉幟は、元来は吹き流しや幟などの頂部につけてある風車・杉の葉・目籠などに意味があり、一種の神の招代《おぎしろ》もしくは忌み籠りの家の標示であったと解されている。これがこの日に男児の節供という意識の芽生えとともに、元気よく泳ぐ鯉のほうに中心が移ったものであろう。いずれにしても、後世この

長野県飯田市、外幟と鯉幟が立てられている。(2009 年：久保田要)

日に男児の節供的性格が醸成されていったのには、菖蒲鬘の冑への変化、音通による菖蒲から尚武の連想、印地打ちなど勇ましい競技に対する強い印象などが起因していると思われる。その結果、戸外に設ける幟に武者絵を描いたり鯉幟が普及するにおよんで、この日を男児の節供と解することが決定的になったものと思われる。

女の家・浜降り　一方、男児の祝いとは逆に、女の家・女の宿・女の夜などと称してこの日を女の日とする伝承も広く分布している。軒先に菖蒲・蓬の葺いてあるこの日だけは女に家の権利があるとか、女が上座に座る日だとかいうのがそれである。このような伝承は、かつて田植えを控えたこの時期に、ムラの男たちが家から出払ってどこかに籠って禊《みそぎ》をしたあと、田の神に仮装して訪れてくるのに対し、女性はそれを迎え待遇する巫女《みこ》として家に籠っていたという、古い信仰を背景にした習俗の名残ではないかと考えられている。

このほか浜降りをしたり山遊びをする例など、各地には特色あるいろいろなことが行なわれている。その一つ、秋田・山形県の一部ではシオデという草を持ってきて耳にあて、「いいこと聞け、悪いこと聞くな」と唱えると耳によいという伝承があり、これも災厄を防ごうとの意味があるのであろう。

この日の食物としては、関東地方では柏餅を作る傾向が強いが、全国的には粽《ちまき》・柏餅を作る所が混在している。粽を作るのは中国の影響で、これを食べて邪気を避けようとしたのである。（田中）

こどもの日《ひ》

国民の祝日の一つで、五月五日。「こどもの人格を重んじ、こどもの幸福をはかるとともに、母に感謝する」日として、昭和二十三（一九四八）年に「国民の祝日に関する法律」によって定められた。この日を含むその後の一週間は、全国児童福祉週間となっている。この日は古代から端午節会《たんごのせちえ》として祝われ、江戸時代になると幕府によって五節供の一つに数えられてもいたが、一般に男児の成長を祝う日と認められるようになったのはそれほど古いことではない。一方、女児の成長を祝う日として三月節供があるので、制定当時、男女同権思想高揚のなかでどちらを「こどもの日」に定めるか議論があり、いくつかの折衷案も考えられたようだが、ほかの祝日との関係から、五月五日に落ち着いた。（田中）

女《おんな》の家《いえ》

五月節供を女の家ともいう。これは中部地方と高知県の一部にみられ、五月四日の晩を女の夜とか女の晩と呼ぶ所もある。また、五月節供に家の屋根に菖蒲《しょうぶ》と蓬《よもぎ》をさす風習は広くみられるが、これを女の屋根とか女の葺き籠りと称する所もある。愛知県南知多町の日間賀島では、菖蒲や蓬をさしている間は軒先三寸女の権利であるという。いずれの伝承も、五月節供において女性が重要な立場にあったことを示している。現在では五月五日は「こどもの日」として国民の祝日とされているが、旧暦のこの時期は農事暦の上でちょうど田植えの時期にあたることから、本来は田の神を祀る祭日であった。家の女性たちは早乙女として田の神に奉仕する立場にあり、女の家の伝承は、女性たちがこの日に家に籠って物忌みをした名残であると解されている。（萩原）

凧《たこ》揚《あ》げ

年中行事として、主として五月節供に凧を揚げること。関東地方南部から東海地方にかけての顕著な行事。とくに男児の初節供の家では熱心で、親戚や近隣で祝ってもらった凧を揚げたり自家でできるだけ立派な凧を作って揚げる。かつて裕福な初節供宅へはムラの青年たちが大きな凧を贈って皆で揚げ、それに対してあとで酒肴が供されるのが青年の楽しみであった。静岡県浜松市や神奈川県座間市などでは地域の行事として三間から八間（約五～七メートル）四方ぐらいの大凧が多くの人々によって揚げられ、近年では観光行事となっている。単に揚げるだけでなく、広い野原で互いに糸を切りあう凧合戦も静岡県などでは盛んであり、また新潟県には川をはさんで対岸同士が凧合戦をし、綱がからんで落ちた凧を水際で引き合う例もあった。各地の五月節供には年《とし》占《うら》行事に発したと思われる各種競技が行なわれているが、凧合戦から考えると、凧揚げもその一種だったのであろう。なお凧はハタ・ノボリ・イカなど地域によってさまざまに呼ばれている。（田中）

舟《ふな》競《きょう》争《そう》

神事として行なわれる舟漕ぎ競争で、勝負によって神意をうかがい運を占う年占《としうら》の意味をもつこともある。現在休止のものを含めると、神奈川・三重・和歌山・兵庫・岡山・広島・香川・愛媛・山口・島根・長崎・鹿児島・沖縄各県に分布している。名称としてはオシフネ・フナグロ・セリグロ・ペーロン・ハーリーなどがある。東南アジア・中国など広い地域に類似した舟競争が分布しており、それらは水神を祀ることが競争の目的とされる。

沖縄の舟競争（ハーリー）　沖縄県の舟競争は大きく二分類される。一つはプーリィ・シチ（節《せつ》）・アブシバレー・ウンジャミ・シヌグなどの行事に組み込まれて行なわれるもので、他の一つはハーリー・ユッカヌヒとして舟競争が主体となるものである。ハーリーは旧暦五月四日か五日に日を定め、分布は沖縄島北部の今帰仁村・伊江村・名護市、中部のうるま市、南部の糸満市・那覇市、周辺離島の伊是名島・粟国島・久米島・宮古島・伊良部島に広がっている。競争の仕方はさまざまであるが、これら各地の舟競争は糸満の漁民が伝えたものといわれる。長江流域から中国南部・台湾に分布する爬竜船（ハーリー）の行事は五月五日に行なわれることが多く、楚の屈原が五月五日に汨羅《べきら》に身を投じ、近くの人々が助けようとしたが間に合わず、せめて飛竜のような船があればと悲しんだ故事にちなむものとされる。糸満漁民によって伝えられた舟競争は、日取りの固定の仕方からはこの系統をひくものと思われる。

それらの特徴は、神事というより遊戯化され、娯楽的な競技の色彩を強くしている点にある。糸満ハーリーでは、競争の前に糸満港を見下ろす丘でノロをはじめとする神女が豊漁の祈願をする。それが終わると、丘の上から旗を振るのを合図に港内で待つ三隻の舟が競争する。これを御願《うがん》バーリーといい、目印の旗までの間を往復して一位になった組から順に白銀堂という糸満の村落草創に関連する拝所へ行き、櫂を持ってうたい踊る。つぎに余興の競争に移り、アガリバーリーという最終競争をし、ノロ以下の神女が丘の上で祭りが終了したことを報告する。

そのあと各種団体による競技が催され、観光客も多く集まり、盛況を呈している。翌五日をグソーバーリー（後生バーリー）の日と呼び、実際の舟競争を行なわず、死者がハーリーをするといって浜へも近づかず、舟も下ろさないようにしている。

沖縄在来の舟競争　プーリィなどの一部として行なわれる舟競争は、沖縄島北部の国頭村・大宜味村・名護市、中部の北谷《ちやたん》町、八重山の竹富町に分布している。期日は十干十二支で決められ、旧暦四月から九月ころにわたっている。アブシバレーは稲が生育する過程での害虫を払う行事、プーリィ・シチ（節）は収穫後の感謝、ウンジャミ・シヌグは予祝と祓えと性格づけられる。いずれも季節の変わり目にあたり、暦の正常な運行を確保することに重点がおかれている。ここで行なわれる舟競争は、儀礼のなかの唱え言などで明示されない場合でも、ニライカナイが意識されている。そして、どの行事に舟競争を行なうかは、ニライカナイの豊穣をもたらす性格と、不浄なるものを浄化するという二つの性格のいずれを強調するかによる。中国大陸においても、爬竜船の行事は五月五日がもっとも多いにせよ、一月から七月ころまでの幅でそちこちで行なわれ、それぞれ季節の変わり目に対応した日取りとなっている。八重山の波照間島ではシチの三日目に舟競争がある。この日はユーニンガイ（世願い）と称し、その後一年間の作物の豊穣や村人の健康を祈願する。宗家の家長が葛をとってきてそれぞれの所属する御嶽《うたき》に持参し、舟を漕ぐ人たちも参拝したあと葛で鉢巻をし、舟首と舟尾にも葛をつける。舟は三隻出され、沖に漕ぎ出るときはユンタ（労働にうたわれる歌謡）をうたいながらゆっくり漕ぎ、陸へ向かうとき急いで漕ぐことを九回繰り返す。それはユ（幸・豊穣）を受けとって急いで引き寄せるためと考えられる。そのあと競技としての競争になり、最後にツカサから杯を受けて終了する。シチの十三日後に害虫を舟に乗せて送り出す行事があるが、舟競争はそこでは行なわれない。一方、沖縄島北部の名護市辺野古《へのこ》では、旧暦四月末にアブシバレーという害虫駆除の行事のときに舟競争を行なって浄化を願い、収穫の感謝祭のウマチーには行なわれない。

本土の舟競争　本土の舟競争は、横浜市本牧神社のお馬流し（八月上旬、休止中）、同県真鶴町貴船神社の船祭り（七月二十七日・二十八日）、島根県松江市美保神社の諸手船神事（十二月三日）のように神社の神事として行なわれるものと、愛媛県宇和島市吉田町奥浦のオシアイ（旧暦七月盆の入り）、長崎県のペーロンのような神社祭祀との結びつきのゆるいものがある。ペーロンは旧暦五月五日に漁民が水神に祈願するものと、農作地帯では作業が一段落した六月から七月初旬に行なわれるもの、盆の期間にあわせたもの、祇園祭りに付随するものとがある。舟競争の性格には、①その行為自体をお迎えと称したり、由来を説明する伝承や行為の意味づけから、神迎えのために行なうもの、②祭りの最後に神人をのせて海に向かって拝んだり、悪霊を送る意図をもつ神送りの一環として行なうもの、③神前で漕ぎあって力見せや祭りを盛りあげるために行なわれ神を歓待するためのものがみられる。（古家）

野神祭《のがみまつ》り

奈良盆地を中心に、滋賀県・大阪府のそれぞれ一部にかけて、五月五日に行なわれる農神の祭り。野神は田の中や路傍、ムラの入口などに小祠として祀られている神で、祟《たた》りやすい神だという。この祭りには二つのタイプが認められる。奈良盆地中南部の野神祭りはムラの行事で、野神を祀る講や座がある。祭りはシャカシャカ祭り・蛇巻きなどともいい、頭屋や青年団・子供組などが麦藁《むぎわら》や稲藁で大蛇（ムカデとする所もある）を作って村内を練り歩き、野神に納める。一方、奈良盆地北部や滋賀県・大阪府などでは、この日に各家ごとに粽《ちまき》を作り、それぞれ牛を連れて野神に参る習俗となっている。鋤《すき》や鍬《くわ》などの農具の模型や麦藁の牛馬を供える例、それを持って御田植え神事に類似した所作を行なう例もある。一方は蛇すなわち水神、他方は牛の守護神という性格の違いはあるが、いずれも農神の祭りであるということができる。この祭りを子供が一人前になる成年儀礼の機会とするムラもある。

なお、端午の節供前後に牛の祭りを行なう例は中国・四国にもみられ、五月五日あるいは四日・六日・十五日などを牛の正月・牛の節供・牛の菖蒲・牛の休みなどと呼び、牛を休ませ、菖蒲や粽で牛の息災を願う。徳島・香川県にはこの行事をノツゴ祭りと呼んだり、牛の神であるノツゴの祠に麦藁で作った牛を供えたりする例もあって、近畿地方の野神祭りと同系の行事であることがわかる。（小嶋）

牛《ぎゅう》馬《ば》の節《せっ》供《く》

夏の初めに仕事を一日休み、牛や馬の使役を見合わせること。かつて、多くの農家では牛や馬を重要な労働力としており、牛馬をいたわるさまざまな行事があった。正月に牛や馬に餅を与えて年越しさせたり、特定の社寺に牛馬の安全を祈ることもそれである。高知県では、かつて農繁期の五月十五日に牛の節供、馬の節供と称して牛馬を休ませ、柴餅というものをこしらえて神に供える所が少なくなかった。五月五日かその前後の日に、中国・四国の各地で牛を休ませたり、大阪府では牛の藪《やぶ》入り・牛駈けなどといって、飾りたてた牛を堤に連れ出して綱を放って自由にさせ、その見物に訪れた人々に農夫が粽《ちまき》を投げ与えていたのも、牛馬の節供の一種といえよう。和歌山県の山村では、六月最初の丑《うし》の日に川で牛を洗い、小麦団子を栗の葉に包んで田畑の入口に供えたり牛に食わせたりし、これを牛の休みと

称していたのも、同趣旨の行事であろう。（田中）

どんたく

五月三日・四日に福岡市で行なわれる祭礼。どんたくの語源は不詳であるが、一説にオランダ語の zondag（安息日の意）の転訛ともいわれる。どんたくには松囃子が行なわれるが、松囃子はもともと室町時代からの伝統をもつ正月の祝福芸として一月十五日に行なわれていたものである。これが現行の日取りのどんたく行事に移り、現在は福岡市の港祭りの行事として行なわれるために、博多どんたく港祭りといわれる。当日は傘鉾《かさほこ》、恵比須・大黒・福神の三神、稚児、囃子などの行列が、博多区の櫛田神社を出発して市内をにぎやかに練り歩く。広場に作られた舞台では、にわかなどの芸能も披露され、各町内から思い思いに扮装した人々が杓子を手にして祭りに参加する。どんたくは福岡市最大の行事であり、熱狂する市民や見物に訪れる観光客でたいへんなにぎわいとなる。（萩原）

暗闇祭《くらやみまつ》り

東京都府中市の武蔵国総社であった大国魂《おおくにたま》神社の、五月五日を中心とする例祭の通称。祭りは四月三十日の東京湾品川沖での海上祓い式からはじまり、いくつかの重要儀式をへて五月五日を迎える。当日午後三時ごろ神社を出御した八基の神輿《みこし》は先払いの大太鼓に先導され、広範域から訪れた人々に見守られながら練りに練って御旅所に到着し、そこでの神事を行なったあと神職はじめ関係者一同が野口仮屋という建物に入る。そこで野口家主人から接待を受け、午後十時ごろ当日の神事は終了する（神輿は翌朝還御する）。昭和三十年代半ばまでは、神輿出御後から野口仮屋での行事が終了するまでは地域のすべての灯火が消され、神輿渡御や神事が暗闇のなかで執行されたため、暗闇祭りの名が生まれた。神の出現や渡御は夜の闇の中でなされるのが本来なので、昭和三十年代半ばまではその古い姿が厳守されていたのである。（田中）

葵《あおい》祭《まつ》り

京都市北区上賀茂神社（賀茂別雷《わけいかづち》神社）と左京区下鴨神社（賀茂御祖《みおや》神社）の祭り。勅祭の一つ。京都の代表的な祭りで、雷除けと地震除けの信仰がある。祭日は、現在は五月十五日となっているが、古くは四月中の酉《とり》の日であった。千四百年前（欽明天皇のころ）からはじまったと伝えられている。祭神である別雷神の生まれた御形《みあれ》山に二葉の葵が生じたという伝承から、祭儀にかかわる神官以下祭員たちが、葵の蔓《つた》を挿頭《かざし》の花に用いたり、神輿《みこし》の屋根に葵の蔓を巡らし花房をたらしたり、また、家々の軒にも葵をかける習慣ができ、本来は賀茂祭りというと

葵祭り。（『都名所図会』）

ころを葵祭りと呼ぶようになった。また、依代《よりしろ》としてみあれ木（榊《さかき》）を立てることから、この祭りの別称を、神があらわれるという意味で、「みあれ」ともいう。

祭りは宮中の儀、路頭の儀、社頭の儀の三部からなる。まず、京都御所にて祭儀（宮中の儀）が営まれ、午前十時ごろ神幸行列が御所を出発し、下鴨神社に向かう（路頭の儀）が、この華麗な行列が祭りの大きな見どころとなっている。十二時ごろに下鴨神社に到着し、神社で祭儀が行なわれたあと（社頭の儀）、午後二時ごろさらに上賀茂神社に向かって出発する。午後三時半ごろ神幸行列が上賀茂神社に着くと、境内で東遊びと走馬がある。夕方、神幸行列は御所に帰る。（茂木）

三社祭り《さんじゃまつり》

東京都台東区にある浅草《あさくさ》神社の祭礼。古くから江戸の祭礼行事として庶民に親しまれてきた。浅草寺《せんそうじ》境内にある浅草神社は、推古三十六（六二八）年に浅草観音を宮戸川（隅田川）から引き上げたと伝える檜前浜成・竹成の兄弟と土師真仲知の三柱を祀っているところから、かつて三社大権現社と呼ばれ、三社祭りはこの社名にちなんだ名称である。祭りは正和一（一三一二）年に神の託宣によってはじめられたと伝えられている。祭日は五月十七日・十八日であるが、観光化のため現在では第三日曜日を最終とする三日間である。この日、三柱の神霊をのせた神輿《みこし》三基が町を練る。このときに神社拝殿では田楽・獅子舞などが演じられる。田楽はビンザサラ舞で、種蒔き・田植え・鳥追い・蹴合いなどの所作を演じるものである。

明治四（一八七一）年までは観音を引き上げたという三月十八日が祭日で、前日の十七日には神輿を本殿に移し、観音堂前に二間四方の舞台を作って舞ったという。（茂木）

神田祭《かんだまつ》り

東京都千代田区の神田明神（神田神社）の祭りで、五月十五日前後の日曜日を中心に行なわれる。日枝神社の山王祭り（六月十五日）と隔年で本祭りを執行（神田祭りは丑・卯・巳・未・酉・亥年）し、他の年は陰祭りとなる。現在の主祭神は大己貴命《おおなむちのみこと》であるが、古くから平将門を祀る神社として知られ（現在も将門は祭神の一柱）、大手町の将門塚の地に神田明神が鎮座していたが、江戸時代初期に江戸城の鬼門除けとして現在地に遷された。そのため江戸城とのかかわりが深く、山車《だし》や附祭としての練り物など祭礼行列が元禄一（一六八八）年に江戸城に入って将軍が見物するようになって以来、山王祭りとともに天下祭りと称されるようになった。近代になると電線がじゃまで山車巡行は不可能になったが、現在、神幸祭では鳳輦《ほうれん》が氏子圏周辺の都心ビル街を巡行し、町内ごとに神輿《みこし》が従い多くの練り物が派手やかに参加する。当日はそれら神輿が宮入りし、さらに夕刻には巨大な千貫神輿が宮入りして、祭り囃子とともに賑わいは最高潮に達する。（田中）

母《はは》の日《ひ》

五月の第二日曜日が母の日になったのは、昭和二十四（一九四九）年以降である。元来、母の日はなかったが、昭和二十三年発布の「国民の祝日に関する法律」により、五月五日のこどもの日が、「こどもの人格を重んじ、こどもの幸福をはかるとともに、母に感謝する」日と定められた。法律的には母の日と子どもの日が一致しているが、慣習として母の日は五月第二日曜日になって、現在も盛んに行なわれている。その日は、母を亡くした子は白いカーネーション、母が健在な子は赤いカーネーションを胸に飾り、母に花束を贈る風習があった。ルーツはアメリカのウェスト・ヴァージニア州の教会のジャービスという女教師が亡くなり、命日の追悼式にジャービスの一人娘が生前母親が好んだ白いカーネーションを捧げたことにはじまる。ジャービスはいつも母の恩の深いことを人々に語っていたので、娘は母の恩の教えを世に伝え、母に感謝したいと念じたのである。そして集まった信者たちにも白いカーネーションを配ったという。その話を聞いたデパート経営者が、一九〇八年五月の第二日曜日を母に感謝する記念の日として宣伝したことから、アメリカ国内に反響をよび、一九一二年にウィルソン大統領はこの日を国民の祝日と定めた。キリスト教文化の一環として、母の日は人々に支持されたが、日本でもキリスト教会がこの話を広め、しだいに母の日が定着した。ちょうどクリスマスと同様な形で日本文化の中に定着している。

（宮田）

父《ちち》の日《ひ》

六月の第三日曜日を父の日とする風は、五月の第二日曜日が母の日であるのに影響されて広まったと考えられる。もともとは二十世紀初めにアメリカのワシントン州で、教会関係者を中心に、日ごろの父の労苦に感謝する日として提唱されたのが初めだとされている。わが国の父の日は、その考えを取り入れたものであるが、その詳細については不明である。昭和二十三（一九四八）年の「国民の祝日に関する法律」制定時の議論では、結局祝日にならなかったとはいえ、母の日については候補として推す意見があったが、父の日は俎上にも上らなかったことからみて、それ以降のことであろう。とにかく日本では、高度経済成長期に、商業関係者が父に感謝をこめて贈り物をしようと宣伝して広まったものであろうという。現に新聞社などのアンケート調査によれば、この日に父を食事に誘ったり飲料を贈ったり、洋服

などファッション関係の品物を贈る例が多いようである。（田中）

ダービー

日本中央競馬会によるサラブレッド三歳馬のクラシックレース。日本ダービーは東京優駿といい、五月下旬に開催される。天皇賞（春・秋）や桜花賞（四月）・皐月賞（四月）・オークス（五月）・菊花賞（十月）・有馬記念（十二月）と並んで代表的な競馬で、新聞・テレビにも採り上げられ多くの人を熱狂させている。ダービーは十八世紀後半イギリスにおいてダービー伯爵が創設したあと、ダービーの名を冠するレースは世界各地に広まり、日本では昭和七（一九三二）年に東京の目黒競馬場で開催されたのが最初である。第三回以降は府中市の東京競馬場で行なわれている。近代競馬はヨーロッパから輸入されたが、日本においても京都の葵祭りのさいに上賀茂神社で競馬《くらべうま》が行なわれているように、もともと古式競馬に親しんでいた歴史があるうえ、近代の競馬には特別に賭博の要素が認可されていることもあって、ダービーなど競馬は階層を問わず広く支持されている。（田中）

更衣《ころもがえ》

季節によって衣服を改めること。現在では一般に六月一日と十月一日が更衣の日とされている。古くは平安時代の貴族社会で旧暦四月一日と十月一日が更衣の日とされていたが、これは宮中の世界に限られていた。その後、近世に木綿が普及して衣料が多様化したのに伴い、武家社会では真夏に帷子《かたびら》、春と秋に袷《あわせ》、冬に綿入れなどと四季に応じて着用され、都市部では端午の節供（五月五日）と重陽の節供（九月九日）を更衣の日とする風習も広まっていった。明治期になり、庶民の間にも学校や職場で制服を着る習慣が定着し、現行の六月と十月の更衣が一般的に行なわれるようになった。なお、神事として更衣祭を行なう神社も少なくないが、これは四月と十月および十一月の新嘗祭《にいなめさい》（霜月祭り）の時期にみられ、神の更新を示す行事として行なわれている。（萩原）

YOSAKOIソーラン祭《まつ》り

高知市のよさこい祭りを参考にして札幌市で行なわれる祭りで、六月上旬に五日間開催される。平成四（一九九二）年に地元の大学生たちが考案した新しい都市の祭りであり、信仰を背景にもつものではない。北海道のソーラン節を取り入れ、よさこい祭りで踊るように各自が手に鳴子という木製楽器を持って踊ることと、多くのチームが参加して大通公園内や路上において衣装や所作を各チームが工夫した自由な踊りを披露しあうことに特徴がある。現在では数百チームが参加し、二百万人以上といわれる大勢の人で賑わう盛大な祭りに成長し、優れた踊りを披露したチームのために各種の賞が準備されている。北海道内をはじめ各地に伝播していってテンポの速いにぎやかな踊りが楽しまれているが、各地に受容されていっているという点では、よさこい踊りや徳島の阿波踊りが各地で踊られているのと同様である。（田中）

時《とき》の記念日《きねんび》

時間の大切さを喚起するために設けられている日で、六月十日。会合開始の時刻が励行されないなど、人々に時間尊重の観念が薄く、時間の無駄遣いがみられることを憂え、大正九（一九二〇）年に知識人有志からなる生活改善同盟会が主唱して定めた。この日が選ばれたのは、『日本書紀』天智十年四月の条に、漏刻（水時計）を新しい台においてはじめて時刻を報じた旨が記されており、その日を現行暦に換算すると六月十日にあたるからという。制定当初は、学校などで制定の趣旨徹底をはかるため、盛んに講演会などが催された。現在でも関係者によって記念行事がなされている。変わった催しとして、東京の湯島天神境内において、時計小売業者が使用不能の古時計を祓い（これには古時計にこもる霊を抜き出そうとする心意が隠されているかと思われる）、そのあと焼却するという時計感謝祭（昭和三十六年開始）がある。（田中）

山王祭《さんのうまつ》り

東京都千代田区の日枝神社の祭りで、六月十五日を中心に七日から十七日にかけて行なわれる。神田明神の神田祭り（五月十五日前後の日曜日）と隔年で本祭り（オモテともいう）を執行（山王祭りは子・寅・辰・午・申・戌年）し、他の年は陰祭り（ウラともいう）となる。日枝神社は太田道灌が日吉山王権現として

山王祭りの神幸行列。（2012 年）

祀ったのが最初とされ、徳川将軍家ではこれを産土神として尊崇し、その氏子となった。そのため江戸幕府との関係が深く、山車《だし》・練り物の華やかな祭礼行列が江戸城に入り将軍が見物したため、神田祭りとともに天下祭りと称された。明治以降、日枝神社となったが、祭りは山王祭りとして続いている。近代になって山車巡行は不可能になったが、現在、本祭り期間中各町内の神輿《みこし》が順次宮入りし、祭り囃子の賑わいとともに二基の鳳輦《ほうれん》を中心とした神幸行列が氏子圏周辺の都心ビル街を巡行し、江戸の雰囲気を伝える大きな祭りである。（田中）

桜桃忌《おうとうき》

津軽（青森県）出身の小説家太宰治（一九〇九～一九四八）の忌日で、六月十九日。この日は、東京の玉川上水に入水自殺した太宰治の遺体が発見された日であり、誕生日でもある。墓は東京都三鷹市の禅林寺にあり、昭和二十四（一九四九）年より文壇の先輩や仲間によって、太宰を偲ぶ桜桃忌が修されるようになった。「桜桃」は死の直前に書いた小説のタイトルにちなむ。昭和三十年代になると、全国から若い太宰ファンが数多く集まるようになり、亀井勝一郎らの世話人会が司会をし、太宰を偲ぶスピーチを参会者が聞くようなスタイルになった。昭和三十九年には筑摩書房による小説の新人賞である太宰治賞が創設され、桜桃忌の席上で表彰を行なった。太宰治賞は中断した後、平成十（一九九八）年に三鷹市・筑摩書房共催として復活した。現在でもこの日は、多くのファンが墓前に桜桃や花を捧げに集まってくる。山梨県富士河口湖町の天下茶屋では、昭和五十三年から山梨桜桃忌を行なうようになり、文学碑への献花や懇談がある。（山崎）

山開《やまびら》き

　各地の霊山で、一定期間内の登山を解禁するために行なう行事。夏の峰入り（山中で修行すること）に先だって行なわれる。かつては神霊のこもる山へ登ることは霊的な力をつける修行であった。また、各地で成人の機会に登山を行なうように、霊山に登ることは人生の一つの折り目でもあった。こうした登山は近代的な登山とは異なる意味をもち、山頂も神聖な土地として一定の修行の期間以外みだりに立ち入ることは許されていなかった。このような山中修行にあわせ、春から夏にかけて山開きや開山祭、秋に閉山祭が行なわれるが、各地の日取りは一定していない。奈良県大峰山では五月三日が山開きにあたり、山上の本堂の戸を開けるために戸開け式と呼ばれ、戸の鍵の受け渡し、鍵を取りあう儀式を盛大に行なったあと、戸の開いた本堂で鍵を捧げて経を読み、外では大護摩を焚く。戸閉め式は九月二十三日で、二つの儀式は重要な意味をもち、この期間以外の入山者には不幸がふりかかるといわれることもあった。最近の山開きは信仰的な意味が薄れ、北アルプス上高地のウェストン祭のように、夏山シーズンの幕開けと考えられるようになっている。

　なお、近代になって海水浴が盛んになるにつけ、山開きにならって海開きも行事化されるようになってきた。（齊藤）

川開《かわびら》き

　夏の行楽期のはじまりを告げる行事であり、なかでも隅田川の川開きは江戸の納涼行事として有名である。かつて隅田川では旧暦五月二十八日から八月二十八日までが夕涼みの期間とされ、その初日が川開きであった。「玉屋、鍵屋」の掛け声でも知られる大花火が打ち上げられ、両国橋一帯は屋台船や桟敷で夕涼みを楽しむ人々でにぎわったという。こう

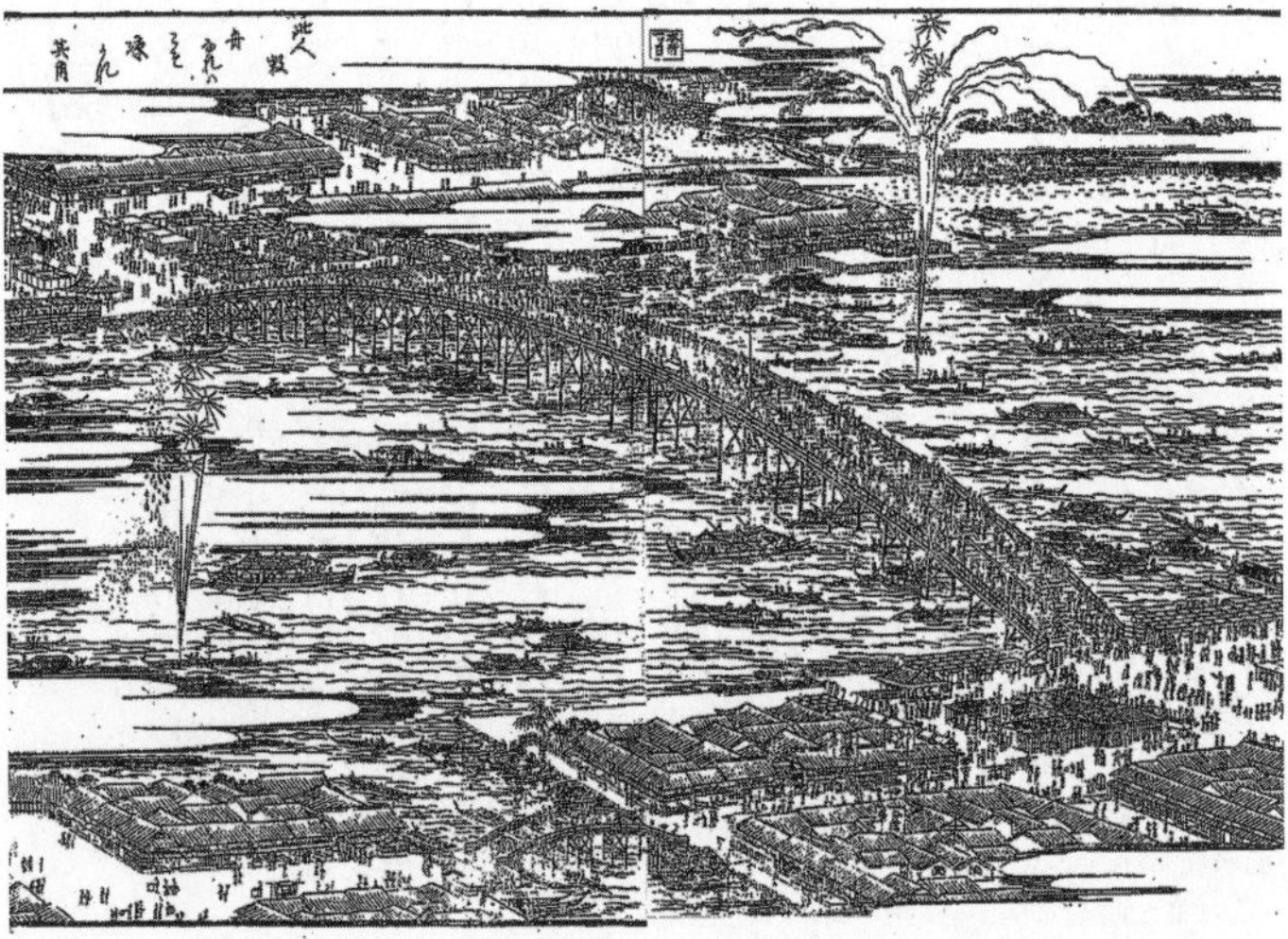

隅田川、両国橋の納涼。（『江戸名所図会』）

した川開きの行事は、もともとこの時期に各地で行なわれる川祭りに由来している。川祭りは、水神に供物を捧げて夏の水難除けを願うとともに、田植え後の稲の生育に必要な水の恵みを祈る行事でもあった。とくに、旧暦六月一日は年間の折り目にあたることから、この日に物忌みを伴う水神祭りや川祭りをする地域が多い。さらに、夏の疫病がはやりはじめる時期でもあったことから、祇園祭りの疫病流しと結びついた川祭りも広くみられる。（萩原）

鵜飼《うかい》

夏季、飼い馴らした鵜を使って鮎などの淡水魚を獲る漁法。南アジア・中国南部でも行なわれており、日本での記録は古代からみられるが、現在、生業としての漁業の意味は薄れ、いくつかの地で観光漁業として続けられている。夜の幻想的な篝火《かがりび》のなか、船上にて鵜を操って魚を獲る技法を披露した

岐阜市、鳥屋《とや》で夜の漁に連れて行く鵜を選ぶ鵜匠。(2007年：石野律子)

り、獲った魚を、見物する船の上で食べさせる夏の風物詩である。現在では長良川水系の岐阜市や関市をはじめ広島県三次市の江の川の鵜飼がよく知られている。岐阜市には六名の宮内庁式部職としての鵜匠（鵜飼をする漁師）がおり、五月十一日に長良橋近くで鵜飼開き（鵜飼期間中の安全祈願祭）をしたあと十月十五日まで続けられ（増水時や満月のころは休む）、多くの観光客の楽しみとなっている。六〜八月には何度か御料鵜飼が行なわれる。鵜は茨城県日立市十王町の沿岸で捕獲した海鵜を訓練したものである。（田中）

虎《とら》が雨《あめ》

旧暦五月二十八日に降る雨。虎の涙雨・曽我の雨ともいい、この日にはかならず雨が降るという伝承が各地にみられる。近世の俳句や随筆にも記され、江戸時代には一般的な知識であったらしい。虎が雨・曽我の雨というのは曽我兄弟の仇討ち物語にちなみ、曽我十郎の愛人虎御前がこの日に十郎と別れた、あるいは仇討ちを遂げたあとに討たれたのを悲しんで涙を流した、仇討ちを助けるために雨を天に祈ったことによるともいう。虎という名前は、かつての御神体の名残と考えられる各地の虎が石の伝説の中にあらわれる。また、いくつかの霊山には登山を許されなかった女性の伝説があるが、それがトウロ・トランという名の比丘尼《びくに》だったという。こうした伝承から、かつては、このような総称をもつ巫女《みこ》が各地を歩き、祭祀を執り行なっていたものと考えられている。それが虎が雨と結びついた理由はまだ明らかではないが、名称の一致、願いを果たせずに引き返した悲運の女性という人物像の類似、あるいは田植えの時期にあたってこのような巫女にたのんで雨を祈る習俗があったものかもしれない。それが、のちに普及した『曽我物語』に付会されて一般に知られるようになったのであろう。（齊藤）

氷《こおり》の朔日《ついたち》

旧暦六月一日をさす。中世の公家社会では、この日はじめて氷室の氷が群臣に分かち与えられたことによる。氷の節会・氷室の節供などの名称もあった。

各地の名称と行事　現在、氷の朔日と呼ぶ地域は京都・大阪府を中心として北陸・山陰地方に分布し、歯固めと呼ぶ地域は北海道・東北地方と奈良県に集中している。歯固めとは、正月に搗《つ》いたお供え餅や寒餅を干しておいて、この日に食べて歯を強くすることであり、寒餅は固いので氷餅ともいう。氷室の氷を食べることと、固い寒餅を食べることとは同様の心意にもとづいている。正月を象徴する氷と餅を食べることが、旧暦六月の炎暑の候に正月をふたたび迎えることを意味している。岡山県から四国地方にかけては六月ヒトヒ・六月ヒトヨ（一夜）という名称がある。厄年の者やこの年に災厄の多かった者は、この日に氷餅を食べ、神社に参拝して厄払いをする。旧暦六月一日に厄年の祝いをするわけで、年を改めようとする意識が濃い。類似の例は北九州にもみられる。男四十二歳、女三十三歳のほか、七歳の子供も祝いごとをした。佐賀県では、この日を半歳の元旦と呼ぶ地域がある。正月の餅を水につけて保存しておき、旧暦六月一日の朝食とする鳥取県ではマタノ正月と呼び、「また正月だ」といって正月のカキ餅を焼いて食べる。こうした行事は、正月をふたたび繰り返すことを表現している。

衣脱《きぬぬ》ぎの朔日と呼ぶ地域は中部地方に多く、剝《む》けの朔日と呼ぶ地域は北関東から東北地方の一部におよぶ。キヌヌギは衣を脱ぐ意味であり、ムケは皮がむける意味である。両者とも、虫や蛇が冬眠から出てきて脱皮新生することを表現している。とくに養蚕地帯では、蚕の脱皮の状況も前提にあったと思われる。この日は仕事を休んで家に忌み籠っているとよいと考えられている。うっかり桑畑へ出ると、人間の身体の皮がむけてしまうというような禁忌もある。

富士浅間信仰と六月一日　関東地方の一部では、尻炙《けつあぶ》りなどといって、この日にわざわざ火を焚いてあたる。六月一日の火にあたると風邪をひかない、虫がつかないともいう。大昔、このあたりに夏なのに雪が降ったから暖をとるために火を焚いた名残だともいう。旧暦六月一日の雪は正月の再現であり、同時に浄化作用を示している。そしてこの雪は富士山の万年雪であり、富士塚に降ったという伝承が富士浅間信仰の信仰圏に聞かれる。富士浅間神社や富士塚の祭りは旧暦六月一日で、富士山の山開きと一致している。富士信仰が中世末期に習合した結果であろう。

再生の心意　こうした旧暦六月一日に行なわれる諸行事をみると、氷の朔日・歯固めが氷や寒餅を食べ、年を改めて災厄を祓うことを強調する伝承をもっているのに対し、衣脱ぎの朔日・剝けの朔日は蛇や人間の脱皮新生を説く伝承であり、雪や火によ

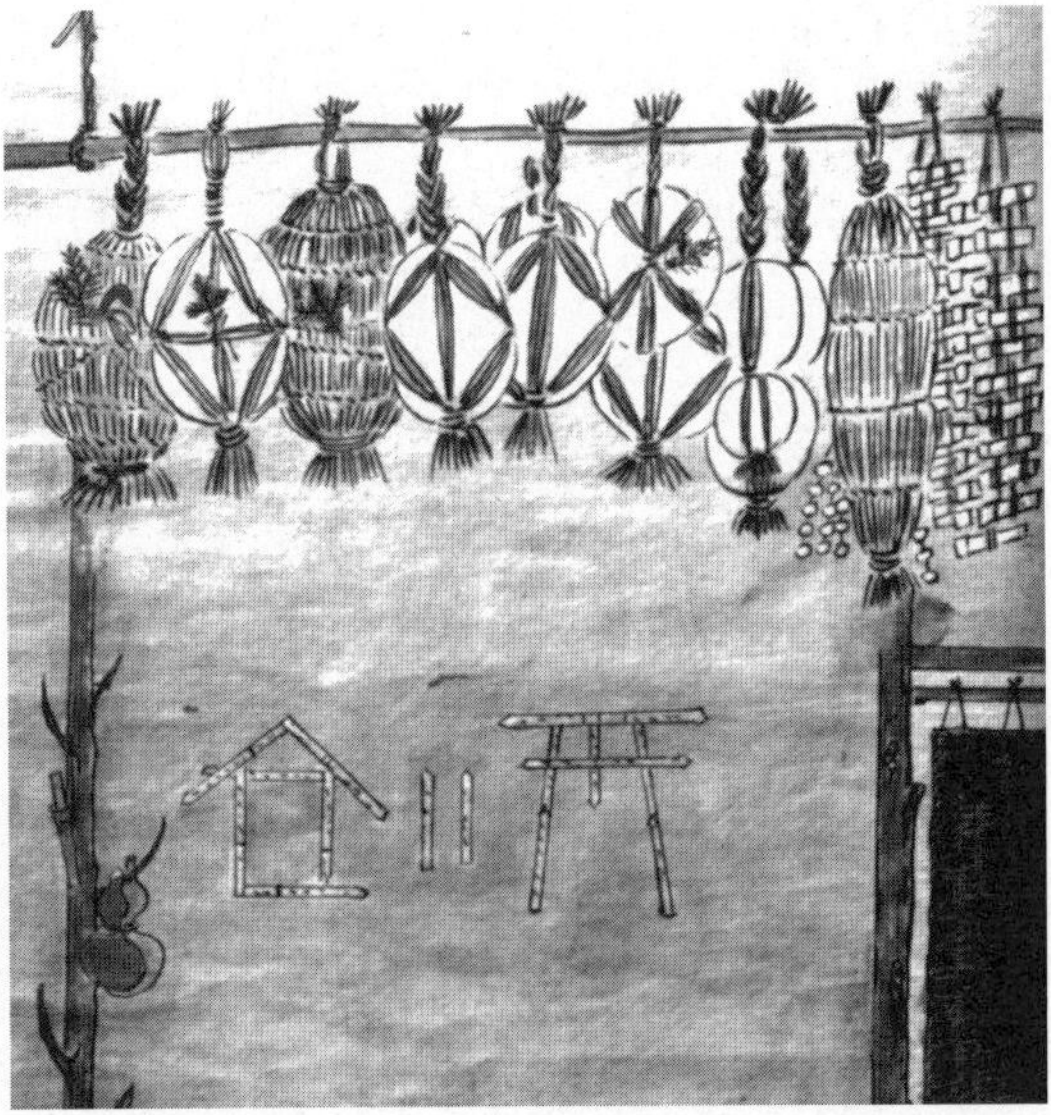

青森県平内町、藁に包んだ正月の鏡餅と氷餅を6月まで吊るしておく。（菅江真澄「つがろのつと」秋田市辻家所蔵、須藤功撮影）

る清めの意識が加わり、さらに富士浅間信仰が付加している。前者の分布傾向は畿内・中国・四国・九州というように比較的西日本に集中する。ただし、東北地方の青森・岩手・秋田県と北海道がこれと一致している。後者は北陸・中部・関東に集中している。そしてこれらの現象の基底には、年を二度改め、再生しようとする心意があったと想像される。なお、旧暦六月一日に対比される旧暦十二月一日には川浸《かわびた》り朔日の名称がある。（宮田）

月次祭《つきなみさい》

一般には、神社において毎月、主として一日と十五日に行なわれる祭りとして知られている。神職や神社役員のみで行なう例が多い。これにあわせて、丁寧な家では当日朝に小豆飯を自宅の神棚に供えたり、かつては竈《かまど》などの火替えをする例もあった。一日と十五日をハレの気持ちで迎える地域や家の少なくないことは、この月次祭と無縁ではないであろう。伊勢神宮では六月中旬と十二月中旬の年二回の月次祭があり、十月の神嘗祭《かんなめさい》とともに三節祭と称される重要な祭りである。これは古代に起源をもつ神事が重層した複雑な祭りで、豊受大神宮（外宮）では十五日から十六日にかけて、皇大神宮（内宮）では十六日から十七日にかけて、由貴大御饌《ゆきのおおみけ》のほか多くの供物が捧げられる。神宮において一年を両分した最後の月に同じ重要な祭りが執行されていることは、日本の年中行事の構造上深い意味があろう。（田中）

夏祭り《なつまつ》

夏祭りは日本の都市祭礼の中心である。春祭りが農村祭祀のうち予祝儀礼を中心としていること、秋祭りは収穫儀礼を中心としていることと比較すると、夏祭りは除災儀礼でさまざまな災厄をもたらす原因の悪霊を鎮める意図がある。都市祭礼の特色は、華やかな風流の行列を伴うことであり、その華美な趣向が祭りの気運を盛り上げる。この風流化した行列の山車《だし》や練りは、悪霊を鎮めるためのものであると同時に、都市住民の好みに応じて変化することから、祭りの見物人を集めることになった。とくに観光の中心となり、夏祭りといえばにぎやかに神輿《みこし》が練りまわり、大勢の見物人の中で行なわれる光景となった。夏期に入ると虫害や風水害が頻発し、都市生活を不安におとしいれる。梅雨明けの湿気と暑さで身体が弱り疫病が発生しやすい。それらの背後に御霊や疫神の跳梁があり、それを速やかに押さえるのに、八坂の牛頭《ごず》天王、北野の天神など神社の祭神が悪霊鎮めを発揮するのである。

夏祭りの普及　地方都市に夏祭りが普及しているのは、主として祇園系の天王社が伝播したことによる。各地の氏神だけでは不十分で、強力な神で悪霊を鎮める力をもつ牛頭天王が勧請され、土地の氏神に並祀されている事例が多くある。

夏祭りは都市的性格が顕著であるが、農村部にも普及した。それは祭りの期間の旧暦六月に、古来の農村的伝統行事が残存しているためである。農村では疫病の流行よりも、稲の生長を妨げる風水害を恐れたから、この時期に水神が盛んに祀られた。水際に祭場を設けて水神祭りを行なうが、旧暦六月十五日が中心で、そのあと夏越しと称する禊祓《みそぎはら》えが行なわれた。この時期に災厄除けの天王信仰が入ってくると、水神信仰と習合する結果となったのである。

したがって、その土地の古くからの氏神信仰に新たに疫神信仰が合流した事例が多い。旧暦六月十五日に祭りが行なわれたが、京都八坂神社の祇園祭りは七月十七日、愛知県津島市の津島神社の津島天王祭りは七月の第四土曜・日曜日に変わっている。この場合祭りの期間は、津島神社の依代《よりしろ》である葦《よし》を刈る場所の選定からはじまり、九十日ほどを要していた。

津島天王祭り　東日本の天王祭りの典型は何といっても津島天王祭りである。津島神社を中心とする天王信仰は広く分布している。ことに尾張・三河地方は濃厚で、牛頭天王を祀って除災の神として信仰されている。

宵祭りでは、旧津島五か村の五つの提灯船（車楽船《だんじりぶね》）が小提灯を半月の山形にいっぱいつけて、天王川のほとりに作られた御旅所へ向かう。花火を背景にした提灯船が進むさまはきわめて華麗で大勢の観光客を集める。

次の日曜日は朝祭りである。近くの市江村（現、弥富市・愛西市）から市江車も加わる。前夜の提灯船は、飾りを替え屋形を上げて能人形を飾り、市江車につき従って行く。御旅所近くなると、市江車から若者たちが鉾《ほこ》を頭にのせて水中に飛び込み、御旅所前で上陸して神社へ走り込んだ。その日の深夜、御葭《みよし》流しの神事が秘かに行なわれる。葦にはもろもろの罪穢《けが》れをつけて川へ流したのである。

この津島祭りの前後には、各所で茅の輪《ちわ》くぐりなどの夏の祓えを兼ねた天王祭りも行なわれた。愛知県海部地方や中島地方では津島祭りの一週間ほどあとに、道路のかたわらに青竹四本を立て、葦や蒲《がま》の葉を使って祠を作り、津島神社でお札を受けてきて祀った。これをオミヨシサンという。胡瓜《きゅうり》の酢もみを供えたり、川へ入るのを忌む。

このように祇園系の天王祭りと津島系の天王祭りが夏祭りには多いが、土地ごとの特徴があり、水神祭りや物忌み中心の精進潔斎を神事にしている例があり、夏祭りの特色となっている。（宮田）

御霊会《ごりょうえ》

御霊は、一般的には人間の霊魂をさしているが、古文献ではとくに怨念をもった霊に限定する例がみられる。怨霊と同義の御霊の初見は『三代実録』貞観五（八六三）年五月二十日の条で、神泉苑で行なわれた御霊会の記事である。特定された六人の御霊の固有名詞が記されている。六人の御霊が祟《たた》りをなして疫病をもたらしたので、御霊を鎮めるために御霊会が催された。さらに二人を加えて八人にふえた祭神が八所の御霊となって、御霊神社に祀られたのが平安時代である。十世紀前半に御霊が道祖神として祀られている様子を記した『本朝世紀』の記事も知られている。御霊は、たとえば菅原道真の怨霊のように、その神威はおそれられていたが、御霊神社の中に祭神として位置づけられると、逆に怨霊が鎮まって守護霊として機能する。鎌倉の御霊神社の祭神権五郎景政や愛媛県宇和島の山家清兵衛が和霊様として知られたのもそうした事例である。

旧暦五月から六月にかけては梅雨時でもあり、この季節は疫神の災いが動きだす時期であるとされた。古代人は、人や農作物の生命をむしばむ流行病や災厄がおこるのは、とくに悪霊のなすわざと考えていた。いわゆる御霊神が最初に生じ、次に疫神の牛頭《ごず》天王が習合した。一般に天王というのは牛頭天王のことであり、祇園精舎の守護神であったとする説が有力である。平安時代に御霊信仰が流行するにつれて、京の八坂に天神が勧請され、ついで祇園寺が建てられた。牛頭天王・頗梨采女《はりさいにょ》・八王子などが祀られた。御霊会はのちに牛頭天王の祇園祭りとして形を整えるに至った。八坂神社とは本来、祇園・牛頭天王とは別のものであったが、同じ地にあったため接近し、御霊会という形で習合したわけである。（宮田）

祇園祭り《ぎおんまつり》

全国各地には祇園祭り・天王祭りと呼ばれる祭りがある。多くは旧暦六月十五日前後（現在は六月から七月ころ）に海辺や川辺に神輿《みこし》を担いでいき、神輿洗いと称して水の掛け合いや水中に神輿を担ぎ込んだりする一方、町中に山車《だし》・鉾《ほこ》を華やかに引きまわしたりする。これら多くの祭りは京都八坂神社の祇園祭りの影響を受けたものと考えられる。

祇園祭りの由来　平安時代の貞観十一（八六九）年に、疫病の大流行を鎮めるため、疫病退散を願い、全国六十六か国にちなみ六十六本の鉾を立て牛頭《ごず》天王を祀り、神輿を水辺の神泉苑に渡御させ、臨時の御霊会《ごりょうえ》を修したのがはじまりとされる。牛頭天王は、本来はインドの祇園精舎の守護神とされ、本地仏が薬師如来、素戔嗚尊《すさのおのみこと》が垂迹神《すいじゃくしん》とされる。この神は八坂神社の祭神で、新羅の牛頭山から迎えたとされる素戔嗚尊のことである。一説に牛頭天王は、はじめ播磨の明石浦に、ついで播磨国広峯（姫路市広峯神社）に祀られたという。それを僧円如が八坂郷に迎え、さらに摂政藤原基経が元慶年間（八七七～八八五）ここに精舎を造り観慶寺と称し、祇園天神堂を建立したとも、承平四（九三四）年祇園感神院社壇を建立したとも伝えられる。これらが祇園社の創祀と関係がある（真弓常忠説）と推測されている。この外来の神である牛頭天王（素戔嗚尊）の威力によって疫病や悪霊を屈伏させ、その穢《けが》れを水に流してしまおうという思想が基層にあるとされる。御霊会とは本来、奈良時代から平安時代にかけて、政治的に陥れられて失脚し、恨みを抱いて亡くなった人々の怨霊の祟りを鎮めるために行なわれたもので、『三代実録』には貞観五（八六三）年に早良《さわら》親王ら六人の霊を鎮めるために神泉苑で御霊会を営んだことなどが記されている。祇園御霊会誕生への前段階があったことが推察される。また御霊会には、京都市上京区の御霊神社の御霊祭や京都市北区の今宮神社のやすらい祭り、各地の鎮花《はなしずめ》祭りなどがあり、祇園御霊会を基とする祇園祭りは、あくまで御霊会の発展的変化形態の一つであった。

祇園信仰が盛んになるのは平安時代中期以降のことである。延久四（一〇七二）年から鴨川の水辺で禊祓《みそぎはら》えが行なわれるようになり、その渡御に従う山車・鉾・風流・練り物・祇園囃子などがしだいに華麗さを競うようになり、現在の祇園祭りにつながる祭礼形態を作りあげた。この華やかな祭礼形態は全国に伝播していった。各地の夏祭りで、山車・屋台を連ねて締太鼓・笛・鉦《かね》で囃しながらのにぎやかな神輿渡御の形は、そのもとは京都八坂神社の祇園祭りにつながるものである。現在、境内社を含めて八坂神社（祇園社含む）は全国に約三千五十社余が勧請されており、比較的西日本に分布が多い。

京都八坂神社の祇園祭り　京都市東山区にある八坂神社の祇園祭りは、古くは祇園御霊会と呼ばれ、平安時代の貞観十一（八六九）年、疫病退散のために神泉苑において御霊会を営んだのがはじまりとされる。八坂神社は、社伝によれば斉明二（六五六）年に高麗の調進副使伊利之使主《いりしおみ》の来朝にあたり、新羅の牛頭山の素戔嗚尊の神霊を迎えて祀ったことがはじまりとされ、社殿は天智六（六六七）年に建立されたと伝える。祭神は素戔嗚尊・櫛稲田姫命・八柱御子で、明治以前までは祇園社と称していた。

祇園社の御霊会は円融天皇の天禄三（九七二）年六月十四日をもって定式とされ、翌十五日に勅使が立った。明治六（一八七三）年の改暦までは六月七日から十四日までの一週間が神輿《みこし》のお渡りの期間であった。現在は、六月十四日夜に神楽が舞われ、翌十五日に例祭が行なわれている。現在の祇園祭りは、この例祭ののち、七月一日の吉符入（祭礼の決定と神事の打ち合せ）にはじまり、七月二十九日の奉告祭で終わる。

祭りの構成　七月一日の吉符入にはじまり、二日は山鉾の順番を定める籤取《くじと》り、九日は鉾立となる。十日は神輿を四条大橋に担いでゆき、神職が鴨川の水を榊《さかき》に含ませてそそぎ清める神輿洗いがあり、神輿を迎えるために、祇園芸妓による練り物とお迎え提灯《ちょうちん》が出る。十一日の稚児社参は、当年の長刀《なぎなた》鉾に乗る稚児が立烏帽子《たてえぼし》水干《すいかん》の装いで馬に乗って八坂神社に参拝し、五位の格式を受けるという神事。十三日は曳き山立、十四日は曳き始め（町内巡り）、十五日は芸能奉納、十六日は山・鉾に提灯・人形や装飾品を飾って据え置き、人々に見せる宵山となる。十七日は華やかな山鉾巡行が行なわれる。巡行する山・鉾は、山二十三基、鉾九基の三十二基で、この日は各所での鷺舞・田楽踊りがなされる。夕方、神輿三基の神幸行列が本社を出発し、御旅所に向かう。二十四日は神輿が御旅所から神社に帰る還幸祭で、お別れ鉾十一基の巡行などの行列がお供する。二十八日ふたたび四条大橋下の鴨川で神輿洗い、そして二十九日の奉告祭で長かった祇園祭りは終わる。

また、八坂神社・祇園社と同じ牛頭天王を祀る天王社は、中部地方以東では愛知県津島市津島神社の牛頭天王（素戔嗚尊）を勧請した例が多く、川渡御・船渡御や穢れを流す儀礼が中心をなしており、八坂神社祇園祭り系の祭りとは異なったものとなっている。なお、京都の祇園祭りは「京都祇園祭の山鉾行事」として国の重要無形民俗文化財に指定されている。（茂木）

博多祇園山笠《はかたぎおんやまがさ》

福岡市博多区の櫛田神社の相殿祇園社にかかわる博多の代表的な祭りで、期間は七月一日から十五日まで。この祇園社は京都の祇園社（現八坂神社）を勧請したもので、夏の疫病退散を願うのが目的である。祭りには山笠として飾り山と舁《か》き山が用意され、高さ十メートル余の飾り山には武将の人形などを豪勢に飾りたてて各所に据えられる。それより低い舁き山には人形のほか松の木が立てられ、市内を担ぎまわられる（近世には飾り山のみが用意されて担がれていた）。舁き山はいくつかの町を統合した流れという単位ごとに作られ、計七基の舁き山が十五日早朝に櫛田神社から出て、全流れの範囲を四キロ余り疾走するのが祭りの特徴でありクライマックスである。別に飾り山一基も神社の前で担がれる。このあと境内の能舞台では「鎮めの能」が演じられて祭りは終了する。山笠の作り方や、流れを構成する町や年齢別集団の役割分担も伝統的である。全体は「博多祇園山笠行事」として国の重要無形民俗文化財に指定されている。（田中）

天王祭《てんのうまつ》り

牛頭《ごず》天王の祭りのこと。牛頭天王は武塔《ぶとう》天神ともいい、素戔嗚尊《すさのおのみこと》と同一視され、疫病除けの神となっている。しかし、牛頭天王自身も疫神扱いをされており、大きな強い疫神を祀り上げることで、ほかのさまざまな悪神を押さえこんでしまおうとする庶民の考え方を反映している。

祭りの日取り　各地にある天王祭りのほとんどは夏の祭りであるが、とくに旧暦六月十五日を祭日としている所が多い。祭りの時期は、水神祭りの時期とも重なり、両者が習合している場合が多い。神前にかならず胡瓜《きゅうり》を供えなければならないとされる所は、そのような例と考えてよい。胡瓜は河童《かっぱ》の好物であり、河童は水神とされているからである。また、天王祭りは夏越《なご》しの祓《はら》えを伴っていることが多く、蘇民将来の話と結びついて、疫病除けの茅《ち》の輪《わ》くぐりを行なう所もある。すなわち、天王祭りは夏祭りのほとんどの要素を内包しているということができる。それは、天王信仰と祇園信仰の習合によるところが大きい。

祇園祭り　奈良時代末から平安時代初めにかけ、都では夏になると伝染病の流行が大きな問題となっていた。平安時代前期に入ると、疫病や災害の原因は非業の死をとげた者の怨霊のしわざと考えるようになり、貞観五（八六三）年には国家的行事として神泉苑にて御霊会《ごりようえ》が行なわれ、天禄三（九七二）年以降は勅令によって八坂神社において毎年続けられるようになったといわれる。これよりさき、八坂神社には牛頭天王（牛神）が祀られていた。また八坂の祇園寺には天神・八王子を祀る神殿が作られていた。そうした状態のもと、本来別ものであった八坂神社と牛頭天王・祇園は、同じ場所にあるため祇園会として六月十五日に習合した祭りを営むにいたった。疫病流行の兆しの見えだす季節にあたり、疫病除け・災害除けの神として、祇園祭りは盛大になり華やかになり、爆発的に地方都市へ広がっていった。農村部へも病虫害除けの神として祇園＝天王信仰は浸透していった。都市部で発生し、都市部から農村部へという展開をたどった天王祭りは、祇園祭りと不可分の関係にあり、農耕の祭りとはまったく無関係な疫病除け、祓えの祭りとして、これまでにない特異な祭りとして全国に広がっていった。

明治になって、それまで天王社と称していた神社には、八坂神社・八雲神社・須賀神社と改称した例が多くみられる。天王社として有力なのは、西の方では兵庫県の広峯神社（広峯牛頭天王）、東の方では愛知県の津島神社（天王さま）がある。

東京の天王祭り　東京都世田谷区喜多見の須賀神社は俗に天王様と呼ばれ、八月一日・二日が祭日となっている。湯立て神楽と神前舞・お囃子などが行なわれ、参詣に来た崇敬者の穢《けが》れを祓う祭りである。この神社の言い伝えに、昔祭りを行なわなかったとき、疫病が流行したことがあり、それ以後毎年欠かさず祭りを続けているとあり、天王様は祟りやすい神といわれている。品川区荏原《えばら》の天王祭りは、東京の夏祭りのはしりとして有名である。六月初旬の祭礼では神輿《みこし》を沖の御旅所に移す海中渡御があり、別名を河童天王祭りともいっている。（茂木）

夏越《なご》し

現在ではもう行なわれなくなったが、旧暦六月晦《みそ》日《か》に身体の不浄を祓うために行なう禊《みそぎ》の行事である。ナゴシは邪悪なものを鎮めるという意味であるとする説が有力で、ナゴシと称している地域は山口県から北九州一帯に多い。一年を両分する考え方からすると、旧暦六月晦日は盆月の七月に入る直前で、対照的に正月元旦直前の大晦日の行事に対比される。かつて宮中では、大晦日に身体に積もった穢《けが》れを祓うために大祓えを行なっていた。これが民間に下降してきて、夏越しの行事に残存していると推察される。

神社中心に行なわれる茅《ち》の輪《わ》行事は、ナゴシの代表的事例である。これは『備後国風土記』逸文の故事にもとづいた由来が説かれている。むかし武塔神が、貧しいにもかかわらず一泊させてくれた蘇民将来に対する御礼として、茅の輪（竹に茅《かや》を巻きつけた輪状のもの）を身につけさせた。それによって蘇民将来の一家は襲ってきた災厄から免れることができたという。各神社では鳥居の下にこの茅の輪を飾り、人々はそこをくぐり抜けると、災厄からのがれることができるという信仰があった。岡山県下では輪越し正月とも称した。この輪をくぐり抜けると、古い時間から新しい時間に入り、生命も更新するという潜在的認識があったらしい。

千葉県香取市、香取神宮の茅の輪。(1991年：小川直之)

茅の輪は中世の文献にみられる菅貫《すがぬき》と同じ意味をもつものである。茅の輪のほうは大型で人がくぐり抜けるものになっているが、菅貫は小型で身につけるものである。ともに輪をかたどった呪具で、茅の霊力によって悪疫や災難からのがれようとするものである。盆をひかえた忌日にこれを行なうことで、半年間の穢れを祓ったわけである。

東京都千代田区の日枝神社の山王御祓は、六月十五日の例大祭の前に行なわれている。楽師を先頭にして人形を納めた箱が続く。次に宮司以下の神職が左まわり、右まわり、左まわりの順に茅の輪をくぐった。一般参拝者も同様にくぐるが、そのとき茅の輪から茅を引き抜き、小さな輪にして自宅に持ち帰る風習があり、これをスガヌキといっている。

群馬県板倉町の雷電神社では、七月三十日・三十一日にワクグリを行なった。境内の沼から真菰《まこも》を刈ってきて束ね、長さ十二メートルほどにし、二十センチごとにこれを結わえて丸めて輪を作る。

全体を蛇といい、結わえた部分はその足であるという。一の鳥居に輪が取り付けられ、神主・氏子総代が先頭に立ち、左、右、左と三回くぐって終わる。続いて一般の参詣人もワクグリを行なうが、人々はヒトガタの人形に年齢・氏名を書き、これで身体をなでまわして輪の蛇の足の部分に挿入しておく。翌日、この輪は外されて、利根川を舟で運ばれて川の中心において流されるのである。ただ、現在では人形は神社に納められ、お祓いをしてから輪とともに利根川に流している。

茅の輪を用いないで、氏子たちが各自の名前を記した紙人形で、自分の身体をなでたあと、それを神社に奉納するやり方もあった。紙人形は穢れを託した形代《かたしろ》のことで、それを流せば災厄も去るのである。この穢れを祓う事例は、三月節供の雛流《ひなながし》しの流し雛の行事と同様である。ただ、夏越しは神社の行事として定着している点に特徴がある。また、実際に人が海水に浸って身体を清めるやり方もあった。たとえば長崎県島原地方では、かつて六月晦日に浜辺で禊《みそぎ》をしていたという。農家では牛馬を近くの池や川へ連れていき、水をかけるという風習もあった。この日は牛馬に一日仕事をさせなかったというのも、この日が物忌みの日という認識があったことを示している。

六月全体が物忌み、つまり精進潔斎する月とされていた。朔日《ついたち》の行事にはじまり、晦日に終わる。最終段階に夏越しの祓えがあり、そのあとに正月と対照的な盆月を迎えるのである。（宮田）

半夏生《はんげしょう》

夏至から数えて十一日目の日。暦の七十二候の一つであるとともに、雑節にも含める。ハンゲとも呼び、田植えの最終期とみなされていた。半夏半作といって、この日以後に田植えをしても収穫が少ないという意味の諺もある。この日に田の神を送り返すさなぶりなどの行事をする所があるのも、田植えの終了にあたるためであろう。一方、畑作に関連した風習もあり、この日畑に入るのを禁じたり、小麦団子を食べるなど麦の収穫祭の意味もみられる。そのほか、畑の作物の播種期の終わりとする地方も多い。東京都檜原《ひのはら》村では、昔ハンゲショウのお爺さんが小麦畑で足をくじいたのでこの日は小麦畑に入ってはいけないといい、青梅市ではこの日に魔物がやってきて井戸に毒を入れるので井戸に蓋をするという。このほか、竹藪に入ってはならないなど、普段の日の行為を禁じることがしばしば語られ、この日が農耕に関して慎みの日であったことがうかがわれる。　　　　（齊藤）

ほおずき市《いち》

寺社の縁日に境内などで酸漿《ほおずき》を売る市。梅雨明けが待たれるころに、みずみずしい酸漿の鉢植えが売られる東京都台東区の浅草寺の四万六千日《しまんろくせんにち》（この日に参詣すると四万六〇〇〇回分の功徳があるといわれる日）の縁日（七月十日）のほおずき市（九日・十日）がよく知られているが、もともとは芝（港区）の愛宕神社のほおずき市といわれ、六月二十三日・二十四日に開かれる。江戸時代には、浅草寺では酸漿ではなく赤黒い玉蜀黍《とうもろこし》が売られ、これを天井に吊るしておくと雷除けになると信じられていたが、明治初期にこの玉蜀黍が不作になり、酸漿に変わったのだとされる。赤色は疫病除けに効果があるとされていたからだろうと思われるが、青い酸漿が売られることもあり、そのへんの事情は不詳である。観賞用のみならず、酸漿には漢方のさまざまな効能が説かれる上、盆棚にも吊るされることが多く、酸漿の形・色に独特な意味を求めようとする心意が、この市を盛んにしたのではないであろうか。　　　　（田中）

七夕《たなばた》

一般には七月（地域によって八月）七日の星祭りをいうが、五節供の一つである七夕《しちせき》をも意味し、民俗学的には七夕行事として七月七日の行事全般をさす。この七夕行事には星祭りにかかわるもののほか、盆行事関連の水による穢《けが》れの祓えや農耕儀礼的要素などがみられ複雑である。

七夕と星祭り　七夕は折口信夫によると棚機女《たなばたつめ》の略で、元来は水辺に張り出した仮小屋の中に棚を作り、そこで神の来訪を待って神衣を織る聖女を意味したという。

七夕の源流は、この古代的観念の残っているところに、中国から七月七日夜に牽牛《けんぎゅう》星が天の川を渡って織女星との年一度の逢瀬を楽しむというロマンティックな説話、婦人の乞巧《きっこう》の習俗、経書や衣服の虫干し習俗などが伝来し、両者が結合したものと考えられている。その時期は明らかではないが、『万葉集』には二星相会の感慨を男女の恋に擬そうとした歌が多くのせられており、早くから牽牛・織女の説話が伝来していたことがわかる。

古代の宮中においては七月七日を重要な節日に数え、相撲や詠詩などが催された。また、二星の願意がついに達せられることにあやかろうとして、とくに女性が瓜や花などを供し、竿の先に五色の糸をかけて裁縫の上達を願う乞巧奠《きっこうでん》の儀が盛んであった。梶の葉に願いごとを記し、願いの成就と書の上達を祈ったりもしていたが、近世に入るころからしだいに短冊形に切った色紙に願いを記し、五色の糸などと一緒に笹竹に結びつけて飾るようになった。近世には、この日が五節供の一つとして、江戸幕府の式日に定められたこともあって、七夕は武家社会にも定着した。また、都市部を中心に寺子屋教育などにも取り入れられ、七月七日を祝うことは一般にも浸透していった。その結果、笹竹に天の川とか彦星・織姫などの字や各自の願いごとを書いて立てること、色糸を笹竹に吊るしたり手織の反物や新調した着物を星に供えること、長野県松本市周辺のように七夕人形を飾ることなど、子供や女性中心のさまざまな行事が各地で行なわれるようになった。普及にあたっては、近代においては幼稚園・小学校教育や裁縫学校の星祭り行事の影響が無視できない。農山漁村部においては、近代に入っても家庭では星祭りをまったく祝わない所の少なくなかったことも事実である。以上が現在一般に星祭りとして知られている七夕であるが、近年は地域社会や商店街などの観光行事としても利用されている。

星祭りと水の伝承　各地の七夕行事には星祭りと相矛盾するかほとんど無関係かと思われる伝承も少なくない。七月七日には七回水浴びをすべきだ、脂気がよく落ちるので女性は洗髪すべきだという、水にかかわる伝承がある。この日は薬水が流れてくるという考え、この日に井戸浚《さら》いをすべきだというのも同様である。盆灯籠と結合して、後世に華麗な展開を遂げた青森県のねぶたや秋田市の竿灯《かんとう》の行事にもこの要素が認められる。さらに、星祭りとは明らかに矛盾する降雨期待の伝承もみられる。それは、一般にはたった三粒でもよいからかならず雨が降ってほしいという言い方でなされている。なかには天の川が増水して広々すると疫病神が行きあえないのでよいとか、二星があえば病気が流行するのでそれを阻止するために雨が降るとよいというように、疫神忌避のために降雨が強く期待されている。水浴・洗髪・井戸浚いにしろ、疫神忌避にしろ、水によって心身の穢れや災厄を除去しようという心意に支えられていることは明らかで、これらは盆の魂祭りをあとに控え、かつて物忌み生活に入るために行なっていた禊《みそぎ》の変容した伝承であろうとされる。また、祭りの際にはしばしば降雨によって神意の発現が感じられることから、それが水による潔斎と習合して、盆の魂祭りを控えた七月七日に降雨を期待する観念が生じたのであろうともいう。

東京都杉並区、七夕の笹飾りと七夕馬。(2011年)

　このように星祭りと水の伝承という相矛盾するものが七夕行事に併存しているのは、神の来訪を待って水辺で神衣を織る古代の棚機女の姿が、伝来した七月七日の牽牛・織女相会の説話と結合したことに起因しているとされる。さらに、星祭りにかかわる伝承が中国北部から中央アジアにかけての乾燥地帯で整ったものであるのに対して、棚機女をも含む日本の水にかかわる伝承が、中国南部や東南アジアなど南方の湿潤地帯の文化と何らかの関連があるとの観点から、日本の七夕行事は両系統の文化交錯を前提にして捉えるべきだとの考えもある。

　このほか七夕には、短冊を吊るす笹竹は盆に迎える先祖の霊の依代《よりしろ》の性格が指摘されたり、七日盆と称してこの日に墓掃除をはじめる例が多かったり、七夕馬などという真菰《まこも》や藁《わら》で作った牛馬に乗って先祖が訪れると信じられていたり、子供が河原などに仮小屋を設けて籠りながら家々を巡遊する小正月の来訪者に類似した例がみられるなど、水にかかわること以外にも盆行事関連の伝承が多い。また、庭に設けた七夕の笹竹や棚に穂はらみした稲穂や種々の野菜の初物を供えたり、福岡県でのように田褒めをして巡る例があるなど、農作物の豊作祈願もしくは収穫感謝祭的側面も認められる。

宮城県仙台市の七夕や神奈川県平塚市・東京都阿佐谷の七夕など、都市部では観光行事として、星祭り系の七夕が盛大に行なわれている。（田中）

七夕馬《たなばたうま》

七月（もしくは八月）六日の夕方か七日に真菰《まこも》や麦藁《わら》などで作る一対の馬で、東日本の広い地域でみられる。七夕様がこの馬に乗ってくると考え、七夕の竹飾りの下に並べて供物をし、七夕行事終了とともに川に流したり屋根にのせたりするので、七夕馬の名で呼ぶ所が多い。この日は七日盆でもあるので、先祖がこの馬に乗って訪れると考え、精霊馬と呼ぶ所も多い。盆の祖霊迎えのために麻幹《おがら》や茄子《なす》・胡瓜《きゅうり》などで牛馬を作る例は全国的で、七夕馬も元来は霊迎えの乗り物として設けていたものが、七夕行事と習合したのであろう。また、これを田の神馬と呼び、馬のたてがみを荒神苗で作り、田の神がこの馬に乗って田巡りをするという伝承も広く分布している。実際、子供たちがこの馬を引いて田に出て朝草刈りをする例もあるが、これも盆に先だっての道草刈りや霊迎えと無関係ではないだろう。（田中）

ねぶた

東北地方なかんずく青森県で、盆に先だつ八月（旧暦では七月）一日から七日まで行なわれる飾り物行事、またはその飾り物。ねぷたと呼ぶ地域もある。青森市や弘前市などの都市部では、武者人形などを形どった組みねぶた（人形ねぶた）や三国志などの英雄奮戦の絵を描いた扇ねぶたなど、大きく華麗なものを作り、中に灯を点じてにぎやかに練り歩き、夏の観光行事となっている。秋田県にも能代市その他に絵灯籠を飾ったり屋台人形に灯を点じ、笛・太鼓で囃して練り歩く類似の行事があり、いずれも飾り物や灯籠を最後の日に水辺で流す。

ねぶたの起源を坂上田村麻呂の蝦夷《えぞ》征伐に結びつける説があるのは付会であろうが、災厄を水に流し去ろうとする初秋の心意と盆の火とが結合した、相当に古くからの行事ではあろう。しかし盆灯籠に関係あるかと思われる飾り物が都市部で大型化しはじめるのは、灯籠に用いる紙や蠟燭《ろうそく》の生産が増大する江戸時代中後期だという。まだそのころは『奥民図彙』に描かれたり菅江真澄の旅日記に述べられているような、素朴な絵や字をあしらった単なる箱型のやや大きな灯籠を竿の先につけて、無礼講で担ぎまわっていた。のち、しだいに巨大化し、描かれた人形などの華麗な絵柄を競うようになったといわれる。大型化する以前には、たとえば、近代において東津軽の三厩《みんまや》では草ねぶたといって、子供たちが木の枝に灯籠をさげて担いでまわり、七日に海に流していた。このような素朴な行事は東北地方各地で行なわれていたと思われる。

ねぶたの語意は睡魔のことで、青森県のねぶた流しの唄に「ねぶた流れろ、まめの葉はとどまれ」とあったり、秋田県でネブリナガシと呼んでいるように、元来この行事は本格的な秋の農作業に向けてまめに働けるように、労働の妨げをなす眠気を流し去ろうとする心意に発したものかという。一方、オネンブリ・ネムナガシ・ネムタナガシなどと呼んで、七月七日には水浴をしたり、人形を川に流したり、合歓《ねむ》の木の小枝などで身体をこすって川に流し去る所が東北地方以外にも少なくない。ねぶたは盆灯籠の性格などを取り入れて特殊な変化を遂げてはいるが、行事本来の意味はこれらと共通し、その飾り物は身体の穢《けが》れを移し祓うなで物としての人形《ひとがた》の発展したものではないかと考えられている。このように、

青森県弘前市、嶽温泉を担ぎ歩く素朴なねぷた。
(1944 年：国学院大学折口博士記念古代研究所)

秋の農繁期を控え、かつ盆の先祖祭りに先だつこの七日には、七回水浴びすべきだとか、女性が髪を洗う日と決めていたり、道具を洗うと虫がつかないなどといい、災厄を水に流し心身を清浄にしようとする趣旨の行事が全国的に多いが、ねぶたも同じ基盤にたった行事である。

なお、現在眠気を流し去ろうとする要素はまったくなくなっているが、秋田市の竿灯《かんとう》も本来はねぶたの一種で、古風なねぶた同様かつて竿の先につけて持ち歩いた灯籠が、秋田独自の発展をみせたものだという。「青森のねぶた」「弘前のねぷた」とともに、「秋田の竿灯」は国の重要無形民俗文化財に指定されている。（田中）

青祈禱《あおぎとう》

稲の生育を祈願する行事で、和歌山県などに伝承されている。現在は七月十五日の行事になっているが、かつては旧暦六月初丑《はつうし》の日に行なわれたので、丑の日祭りとも呼ばれていた。これは神社で稲の生育の祈禱をし、お札を受けてきて棒の先にはさみ、青々と育った稲の上を振って歩くというものである。祈禱したお札を稲の上で振って歩くのは、この札の力によって、生長をはじめた稲を病虫害などから守ろうとする呪《まじな》いである。

七月中旬（旧暦六月）は麦の収穫、田植えといった農繁期の山場を越し、いよいよ本格的な暑さの季節を迎えようというときである。この時期は農繁期の疲れと暑さのはじまりで、災厄を被りやすかった。そのため、埼玉県ではフセギ、群馬県では八丁注連《しめ》といってムラ境に祈禱札や大草鞋《わらじ》を吊り、災厄がムラに入るのを防ごうという行事がある。青祈禱はこれと同様な意識で、稲の生育を災厄から守ろうということである。なお、六月下旬には青祈禱に似た名称の青屋様・青箸の日という行事が関東地方にあり、芒《すすき》の箸でうどんを食べるという。（小川）

恐山大祭《おそれざんたいさい》

青森県下北半島のほぼ中央にある恐山（むつ市田名部）には釜臥山菩提寺があり、その一帯は三途の川・極楽浜・血の池や、石がいくつも積んである賽の河原などがある霊山である。下北半島周辺地域では、人が死ぬと魂は恐山に行くと信じられており、口寄せといって、霊界の仏を呼び下ろし、その言葉を語ることを生業とするイタコと呼ばれる巫女《みこ》がいる。菩提寺の本尊である地蔵菩薩の縁日である七月二十～二十四日が大祭で、大祭のときの地蔵講は俗にイタコ市と呼ばれ、地蔵堂の周囲に十数人のイタコが集まり、茣蓙《ござ》を敷いて座り、肉親を失った人々の求めに応じて口寄せを行なう。袈裟をかけ、背に経筒を負い、数珠を鳴らしながら仏下ろしの祭文を唱え、表情を変え、身振りを交えながら、一人称で死者の言葉を語るイタコ、その言葉を涙ながらに聞く依頼者の姿はパターン化しているとはいうもの

の、感動を誘うものである。　（茂木）

土用《どよう》

立春・立夏・立秋・立冬の各季の前の十八日間を土用というが、一般には立秋前の夏の土用をさす。夏の気のもっとも盛んなときとされ、とくに丑《うし》の日に鰻《うなぎ》を食べたり、海水浴をすると夏負けしないといわれる。『万葉集』巻十六の大伴家持の歌に、痩身の石麻呂《いわまろ》を笑って夏痩せによいという鰻をとって食べよと詠んだものがあり、当時すでに鰻の効用が知られていたことがうかがえる。土用鰻の習慣は江戸時代に生まれたようで、今日では外国から大量に輸入して需要をまかなっている。土用丑の日の海水浴や入湯、牛馬に水を浴びせる行事は各地にみられ、それに鰻の精力を結びつけたものとも考えられる。丑湯といって入湯するのは、天から薬が流れてくるためと説明され、菖蒲《しょうぶ》や薬草を入れて入浴する所もある。夏の土用に灸を据えると特効があるとされ、日蓮宗の寺院で行なわれる炮烙灸《ほうろくきゅう》もこの一例である。また、土用念仏といって寺から鉦《かね》を借りてきて、それを打ち鳴らしながらムラ総出で家々や田畑をまわり、豊作や健康を祈願する所もある。　（古家）

海の日《うみのひ》

国民の祝日の一つで、七月第三月曜日。「海の恩恵に感謝するとともに、海洋国日本の繁栄を願う」日として、平成七（一九九五）年に「国民の祝日に関する法律」によって定められ、当初は七月二十日であったが、平成十五年以降は七月第三月曜日となった。明治九（一八七六）年に明治天皇が東北地方巡幸の帰途、軍艦ではなく汽船の明治丸にて横浜港に帰着されたのが七月二十日であるのにちなみ、七月二十日は、昭和十六（一九四一）年六月に政府の次官会議において海事思想の普及と海洋精神の普

及を目的に海の記念日に定められていた。（田中）

愛宕祭《あたごまつ》り

六月または七月二十四日に行なわれる愛宕信仰に結びついた火祭りで、愛宕火とも呼ばれる。京都市の西北にそびえる愛宕山の愛宕神社は火の神として火伏せに効験があるとされている。また丹波と山城の国の境にこの山が位置するため、都を守る勝軍地蔵（塞《さえ》の神に通じる）が置かれ、境の神としての性格もみられた。この山を道場とした修験者らの手によって全国にこの信仰が広められ、とくに近畿地方や山陰地方では送り盆や柱松・万灯などの火祭り行事と結びついている。兵庫県高砂市には子供たちが松明《たいまつ》を燃やして「愛宕《おたぎ》さんの御精霊《ごしょうろ》」と唱えて走りまわったのち、川の堤にある愛宕祠に捨ててくるという行事がある。愛宕祭りに子供が関与する例はしばしばみられ、境の神である道祖神と結びついた小正月のどんど焼きと共通した性格を見いだすことができる。正月の火祭りに対して、盆の火祭りという位置づけがされるゆえんである。

なお、ほかに火伏せの神として広く知られるものに、静岡県浜松市の秋葉神社（秋葉権現）がある。（齊藤）

天神祭《てんじんまつ》り

大阪市北区の大阪天満宮の祭りで、七月二十四・二十五日に行なわれる。地域の人々や同業者仲間が役割を分担し、百万人ともいう多くの人を集めて賑わい、大阪の夏の風物詩ともいわれる。二十四日の宵宮には伝統的な鉾流し神事がある。二十五日には本殿での夏大祭執行後、鳳輦《ほうれん》が境内を出て天神橋詰まで陸渡御をし、夕刻にはそこから大川を飛翔橋まで往復する船渡御となる。陸上・水上とも、渡御には催し太鼓をはじめ囃しや多くの供奉があって華やかである。特に百艘前後が従う船渡御のさい、伝統芸能などが披露される水上祭や花火大会の繰り広げられるのが人気である。室町時代にはすでによく知られる祭りであったが、近代に入っても変遷があり、現在の祭りの大枠は昭和二十八（一九五三）年ごろに固まった。なお、古くは流した鉾の漂着地を御旅所として船でそこへ神霊を迎えに出向いたといい、船渡御はだいぶ変化したとはいえ祭りの古い形を継承しているのものといえる。（田中）

相馬野馬追い《そうまのまおい》

福島県相馬市と南相馬市にわたる地域で、七月最終の土・日・月曜日に行なわれ、騎馬武者姿の人々が競馬をしたり放馬を追う行事。相馬市の中村神社、南相馬市の太田神社・小高神社の神事であり、この三社は相馬の三妙見社と呼ばれ、この地を領した相馬氏の守護神とされていたため、旧相馬藩領あげて

福島県南相馬市、小高神社に追い立てた野馬を御小人役が追う野馬がけ神事。(1973 年：岩崎真幸)

の行事となっている。相馬氏の祖平将門が放牧の馬を妙見社に献納したという故事にちなみ、神馬奉納の古い姿を伝えるという。初日は各神社での祭典のあと、各社の神輿《みこし》が騎馬武者を従えて南相馬市の御旅所に渡御する。二日目には甲冑姿での競馬が行なわれ、さらに花火で打ち上げられた神旗の舞い下りるのを騎馬武者が争奪する。そのあと三社の神輿は各神社に還御する。三日目には小高神社で竹矢来の中に放馬を追い込んで捕え、神前に献じる野馬がけが行なわれる。なお、この行事は国の重要無形民俗文化財に指定されている。（田中）

人形送り《にんぎょうおくり》

人形は本来、保存したり鑑賞したり、玩具として愛用されたりといった性格のものではなく、神や精霊を形象化したものとして畏怖され、またそこにとりこめられた悪霊とともに除去されるべきものという信仰があった。とくに虫送りに使われる藁《わら》人形は、送り出されるべき運命にある。人形送りはその典型例の一つである。人形送りの際には、祭りの最終段階でムラ境の川から流されたり、境で焼き棄てられた。虫送りは、稲の生長期に発生する害虫が多いときに藁人形の中にいくつかの害虫を入れ、害虫の原因となる悪霊をとりこめたと考えて送り出す儀礼である。この原型はヒトガタ＝人形である。六月と十二月の晦日《みそか》に、人が体内にとりこめられた穢《けが》れや災厄をヒトガタに移して送り出す夏越《なご》しの祓《はら》えや大祓えの方式を模倣した農耕儀礼である。藁人形は大祓えの人形をモデルにしている。その由来譚からみると、非業な最期をとげた武将や百姓一揆の指導者の怨念がとりこめられているという御霊信仰が習合している。有名なのは、平安時代後期の武将斎藤実盛《さねもり》が戦いの最中に積んであった稲束にけつまずいて倒れたために討たれ、その怨念がこもって稲の害虫になったということから、人形をサネモリ人形と呼んでいる例である。虫送りに用いる藁人形もサネモリ（実盛）人形と称しており、稲虫発生の原因である実盛の御霊が藁人形に表現されており、その人形を送る祭りが西日本各地に分布している。一方、関東地方では、一揆の指導者の佐倉宗五郎の怨霊が稲虫になったと解説され、同様に虫送りがなされた。

ウンカのような稲の害虫は、ちょうど盆のころに出やすく、あの世からやってくる悪霊の印象を与えた。奈良県下のさばえ送りも同様である。虫送りではないが、鹿島人形も鹿島信仰と結びつき、災厄をとりこめた鹿島大助と称する人形を作って水辺から追い払う鹿島流しとして知られている。

祭礼に登場する人形は送り出すという意識は少なく、むしろ都市の祭礼ではお迎え人形として、来臨する神の変化《へんげ》とみなされた。人間より大きな大人《おおひと》弥五郎は九州の八幡神社の系統の大人形であり、八幡神に服属する神の変化である。京都の祇園社（八坂神社）の祇園祭りの系統にも山車《だし》人形がしばしば登

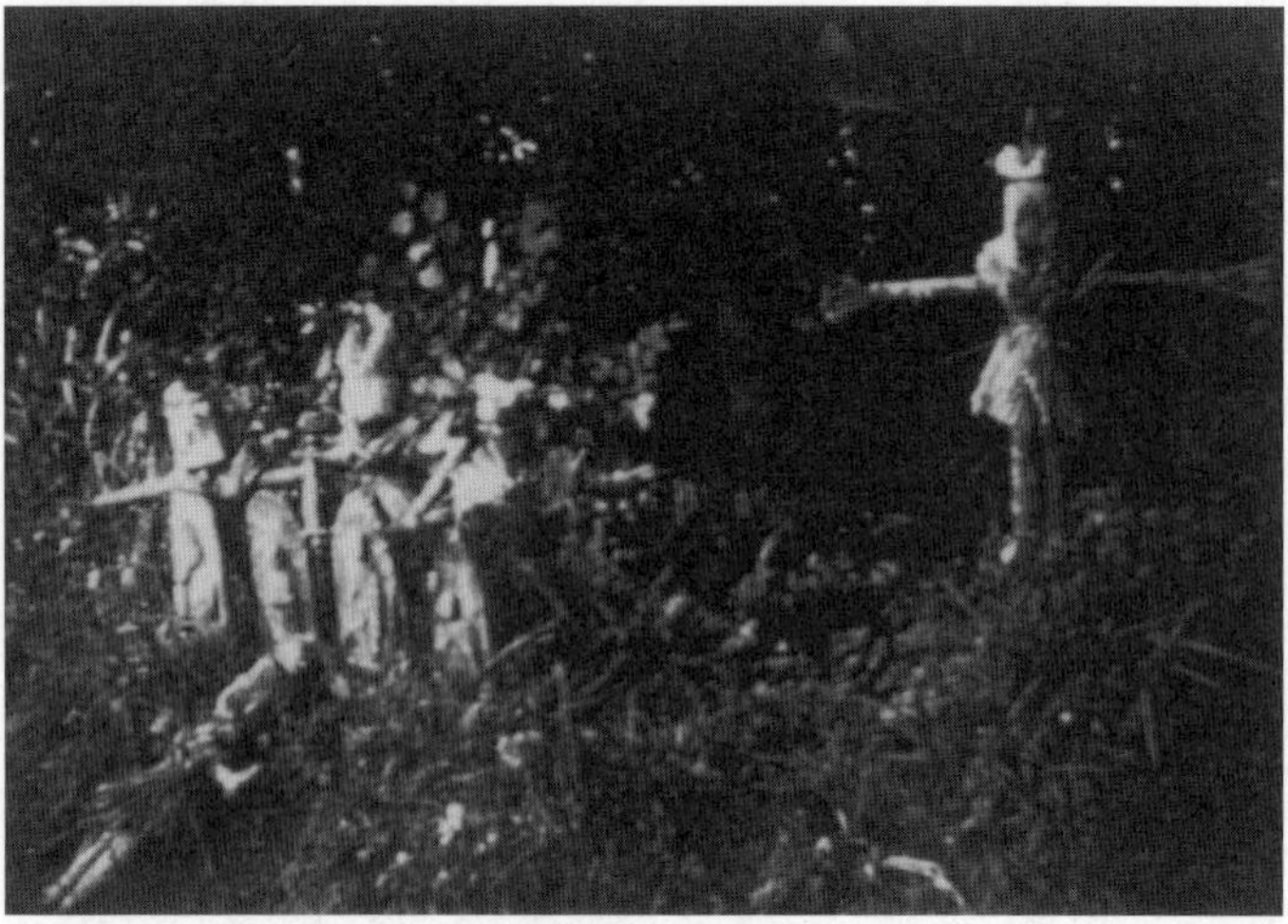

茨城県常陸太田市、人形送りで村境に送り出された人形。
（1935年：国学院大学折口博士記念古代研究所）

場する。これは精霊のヨリマシとしての人形が名工によって作られ、そこに災厄を祓い悪霊を追放する力が認められているが、人形の趣向が都市民の好みにあわせて風流化しており、なかには仕かけによって首や手を動かすからくり人形が飾られている。

人形は子供の遊びのなかにとり入れられたが、人形自体が信仰と関係しており、流し雛《びな》のように、人形を毎年川辺より流す行事もある。これも女子が成長する過程で身体にこもった穢れを雛にとりこめて祓うという人形送りを原型にしているのである。

（宮田）

原爆《げんばく》の日《ひ》

太平洋戦争末期の昭和二十（一九四五）年八月六日に広島市、九日に長崎市に米軍機によって原子爆弾が投下され、数十万人におよぶ尊い人命が犠牲になった。この日とこのことを心に刻み、原爆犠牲者の冥福を祈り、世界の恒久平和を願う行事が両市で行なわれている。広島市では八月六日に平和記念公園において平和記念式典を挙行し、市長が核兵器の廃絶と世界平和実現を訴える平和宣言を世界に向けて発している。長崎市でも八月九日に平和公園において原爆犠牲者慰霊平和祈念式典が挙行され、市長による長崎平和宣言が表明されている。

（田中）

終戦記念日《しゅうせんきねんび》

終戦の日ともいう。満州事変以後、十五年戦争と称される長い戦争の末、日本は昭和二十（一九四五）年八月十四日の御前会議でポツダム宣言の受諾を決定した。翌八月十五日の正午、昭和天皇が玉音放送で日本の無条件降伏を国民に告げた。これにより凄惨をきわめた太平洋戦争が終結をみたのであるが、その間には国内外において膨大な数の人々が戦争の犠牲となった。戦後は八月十五日を終戦記念日とし、戦没者に対して慰霊の黙禱と平和の誓いが捧げられている。この日東京九段の日本武道館では政府主催の全国戦没者追悼式が行なわれ、全国各地でも戦没者追悼式や平和集会が行なわれている。（萩原）

高校野球《こうこうやきゅう》

甲子園球場（兵庫県西宮市）で開催される春秋の全国高校野球大会は、出場校関係者のみならず多くの人が、ひたむきに白球を追う試合内容に一喜一憂する関心事になっている。春の選抜高等学校野球大会は大正十三（一九二四）年に大阪毎日新聞社が主催する全国選抜中等学校野球大会として始められ、三～四月に行なわれる。夏の全国高等学校野球選手権大会は、それより早く大正四（一九一五）年に大阪朝日新聞社が主催する全国中等学校優勝野球大会として始められ、八月に開催される。ただし、甲子園球場が使用されるようになったのは、春の大会が大正十四年、夏の大会が大正十三年からである。両大会は出場校の決め方が異なるが、野球という人気スポーツを支える高校生は全国に多いうえ、両有力新聞社の経営戦略がからんで報道が過熱し、NHKラジオ・テレビも徐々に実況放送に力を入れるようになり、郷土愛を刺激される人も多くなってきて国民的イベントの一つになっている。（田中）

山鹿灯籠《やまがとうろう》まつり

熊本県山鹿市の大宮神社への灯籠奉納を中心とする、八月十五日から十七日早暁にかけての祭り。灯籠は和紙と糊だけで城や宮殿・人形などの形に作りあげた細工物（骨無し灯籠と呼ばれる）で、十五日から台にのせて各町の表通りに飾られる。十六日夜遅くに上り灯籠といって順々に台ごとにぎやかに奉納され、式典後、神社裏の公園に並べられて十七日早暁まで人々が観賞する。並行して十五日には花火大会があり、十五・十六日には千人灯籠踊りといって、浴衣姿の多くの女性が頭上に頭より少し大きめの金灯籠をのせて市内を練り歩き、十六日夜には小学校校庭で「よへほ節」にあわせて総踊りをする。神社への献籠祭のさいにも踊られる。市中が灯りの海に変わるといわれ祭りの呼びものになっている千人灯籠踊りは、昭和三十年ごろからのものである。起源には諸説あって定かでなく、現在は家の盆行事とも関係ないが、背景には盆の迎え火・送り火があるのではないかと思われる。（田中）

放生会《ほうじょうえ》

仏教でいう不殺生戒に従い、功徳をつむために捕獲してある魚・鳥を池川や山野に放つ行事。不殺生戒とは別に、神に供すべき生贄《いけにえ》としての魚を、一年前から池沼に放ち用意しておいた古俗の名残かとする柳田国男の説もある。現在、八月十五日に行なわ

東京都中央区築地市場、正面の生簀に泳いでいるフグを裏の隅田川に放つ。現代の放生会というべき行事。(2006 年：田中宣一)

れる八幡神社の放生会が一般的であるが、これは大分県の宇佐神宮において奈良時代にはじめられていた。京都の石清水《いわしみず》八幡宮では平安時代に国家的行事にもなり、さらに鎌倉の鶴岡八幡宮など各地に八幡社が勧請されたり、鎌倉幕府が八月一日から放生会の八月十五日まで殺生禁断を厳守させたことがあったため、放生会のイデオロギーは全国各地に広まることになった。昔話「浦島太郎」にも放生の考えが含まれているし、近年、魚取扱業者間で盛んになりつつあるフグ供養・エビ供養・ウナギ供養など（ただし行う日はさまざま）や、これらの供養碑建立も新しい行事とはいえ、放生会の系譜に連なる民俗である。（田中）

シチ（節《せつ》）

沖縄県の宮古・八重山地方で収穫の感謝と豊作を祈願する行事。宮古地方のシチは、粟の収穫期にあたる旧暦五月・六月中の甲午《きのえうま》の日に行なう。女性が早朝に海水で身を清め、若水をあびて桶に入れて持ち帰り、茶をいれたり食事の準備に用いる。それは健康と若返りのためで、残った水は門・家屋・植木や家畜にふりかける。夕飯は粟と米の握り飯で、日が暮れると男児はムラの家々を訪問し、粟の茎を丸めて作った球を燃やしながら豊作を祈る歌をうたい踊る。宮古島狩俣《かりまた》などでは神女が祭場へ粟の握り飯を供え、豊穣を祈願する。八重山地方では西表《いりおもて》島の祖納《そない》・星立《ほしだて》と石垣島の川平《かびら》や波照間島などで行なわれ、旧暦七月・八月中の己亥《つちのとい》にはじまる。波照間島では第一日目は床の間に芒《すすき》を飾り、二日目に若水を汲み、握り飯を三個床の間に飾る。三日目はユーニンガイ（世願い）と称し、舟競争が行なわれ、参加者は各自の所属する御嶽《うたき》で祈願する。四日目は二日目と同様に握り飯を供える。四日間を通じて田畑の仕事は休む。祖納・星立では三日間で、初日を年の晩として家の中柱や水甕《みずがめ》などの家具・農機具には葛を結び、清め祓いとする。二日目の未明に若水を汲み、浜では舟競争・獅子舞・ミルク（弥勒）の行列や豊穣を招くシチアンガマの踊りなどをする。川平では初日に蓑笠《みのかさ》に面をつけ、杖をついた仮面仮装の来訪神マユンガナシが訪れ、神詞を各家で唱えて歩く。二日目を年の夜といい、三日目に若水を汲む。

シチに共通するのは、年の夜に続き、若水を浴びたり食事に用いる点である。粟や稲の収穫が完了し、次の播種に入る直前にあたる一年の区切りであり、新年の来訪神が来たるべき年の予祝をする行事といえよう。十八世紀初めに編纂された『琉球国由来記』の八重山の項には、七月・八月中の己《つちのと》亥《い》日節の事の由来として「年帰として家中掃除、家蔵辻迄改め、諸道具至迄洗拵、皆々年縄を引き、三日遊び中也」とあって、正月行事との類似を思わせる。沖縄島にはシチがなく、旧暦八月十日ころのシバサシ・ヨーカビがこれに対応するようである。シバサシにはグシチ（芒）を屋敷の四隅や水甕・穀物にさすことや、竪機を嫌うことなど、年の改まりを意識しており、シチとの共通点が認められる。（古家）

ウヤガン

沖縄県宮古島の狩俣《かりまた》・島尻と大神島で行なわれる祖神祭。旧暦六～十月に宮古島北東沖にある大神島、それをうけて旧暦十～十二月に狩俣・島尻で行なわれる。三～六月の祭りが約三か月間続き、狩俣・島尻では十二人ずつのウヤガンという神がかる素質をもつ女性が祭りを主宰するが、女性の関係者以外は近づけないので詳細はわかっていない。狩俣と島尻では旧暦十月吉日に大神島を終えた祖神が降臨し、ウヤガンたちは十月中に五日間、十一月中に三日ずつ三回、十二月に五日間の山籠りをする。ムラの草創に関連する宗家と籠り屋を中心に行なわれ、フサという祖神の系譜や業績を称える内容の古謡をうたい、円陣を作って踊る。狩俣では約二十篇伝承され

沖縄県宮古島市、ウヤガン。(1989年：田中藤司)

ているが、島尻ではまだ採集されていない。ウヤガンは蔦葛《つたかずら》の被り物をし、夜中にムラの各戸の戸を叩いて悪霊を追い払ったり、畑に入って豊作を祈る。三月の麦プーズ・節、六月の夏プーズとともにムラ単位の重要な行事である。(古家)

盆の行事

群馬県伊勢崎市、蚕の給桑台を用いた盆棚。（一九八四年：板橋春夫）

盆行事は、旧暦ではもっぱら七月に行なわれた。近代に入って新暦移行後も、その暦日を踏襲して七月に行なっている地域は都市部を中心に多い。農村部では、新暦の七月では水田の作業も麦の収穫後の調整もまだ完全に終えていないので、旧暦で行なうか一か月遅れの八月にのばした所がほとんどであった。そのため、農作業の形態や時期がかわった現在においても、月遅れの盆、すなわち八月十五日を中心に盆行事を執り行なっている所が多い。暑いこの時期の方が、梅雨のまだ残る七月よりも旧暦時代の盆の雰囲気を保つことができるし、学校や役所・会社の暑中休暇とも重なるので一族相集うこともでき、現在では、盆は八月の行事としてのイメージが強くなっているといえよう。

盆行事の中心は家々に先祖霊を迎えて供養することであり、それに伴って訪れるさまざまな無縁霊・餓鬼の供養も同時になされる。盆には寺僧の関与が強く、一般には仏教行事と理解されている。しかし、先祖霊（祖霊）は清らかな神と認識されている例が多いうえ、わざわざ殺生をしたり健在な両親に対して生臭もの（魚）を供するというような反仏教的性格も、盆行事にないわけではない。

盆行事には、期日的にも、行事に用いる施設や道具のうえでも、意識している神霊の性格の面でも正月行事と対応する点が多い。そのため、正月行事と盆行事は、かつては一年を両分した、それぞれ最初の月に執り行なわれる類似の行事ではなかったかとされている。（田中）

盆《ぼん》

先祖の魂祭《たままつ》りを中心とした七月十五日前後の一連の行事。一か月遅れの八月に行なう地域も多い。一般には十三日夕方から十五日・十六日にかけての行事とされるが、釜蓋朔日《かまぶたついたち》・七日盆などといって一日や七日にはじまるとしたり、二十三日・二十四日の地蔵盆をもって終わると考える例があるなど、その期間は地域によってかならずしも一定ではない。

盆行事の起源と歴史　盆の語は、古くボニと呼ばれた神霊への供物を盛る器の名に由来するとの説もあるが、「盂蘭盆《うらぼん》経」にみえる盂蘭盆の略であろう。目連が七月十五日の僧自恣《そうじし》の日に、衆僧に百味の飲《おん》食《じき》を供養して餓鬼道に落ちた母を救ったとする「盂蘭盆経」の所伝は早くから日本にも取り入れられ、すでに斉明三（六五七）年七月十五日には盂蘭盆会が催されている。その後宮中の年中行事として確立する。さらに、室町時代になると施餓鬼《せがき》と習合して死者供養の意味を強めつつ、諸寺院の盆の行事が、初秋のこの時期に行なわれていた民間の諸行事と結合し、しだいに今日各地でみるような盆行事が成立した。したがって盆行事には寺僧の関与が強く、それを忌避する正月行事とは、ともに年中行事の双璧をなしているとはいえ、異質のもののように思われがちである。しかし両者には、迎え送る神格や祀り方に先祖の魂祭り的要素が濃く、また一月と七月に占める祭日のあり方に一致点がみられ、盆は正月とともに一年を両分したそれぞれ最初の月に営まれるきわめて類似した行事だといえる。

魂祭りとしての盆　現行各地の盆行事は複雑で、先祖の魂祭りが中心であるとはいえ、それに健在な親を祝う生見玉《いきみたま》の習俗、稲の予祝や畑作物の収穫祭的要素、中元（七月十五日）を祝う考えなどが加わっている。

盆に農耕儀礼的性格のあることは、盆棚の飾りや供物にさまざまな畑作物や稲の青苗を用いることからいえることで、中国の麦作地帯の収穫祭に源があるという中元の祝いと無関係ではないだろう。日本のこの時期は、稲作・畑作ともに作業が一段落し、苛酷な夏の暑さも峠を越えつつあるときで、出来秋を控え、季節の変わり目を意識した何らかの神祭りがあったと思われる。それが民間への盂蘭盆や中元の浸透定着を容易にするとともに、盆行事の構成要素ともなった。

日本の古い信仰では、御魂《みたま》には生者のものと死者のものがあるとされ、生者の御魂を拝するほうは、宗家の主人や両親に魚などの食物を贈って祝う生見玉の習俗として盆行事の一部をなし、これは生き盆と称すべきものである。生見玉の意識は近年衰えつつあるとはいえ、ますます盛んになる中元の贈答が生見玉への贈り物の延長だとも考えられる。一方、死者の御魂には仏教が強く関与し、その供養は盆行事の中核をなしている。柳田国男の分析以来、盆に祀る死者の御魂には祖霊・新精霊《あらじようろう》・外精霊《ほかじようろう》の三種あるとされる。祖霊とはその家のかつての戸主夫婦の霊で、死後年を経て浄化され穏やかになり、盆の期間子孫に迎え祀られて家の豊産安寧を保障してくれると信じられている。しばらく不幸のない家の盆行事は、この祖霊が祭祀の主たる対象となるためにむしろめでたいと考えられ、「けっこうなお盆で」とか「めでたい盆でおめでとうございます」などとの挨拶を受ける。こういう家の盆は吉事盆と呼ぶことができる。新精霊とは一年ないし三年以内に亡くなったその家の成員であった者の霊で、死後まだ間がなくて十分に浄化されておらず、荒々しく祟《たた》りやすいと考えられている。そのため新精霊を祀る家の盆は期間がやや長く、祀り方全般が丁重で、それだけ寺僧の関与も強い。この盆は吉事盆に対して新盆《にいぼん》(アラボン)・初盆《はつぼん》などと呼ばれる。地域の多くの家々が供養に訪れたり、荒々しい霊を皆で鎮めようとしてしばしばこの家の庭で盆踊りが行なわれるのも、新盆の特徴である。外精霊とは、右のような先祖霊

岡山県津山市、盆の期間、縁側に吊るす提灯。
(文化財保護部 無形の民俗文化財 記録 第33集『盆行事』Ⅰより転載)

以外の餓鬼・無縁・法界などと呼ばれる祀る子孫のいない諸霊のことで、招かれないのに祖霊や新精霊に随伴してくるとされ、祀り方全般において差別されている。ただ、外精霊は盆行事の主役とはいえないが、日本人の霊魂観を知るうえでは無視できない存在である。

盆の祀り方　七日ごろに墓掃除や先祖霊迎えの道草刈りをする。十三日夕方に祖霊・新精霊ともに、山もしくは墓地・寺院・浜辺・川辺・辻・門口などから迎え火を焚いて屋内の盆棚に迎え入れる。仏壇とは別に臨時に盆棚を設けるのは霊迎えの古い姿を残すものである。地域によっては新精霊は庭先に高灯籠を掲げて祖霊よりも何日か前に迎え、盆棚も屋内ではなく軒下とか庭先などに別に設けられる。外精霊は盆棚の一隅か下にそのための場所を小さく設けたり、門口で祀る例が多い。

迎えた霊には盆期間中、ミソハギなどの盆花やお茶のほか、地域ごと家ごとに毎年定まった食物が朝・昼・晩と供えられる。それには団子・おはぎ・素麺《そうめん》類が多く、蓮《はす》や里芋の葉、霊供膳などと呼ぶ特別な食器類に盛られる。霊を慰めるために盆踊りもなされる。

そして霊は十五日か十六日の夕方遅く送り火によって浜辺・川辺や辻などに送られ、同時に供物や盆棚の一部も水に流し去るか焼却される。精霊舟などを造って、これを海上はるかに送り出す地域があったり、盆の間に盆竈《ぼんがま》などといって河原など戸外で共同飲食する例があるなど、盆行事の細部にはさまざまな地域的特色がみられる。（田中）

祖霊《それい》

死をめぐる日本人の民俗的霊魂観によると、肉体は腐敗消滅したとしても霊魂だけは分離してどこかに存在し続ける。肉体から分離した当座の霊魂は荒々しい。このような霊魂すなわち死霊は、放置すれば山野に蟠踞《ばんきょ》して激しく祟《たた》りをなすが、ていねいに鎮め祀ればしだいに祟りを和らげ、逆に人々を守護してくれるようにもなると考えられている。

祖霊とは　祖霊という概念は柳田国男が提示した。柳田によると、そのような霊魂のうち、家を興した開発先祖の霊や、それに続く代々の子孫を養育して死を迎え、死後直系の子孫によって四十九日とか一回忌・三回忌というように年忌法要を営んでもらいつつ徐々に浄化をはたし、誰それの霊としての個性を消失させ、その家の集合的霊格ともいうべき神（もしくは先祖一般、ご先祖様）に融合昇華したと考えられる霊が、祖霊なのである。したがって、祖霊観念は日本人の家意識と密着しており、死後に祖霊として祀り続けてほしいがゆえに（すなわち無縁霊として打ち棄てられたくないために）、人々は直系の子孫の繁栄と家の永続を願うのである。ただ、近年の家意識の変容は祖霊観にも少なからぬ影響を与えている。

死霊が祖霊への浄化を完了する時期は、全国的に十七回忌とか三十三回忌法要のときだと考えられており、このとき墓に生木のウレツキ塔婆を立てて神への昇華のなったことをあらわす例が多い。位牌を始末し、霊の没個性化を認めようとしている所もある。しかし、十七年・三十三年という年は、おそらく死後供養に関する寺僧の解説の影響によるものである。盆行事においては、新精霊の供養は死後一年ないし三回忌までのもののみで、それ以後はもう先祖一般であるご先祖様として扱われている。このことからもわかるとおり、祟りやすい死霊の期間は、本来はもっと短かったのであろう。

祖霊の鎮まる場所としては、近くの山や森だとする考えがもっとも多い。仰望可能な霊山は、祖霊の鎮留があるがゆえに霊山だといってよいであろう。空とか海のかなたから祖霊が訪れるとの信仰もあるし、近い場所では寺院・墓地の例も多い。もっと近く、仏壇・神棚・屋敷内小祠などにとどまっているとの考えも一般的である。このようにさまざまあるが、日ごろ仏壇で祀り続けているはずなのに、盆にはわざわざ墓地へ祖霊迎えに行くというように、一つの家においても明確に意識されているわけではなく、鎮留の場所についての複数の考えは、一家・一地域においても排除しあうことなく重層している。

祖霊をめぐる行事　年中行事には、このような祖霊の存在を信じて営まれているものが多い。もっとも代表的なのが盆行事で、家々の盆行事の中心は祖霊との交歓にある。長野県の諏訪湖畔では「爺さま婆さま、この明かりでお出でお出で」と唱えながら墓地で火を焚き、そこから手を後ろにまわして爺・婆を背負う格好をして家に戻るというが、この爺・婆には特定の人がイメージされているのではなく、先祖一般すなわち祖霊なのである。このように、あたかも眼前に祖霊の姿が見えるかのごとく、家に案内して盆棚に迎え入れる例は全国に多く、供物をし、その前で家族・一族が数日間にぎやかに過ごすのは盆の一般的光景である。正月に迎える年神の性格は盆に迎える霊より複雑であるとはいえ、祖霊としての性格も十分に認められる。このような盆と正月の行事は、一年を両分したそれぞれ最初の月の先祖の魂祭りだと解されている。卯月八日の神迎えや春秋の彼岸行事も祖霊をめぐる行事であるし、霜月二十三夜の大師講や各地の春秋の田の神・山の神去来伝承にも、祖霊の姿をかいま見ることができる。

祖霊は家の神なので氏神信仰とも関係が深い。氏神には古代以来の変遷があり複雑多岐にわたるので、ここでいう祖霊のみで氏神信仰を解することはできないが、少なくとも屋敷氏神や草分け宅の祖霊を核に発展したことの明らかな村氏神は祖霊とかかわりが深い。平安時代の官人社会では、二月もしくは四月と十一月の春秋二回氏神祭祀をしていたことが明らかになっており、これは神社の祭日にも反映しているとされる。この祭日は屋敷氏神や村氏神の祭日ともおおむね一致するので、両者の本質的同一性が確認されれば、祖霊は日本の祭りの考察に欠かせない存在となる。

御霊《ごりょう》信仰　日本人の神観念において、祖霊と対比されるのが御霊である。御霊とは祀り手のない（すなわち子孫がいないか絶えた）無縁仏とか、遺恨を含んで果てたり、不慮の死を遂げた死者の霊で、浄化の儀礼をしてもらっていないために怨霊化するのだと考えられている。したがって、その兆しを感じるとしばしば祀り上げがなされるが、祟りの発生を未然に防ぐために年々繰り返されている行事も少なくない。祇園祭りをはじめとする夏の御霊会を代表格とし、農耕儀礼の一つである虫送り、正月の厄神《やくじん》の年取り、盆の無縁仏への供養などがこれである。三月節供や五月節供、事八日などの行事に含まれる邪霊除けの要素も、御霊を意識したものといえよう。

（田中）

無縁仏《むえんぼとけ》

家による祭祀が行なわれないため、祖霊として安定した死後の地位が与えられていない霊のこと。外精霊《ほかじょうろう》・餓鬼とも呼ばれる。葬式や年忌の習俗をみると、子孫の家で行なう代々の供養によって、死者の魂は祖霊になるという観念をうかがうことができる。このような考えのなかでは、若くして子孫をもたずに死んだり、死後にその家が絶えたり、旅先などで不慮の死を遂げ子孫が明らかでない霊魂は、祖霊化の道を外れることになる。こうした霊魂が無縁仏と呼ばれ、あの世で安定した生活を送れないために供養を求めてこの世に働きかけ、その結果が人々の不幸や病気となってあらわれると考えられた。盆のようにあの世との交流が盛んになる時期には無縁仏への供養も行なわれ、特別な祭壇や供物が用意される。この祭壇は縁側や庭先など家の外側に設けられることが多い。また祖霊に対する供物はのちに家族が食べるが、無縁仏に供えられたものの多くは捨てられる。このように家に属した祖霊とは異なる扱いを受ける霊魂であるが、餓鬼のような恐ろしい姿が考えられるようになったのには仏教の影響が大きいと考えられている。（齊藤）

奄美《あまみ》・沖縄《おきなわ》の盆《ぼん》

旧暦七月十三日から十六日にかけて先祖を祀る行事で、鹿児島県奄美大島ではブンマツリというように盆の呼称を用いるほか、沖縄県宮古地方ではシチグヮチなどと時期をあらわし、八重山地方ではソーロンなどと精霊にちなむなど名称に違いがある。盆に先だつ旧暦七月七日のタナバタには墓参りをし、死後三〜七年たって白骨化した死体を洗骨する所もある。奄美地方では最近まで盆行事をしなかったムラが若干あり、八月以降に先祖祭りが行なわれていたため、盆行事は比較的新しくはじまったといわれ

沖縄県名護市、先祖を迎えるウンケー。(1979年：古家信平)

る。行事の内容は迎えから送りまで本土と似ている。沖縄県各地では十三日をウンケー（お迎え）などといって先祖を家に迎える。仏壇の飾りは各地でほぼ共通しており、先祖が杖にするというサトウキビ二本、アダンの実、餅、先祖が土産を持っていくのに使うガンシナ（女性が頭上運搬の際に荷物と頭の間に置く輪型の用具）などを飾る。盆の期間中食事を供え、十四日は親戚をまわって焼香する。十五日か十六日の夕方に門口で死後の世界の通貨とされるウチカビ（紙銭）を焼き、仏壇の供物と共に送る。沖縄島と周辺離島では、そのあとエイサーと呼ばれる盆踊りが盛んに行なわれ、村芝居や獅子舞を行なう所もある。八重山地方では、盆アンガマといって、頬かむりにクバ笠をかぶってムラの若者が家々をまわり、ニンブジャー（念仏謡）などを踊る。　（古家）

釜蓋朔日《かまぶたついたち》

盆月すなわち七月または月遅れの八月一日のことで、この日には地獄の釜の蓋が開いて亡者が出てくるといわれ、地方により釜の口明け（群馬・埼玉県）、石の戸（長野県）などともいう。京都府北部では地獄の釜の蓋が開いて赤トンボが生まれてくるとしてトンボ朔日と呼ぶ。多くの地方ではこの日、畑の土に耳を当てたり井戸や桑の根元に耳を寄せたりすると、地獄の釜の蓋の開く音や亡者のどよめきが聞こえると伝えている。死者の行く山の一つである群馬県赤城山の地蔵堂では、普段は伏せてある釜をこの口明けの日に上向きにする。

普通、盆は中心的な行事の行なわれる十三～十五日・十六日をさすことが多く、七日盆からはじまるとされることも多いが、一日を盆入りとする観念も広く認められる。とくに新盆の家が、盆月の一日から、あるいは前月の晦日《みそか》から灯籠や提灯《ちょうちん》をともしはじめる風はかなり一般的である。一日に餅や団子・赤飯などを作る所も多く、栃木県にはこれを釜蓋餅とか地獄の赤飯と呼ぶ例がある。仏の帰ってくる道をきれいにするといって、一日に盆道作りや墓なぎをする地方も多い。

なお、一月十六日や春彼岸、卯月八日などを地獄の釜の蓋が開く日と呼ぶ例もある。（小嶋）

七日盆《なぬかぼん》

盂蘭盆《うらぼん》に先だつ七月（地域によっては八月）七日の行事。七夕《たなばた》と重なるが、この日には、星祭りとはあいいれない水に関する伝承が全国的に多い。すなわち、三粒でもよいから雨があるとよいとか、子供が七回水浴びすべきだとか、女性が髪洗いするときれいになるとか、井戸浚《さら》いの日だとかである。また、仏具を磨いたり、墓掃除をしたり、盆道作りをしたり、関東地方周辺部のように麦藁《むぎわら》などで精霊迎えの七夕馬を作るというように、盆の諸準備をはじめる所も多い。したがってこの日はかつて星祭りとともに、それとは文化的系統の異なる盆の魂祭《たままつ》りのために禊《みそぎ》をすべき日とも考えられていたのではないかとされる。新盆の家ではこの日に盆棚を設けて新仏（新精霊）を祀りはじめ、近隣の人々がこの日から供養に訪れる例も少なくない。青森県のねぶたや秋田県の竿灯《かんとう》は、同じ七日に行なわれていても星祭りとは異なり、七日盆系統の行事といえよう。（田中）

草市《くさいち》

盆に必要な飾り物や供物を売る市で、盆市とか花市などとも呼ばれる。草市といわれるのは、桔《き》梗《きょう》・女郎花《おみなえし》・萩などが盆の花としてこの市で売られることから名づけられたものである。江戸では、もとは十三日の早朝に草市が立ったが、文政（一八一八～一八三〇）のころから十二日の夜に立つ

茨城県北茨城市、大津の盆市。
（文化財保護部 無形の民俗文化財 記録 第43集『盆行事』Ⅳより転載）

ようになった。真菰《まこも》・藁《わら》細工の牛馬、酸漿《ほおずき》・灯籠、盆踊り用の太鼓・提灯《ちょうちん》などを「そろいました、そろいました」と掛け声をかけながら売っていた。青森県八戸市では十二日晩と十三日朝に盆市が立ち、ここに買い物に行くことを仏様迎えに行くという。この市では仏様の背負い縄といって昆布を、また仏様の鏡といって心太《ところてん》をかならず買うことになっていた。宮崎県では七日にショロムケ市（精霊迎え市）やツロ市（灯籠市）が立つ。ここでは精霊菰や送り火・迎え火用の肥松《こえまつ》、盆花などを売っている。東京都では品川の東海道旧道に七月十二日に草市が立ち、蓮の葉・牛馬・真菰などが売られた。（佐藤）

中元《ちゅうげん》

盆に際して行なわれる贈答で、正月の年玉および暮れの歳暮に対応する。

本来、中元は旧暦七月十五日をさす。道教の三官信仰によれば、この日は善悪を分別し、人間の罪を許す神である地官の生まれた日にあたる。六朝以後の中国では、福を授ける神である天官の生まれた上元（一月十五日）、水火の災いを防ぐ神である水官の生まれた下元（十月十五日）とともに盛大な祭りが行なわれていた。また、期日の一致する仏教の盂蘭《うら》盆会《ぼんえ》と結びついた結果、のちには亡霊の祭りとしての性格が強まった。日本でも中元という言葉は盆と同義に用いられ、さらに盆に伴う贈答やその品をさすようになった。江戸時代の村規約などには、しばしば正月の年玉とともに中元の祝儀のやりとりを禁じたものがあり、逆にその習俗や中元という言葉が一般的であったことが知られる。もっとも、中元という言葉以外にも盆の贈答をさすいろいろな語がある。盆礼という言い方は広く、関西では素麺《そうめん》、関東では麦粉・米などを親や親方の所に持っていくことをこう呼んでいた。岐阜県揖斐地方では盆のしるしとして親類へ素麺や風呂敷などを贈ることを盆立てと呼ぶ。同じ言い方は大阪府にもある。長野県には暮れの歳暮に対して、盆歳暮と呼ぶ所や盆ガシキと呼ぶ所がある。

新盆の家を、親類縁者が素麺やうどん・白米・小麦粉などを持って訪れ、新精霊にこれを供えることはごく一般的に行なわれており、これを盆供《ぼんく》といったり、その供物を盆供米・盆粉などと呼んだりしている。静岡県にはこの供物をミタマと呼ぶ例もある。これに対し、生見玉《いきみたま》あるいは生き盆と称して、両親健在の者が食物を持って実家の両親を訪れ、飲食を共にして祝う習俗も広く各地にみられる。こうした盆の供物・贈り物、とくに生見玉のそれには鯖《さば》などのいわゆる盆魚を用いる例も少なくない。盆の贈答品は、本来、このように盆に祀られるもの、つまり精霊や生身の親の霊に対する供物としての性格をもち、それを共に食べることによって盆の年取りをするという意味があったと考えられる。

現代の中元は、暮れの歳暮とともに、普段世話になっている人々に対する贈答の機会と捉えられ、デパートなどがこれを当てこんだ商戦を繰り広げている。さまざまな品物がやりとりされているが、その中心が依然として食料品であることに盆供の名残が認められる。贈り先は、親類縁者などの身内よりも、むしろ勤め先の上司や取引先など、平素、庇護や恩恵を被っている相手が中心となっている。これは社会構造の変化に伴って親方・子方的な関係が拡大・変化した結果であり、同時に武家社会で主従関係を強化する目的で行なわれてきた八朔《はっさく》の贈答習俗も影響したのではないかと思われる。（小嶋）

盂蘭盆会《うらぼんえ》

「盂蘭盆経」にもとづく仏事で、盆行事の盆は盂蘭盆を省略した語とされる。サンスクリット語の ullambana に由来し、倒懸《とうけん》を意味すると一般に説かれているが、確かなことは不明である。「盂蘭盆経」

によれば、この仏事の起源は餓鬼道に落ちた母を救おうとした目連が、七月十五日の僧自恣《そうじし》の日に、七世の父母のために百味の飲食《おんじき》を供え、衆僧の供養をすればよいと仏から教えられ、そのようにして救ったことによる。この経典は偽経とされるが、その所伝は日本にも取り入れられた。推古十四（六〇六）年七月十五日の記事や、斉明三（六五七）年七月十五日の飛鳥寺での盂蘭盆会が古い記録である。その後、宮中の年中行事にもなり、諸寺院でのこの仏事はしだいにこの季節の民間行事にも影響を与え、盆行事の成立を促した。ただ現行の寺院の盂蘭盆会は施餓鬼《せがき》と習合し、衆僧への供養というより、死者の追善回向《えこう》儀礼の意味あいを強くしている。

（田中）

施餓鬼《せがき》

餓鬼のために飲食を施す法会を施餓鬼という。仏教では、生前に悪行を働いた人間は死後に餓鬼道に落ち、痩せ細った餓鬼となって常に食物を求めてさまよい苦しむものと説いている。そうならないために、生前から善根を積んで布施を行なうのが本来の施餓鬼であり、平安時代以後寺院を中心に行なわれた。一方、民間には非業の死を遂げた者の御霊《ごりょう》や死後の祀り手のない無縁仏が祟《たた》りをなすとの信仰があり、そうした亡者の姿が餓鬼の観念と結びついて施餓鬼供養が行なわれるようになった。

施餓鬼を行なうのは主に盆の期間である。盆の先祖祭りには、先祖の霊のほかに餓鬼どん・外精《ほかじょう》霊《ろう》・無縁様などと呼ばれる無縁仏が一緒に家までついてくると考えられており、これに供物をして饗応する施餓鬼の風習が全国にみられる。このような無縁仏のための祭壇をガキ棚・カド棚・ミズ棚などといい、縁側や門外に作ることが多い。屋外に棚を作る風習がない地域でも、先祖用の盆棚の下や脇などに無縁仏のための供物を置いている。無縁仏への供

島根県松江市、宍道湖での灯籠流し。（1989年：齊藤純）

物は里芋や柏の葉に茄子《なす》を刻んだものなどをのせた簡単なもので、餓鬼の飯などといわれる。福岡県志賀島では「餓鬼様手づかみ」といって餓鬼の飯には決して箸を添えないという。このように民間の盆行事には無縁仏の供養としての施餓鬼の要素が濃厚に認められるが、祀る場所や供物の扱いをみてみると、先祖の霊とは区別して行なわれていることがわかる。施餓鬼のなかでも水死者の供養として行なわれるのが川施餓鬼である。川施餓鬼には河原で行なわれるものや、舟で川中に漕ぎだして行なう舟施餓鬼があり、水中に塔婆を立てたり、供物や戒名を書いた紙を流して供養する。秋田県横手市では月遅れの送り盆である八月十六日に川施餓鬼を行ない、それに続いて無数の紙灯籠を川に流して盆に来た精霊たちを送り出す。この灯籠流しの行事は川施餓鬼と送り盆の行事が結びついたものである。このような川施餓鬼は都市部で風流化して盛大になり、現在も観光行事となっているものが多い。（萩原）

新盆《にいぼん》

新精霊《あらじょうろう》（新仏《しんぼとけ》）を迎える家の盆行事で、アラボン・シンボンとか初盆《はつぼん》とも呼ばれる。盆に家々を訪れ迎えられる死者の霊には、柳田国男の分析以来、その家の先祖代々の祖霊と近年亡くなった者の新精霊、祀る子孫の定かでない外精霊《ほかじょうろう》の三種があるとされている。新精霊とは前年の盆からその年の盆直前までに亡くなった、家の成員であった人の霊とするのが一般であるが、なかには三回忌をすませるまで（すなわち死後二年未満）とか、死後三年未満の霊と思われる事例もある。したがって、新盆を営むのは死者がでてから一年ないし三年の間ということになる。

新盆と吉事盆　民俗学では、その年に新精霊のない家の盆を吉事盆と総称するが、吉事盆と新盆とは行事の期間、祀り方、祀り手、寺院との関係、盆に対する意識など、さまざまな面で相違がみられる。まず行事の期間は、盆月の一日もしくは七日に祀りはじめたり、二十日とか三十日まで盆棚をそのままにしておく例がみられるように、吉事盆よりも一般に長い。まれには祖霊と新精霊を期日上祀り分けようとしている例もみられる。祀り方や祀り手については、太平洋側諸県を中心に庭に高灯籠を掲げて新精霊を迎えること、西日本諸県でソンジョ棚・タマ棚・ミズ棚などと呼んで新精霊用の盆棚を別に設けること、盆踊りやムラ共同の精霊送りに特別な関与をすること、多くのムラ人が盆礼に訪れることなどが、吉事盆と異なっている。寺院との関係では、施餓鬼にほかの家のとは別の盆供を用意して特別な塔婆を受けたり、僧侶が棚経をあげにまわらない地方でも新盆の家へだけは読経に訪れたりというように、吉事盆にくらべて密接に結びついている。盆に対する意識には吉事盆と新盆とで際だった相違がみられる。吉事盆の場合には近年死者をだしておらず、迎えるのは浄化を果たした穏やかな霊だけと考えられているために、結構なむしろめでたい盆と解されている。そして盆礼の挨拶を「結構なお盆でございます」とか「よい盆でおめでとうございます」という例が各地にある。これに対して、新盆は淋しい哀しい盆と思われ、新盆の家への盆礼では「新盆でお淋しうございます」などと挨拶することが多い。

新盆は主として以上の諸点で吉事盆と異なるが、それは祀る精霊の性格の相違にもとづいている。すなわち、祖霊がある程度の供養を経てすでに浄化された穏やかな先祖霊とされるのに対して、新精霊は死後の年月が浅くまだ荒々しさが残り祟りやすいと考えられているため、親族のみならず地域の人々が共同して祀らねばならないとの思いが強い。たとえば、新盆の家の盆棚作りや高灯籠立てには親族や地域の人々の合力のなされることが多いし、そのようにして新精霊迎えの準備の整った新盆の家へは、地域の人々全員が盆礼に訪れるべきだとしている例が多い。その地域に念仏講中が組織されていれば、講

岡山県津山市、ローソクを108本立てた新盆の家の霊迎え。
(文化財保護部 無形の民俗文化財 記録 第33集『盆行事』Ⅰより転載)

員がそろって新盆の家を訪れ念仏を唱和している。

新精霊の浄化　今では広場などに集まって踊る娯楽性の強くなった盆踊りも、元来は踊り手たちが新盆の家を順次訪れてそこの前庭で踊り、新精霊のすみやかな成仏を共同して祈ったのである。静岡県西部の遠州大念仏にはそのことがよくあらわれている。また、広場などで踊る場合でも新盆の家が踊り手たちの接待を引き受ける例があり、盆踊りが新精霊供養のためになされるものであったことがわかる。精霊送りにも共同祭祀的性格が認められる。千葉・茨城県などで行なわれる盆の綱引きには、子供たちが大綱を引きながら新盆の家をまわり、新精霊をそこにのせたと考え、川や村境へ送っている。西日本各地で盛んな柱松も地域の人々総出で行なう新精霊のための送り火だと解することができる。精霊舟の行事や灯籠流しなども共同で新精霊を送り帰そうとするものである。このように新盆は、死後まだ年月を経ていない祟りやすい霊の供養であるだけに、葬送のときと同じように地域の共同祭祀的色彩の濃いものとなっている。なお、新盆の供養を経た霊は、その後は穏やかな祖霊の仲間に加わって吉事盆の主役となるのである。盆行事におけるこの一年ないし三年間で霊が浄化を果たすという考えは、年忌供養のあり方から、十七回忌もしくは三十三回忌の弔い上げを経てはじめて霊の浄化が完成するという従来説かれてきた死霊の祖霊化の考えとは、その期間があまりにも異なり、祖霊信仰論に新たな解釈を求める事例といえよう。（田中）

生見玉《いきみたま》

盆を迎えるにあたり、健在な両親に食物などを贈って祝うこと。生御魂・生御玉などの字も当てられる。盆は一般に、先祖霊や無縁霊を供養する魂祭りの機会だと理解されているが、生見玉は生きている親に対する一種の供養である点が特異である。死者供養でないことを強調して、婚出した子供がことさら生臭物である魚を持って両親のもとを訪れる例が多い。古い信仰では、御魂には生者のものと死者のものがあると考えられていた。仏教がそのうちの死者の御魂供養に関与して仏事としての盆行事を成立させたのに対し、初秋の同じ時期に死者の穢《けが》れを離れ現存の親を拝して息災を祝う生見玉は、生き盆と称すべきものである。しばしば正月と盆は一年を両分して営まれる類似の行事だと説かれるが、正月にも両親健在な者が餅を持って里帰りする習俗が全国に広く分布しており、生見玉はこれに対応する盆の行事である。（田中）

盆魚《ぼんざかな》

親の健在な者が盆行事に用いる魚。サバ（散飯）という語の連想からか鯖（とくに刺し鯖）の例が多い。盆は仏事とみなされているため、一般には魚類を用いないが、両親健在な者だけ魚食することが、すでに鎌倉時代初期にはあった（『明月記』天福元年）。このような魚食や釣りに出て殺生することは、江戸時代後期や明治・大正期には全国におよんでおり、盆とはいえ、両親健在な者はわざわざ仏事に服す必要のないことを示すものであろう。同時にまた、鯖・飛魚などの魚を持って健在な親の所を訪ねることも広く行なわれており、これを生見玉（生御魂）と呼んでいる例の多いことから、盆魚の風習は、元来は初秋のこの節日に子供たちが新精霊の死者の穢《けが》れから離れて、健在な両親を養い孝養をつくす一方法だったかと解されている。（田中）

盆棚《ぼんだな》

盆の精霊祭りのために家ごとに設けられる臨時の祭壇。オショロ棚・ショウライ棚・タマ棚・ミズ棚・ガキ棚など、各地さまざまな呼び方がある。盆に訪れ来たる精霊（御魂）には、清まった先祖の霊（祖霊）と死後間もない新精霊《あらじようろう》（新仏《しんぼとけ》）、および定まった祀り手のない外精霊《ほかじようろう》（餓鬼・無縁仏）の三種あると考えられている。それぞれの精霊に対する祭壇の設け方には地域による変差が著しい。ただ、盆行事が寺僧の影響下にあるという一般的通念とは別に、宗派による相違は少ない。

祖霊の盆棚　死後数年を経て清まっていると考えられる先祖の霊の祭壇は、多くの地域で十三日に屋内の座敷、仏壇のある部屋や床の間などに設けられる。一般的な形式としては、台として四斗樽を二つ置いて戸板を渡したり、大きな卓袱台《ちゃぶだい》や毎年使用できるようにした組立式の棚を用いたりし、それら台の上に新しい真菰《まこも》で編んだ莫蓙《ござ》を敷き、台の四隅には葉つきの青竹などを立て、青竹には縄が引きまわされる。台の莫蓙の上には仏壇から出した位牌などが並べられ、その前に灯明や線香、それに麻幹《おがら》と胡瓜《きゆうり》・茄子《なす》で作った牛馬や盆花が据えられたり、季節の野菜・果物や菓子などが供えられる。盆の期間中は一定の食事や茶が、朝・昼・晩供えられる。竹に引きまわされた縄には、酸漿《ほおずき》・稲苗や莢《さや》つきの豆類などが吊るし下げられる。このほか、周囲を杉の葉や真菰で囲んだものや天井から吊るした盆棚もある。西日本各地には縁側や軒下に設けたり、外庭に竹で棚を作ってそこに先祖を迎えると考えている地域もある。神奈川県から静岡県東部にかけては、屋内の盆棚とともに門口に小さな土壇も築かれている。

盆期間中に僧侶が各家をまわって、盆棚の先祖の霊に対していわゆる棚経を読む例は多い。盆棚のほうに位牌が移されて空になった仏壇は盆の期間中閉められ、そこに別にオルスイサマといって供物をして祀る例もある。仏壇と盆棚の関係については、盆棚のほうが古態をとどめるもので、常設の仏壇が導入され、そこに先祖の霊を祀るようになってからでも、盆にはそれまでどおり臨時の精霊迎えの形式が踏襲されているのだと考えられている。なお、盆棚

埼玉県川島町、盆棚の下に無縁仏を祀る。
（文化庁『日本民俗地図』Ⅰ（年中行事1）より転載）

を片づけるのは盆終了の十五日夜か十六日で、盆花や作り物の牛・馬、供物の一部、青竹・縄などは、近年までは各地で台の上に敷いた真菰などに包んで川や辻などに納められていた。

新仏の盆棚　新精霊（新仏）のある家では少し早く、たとえば七日などに盆棚を設ける。一般に東日本では庭に高灯籠を立てるほかは、新精霊を迎える独自の設けをする例は顕著ではない。群馬・埼玉県の各一部地域のように、先述の一般の盆棚を二つに仕切って片方を新精霊用にする例もないわけではないが、一般の盆棚を新精霊兼用にしている地域が圧倒的に多い。これに対し東海地方から西日本にかけては、軒下や前庭、まれには河原など屋外に新精霊用の盆棚を別に設ける地域が少なくなく、設ける際にはしばしば近隣の家々の助力がなされる。その形態はさまざまであるが、大阪府河内長野市の例をあげると、新竹の四本柱を立て、その上部を家の形に骨組みし、その周囲を小麦藁《わら》を編んだもので巻いて、中央正面だけ新仏が出入りできるように少し開けておく。新仏が昇降可能なように麻幹か青竹で作った梯子《はしご》を掛け、中には位牌や戒名を記した経木《きょうぎ》を安置する。ここでは一般の盆棚と区別してこれを新棚《あらだな》と呼ぶ。新棚は近所の人々が材料を持ち寄って作るのが慣例となっているという。高知県安芸地方のある地域では、軒下に棚を吊るして新仏の位牌を安置し、この下で迎え火・送り火を焚くほかに、隣近所や親戚の人々に手伝ってもらって、河原にも川石を中心にして四方に竹を立て、結びあわせた棚を設けている。そして、十四日昼には新盆見舞いの人が訪れ、この両方の棚に供物をして拝むのである。

無縁仏の盆棚　外精霊は歓迎されざる差別される存在であり、祀り方にそれがあらわれている。東日本各地では外精霊用の特別な棚は一般に設けられず、先祖の霊の盆棚の横や下あたりを餓鬼ドンの座敷などと呼んで、ここへ柿の葉や里芋の葉に食物をのせて供え祀っている。西日本にもこのようにする所はあるが、一般に外精霊を屋外で祀ろうとする気持ちが強い。そのため家の入口の所に柿・里芋の葉や小さな器を置いて、そこへ食物を入れて供えたり、軒下に簡単な棚を吊るしたり、外庭に小さな棚を設けて祀っている例が多い。この場合、位牌が祀られていないだけで、外形的には新精霊の棚と似たものとなっている。

以上のように盆棚の種類は祀る対象である霊によって異なっているが、一般的傾向としては、清まった先祖霊の棚は全国的にほぼ屋内に設けられている。祟りやすいとみられる新精霊・外精霊の棚は、西日本においては屋外に別に設けられることが多いといえる。　（田中）

盆花《ぼんばな》

盆行事で精霊に供える草花。種類は所によって異なり、女郎花《おみなえし》・桔梗《ききょう》・ミソハギ・萩・山百合そのほかの一種類または数種類を盆花・精霊花・仏花などと呼んで用いている。早くは七日に採ってきて枯れないように保存しておく所もあるが、多くの土地では盆の十三日の朝かその一日二日前に用意している。草市（盆市）で買い求めたり、近年は店で造花などを買い整えることも多くなったが、かつては野山から採ってくるべきだとされていた。しかも採ってくることをわざわざ迎えてくるといったり、採る場所が厳重に決められていたり、このときに精霊迎えの盆道作りをしたりする例が少なくない。このことから、単に供えるためのものではなく、本来は精霊迎えの依代《よりしろ》だったのではないかと考えられている。その点、盆花は正月行事の門松や若木に対応するものである。盆が終わると、盆棚に敷いた真菰《まこも》などと一緒に水辺や道の辻などに納められる。（田中）

六道詣り《ろくどうまいり》

盆に先祖の霊を迎えるため、京都市東山区の珍皇《ちんのう》寺《じ》（古くは「ちんこうじ」）や上京区の引接寺（千本ゑんま堂）などに詣ること。珍皇寺の六道詣りは八月七日から十日までで、詣ったさいに迎え鐘といって、先祖を迎える心構えで、境内の鐘楼の壁の穴から出されている引き綱を引いて鐘を撞いたり、水塔婆といって薄い経木の塔婆を買ったり、買い求めた高野槙の葉に先祖霊を依りつかせて帰るのが特徴である。そのあと高野槙は各家の盆棚に据えられる。迎え鐘については、平安時代に小野篁がこの穴から冥界へ往復したという由来話が伝えられている。珍皇寺は、かつて京都の葬地として知られた鳥辺野の入り口で、付近はこの世とあの世の分かれ道という意で六道の辻と呼ばれた（珍皇寺の通称は六道さん）。この期間中には六道の辻で盆市が立ったり、寺で地獄絵などを展示することも重なって、多くの人出で

京都市珍皇寺、戒名を書いた水塔婆を高野槙の枝で水回向する。
(文化財保護部 無形の民俗文化財 記録 第41集『盆行事』Ⅲより転載)

賑わう。

(田中)

迎《むか》え火《び》

盆に先祖の霊を迎えるために焚く火。盆の十三日夕方が多いが、盆期間中毎日焚く所もある。墓・辻・門口などのどこかで焚いたり、墓で焚いた火を小さな松明《たいまつ》や提灯《ちょうちん》に点じて持ち帰りふたたび門口で焚く例など、方法は各地さまざまである。燃料には麦《むぎ》藁《わら》・稲藁・麻幹《おがら》・松の小片・白樺の皮などが用いられている。焚くときに「お爺さんもお婆さんもこの火でござっしゃい」などと先祖迎えの言葉を唱え、そのあと霊を背負う格好をして家に入り盆棚に落ち着かせるしぐさをする所や、近くの山頂でムラ共同で杉の葉などを焚き、その煙にのって先祖が訪れると考えている所もある。百八タイなどと称して浜辺や河原などに百八本の松明を立てたり、新盆の家で百八本の灯明を用意する例もある。太平洋側の諸地

兵庫県宍粟市、迎え火。
(文化庁『日本民俗地図』Ⅰ(年中行事1) より転載)

域では、新盆の家の中庭に高灯籠が掲げられる。これら迎え火には、かつては先祖の霊に伴ってくる悪霊除けの意味があったかともいわれている。(田中)

送《おく》り火《び》

盆に先祖の霊を送るために焚く火。盆の十五日か十六日の夜に焚く所がほとんどである。家によって焚く場所や燃料は迎え火の場合と同じだと決まっているが、山や墓から迎えてきた霊でも川や海へ送る例があるため、河原や浜辺で焚く例も少なくない。盆の終わりの感傷からか、迎え火よりも火にまつわる行事は豊富である。柱松はその代表で、水辺や墓近くに高い柱を立て、下から小さな松明《たいまつ》を投げ上げて柱の頂につけた籠の中の枯れ枝などへの点火を競うムラの行事となっている。柱松明・投げ松明などとも呼ばれ、修験道の験競《げんくら》べ儀礼の影響を受けているといわれる。京都市の大文字送り火のように、数多くの火床を設けていっせいに点火し、大火とする行事も全国各地にあり、これに百八の火床や松明を用意して百八タイと呼んでいる所もある。大松明を振り、大声をたててムラを練り歩いたり、山から駆け下りる例もある。これら雄壮な火祭りとは異なる灯籠流しも送り火の一種である。（田中）

柱松《はしらまつ》

盆や七夕に行なわれる火焚き行事の一つ。柱松には、柱の先端に薪を詰めた籠を取り付けたものや、柴草で作った大柱の頂上に榊《さかき》や御幣をさしたものなどがある。これを山腹や河原などの広場に立てて点火する行事は、近畿地方を中心に全国的に分布している。柱の先端に火種を投げて点火することから、柱松明《たいまつ》・投げ松明・上げ松明・上げ火などの別称もある。柱松の行事は、火の燃えつきる速さで勝敗を競うものが多い。その結果で作物の豊凶を占う所や、

静岡県富士宮市、高い柱の上に付けられた籠に松明を投げ入れている。（1979 年：富山昭）

修験者の手によって験競べの儀礼として発達した所などさまざまであるが、もともとは盆に訪れる精霊に対する迎え火・送り火と同じ意味をもっている。精霊を迎える際に柱を立てるのは、卯月八日の天道花などにも共通する方法であり、小正月の火祭りのなかにも柱松に類似する習俗がみられる。（萩原）

大文字《だいもんじ》送《おく》り火《び》

八月十六日の盆行事として、京都市で行なわれる五山送り火の一つ。あるいはその総称。五山とは左右の大文字と妙法・舟形・鳥居形の五つの山のことで、市街をとりまく各々の山に大・妙・法の文字、舟や鳥居の形に並べた火床に火をともす。盆に訪れた精霊はこれを見ながら帰っていくといい、人々はこぞってこの火を拝む。大文字の起源に関しては数説あり、弘法大師や足利氏に関係づけるものもみられるが、現在の形になったのは江戸時代と考えられ、もともとは万灯籠の行事が発展したものであろう。万灯籠とはいくつもの火をともして盆の送り火とするもので、大文字送り火の五山のなかにも万灯籠山が転じたらしい曼荼羅山の名が残っている。多くの観光客が訪れ、市全体の大きな行事となっているが、今でも山麓住民の手で火がともされている。これにならい、神奈川県箱根などでも大文字焼きが行なわれている。（齊藤）

精霊《しょうりょう》流《なが》し

家々に迎えた先祖の霊を、祀り終わって送り流す盆の行事。七月（または八月）十五日夕方か十六日に行なう所がほとんどであるが、まれに二十日過ぎに行なう例もある。

先祖の霊（祖霊）は山や墓地・寺院などから迎えることが多く、川や海から迎える例はわずかである。これに対して送る場合は、迎えたときと同じく門口や墓などで火を焚くほかに、盆棚の材料に用いた竹・真菰《まこも》（盆茣蓙《ござ》）や供えた団子、茄子《なす》・胡瓜《きゅうり》で作った牛馬などを辻に納めたり、それらを川や海に流すことによって先祖の霊を送り帰そうとしている例が多い。迎えてきたのとは異なる場所に送ろうとしているのは、霊の迎え・送りを統一的に捉えようとする観点からはつじつまがあわないが、それは長年にわたる他界観の変遷や重層の結果による矛盾と解されている。送り流す際、盆期間中精霊に供えておいたものを水辺や土手に持参し、そこに置いたり各家ごとに簡単に流し、線香を焚いて拝んで帰ってくるだけの所が多い。供物や盆棚の飾りを真菰や麦藁《むぎわら》で作った舟に乗せ、ていねいに流し去る例も少なくない。この舟をとくにムラ共同で大きく作り、皆で力をあわせて流し送る所が全国各地に点々とあり、盆をしめくくる哀愁をおびながらもにぎやかな行事となっている。

秋田県横手市では、町内ごとに木を芯にした五～

神奈川県三浦市、盆の供物などを藁舟に乗せて海へ送る。(1973年：小川直之)

八メートルの藁舟を作り、中に角灯を立てるとともに周囲には新仏の法名を記した短冊を吊るし、夕方になると無数の蠟燭《ろうそく》をともして川に流している。神奈川県三浦市初声町では、長さ八メートル、幅一メートルほどの舟を竹や麦藁で作り、そこへ大形の真菰を帆に張り、舳先《へさき》には精霊の依代《よりしろ》を串にさし提灯を吊るし、各家々の盆の供物や古い弥陀の掛軸・塔婆・盆提灯などを積んで、念仏の声に送られて子供たちが沖合いに引いていく。静岡県熱海市の初島でも同様なことを行なっているが、精霊の仮の姿だと考えていたのか、子供たちが盆のうちに集めた蟬《せみ》の抜け殻を一緒に舟に乗せて流している。北部九州でも盛んに行なわれ、この舟を盆舟・送り舟・精霊舟などと総称するほか、なかには西方丸・極楽丸と呼んだり、舟の帆に「南無阿弥陀仏」と書く例もあり、先祖の霊を浄土へ送り帰そうとする気持ちがよくあらわれている。全国各地で行なわれている灯籠流しは、小型ではあるがこのような精霊舟の一種で、水面に揺れる灯火には、先祖の霊を送り流そうとする気持ちがよくこめられている。（田中）

盆踊《ぼんおど》り

盆の期間中の夜に、地域単位で行なわれる踊りの総称。念仏踊りをはじめ、そのときどきに流行したさまざまな系統の踊りが取り込まれているため、芸態は地域によって一定ではない。楽器として太鼓や笛・三味線・簓《ささら》・鉦《かね》などを用い、祭文《さいもん》・浄瑠璃《じょうるり》の文言をもじった口説節や、七七七五調の盆歌にあわせてにぎやかに踊る踊りがある一方で、簡単な歌や掛け声を繰り返すことで拍子をとりつつ踊るものも少なくない。そろいの編笠・頭巾をかぶるなど衣装を整えたものが多いとはいえ、本来は各自が所持する夏の晴着を思い思いに着用するだけだったという。形式は、踊りながら地域内を集団で練り歩く群行式（徳島県の阿波踊りなど）と、広場中央に櫓《やぐら》などを組んで踊る輪踊り式とに大別できる。群行式は神霊の訪れを意味する古い形式とされ、それに新たに輪踊りが加わるようになったといわれるが、現在では輪踊り形式のみの盆踊りのほうが多い。踊る場所は道や辻、寺堂前の広場、新盆の家の前庭、公園など、地域の状況や踊る目的によって異なる。

踊る目的　各地の盆踊りの目的は四大別できる。一つは尊い神（祖先神と思われる）の来訪を意味する踊りで、若者などの扮した翁《おきな》・嫗《おうな》の二神が多くの随神とともににぎやかに家々を訪れ祝福して歩く、沖縄県八重山地方のアンガマなどがある。沖縄県には豊年の祝意をこめた踊りもあり、沖縄以外にもこのような祝儀的性格の盆踊りがいくらかみられる。二つ目は先祖の霊を迎え慰めるための踊りで、これがもっとも多い。主たる対象は前年の盆以降に亡くなった地域内の人々の霊である。三つ目は疫神などの祟《たた》り神を地域外へ鎮送することを目的とした踊りで、御霊《ごりよう》信仰を背景にした盆踊りといえる。長野県下伊那地方の新野《にいの》の盆踊りでは、盆踊りの最後に新盆の家の切子灯籠を先頭にして皆で地域境まで練って行き、踊り神送りなどと称し、そこで切子灯籠を燃やし鉄砲の音をさせて後ろを振り返らずに戻ってきたという。このほか、国内戦乱の敗死者を弔って踊るものもある。四つ目は娯楽目的の盆踊りである。信仰的要素や娯楽性はすべての盆踊りにあるが、着飾った男女がにぎやかにうたい踊るものは娯楽性がより強い。この場合、一時的に性の開放が容認されたり、隣接する地域同士でこのときかぎりの悪口の言いあいをしたり、歌の掛けあいをする例もあった。地域外の多くの人々も参加する各地の有名な盆踊りや、近年流行の町内会・自治会主催の夏祭りを兼ねた民謡踊り的な盆踊りは、もっぱら楽しみを目的としたものといえよう。

新仏《しんぼとけ》供養の盆踊り　長年にわたって地域の盆行事の一つとして継承されてきた盆踊りでもっとも一般的なのは、先祖供養、とくに前年の盆以降の新仏を地域の人々が皆で供養しようとするものである。死後間もない霊はまだ浄化をとげておらず祟りやすいので、新盆（初盆）の家の盆行事は地域の共同祭祀的色彩の濃いのが特徴である。盆踊りもそうした共同供養の一つとして行なわれる。と同時に、踊るさまは、新仏が盆に戻ってきて踊る姿を表現しているのだと解釈されている。

静岡県西部の遠州大念仏は多分に芸能化しているが、十数人ないしは数十人からなる念仏集団が独特の衣装で道行囃子を奏しつつ、次々に新盆の家を訪れ、その家の新仏を弔ったあと庭先で太鼓・笛などにあわせて激しく踊り、その合間に双盤《そうばん》の音が哀しく響くというもので、終わると当家の接待にあずかる。このように集団で、新盆の家の庭で和讃・念仏を唱えて踊ったりするほか、高知県土佐清水市の川口や大津のように、広場に精霊棚を設け、そこに新盆の家の位牌などを並べて踊り続ける所が多かった。同県室戸市中尾では、盆の十四日に新仏のために堂で踊るが、その際に「何々の霊を追善して何踊りを踊ります」というように報告してから若い衆を中心にマツボケ踊りというのを踊る。これが終わると、老若男女入り乱れて口説きにあわせて馬鹿踊りをしたという。鳥取県岩美町陸上では、墓踊りと称し、まず寺院の境内で踊りはじめてから墓地へ向かい、新盆の家の墓を取り巻いて踊っていた。また、三重県尾鷲市九鬼町では漁協前の広場に踊りの輪ができ、新盆の家の者が踊ると新仏の足が軽くなるといわれ、その家の人は総出で踊るべきだとされている。さらにここでは、盆踊りの口説き節に合いの手を入れてくれる子供仲間に対し、各新盆の家では礼金を出している。これが新仏供養のためになされていることは明らかである。

これら新仏供養の盆踊りは、中世に流行した踊り念仏の系統をひく念仏踊りであるが、しだいに風流化し、踊りの場に彩色された大型の灯籠を並べたり、衣装にこるようになったりというように、華やかさを競うものが多くなっていった。同時に、念仏を唱えるだけでなく、歌詞にも工夫をこらすようになった。

なお、各地の盆踊りには「西馬音内の盆踊」「毛馬内の盆踊」(以上秋田県)、「新野の盆踊」(長野県)ほか、国の重要無形民俗文化財に指定されているものが多い。(田中)

阿波踊《あわおど》り

八月十二日から十五日までの盆の時期に徳島市で踊る祭り。古くから伝承され、江戸時代後期には、伝承されてきた盆踊りをもとに、集団を組んで三味線・太鼓・締太鼓・拍子木・尺八などで囃しながら、仮装して町中を踊り歩く組み踊りが流行した。行進しながら踊り歩く自由な振りの踊りで、藍の取引で豊かになった商人たちが支えたといわれる。現在の連《れん》ごとに踊り進む阿波踊りの原型であったと考えられる。

阿波踊りという名称は古いものではなく、大正末ごろに観光協会が発足し、観光客誘致のため芸妓に踊らせた盆踊りをこう名づけたという。「踊る阿呆に見る阿呆、おなじ阿呆なら踊らにゃそんそん」と囃し踊るところから、阿呆踊り・馬鹿踊りとも呼ばれていた。この踊りの起源説明によれば、阿波藩のもとを築いた蜂須賀家政の徳島築城を祝って領民たちが浮かれ踊ったのがはじまりだという。現在の阿波踊りは大正期にはやった「よしこの節」の節で、「阿波の殿様蜂須賀公が、今に残せし盆踊り、踊り踊らば品良く踊れ、品の良い娘を嫁にとる、歌え歌えとせきたてられて、歌いかねますひよこ鳥」の歌詞などがうたわれている。明治期は「はいや節」でうたわれていたという。現在の踊りには踊り子連ごとに、大人数で手を上に足で調子をとる乱舞風行進型のぞめき踊りと、三味線などを伴奏に小人数で流しながら踊る昔ながらのながしがあるが、特設の桟敷の前ではほとんどぞめき踊りとなっている。ながしも、芸妓たちによって十五日の朝踊られている。徳島県内のほか、阿波踊りは東京都杉並区の高円寺阿波踊りをはじめ全国各地に広がり、現在約三百か所もの地域で踊られるようになっている。　（茂木）

エイサー

沖縄島と周辺離島で行なわれる盆踊りで、とくに中部で盛んである。沖縄県では盆の十五日をウークイ（お送り）と称し、祖霊を送り出す。そのあと、夕方から青年男女が三味線と歌にあわせて太鼓を打ち鳴らし、神アサギ（ムラの公的祭祀場）に集まって円陣を作って踊り、特定の旧家から順に家々を巡る。酒瓶の下がった棒を担いだ二人の道化役が周囲の笑いをさそう。もともとエサオモロという集団舞踊があり、そこに念仏形式が加わったものとされる。歌の中に「エイサー、エイサー」という囃子詞が入る

沖縄県名護市、久志エイサー。（1980年：古家信平）

ので、エイサーと呼ばれる。準備は旧暦六月中旬ころにはじまり、青年たちが夜集まって年長者から指導を受け、打ち鳴らす太鼓の音が盆の雰囲気を徐々に盛りあげていく。本来は藁《わら》の鉢巻・帯・芭蕉着などの質素な服装で踊っていたが、最近は派手になりつつある。沖縄島北部や南部でも、中部から講師を招いて指導を受け、中絶していたのを復活させた例もあり、全島エイサー大会が催され、コンクールの色彩もおびてきている。（古家）

盆竈《ぼんがま》

盆に、屋外に仮の竈を築いて煮炊きし、食事を共にする行事。盆ブロ・盆飯・川原飯・辻飯・門飯・精霊飯・餓鬼飯などともいう。十四日の例が多いが、十五日・十六日の所もあり、竈の場所も河原・庭隅・路傍など、地域によりさまざまである。鍋や釜は参加者が持ち寄るが、米や野菜などの食料はこの

愛媛県伊予市、河原で盆飯を作って食べる。（文化庁『日本民俗地図』Ⅰ（年中行事1）より転載）

行事の参加者が各家々を集め歩く例が多い。大人が行なったり男児が参加する例も少なくないが、多くは女児中心の行事である。静岡県の伊豆半島には、かつて十四歳の娘はこの行事を終えてはじめて腰巻着用を許されていた所があり、成女式との関連で注目される。男児参加の所では竈の近くに小屋掛けして籠る例が各地にあり、小正月の小屋生活ときわめて類似している。とにかく家族と離れて、別火生活をすることに行事の意味があり、かつてはこれらの経験が地域社会の成員としての何らかの資格獲得の条件ではなかったかと解されている。なお、女児のままごと遊びは盆竈の遊戯化したものかという。

（田中）

地蔵盆《じぞうぼん》

八月二十三日・二十四日に地蔵を祀る行事。近畿地方に濃密に分布し、北陸・四国・九州などにもみられる。ことに京都市内では各町内ごとに子供の行事として行なわれ、夏休み最後の楽しみになっている。祠を洗い、化粧といって白粉《おしろい》をつけた地蔵の前にテントを張り筵《むしろ》を敷き、子供たちは一日をそこで過ごす。町内の入口に行灯《あんどん》を掲げ、地蔵の周りには各家の子供の名の入った提灯《ちょうちん》を吊るし、普段の街角がハレの場に変わる。地蔵には餅・野菜・果実などを供え、菓子類はのちに各家に配る。行事のなかには念仏や百万遍も含まれるが、福引きや金魚すくい、のど自慢大会など、近年ではレクリエーションとしての色あいが強い。子供を通じたつきあいのためか、団地などでも盛んに行なわれる。元来、地蔵盆は旧暦七月二十四日の盆の最後の行事であったが、盆の期間の短縮によって取り残された形になったものかと考えられている。

（齊藤）

秋の行事

伊勢、瀧原宮の懸税《かけちから》。（一九九四年：茂木栄）

立秋から立冬の前日までを秋ととらえ、その期間にほぼ重なる新暦の八月から十月までの行事をここに収めた。しかし、新暦では八月の行事としてのイメージの強い盆行事は先の章に独立させて述べたし、終戦記念日は夏の行事のところに含めたので、八月の行事は影が薄くなってしまった。「風の音にぞおどろかれぬる」と古歌に詠まれていても、立秋後しばらくの間は秋の雰囲気にはまだ遠い。

秋のイメージは、やはり澄みきった空と作物の実り、祭りである。旧暦の八月十五夜や九月十三夜の月見は古来盛んに行なわれてきた。文学的には名月観賞ということになるが、各地の民俗には収穫祭的要素が強く、綱引きや儀礼的盗みなど、なかなか興味深いものがある。重陽の節供も菊花をめでたり菊酒中心に宴を張るということになっているが、農村部では収穫祭と結合させている。

秋のはじめには、二百十日・風祭りなど、稲作に甚大な被害をおよぼしかねない台風を気遣う行事が多い。八朔は、新暦では二百十日と紛らわしくなっているが、収穫を控えての稲の予祝祭的性格の行事で、農村部ではかつて重要な行事だった。

神社の祭りも盛んである。稲の収穫祭的年中行事は秋の終わりごろの行事になり、暦日的にはむしろ冬に属するものが多いので、次章に譲ることにした。この時期、沖縄県でもさまざまな祭りが続けられている。　（田中）

秋《あき》の祭《まつ》り

秋は気候もよく、米や多くの果物の収穫のときとも重なり、人々の心を豊かにするためか、祭りが多い。祭りのシーズンと思われている。実際に各地には祭りが多い。秋祭りの背景には、収穫感謝の気持ちがあるのであり、そのため村落レベルの秋祭りの場合、不作の年には祭りの規模を縮小するかとりやめる例さえみられるのである。

ただ収穫感謝の秋祭りとはいっても、季節としての秋にかぎられるわけではなく、暦日上は秋から冬への移行の時期が多く、冬に含まれるものも少なくない。そうなっている理由には二つ考えられる。一つは南北に細長い日本列島では稲の収穫の時期に差があることで、早稲《わせ》・晩稲《おくて》など品種によっても異なるが、寒気の訪れの早い東北日本のほうが一般に収穫は早くなる。早いといっても近代の科学的農法が十分に普及するまでは旧暦の九月ごろが収穫期で、これは現行暦の十月ごろに相当する。したがって収穫を感謝する秋祭りはそのあとになり、冬を目前にしたころとなる。代表的な九月九日・十九日・二十九日の三九日（サンクニチ・ミクニチ）などはぎりぎり秋の祭りとはいえるが、関東地方や西日本では収穫がもっと遅くなり、十日夜《とおかんや》・亥《い》の子《こ》・あえのことなど収穫祭的性格の祭りは暦日上は冬の祭りといってもよい。二つ目は物忌みの期間にかかわることである。柳田国男は『祭日考』（一九四六年）において、日本の祭日の古態は二月もしくは四月と十一月というように、春秋がセットになっていることだと説いた。これは平安時代の官人社会における氏神祭祀の日を問題にしたものだが、春秋の田の神の去来伝承も各地に多く、この祭日の古態は春秋の稲の豊作祈願と報謝とも深くかかわることと思われる。とすれば、旧暦十一月が稲の収穫感謝の祭りのときということになり、事実、新嘗祭《にいなめさい》はもちろんのこと、各地の霜月祭りや大師講などにも収穫感謝の性格が認められる。しかし、旧暦十一月に行なわれるこれらは、稲の収穫の時期とはあまりにも離れている冬期の祭りである。このような実際の収穫の時期と新嘗祭など稲の祭りとの月日のずれを、柳田は斎忌期間の必要のためだと説いた。すなわち、日本の祭りには、祭りを主催する人々にさまざまな潔斎が要求されたため、収穫してもすぐに祭りを営むことができず、一定の物忌みの日々を過ごす必要から、祭日はどうしても遅れるのだというのである。神無月というのは、元来は祭りをせずにこのように物忌みに服すべき期間だったのである。したがって厳重な物忌みを守ったり、その雰囲気を残している祭りは、暦日上は冬の期間にずれこんで行なわれている。一方、斎忌期間の退縮というのも一つの傾向であって、稲収穫直後の物忌み開始の何らかの儀礼だけを祭りとして独立させ、それを、そのあとの物忌みや物忌み後の正式の祭りと切り離す場合が多くなった結果、各地の収穫後の秋祭りが生じたのではないかというのである。旧暦では九月を祭日とする神社が各地に多いのはこのためである。収穫予祝祭の性格を持つとされる神嘗祭が九月に営まれていたのも、斎忌期間の退縮と何らかの関係があるのかもしれない。

各地で秋から冬にかけて執り行なわれている祭りには、農業から遠ざかった地域ではいまではその気持ちを忘れ、単なる地域の神社の祭りと考えられていても、春の豊作祈願に対し、元来は稲の収穫感謝の気持ちを背景にしていたものが多いのである。このほか秋には、収穫を控えて稲の花の吹き散るのを防ぐ風祭りや旧暦八月十五夜（これにも収穫祭的性格が認められる）、九月節供などが重なり、豊かな祭りの季節となっている。（田中）

八朔《はっさく》

旧暦八月一日（朔日《ついたち》）を八朔という。八朔はちょうど夏から秋への季節の変わり日にあたることから、秋の本格的な収穫を前にして稲の豊作祈願が各地で行なわれる。熊本県の御所浦島では稲穂を一束刈ってきて神に供えるといい、鹿児島県の獅子島では稲穂を少しとって焼米を作る日とされている。いずれも、実りはじめた稲を神に供えて豊作を祈願する穂掛け行事であり、鳥取県下には実際に旧暦八月一日を穂掛けと呼ぶ所もある。また、この日の食物を茅《かや》の箸で食べる所が東北地方から北関東に分布しているが、これは六月に青箸の日・新箸の祝いと称して行なわれる稲の生育祈願の行事に関連するものと考えられる。なお、八朔を畑作の節日とする例もみられ、新潟県南魚沼地方では八朔に里芋を神社に供える所もある。

八朔行事のなかには祓えの要素もみられ、瀬戸内地方では八朔のことを馬節供・獅子節供・雛《ひな》節供などといい、初節供のある家で人形《ひとがた》や団子の馬を作って祝う風習があった。人形や馬は本来形代《かたしろ》であり、三月節供の雛人形や盆・七夕の馬と同じように厄払いの祭具として用いられたのがはじまりである。また、この日に虫祈禱《むしぎとう》・虫送りなどの害虫駆除の祈願をしたり、二百十日を前にして風祭りを行なう所は多い。鳥取県下ではこの日に鳥追い行事を行なっている。いずれも、子供の成育や稲の実りを妨げる災厄をムラの外へ送り出すための行事である。

近畿地方一帯では八朔のことを日の辻の取上げと呼んでいる。日の辻とは正午の意味で、旧暦八月一日をもって夏の昼寝をやめ、夜なべ仕事を開始する日とされていたことによる。八朔を境にして秋の厳しい労働がはじまるとの理由から、この日の食物を涙飯・泣き餅・涙饅頭などと呼ぶ所もある。八朔は季節の変わり目であると同時に仕事の変わり目でもあったわけである。八朔のことをタノミと呼ぶ地域は中国地方から瀬戸内・北九州に分布するが、東日本にも点在している。タノミには田の実・田の面などの字を当てるが、本来は頼みの意味である。九州ではこれを神に対する作頼みとしている所が多く、お神酒《みき》を持って田畑に行き「作頼む、作頼む」などと唱えている。北九州ではこれを田褒めといい、「良くできました」と唱えながら田を歩いた。いずれも秋の豊作を予祝する意味をもつ。一方、神に対する作頼みとしてよりも家どうしの頼みとして八朔行事を行なう例も多い。親戚や付き合いのある家の間柄で頼《たのも》と称する物品の贈答が行なわれていた。ただし主の家に初穂を贈るという地域もあるので、本来は穂掛け行事に関連して初穂を贈っていたのがしだいに物品の贈答に変化したものであろう。このほかに、静岡県下には親頼み・子頼みといって、新嫁に土産を持たせて里帰りさせる風習もあった。同様に関東地方でも、新夫婦が生姜《しょうが》を持って嫁の実家や媒酌人の家に挨拶に行くことから生姜節供とも呼ばれ、その返礼として箕《み》・目籠・枡などを持ってきたという。これらの贈答は秋の収穫の際に労働を援助しあう間柄として行なわれたものである。このほかにも雇用関係で八朔を祝う風習もあり、商家では八朔を奉公人の出替わりの日とする場合があった。

本来農民の穂掛け行事として行なわれていた八朔行事は、一方で家と家の相互関係を強化する意味での物品の贈答という形でも行なわれるようになり、多様な側面をもつ行事となった。中世以来、主従関係を強化するという意味から武家や公家の間にも定着したが、確立した武家の贈答が逆に農村部に影響を与えた面も考えられ、八朔のお祝いと称する贈答が盛んに行なわれるようになった。（萩原）

お山参詣《やまさんけい》

霊山に登拝して五穀豊穣や家内安全を願う習俗は各地にあるが、なかでも「岩木山の登拝行事」として国の重要無形民俗文化財に指定された、青森県津軽地方の旧暦八月一日（八朔）に岩木山へ登拝するお山参詣は、古風を残す大がかりなものである。前

青森県弘前市、背後にそびえる岩木山に登拝する日の岩木山神社前の広場。(1973年：岩崎真幸)

日には、潔斎した白装束姿の人たちが集落単位に、梵天形の大きな幣束や幟を先頭に笛・太鼓・鉦などで囃しつつ「サイギ、サイギ」云々と唱えながら山麓の岩木山神社に参拝する。当日は未明に松明《たいまつ》を持って登りはじめ、山頂にある奥宮では「ハジ、今きた」と叫び持参したお神酒《みき》や餅を供え、ご来光を拝む。これらには修験の影響がみられるとともに登拝には男子の成年戒の意味があり、近代以前は女人禁制であった。山中の五葉松の小枝や苔の実というものを持ち帰り豊凶を占う習俗もあった。かつては集落に戻るとハバキヌギといって振舞いもなされた。近年は集落単位で行なう信仰的色彩が後退し、観光行事化の傾向がみられるようになっている。（田中）

防災《ぼうさい》の日《ひ》

九月一日。地震・台風・津波・火事その他の災害への防災意識を喚起するために、昭和三十五（一九六〇）年に定められた。九月一日は大正十二（一九二三）年の関東大震災の日で、多くの犠牲者を出したことを教訓に、地震の多い日本で国民が常にその心構えを持っておこうとの意からこの日が選ばれた。九月一日は昔から台風が多いといわれている二百十日（立春から数えて二百十日目）に当たることも理由となった。前年の昭和三十四年九月二十六日に襲来した伊勢湾台風の大被害や、三十五年五月にチリ大地震の影響で津波の大被害の出たことが、「防災の日」制定を促したものと思われる。また昭和五十七年からは、前後の八月三十日から九月五日までの一週間を防災週間に定め、各種広報活動のほか、九月一日には国や地方自治体が中心になって大地震・火災を想定した大規模な防災訓練が実施されて、全国各地で災害への備えを確認している。（田中）

二百十日《にひゃくとおか》

雑節の一つで、立春から数えて二百十日目の日のこと。新暦では九月一日・二日ごろになり、この日は厄日とか荒れ日とされている。二百十日のころは毎年周期的に台風が襲来する時期であるとともに、稲の花が咲き穂を出しはじめる時期なので、暴風雨があると稲作が大きな打撃を受ける。そのため農村では暴風雨のないことを願って、二百十日直前か当日に風祭りを行なったり、風除けの呪《まじな》いをしたり、あるいは二百十日を無事に過ごすと荒れなし正月なにどといってムラで一日とか半日を農休日とし、各家そろって仕事を休んで祝ったりした。暦に二百十日が記されるようになったのは八十八夜同様に明暦二（一六五六）年の伊勢暦が最初で、その後普及して一般的になった。これは台風が毎年、ほぼ定まった時期に襲来し、暴風雨の時期であるという長年の経験がもとになって暦注に加えられたといえよう。天候

が荒れるということでは二百二十日も同じようにいわれている。（小川）

風祭《かざまつ》り

農作物を風の害から守るために行なわれる儀礼。風災害でもっとも恐れられているのは、二百十日ごろに周期的に襲来する台風である。そのため風祭りは二百十日前後に行なう所が多い。ほぼ全国的であるが、とくに関東・中部・東海地方では風祭りとともに風神・風宮の伝承が色濃くある。風祭りのほか、風日待ち・風祈禱・風防ぎ・荒れ日の神事《かみごと》などいろいろな名称があり、正月や盆、あるいは二月・四月・六月・七月などに行なっている場合もある。

祭りの内容は、二百十日の風祭りでは、ムラ人が鎮守などに集まって日待ち、つまりお籠りをして飲食をしたり、あるいは念仏を行なう場合が多い。二百十日以外に行なわれる場合は、風を悪霊・悪神

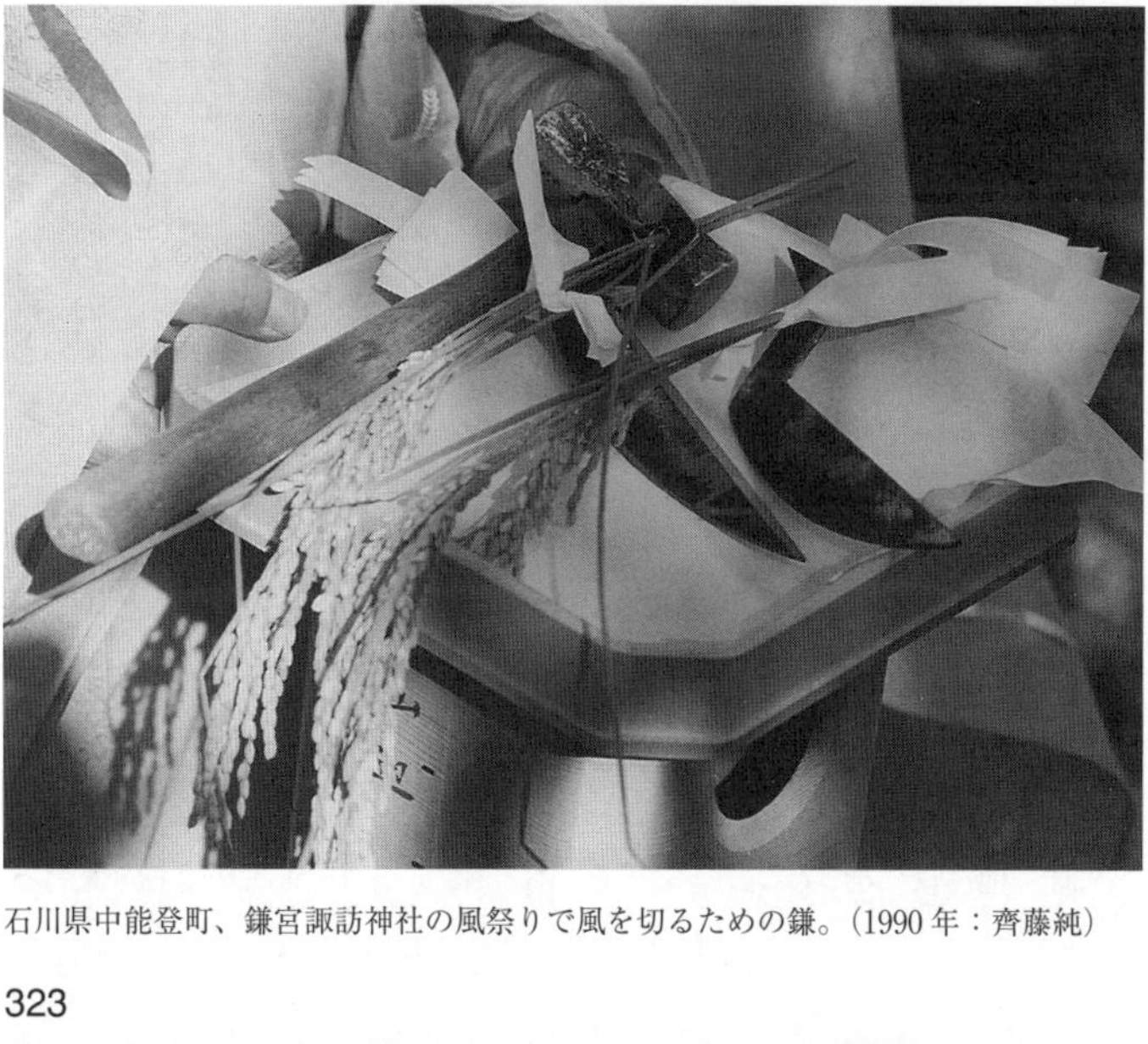

石川県中能登町、鎌宮諏訪神社の風祭りで風を切るための鎌。（1990年：齊藤純）

のしわざと考えて、悪魔払い・神送りの形式をとったり、特別な注連縄《しめ》を張って強風を避けようとする形式など変化に富んでいる。たとえば栃木県には旧正月や夏祭りに風除けの獅子舞があり、長野県南部から愛知県では事八日《ことようか》の行事と習合した風の神送りがある。静岡県東部には、七月下旬に太い注連縄を風宮に張って強風がムラへ入るのを防ぐ風祭りがある。二百十日の風祭りにも八朔《はっさく》行事などと習合し、富山市八尾《やつお》の風の盆や、茨城・千葉県のように藁《わら》人形を作って人形送りをする風祭りもある。風祭りは、ほとんどがムラの共同祈願として行なわれているが、これとは別に中部・北陸・関東地方と東北地方の一部では、風切り鎌といって、台風シーズンなどに各家で竹竿の先に鎌を結びつけ、風の方向に刃先を向けて屋根や庭先に立てたりもした。これは、諏訪大社（長野県）の信仰の影響を受けたものだと思われるが、この鎌が錆で赤くなると、風の神の血がついたなどという。これは鎌の刃で風神を切って風災害を除けようという呪いであることがわかる。

二百十日前後の風祭りが一般的であるとはいえ、ほかの季節にも風祭りがあったり、風祭という地名もある。また、奈良県の龍田神社や三重県伊勢の多度神社の風神、熊本県の阿蘇神社の風宮社、さらに富山県礪波《となみ》地方などにはふかぬ堂という風神堂があるなど、風の神を祀った神社・祠堂がみられる。このことから、日本人は風に対して敏感な気質をもっているといえそうである。（小川）

風《かぜ》の盆《ぼん》

九月一日から三日にかけて行なわれる富山市八尾《やつお》の風祭り。二百十日に近い旧暦の八朔《はっさく》や新暦の九月一日は台風の吹きやすい季節であるため、稲の収穫を控えて風害のないことを願う風祭りが全国各地で行なわれている。新潟県では風の三郎様などと呼ぶ神に供物をし、村をあげて祭りをする例が多い。富山県礪波《となみ》地方や婦負《ねい》地方にはふかぬ堂と呼ばれる風神を祀る堂がいくつもあり、フェーン現象の起きやすいこれらの地では風祭りがとくに熱心である。風の盆はその一つで、かつてはニワカといって、男たちが編笠をかぶりバンドリ（物を担うときの背中当て）を着て街を歩き、各家庭では仕事を休み赤飯・素《そう》麺《めん》・おはぎなどをこしらえて食べた。大正期になると「越中おわら節」にのせた踊りが風の盆の踊りとして盛んになり、三味線・胡弓・太鼓の伴奏でうたい踊る人々が夜遅くまで街を練りまわり、現在では著名な観光行事となっている。（田中）

十五夜《じゅうごや》

旧暦八月十五日の夜。新暦では九月のことが多く、月見とか名月あるいは芋名月といい、満月を眺める。中国伝来の名月観賞の思想にもとづくもので、文徳天皇（八二七〜八五八）の代から文献に認められ、奈良・平安時代の貴族の間に広く行なわれた。九月十三夜を豆名月または栗名月と呼び、八月と対にして月見をするのは日本だけのようである。

月見の供物と年占《としうら》　十五夜の行事として想起されるのは、縁側に机を置き芒《すすき》の穂と月見団子を飾り、月を眺めることであるが、供物は各地でさまざまである。芋（主として里芋）を供える所は多く、芋名月の名称もこれに由来する。鳥取県では芋神様の祭りとして、はじめて芋を掘る日とする。稲作との関連では、静岡県で新米を使ってヘソモチという真ん中をへこませた平たい団子を作って供える。この時期にまだ稲の収穫が完了しない東北地方などでは、稲穂を枝豆や栗などとともに三方にのせて供える。熊本県阿蘇地方では平年は十二本、閏年は十三本の稲穂を供え、初穂を供えて祝う穂掛け祭りをうかがわせる。これらの供物が複合した例として、熊野地方では箸を十字にしばって先端に芋をさし、結び目の部分には稲・大豆・栗・芒の初穂をつけ、竿の筒先に榊《さかき》を立てて庭先にあげた。芋などの初物、稲の初穂あるいは新穀で供物を作って月の出を待つ、農耕との深い関連をもった行事である。

さらに、こうした供物を盗んでもよいとか、この日はどこの畑に入って芋などをとってもよいという所が各地にある。東京近郊の農村では、先を削った棒で月に供えてある団子を突いてとり、それを団子差しとか団子突きという。新潟県朝日村（現村上市）ではアユ搔き針やヤスを用いて、青年たちが他人の畑の豆や柿・葡萄をとりにまわり、宿を定めて盗んだ豆などで酒を飲んだ。十五夜様が許すといって、豆は藁《わら》三本の長さで束ねられるだけの量をとってもよいとされた。盗まれた家でも供物がなくなると月が食べてくれたと考え縁起がよいと喜んだり、盗んだ団子を食べると健康でいられるという所さえある。小正月と同様に供物を集めて歩くことに意味があったとも考えられる。しかし学校教育上、盗みの習俗が好ましくないとされ、廃止に追いやられた所が多い。

供物をめぐるこのような習俗のほか、月の出具合によってその年の作物の豊凶を占う年占の要素もうかがえる。八月十五夜が大麦、九月十三夜が小麦の作柄を占うとされ、よく晴れれば豊作になるという。青森県むつ市脇野沢では雲のかかり具合をみて鱈《たら》漁の豊凶を占う。また、栃木県や茨城県の一部では災厄除去を趣旨とする藁鉄砲などという行事を行なう。栃木県佐野市では、子供たちが芋幹《いもがら》の茎を藁縄で巻いて作った藁鉄砲で、各家の庭や道路を「ワラデッポウ、ワラデッポウ」と大声で叫びながら打ち歩いた。これは十日夜《とおかんや》の行事と類似し、農作物の害となるモグラを打つのだと説明されるが、モグラ打ちは全国的には小正月に行なわれることが多い。

十五夜綱引き　南九州では十五夜に綱引きが盛んに行なわれる。分布は熊本県中央部・宇土《うと》半島・天草地方と宮崎県の中央よりやや北寄りを結ぶ線から南へ下り、鹿児島県十島村までの地域である。これ

千葉県、遠くから突き刺して持っていく十五夜の団子盗み。(『年中行事図説』)

より北側では小正月または盆に綱引きを行ない、これより南側の奄美地方から沖縄県にかけては旧暦六月ころの稲の収穫祭に行なうことが多い。十五夜綱引きは、八月一日から藁または茅《かや》を使って綱を作りはじめる。十五夜の綱は十五尋《ひろ》、十三夜の綱は十三尋といい、その長さを測る例もある。鹿児島湾をはさんだ両岸の地域では、引く綱とは別に小綱を作り、それをお月さあの綱とか神さあの綱といい、里芋や栗・稲などを綯《な》い込んで高い木に掛けて月に供える。十三夜に綱引きをするムラもあるが、その際の小綱には稲だけを綯い込むことから、十五夜が芋・雑穀の収穫儀礼であるとみることもできる。また、小綱を輪に近い形に置き、お月さあと呼んだり、枝にぐるぐる巻きつけることから、脱皮再生を繰り返す蛇と満ち欠けを繰り返し不老不死を象徴する月とが結びつけられ、作物にその力を依りつかせようとするものと考えられる。大綱ができると、まず輪を作って子供が中に入り月を拝み、豊作を祈る唱え言をするが、綱の周囲にいる青年が「米はよかろう」と聞くと、「米はよかろう」と輪の内の子供が答える例がある。輪を竜蛇のとぐろと考えるならば、子供はその化身とみて、農耕を守る竜神との問答ととることもできよう。南九州では綱引きの勝敗をほとんど問題にしないが、一部の地域では勝った側が豊作になるとされる。これは南島で、「勝つと豊作になる」とあらかじめ決められている側が勝つ例と対比される。綱を引いたあとは川や海へ行って流したり、綱の一部を土俵の周りにまわして相撲をとる。熊本県南部では、柿の木の下のほうに巻いておくとよく実がなるという。（古家）

綱引《つなひ》き

ここで述べるのは誰にも馴染み深い運動競技としての綱引きではなく、その祖型とされる地域社会単位のさまざまな年中行事の一部をなす綱引きである。あらかじめ勝つほうが決められている場合があり、かならずしも双方の力の強さを競うのを目的としていない。さらに、皆で綱を引きずったり担いだりするのみで地域内を移動する例も少なくない。その際に綱を地面に叩きつける例もみられるが、いずれも当事者間では「綱引き」だと認識されている。これらは神意への何らかの働きかけを意図してなされているのだと解することができ、綱引きの内容から、行なう人々の願意や世界観を推しはかることが可能である。韓国をはじめ周辺諸国にも例が多く、綱引きは比較民俗学上興味深い民俗である。

時期と目的　東北地方から沖縄県まで広く分布している綱引きの時期は、小正月・盆・八月十五夜に集中するが、そのほかの日に行なう例もある。目的は年占《としうら》（とくに小正月の場合）と解される例がもっとも多いが、精霊迎え（とくに盆の場合）や豊穣祈念・邪霊祓除《ばつじょ》など、さまざまである。福井県敦賀市相生町では一月十五日に夷《えびす》組と大黒組に分かれて長い綱を引き合い、夷組が勝てばその年は豊漁、大黒組が勝てば豊作だといっている。神奈川県大磯町では、小正月の道祖神の祭りの際、浜辺で燃えさかるサイトの火に小さな道祖神の仮宮を投げ入れるのを合図に、浜方（若い衆）と岡方（子供を中心に大人も加勢）に分かれて引き合うようにしながらそのまま綱をずるずると町内の大通りに引き込んでいく。このように漁民と農民、若い衆と子供、男と女など、その地域を二つに分けて綱を引き合い、勝ったほうにその年の幸がもたらされると考えている例は全国的に多い。綱引きが元来は年占の一種であったとの説の根拠にされている。

盆の綱引きとしては、福岡県嘉穂郡桂川町吉隈で十四日朝に若い衆が山から蔓《つる》をとってきて綱を作り、夜には男女に分かれて引き合うが、女性のほうが勝つと秋は豊作だといい、女性側への加勢が多いという。北部九州は盆綱引きの盛んな地域であり、このような勝負を競うもののほか、綱引きのあとで綱を切って輪状の筏《いかだ》に仕立て、精霊の土産をのせて火をつけて川に流す例や、綱を持ちあげて地面に叩きつけて切り、切れなければ鍬《くわ》で断ち切るというように、綱の切れるのを前提とした綱引きもある。綱を蛇体に見たてたものもあり、最後に流したり切ったりすることに、盆の仏送りとか悪霊除けとかの意味があるのであろう。関東地方にも盆綱引きは多く、千葉県成田市周辺では子供たちが綱を引きずって新盆の家をまわり、最後に川に流したり、寺院の境内に綱で土俵を作って相撲をとったり、地域境に吊して道切りにしたりする。これらは綱にのって新仏が訪れてくるとの考えのほか、さまざまな信仰を背景にしている。

八月十五夜の綱引きは南九州から鹿児島県奄美地方・沖縄県に広く分布している。一例を挙げると、鹿児島県南さつま市笠沙町片浦では各戸から稲藁《いなわら》を集めて太い綱を作り、丸く積み上げて月を拝んだあと、若い衆と子供たちとの対抗で引き合うが、引い

沖縄県伊是名村、見物人も参加する豊年祭りの綱引き。(『伊是名村史』下巻)

て切れると綱引きはそれで終わりにし（切れないときは刃物で切る）、切れた短いほうを海に流し、残ったほうで土俵を作って相撲をとる。南九州の例については、すでに小野重朗の詳細な研究（『十五夜綱引の研究』一九七二年）があり、これによると、綱に稲穂や畑作物を綯《な》い込んだり、綱の一部を竜蛇の形に仕立てたり、それを輪にして中に入って月の出を拝んだり、綱と同じ材料で大草履や藁人形を作って高い木から吊り下げたり、道に張り渡したりするなど、興味深い伝承が付随している。子供たちが材料の茅《かや》を山から伐ってくる際に、神霊の訪れを暗示するかのように、茅で全身をおおって下りてきたり、そのあとで同じような姿で綱で作った土俵の周囲を踊りまわる例もある。このようなことから、十五夜の綱引きには、来訪する神々に豊作を祈願したり、月や竜蛇の信仰、悪霊除けなど、さまざまな信仰が含まれているとされる。

綱の形状と処理　綱は稲藁を材料とする例がもっ

とも多く、茅や蔓なども用いられる。太さや長さはさまざまであるが、概して太く長い。数本の縄をよりあわせ、太さが均等な一本の綱である場合が多いが、なかには中央部を太くし、両端を細めに作った綱や、一本の綱に小綱を何本も枝状に取り付けたもの、別々に綯った二本の綱を一本に結びあわせたものなどがある。この結びあわせる二本の綱は雄綱と雌綱だと考えている例が多く、そこには性的結合が暗示され豊穣祈願の心意がこめられていると解される。一本の綱の片端を竜・蛇の頭部に模した形にする例もあり、この場合は綱全体が竜や蛇体とみなされていると考えてよく、そこに水神信仰を看取できる。綱の処分は川や海に流したり燃やすほか、それで土俵を作って相撲をとったり、地域境の木などに吊り下げたりする。この吊り下げることから、綱引きと各地の勧請縄や道切りの習俗との関連性が指摘されてもいる。（田中）

芋祭《いもまつ》り

日本では現在数多くの芋類が栽培されているが、栽培も古く、もっとも代表的なのはタロイモ系の里芋である。そのため、年中行事や祭りのなかには里芋を供物や食物に用いた儀礼が数多くみられる。近年、稲作以前の作物の一つとして里芋が注目され、日本列島における稲作を基軸にした文化体系とは別に、里芋を中心とした畑作を基軸にした文化体系への関心も高まっている。

里芋が重要視される儀礼は、正月のほか九月から十一月にかけて顕著にみられる。正月には里芋が食物や供物に使われるのが一般的であるのに対し、九月から十一月にかけては広く芋祭りとも呼ばれる祭りが行なわれている。もっとも知られているのが旧暦八月十五日の十五夜で、これを芋名月ともいって、里芋はなくてはならないとする所は広い。神社などの祭りでも、千葉県船橋市の龍神社では九月四日の祭りを芋祭りと呼び、滋賀県日野町中山では九月十日の山の神祭りに際して芋競べの神事が行なわれている。奈良県磯城地方では十月上旬に芋座祭りという頭屋の座祭りが行なわれ、岐阜県美濃市の住吉神社では十一月末日に芋ぶち祭りが行なわれている。ここにあげた九月から十一月の芋祭りの時期は、ちょうど里芋の収穫期でもある。（小川）

十三夜《じゅうさんや》

八月十五夜に対して九月十三日夜の月見をさす。豆名月・栗名月ともいい、十五夜と同様に他家の供物や畑の作物を盗んでよいとする所もある。供物は十五夜は十五個、十三夜は十三個と区別される。十五夜あるいは十三夜の一方だけ月見をする片月見はするものでないという。この晩天気がよいと、小麦が豊作といい、十五夜の大麦の年占《としうら》と対比されることもある。土地ごとに生業暦に対応して供物や行事の意味づけがなされており、茨城県取手市では十三夜を里芋のオビアキといい、そのころから里芋を食べはじめる。栃木県粟野町（現鹿沼市）では里芋の茎を藁《わら》で巻いて棒状にし、それで地面を叩きながら「十三夜の藁鉄砲、大豆と小豆もよくあたれ、三角畑のそばあたれ」と唱えながら各戸をまわり、終了すると用いた藁を柿の木に巻くなどしていた。十五夜綱引きと重複して十三夜にも綱引きをする所が、鹿児島県種子島から大隅半島にかけてと、熊本県天草地方・水俣市・葦北地方に分布している。十五夜は茅《かや》で、十三夜は新藁で綱を綯《な》う例が多く、稲の収穫後に対応したものといえる。（古家）

子規忌《しきき》

俳人・歌人である正岡子規（一八六七〜一九〇二）の忌日で、九月十九日。糸瓜忌《へちまき》、獺祭忌《だっさいき》ともいう。子規とはホトトギスのことで、患った結核による喀血の後に号するようになった。獺祭忌は旧号の獺祭書屋主人による。糸瓜忌は絶筆の糸瓜三句にちなんだもので、子規の故郷である愛媛県の松山市立子規記念博物館や晩年の住まいであった東京都台東区根岸の子規庵では、糸瓜忌とよんでいる。墓は東京都北区の大龍寺にあり、忌日には法要が営まれる。松山市の正宗寺の子規堂（埋髪塔）でも法要や句の献詠が行なわれている。忌日に合わせた俳句の催しは多く、松山市立子規記念博物館や子規庵など子規ゆかりのあるところでは、俳句会や特別展示などが催される。法隆寺では、大正五（一九一六）年に建立された「柿食へば鐘が鳴るなり法隆寺」の句碑の縁で、大正期より法隆寺子規忌を修しており、俳句会も催される。（山崎）

彼岸《ひがん》

二十四節気の一つである秋分を中日として、その前後の三日ずつを含めた七日間をいう。秋分は現行の太陽暦では九月二十三日ごろ、旧暦では八月になる。春彼岸が稲作の開始直前という時期であったのに対し、秋彼岸は稲の収穫期ないしはその直前にあたる。かつて広島県あたりの農家では、春彼岸から一日五回になった食事が秋彼岸の中日からは一日四度食に戻り、稲こぎなどの夜なべ仕事がはじまったという。

寺院では春彼岸と同様に彼岸会《え》の法会が行なわれる。民間でも、春と同じように餅や団子を作って仏壇に供えたり、墓参り・寺参りをする風が一般的である。しかし、たとえば高知県葉山村（現津野町）では「秋の彼岸は親知らず」といって秋には墓参りをしないというような例もある。秋田県にみられた盆に類似した先祖迎えの行事も春彼岸のみで、秋には行なわれない。春彼岸にのみみられる習俗は、もともと春先の農耕開始期の儀礼であったものが彼岸という特定の期間に定着したものであろう。地方に

長野県阿智村、彼岸の墓参り。
（文化庁『日本民俗地図』Ⅰ（年中行事1）より転載）

よっては秋彼岸は農繁期にかかることもあって、行事の密度は概して春彼岸よりも低いが、このころ穂掛け祭りをする例もある。一方、春彼岸と秋彼岸を対とする儀礼や伝承もある。熊本県矢部町（現山都町）では、春彼岸にムラの戸主が集まって願立てという豊穣を祈る行事を行ない、秋彼岸に願解きをする。また南九州各地には春彼岸にヤマワロ（山童）が山から川に下りてガラッパ（河童《かっぱ》）となり、秋彼岸にはふたたび山に帰ってヤマワロとなるという、山の神と田の神との間の交替・去来を思わせる伝承がある。ただし、農神の去来伝承や収穫儀礼そのものは、彼岸よりもむしろその前後の社日《しやにち》に結びついていることが多い。

なお、春分・秋分は明治十一（一八七八）年の太政官達によって春季皇霊祭・秋季皇霊祭という国の祭日に定められた。皇霊祭は、宮中三殿の一つである皇霊殿において、天皇みずからが歴代の天皇・皇后その他の皇霊を祀る儀礼である。また第二次大戦

後は「国民の祝日に関する法律」(一九四八年)によって春分の日・秋分の日として国民の祝日となっている。（小嶋）

秋分《しゅうぶん》の日《ひ》

国民の祝日の一つで、「祖先をうやまい、なくなった人々をしのぶ」日として、昭和二十三(一九四八)年に「国民の祝日に関する法律」によって定められた。昼の時間がしだいに短くなり、昼夜がほぼ等しくなる日で、九月二十三日ころにあたる。この日は仏教の彼岸会の中日にあたり、古来「暑さ寒さも彼岸まで」といわれ、厳しい暑さのなくなる目安の日とされている。明治初期以来、昭和二十二年までは秋季皇霊祭と呼ばれた。宮中の皇霊殿において、天皇が歴代の天皇をはじめ皇族を祀る祭儀が行なわれ、国の祭日であった。（田中）

敬老《けいろう》の日《ひ》

国民の祝日の一つで、九月第三月曜日。「多年にわたり社会につくしてきた老人を敬愛し、長寿を祝う」日として、昭和四十一(一九六六)年に「国民の祝日に関する法律」によって九月十五日と定められたが、平成十五年からは九月第三月曜日に改められた。この日を含むその後の一週間を老人福祉週間とし、人々が老人福祉について深い理解をもつよう、各地でさまざまな行事が催されている。それ以前、九月十五日は昭和二十六(一九五一)年より「としよりの日」として祝われていたが、昭和三十八年の老人福祉法の制定を機に、翌三十九年より「老人の日」として祝われていた。この日は聖徳太子が四天王寺に悲田院(貧窮孤児らの救済施設)を建立した日とされるがその史実は確かでない。（田中）

動物愛護週間《どうぶつあいごしゅうかん》

動物も人間と同様に命ある生きものであるとの認識にもとづき、「動物の愛護及び管理に関する法律」(昭和四十八年制定、平成十一年改正)により、九月二十日から二十六日までの一週間と定められた。人々が動物の愛護と適正な飼養に関心と理解を深めるように設けられ、国および地方公共団体はその趣旨に沿う行事を実施している。具体的には趣旨啓発のポスターコンクールや掲示、動物愛護管理功労者の表彰、動物施設の整備、ペットフードの選定啓発などである。かつては牛馬など家畜の虐待防止の法律はあったが、第二次大戦後に犬・猫にも目が向けられ、動物愛護団体によって昭和二十六(一九五一)年に春分の日を中心とする一週間が動物愛護週間とされ、二十九年には秋分の日を中心とする一週間に変更された。犬の咬傷事故が相次いだり、一部繁殖販売業者による犬の放置・餓死などが問題化したうえに、ペットを伴侶動物(コンパニオンアニマル)とする傾向が出て動物への関心が深まったこと、欧米の動物愛護の影響も受け、昭和四十年代以降法律化の機運が高まり、現行の法律が成立した。(田中)

お船祭《ふねまつ》り

長野県安曇野市の穂高神社の例大祭である九月二十七日に行なわれる。わが国には船を用いた行事は多く、神奈川県真鶴町の貴船神社の船祭りや島根県松江市の美保神社の諸手船神事のように、神霊や祭祀者を船に乗せて海上を渡御することが多い。舟競争もある。それらに対して穂高神社のお船祭りは毎年新材で二艘の大船の形(オフネと呼ばれる)を組み立て(このほか子供船も三艘ある)、それに車輪をつけて陸上を引きまわすものである。船上には神話や軍記物の勇壮な一齣が飾りたてられ、紅白の幔幕を張りめぐらした中には囃子方が入って地域内をにぎやかに引きまわし、最後に境内で飾りを取りはずしたあと二艘を衝突させるわけで、船は一般の祭りの山車《だし》・屋台の機能をしている。穂高神社は、古代に日本海側からこの地に入って開いた海人族の安曇氏が祀り始めたとされ、船が用いられるのはそのためだとされている。現在ではすっかり風流の練り物として多くの見物客を集めているが、元来は祭りにあたって神霊を招く乗り物だったのであろう。

類似のお船祭りは安曇地方をはじめ長野県内には多くみられるが、全国各地にもある。例えば、福島県磐梯町の磐梯神社の舟引き祭りは春分の日に行なわれ、長さ二メートル半ほどの船に米俵三俵を積んで幣束を立て、船の両端につけられている長い綱を綱引きしてその年の豊凶を占う祭りである。静岡県牧之原市の大江八幡宮の九月に行なわれる御船行事は、かつての菱垣廻船の十分の一の模型を青年たちが担いで神幸行列の先頭に立つ。三重県四日市市の鳥出神社の八月十四日・十五日に行なわれる鯨船行事は、御座船を模した大きな作りものを引きまわし、その上で太鼓を叩いたりして鯨突きの所作が演じられる。（田中）

九月節供《くがつせっく》

旧暦九月の九日および十九日・二十九日の行事。九月九日は陽数（奇数）の極である九が重なるため、重陽とも呼ばれる。

『荊楚《けいそ》歳時記』によると、中国では九月九日に香気の強い茱萸《しゅゆ》（山椒《さんしょう》のこと）を身につけて高所に登り、菊酒を飲み物を食べると長寿になると信じられていた。この日、菊を用いる風習は早くより日本の宮中行事にも取り入れられ、平安時代には九月九日が重陽節として節日に数えられ、貴族たちの間ではこの日に茱萸を頭にさして邪気を避けたり、宴を催して菊酒を飲むほか、綿を菊花にかぶせてその露でぬれた菊綿というもので肌をなでて長寿を願うことなどが行なわれた。江戸時代になると五節供の一つとして幕府の式日に加えられたこともあって、地方の武家の間にも少しずつ浸透し、その影響は一般の人々にもおよんだ。しかし、都市部の人々や農山漁村部の一部の人々には重陽の節供として菊酒を飲んだり菊花をめでる風が生じたが、多くの人々の間では菊にまつわることは一般化せず、九月九日を節日とする感覚だけが受容されたようである。その結果、暦の普及とともに九日のほか同じ九のつく十九日・二十九日に、前々からこのころに行なわれていた収穫感謝のさまざまな祭事が習合し、民間の九月節供を彩ることになったかと思われる。

東北地方では九日・十九日・二十九日をオクニチなどと総称して餅を搗《つ》くが、このうちの一日（オトグンチと呼ばれる二十九日が多い）を刈上げ祝いの日として盛大に祝った。この日には、岩手県では「橋の下の乞食さえも餅を搗く」といっていたように、かならず餅を用意すべきと考えて新米で搗いた餅を臼などにのせて田の神に供えたり、家族皆で腹いっぱい食べたりした。また、秋田県では節供礼として嫁に持たせて里帰りをさせたりしていた。刈上げ祝いの日に田の神が山に戻るという伝承も広く分布している。宮城・福島県などには九日に新藁で屋敷神の屋根をふき替え、赤飯を藁苞《わらづと》に入れて供える例が多い。関東地方でもこれらの日に刈上げの祝いをしている所は多い。これとは別に、愛知県三河地方南部では九日をお葛節供と呼んで、子供たちが人形を作って各家を持ち歩いたり、静岡県伊豆地方では家族の人数分の人形を作って海に流したりしていた。餅を搗くほか、茄子《なす》を食べるべきだとする伝承も広く、また関西には栗節供などといって栗を食べる例も少なくない。一方、九州北部ではおくんちと通称する神社の秋祭りをにぎやかに執行し、地域の観光行事ともなっている。長崎市諏訪神社や佐賀県唐津市のおくんちはとくによく知られている。鹿児島県各地のホゼと呼ばれる収穫祭の要素をもつ秋の行事も、同じく九月の九日・十九日・二十九日に行なわれることが多い。旧暦九月は、東北地方では稲の実際の収穫月であるとともに、霜月祭りの物忌み開始期でもあったかと推測されており、全国的に稲の祭りにとっては大切な時期であった。（田中）

おくんち

お九日のことで、旧暦九月九日をいう所と、九日・十九日・二十九日をあわせていう所がある。お供日・お宮日とも書く。

九月九日は、中国では陽数（奇数）の極である九が重なるめでたい日で、菊酒を飲んだりする。それが日本に伝わり、重陽の節供などとも呼ばれる。くんちのほか菊節供・九月節供・栗節供・菊祭り・重陽などといい、朝、野菊をとってきて、お神酒《みき》徳利にさしたり、菊酒を神々に供える所もある。仕事を休み、餅や赤飯を作って祝う所は多い。

九州ではおくんちの祭りが盛んであるが、この時期に行なわれれば、祭日がかならずしも九日でない祭りをもおくんちと呼んでいる所が少なくない。佐賀県では、おくんちは秋祭りをさし、旧暦九月は各ムラごとにおくんちが続き、親戚のおくんちまわりに忙しいという。唐津くんちは、今は十一月二～四日に行なわれている。長崎市諏訪神社の長崎くんちは十月七日から九日まで行なわれ、神輿渡御《みこしとぎょ》があり、奉納芸能は唐人《とうじん》踊り・韃靼《だったん》踊り・鯨引き・蛇踊りなど多彩である。福岡県鞍手地方では十一月初めの神歩きという神々が出雲へ旅立つ日をおくんちと呼ぶし、九州北部では十一月八日の鞴《ふいご》祭りを鍛冶屋ぐんちという例などがみられる。一方、東日本では九日に加えて十九日・二十九日もおくんちという。三度のおくんちを総称してサンクニチ・ミクニチと呼ぶ所が多い。個々に呼ぶ場合は九日を初くんち・先のくんち、十九日を中のくんち、二十九日を最後のくんち・末のくんちなどというのが通例である。長野県上伊那地方では神の九日、百姓の九日、町人の九日と呼んだ。また山梨県南都留地方では大名の九日、百姓の九日、乞食の九日とも呼び、家ごとに赤飯などを炊いて祝った。とくに十九日が百姓のくんちなので盛大に行なわれたという。おくんちには赤飯や餅・甘酒などを作って祝う所が多いが、この日に茄子《なす》を食べる習俗も広くみられる。茨城県ではミックニチ（三九日）には茄子を食べるものだと言い伝えている。群馬県千代田町では九日茄子を食べると中気にならぬといわれている。

東北地方にはこの日に刈上げを祝う土地もある。秋田地方ではサンクニチを刈上げの節供といい、稲と鎌を祀る。福島県会津地方では二十九日をカッリヤゲクニチ（刈上げ九日）あるいは刈上げ節供といい、稲刈りを終えて新米の餅を搗いて神々に参る。神々はその餅を持って出雲へ旅立たれるともいう。この時期は収穫期にあたるところから、秋の祭りとして各地でさまざまに展開している。（茂木）

芋煮会《いもにかい》

秋、里芋が収穫され茸類が採れたころ、野外で大鍋に里芋や野菜・茸・肉・蒟蒻《こんにゃく》・油揚げなどを入れて煮、仲間で食べあう行事。明治期中ごろに山形市の馬見ヶ崎川の河原で始まったとされ、その後徐々に山形県内や東北地方に広がり、現在では全国各地で楽しまれるようになりつつある。それにつれ、味噌味と醬油味があったり、入れる具も地域でいくらか特色があるようになっている。町内会・自治会や会社の親睦団体、婦人会、学校の同窓会、親族・家族同士など思い思いの仲間で楽しむ野宴であり、信仰を背景に持つ各地の伝統的な春の山遊び・野遊び・磯遊びの系統をひく行事とは異なるが、野外において共飲共食をしてさらに交流を深めようとする心意には共通点がみられる。なお、九月第一日曜日には、観光行事化した馬見ヶ崎河川敷での「日本一の芋煮会フェスティバル」が行なわれる。（田中）

体育《たいいく》の日《ひ》

国民の祝日の一つで、十月第二月曜日。「スポーツにしたしみ、健康な心身をつちかう」日として、昭和四十一（一九六六）年に「国民の祝日に関する法律」によって定められた。昭和三十九年十月十日に第十八回オリンピック東京大会が開会されたことを記念したもので、制定当初は十月十日であったが、平成十二（二〇〇〇）年からは十月第二月曜日となった。毎年このころは全国各地で運動会や体育競技会が開催されている。（萩原）

運動会《うんどうかい》

体育の日を中心とする秋に行なわれることが多く、起源は明治初期の海軍兵学寮の競闘遊戯や体操伝習所の体操演習会にあるとされる。全国に広まり定着していったのは明治三十三（一九〇〇）年に小学校令が改正されて体操が必修科目になり、次第に学校行事に加えられるようになってからであろう。陸上競技的種目や徒手体操のほか、比較的早くから綱引き、旗取り、騎馬戦、二人三脚、障害物競走などが取り入れられており、それらの見物に家族が弁当持参で出かけるようになった。同時に、学区内の地域対抗リレーが企画されたり、青年団員や父母の競技が加わったり、消防団の演技披露があったりして、次第に小学校の運動会は地域の祭礼的色彩を濃くしていった。それは、体育祭とも呼ばれることに端的にあらわれていよう。また、企業や都市部の町内会・自治会などにも取り入れられていったが、各種スポーツ競技の盛行により、地域の祭りとしての活気は薄れつつあるといえる。（田中）

国民体育大会《こくみんたいいくたいかい》

日本体育協会が主催して、毎年都道府県単位に代表選手を送ってスポーツの技を競い交流を深める体育大会。国体の略称で親しまれている。本大会と冬季大会に分かれ、本大会のうち水泳競技などは九月、陸上競技や室内外の球技などは十月に行なわれる。スキー・スケート競技の冬季大会は十二月から二月に開催される。戦時態勢に染まった体育を純粋スポーツ化することや、第二次大戦後の青少年の心身をスポーツによって健全化することなどを目的にして、第一回大会が昭和二十一（一九四六）年に近畿地方各地を会場にして開催された（冬季大会の会場は青森県）。第二回大会は石川県・滋賀県、第三回大会は福岡県が会場になり、それ以後は会場をほぼ都道府県単位に設けて開催されている。個々の競技を競うのみならず、都道府県単位に総合得点を競ったり、回を重ねるごとに県独自のテーマ・スローガンを掲げるようになったり、シンボルマークやマスコットを決めたりして祝祭的要素が濃くなっている。

（田中）

お会《え》式《しき》

十月十二・十三日に日蓮宗各寺院で行なわれる祖師日蓮の年忌法会。御命講《おめいこう》ともいう。日蓮は弘安五（一二八二）年十月十三日、現在の東京都大田区池上の地で入滅したため、その地に建っている池上本門寺のお会式は、日蓮宗総本山の身延山久遠寺（山梨県）と並んでよく知られている。十二日に、万灯練り供養といって桜が咲いたように造花を垂らした作り物を持って行列したり（日蓮入滅時に桜が咲いたという故事による）、堂内が造花で飾られ内陣の柱に五色の餅や野菜が巻きつけられたなか、夜（お逮夜）には各地から参籠に訪れた題目講中や多くの檀信徒が夜通し題目の唱和を続ける。日蓮像の法衣を夏服から冬服にする衣更えも行なわれる。そして十三日を迎え、盛大に法要が営まれるのである。檀信徒がお会式に集うことは、祖師の報恩・供養を通して仏に祈願し、同じ宗旨の人々とも交流する楽しみとも

なっている。（田中）

時代祭《じだいまつ》り

京都市左京区の平安神宮で十月二十二日に行なわれる祭り。平安神宮は、第五十代桓武天皇の平安遷都（七九四年）から千百年目にあたる明治二十八（一八九五）年に、これを記念し京都の祖神として祀るべく創建された神社である。維新の動乱で荒廃した京都の復興を願い、平安京の政庁・朝堂院を模して造営されると同時に、京都市民による平安講社が組織され、遷都記念日とされた十月二十二日に神幸祭が執り行なわれた。このとき、明治維新の勤王隊からはじまり、平安京のはじめに遡る千百年間の各時代の風俗を考証した文物・衣装で飾った人々の行列が神幸にお供した。時代を象徴する出来事を表現する華麗な行列が作られたことから、時代祭りと命名され、行列数も次第に増加していった。昭和十九（一九四四）年から六年間の中断ののち、婦人の行列も加えられ、京都市域の発展とともに盛んになり、今日のように数キロにもおよぶ華麗な時代絵巻を見るような大行列となった。（茂木）

あんば祭《まつ》り

茨城県稲敷市阿波の大杉神社の祭りで、十月二十六日・二十七日（近年は十月最終土・日曜日）に行なわれる。大杉祭りともいう。大杉神社は「あんばさま」とも呼ばれ、漁業・航海の神として信仰されるとともに、疫病退散とくに疱瘡《ほうそう》除けの神として、江戸時代中期以降、その信仰は利根川流域を中心に茨城・千葉県をはじめ関東一円に広がった。同時に大杉神社が各地に勧請されていき、現在では福島県から岩手県までの太平洋沿岸地域にも分布している。大杉神社にそれほど遠くない地域では、毎年大杉神社に代参者を出し神札を受けてきて辻々に立てたり、神札と一緒に天狗をかたどった神面を迎えてきて地域内を巡行させて、災厄の侵入を防ごうとしている。神輿《みこし》渡御のさい、山車《だし》の上などであんば囃子が歌い踊られ演奏されるのも祭りの特徴である。ただ、勧請されていった地域でのあんば祭りの行ない方や日取りは、地域の事情を反映して一様ではない。（田中）

菊祭《きくまつ》り

平安時代に菊は大陸文化の影響を受けて貴族社会でもてはやされたが、一般社会で観賞されるようになったのは、品種改良の進んだ江戸時代に入ってからである。大菊を鉢に一本立てにして愛でるほか、小菊を懸崖作りにして形を楽しんだりした。懸崖を富士山とか鳥の形などに細工するなかから、歴史上の場面や役者の形に作る菊人形が工夫されるようになって、見世物として発達していった。近現代にも菊の栽培や公園などでの大規模な菊人形展を見ることが秋の娯楽として続き、大阪府枚方市の公園や名古屋城内、福島県二本松市のほか各地の菊人形展は賑わったが、近年は廃止になったり下火になりつつある。東京都台東区の浅草寺では菊供養会が催され、参拝者は菊を持参して仏前に供え、帰りにすでに供えられている他の菊を持ち帰ると災厄除けになると信じられ、現在十月十八日（第二次大戦前には旧暦九月九日）に行なわれている。明治時代に始まったものではあるが、そこには菊の香に災厄除けの効果があるとした古い心意をみることができる。（田中）

ハロウィーン

アイルランドに住んでいたケルト人の年末に当たる十月三十一日の古い祭りで、この夜、死者の霊が家に戻ってくると信じられていた。それがキリスト教の伝播に伴い、諸聖人の祝日である十一月一日の万聖節の前夜の行事に位置づけられ、キリスト教徒にも受容されていったとされている。現在、アメリカでは子供の祭りとして、くりぬいたカボチャに目・鼻・口をつけた提灯を作って窓際に置いておくとともに、魔女や妖怪などに仮装した子供たちが近所の家々をまわって菓子などをもらう行事として定着している。近年、日本においてもこのアメリカの風習が取り入れられ、カボチャを飾る家があったり、仮装パーティーが催されたり、行事に取り入れる幼稚園があったり、地域によっては商店街の催しの一つにするなど、次第に広まりつつある。（田中）

三八月《みはちがつ》

旧暦八月を中心に鹿児島県の奄美大島で広く行なわれ、豊作を祝い先祖の霊に感謝を捧げる、農耕儀礼と先祖祭りの性格をもつ行事。三つの大きな節日のアラセツ・シバサシ・ドンガを中核とする一連の行事をまとめてミハチガツと称し、それぞれ火・水・木の祭りともいわれている。この行事が行なわれる旧暦八月のころは、大正期までの一期作では稲・粟の収穫を終え、常食であった芋類も豊富な時期にあたっている。

アラセツ　旧暦八月最初の丙《ひのえ》の日がアラセツで、その前日はシカリビといって準備をする日である。主婦が団子を作り、酒と一緒に膳にのせて床の間に置き、夕方墓参りして先祖を家に迎える。奄美大島北部のムラでは先祖の位牌を下ろし、盆のときのように供物を供える。新米がとれたことを先祖に報告し、馳走して感謝するのである。ウバンブレ（ご飯もらい）といって、中学生くらいまでの子供たちが組ごとにまとまって家々をまわり、踊ったあと、各家で二個ずつお握りをもらう所もある。また、この日は八月踊りが開始される。八月踊りは三八月と八月十五夜にムラ全体が参加する踊りで、歌詞は豊作の感謝と祈願を内容とし、男女が掛け合いをしながらテンポが速まっていく。詩型は八八八六調の四句体で、沖縄県から奄美地方にかけて共通する琉歌型といわれるものである。太鼓と三味線を用い、かつてはヤーマワリといい一軒ずつまわっていたが、現在は公民館などに集まって行なうようになった。

シバサシ　アラセツの七日後の壬《みずのえ》の日がシバサシである。前日の夕方に芒《すすき》を準備し、当日早朝にこれを家の四隅、畑の隅、庭などにさした。シバは芒のことで、シバをさして魔除けとすることから、この行事の名称がある。盆のセイロガナシに対応するコスガナシを祀る日で、墓参りして縁や座敷に供物をする。コスガナシはアラセツで祀る先祖とも異なり、海で死んだり旅先で死んだ死者の霊で祟《たた》りやすい性格をもつ。盆の祖霊のように座敷内の精霊棚で祀られることはない。門口で火を焚く例もあるが、盆の迎え火と違い、コスガナシが海のほうから来るので体が冷えていて、火が暖かいと喜ぶからと伝える。一方、迎えるのとは逆に火の中に馬糞やニンニクを入れることによって悪臭をたて、追い払おうともする。喜界島では馬の首や臼・杵にもシバを巻いた。加計呂麻島では十歳前後までの子供の手首や足首に桑の木の皮を巻き、藁《わら》にニンニクを通した首飾りを掛けさせ、コスガナシに魂をうばわれないようにした。アラセツで祀られなかったコスガナシを中心とする神々をこの日にあらためて祀り、供物をし八月踊りをして応対しながら、芒の呪力によって家の中や田畑に立ち入らぬように、また生命力の弱い子供や家畜に害をおよぼさないようにして、馬糞やニンニクの臭いにより早く送り帰そうとしたのである。奄美地方より南の沖縄県ではアラセツがなく、旧暦八月八日から十一日ころまでの期間にシバサシが行なわれている。柴を門・屋敷の四隅・庭木・水《みず》甕《がめ》・臼・杵などにさし、神仏に供物するが、コスガナシの伝承は聞かれない。

ドンガ　シバサシのあとの甲子《きのえね》の日をドンガといい、旧暦九月に入ることもある。嫁も実家に戻って墓参りする所が多く、この前日に洗骨・改葬する所もあった。子の日を祭日とすることから鼠の祭りといわれ、天井の梁の四隅に鼠のためにご飯を置いた。この日がくると冬になるともいわれ、ステドンガとも呼ばれる。前日にはアラセツと同様の供物をするが、当日の膳には木を三本束ねたものを立て、これに神が宿るといった。八月踊りはこの日が最後で、太鼓のたたき終わりともいう。（古家）

シヌグ

沖縄島北部と周辺離島、沖永良部島・与論島で、主に旧暦七月の盆前か盆後の亥《い》の日に行なわれる来訪神の祭り。行事は地域ごとの差が大きく、まれに六月と八月の二回行なったり、四月に行なう所があり、沖縄島北部東岸ではウンジャミと一年交替に行なう所がある。また、シヌグとかシヌグ年という言葉だけが沖縄島南部東岸や島尻・西部離島にも見いだされる。シヌグが集中する旧暦七月は、稲・粟の収穫がすべて終了したころであり、次の生業の過程がはじまるにあたっての予祝的な祭事とされ、ノロ・根神《ニーガン》ら神役が中心となり来訪神の祭祀を行なった。また、祓えや悪疫祓いの要素とシヌグ踊りが共通してみられる。女性も参加するが、ノロ・根神らの祭祀以外は男性が神に扮し、大部分が男性によって実修された。ウンジャミと併存する所では、エケリ拝み（兄弟拝み）とも称され、イナグの折り目（女の折り目）とかウナイ拝み（姉妹拝み）と呼ばれるウンジャミに対比される。

予祝的な要素　祭場の広場で円陣を作り、弓に擬した棒を上下に振りながら「ユンクイユンクイ」と唱える舞踊がある。ユンクイとはユークイ（世乞い）、つまりユガフー（世果報）を祈願することとされる。これは主に沖縄島北部の本部半島のムラで行なわれている。沖縄島北端の辺戸《へど》では、仮装した男たちが家からあらゆる農具を持ち出し、収穫した農作物も

沖縄県伊是名村、井泉の前でシヌグの祈願。(『伊是名村史』下巻)

持ってシヌグモウという祭場に仮設された籠り所と神アサギ（神祭用の建物）の間を練り歩く。これを農具行列といって三味線・太鼓で囃しながら七往復することによって豊作を祈願する。また、ハルマーイといい神役たちが特定の畑へ行って豊作を祈ることが、辺戸・与論島や沖縄島東部の伊計島などでみられる。

祓《はら》えの要素　沖縄島北部の安田《あだ》・安波・奥では男たちが山に登って蔦葛《つたかずら》を身につけ、木の枝や棒を持って神を装って山を下り、出迎えるムラの女たちを樹枝で祓った。辺戸や伊是名島・与論島では十四・十五歳の子供たちが神に扮して、竹や樹枝でムラの家々を祓ってまわったりする。その際に男の神役が先頭に立つ所もあって、男性によって担われる祭りであることがうかがえる。沖縄島北部の汀間《ていま》では五月に行なわれた。ムラ人が牛馬を連れて浜に下り、ノロ・根神が祈願してから鼠と虫を海に流した。名称は異なるが、行事内容や時期から周辺地域のアブシバレーに対応するものといえる。シヌグの語源として、害虫や伝染病の害を防ぐことからきているると説明されるのは、こうした行事内容との関連であって、シヌグにみられる性格の一部に着目した解説である。

シヌグ踊り　ノロ・根神ら女性神役が豊作を祈願する神歌をうたったあと、広場で女たちが円陣を組んで老婦人の鼓にあわせ、シヌグ歌をうたいながら踊った。沖縄島北部の安田では三日間の祭りの期間は毎晩踊った。踊りのなかに豊穣を祈るための性的なしぐさが含まれているとして、十八世紀初めには琉球王府から禁止令が出されたこともあった。

与論島のシヌグ　明治四（一八七一）年にそれまで各ムラ単位で行なっていたウンジャン（ウンジャミ）・シニュグ（シヌグ）を時代にあわないとして合同で行なうことになった。しかし、その後、疱瘡《ほうそう》が大流行したり、大飢饉になったため、明治三十二年から一年おきに各ムラで行なうようになった。ウンジャンは特定の女性だけで行なっていたことから復興することができず、シニュグだけが継続することになった。パラジという男女双系にわたる親族関係にある者たちがいくつか共同で実修するが、近親に死者がでた者、火事にあった者、妻が妊娠していたり出産直後の場合は参加できない。大正末ころまでは三日間の行事で、旧暦七月十七日に座元に集まって祭壇を作り、シニュグ道を切り開いた。十八日は重箱と酒持参で座元に集まり酒宴をした。午後三時ころ、子供たちが道々「フウベー、ハーベー」と連呼しながら家々をまわって、竹を振りながら祓った。大人は島の四周がよく見える所で、同じように連呼しながら竹を振って祓えをした。ついでシニュグ道を通って、二か所で同様のしぐさをし、三か所目では猪を射る素振りもする。最後の四か所目で輪になって酒を飲みながら踊る。「フウベー、ハーベー」という唱え言の意味は不詳であるが、竹を振り唱えることによって悪疫の神が退散するといわれる。三日目は昼過ぎから祭壇の後始末をし、シニュグの無事終了を祝う。昭和初期から、十七日と十九日を省略して現在にいたっている。行事の縮小は各地でもみられ、沖縄島北部の具志堅では旧暦七月十九日から二十六日までの八日間であったが、現在は二十五日のシヌグ舞の日に一括している。（古家）

ウンジャミ

沖縄島北部で旧暦七月十五日前後の亥《い》の日に行なわれる来訪神の祭り。沖縄島北端の国頭村の東海岸沿いのムラではシヌグと一年交代で行ない、国頭村西岸とそこから南へ下って名護市にかけての海岸沿いのムラではウンジャミを毎年行なう。海神祭とも記され、海神を迎え祀り海の幸を祈念するとされる。所によっては、女性神役が海の神と山の神を演じ分けることから、海と山の神の交歓とみることもできる。

国頭村与那では旧暦七月の盆明けの亥の日に行なわれる。その前々日をミタベーといい、女性神役たちがノロ殿内に集まって祈願する。以前は神アサギ（神祭用の建物）に籠っており、その周辺の民家の男は他家に移っていた。当日は朝、ノロ殿内で祈願してから神アサギに移り、弓に擬した棒を横に捧げて「ウンコーイ」と唱え、神を迎える。それから航海の様子を盛り込んだオモロをうたいながら、波にみたてた縄を左手に持って揺らす。ほかに二つのオモロをうたったあと、青年たちが網で魚を捕るしぐさをし、魚に見たてた木片を籠に入れて山の神に供える。また、蔓《つる》のついた冬瓜《とうがん》に竹で四足をつけて猪のかわりとし、三人の神女が弓で射る。それから浜へ下り、猪を砂の中に埋めて弓の先でその上をつつき、聖地に向かって拝む。神女たちはここで頭にかぶっていた蔓草を海に流し、ノロ殿内に戻って歌・踊りを楽しむ。大正期まで与那ノロの管轄する五つのムラが合同で行なっていたが、その後与那だけの行事として継続している。与那から南に下った比地では、神女たちのかぶり物が山神と海神に扮するもので異なる。アサギではそれぞれの出身の一門の男たちの拝礼を受ける。それをウナイ拝みという。航海・漁撈・猪狩りの模擬的な儀礼が終わると、ノロの管轄するほかのムラをまわる。それから浜に下りてウシデーク（臼太鼓）をしたあと、かぶり物をとってムラ人にわからぬようアダンの木の枝に掛ける。

大宜味村の田港・屋古・塩屋では盆明けの亥の日に行なわれ、田港の神アシャゲ（神アサギ）でノロ以下の神女が神を迎え、屋古の神アシャゲに向かう。そこで頭に蔓をかぶり弓を持ってシマンポウという男神の周りを七回まわり、「オンコイヨイ」という掛け声をかける。猪をつく所作を含みながら、休息をはさんで五回まわり、それがすむとハーリー神（神名）の六名は屋古の浜から舟に乗って塩屋へ漕ぐ。ほかの神人は陸路を塩屋へ急ぐ。ここでは初回に漕ぎ番という小舟の舟競争があり、二回目に本格的な舟競争となり、ノロが乗って音頭をとる。塩屋の海岸では豊漁であるように、海神に対してシマンポウが槍で海豚《いるか》を突く行事がある。それから東方に向かって神歌をうたって終了する。このほか、国頭村の安波・奥間や今帰仁《なきじん》村古宇利で古くからの祭りの次第を継承しているが、ほかのムラでは神歌も断片しか伝わらず、祭りも簡略化されている。（古家）

ウシデーク

シヌグ・ウンジャミのあとで女性だけで円陣を組んで踊る舞踊。臼太鼓の字を当てる。旧暦八月十五日や盆のあとに日を選んで行なう所もある。手振りはシヌグ舞と似ており、古くはほとんどのムラで行なっていたようであるが、現在は沖縄島とその周辺離島に限られている。沖縄島東岸の津堅島では旧暦八月十一日に行なわれ、ノロ・根神《ニーガン》ほかの女性神役や成人女性がノロ殿内で祈願したあと、殿内の内庭に集まって九曲の臼太鼓歌にあわせて踊る。老婆は白鉢巻に紺地の着物であるが、ほかの人々の服装は年々華美になってきている。沖縄島北部の本部町具志堅では旧暦七月二十一～二十五日にシヌグが行なわれ、最後の二十五日にシヌグの無事終了の感謝と農作物の豊作祈願をする。男性の神役は供物を用意するだけで、ほかはすべて女性だけで各祭場を踊りながらまわる。小鼓を持った年長の女性たちを先頭にして少女たちが続き、祭場では左に円を描いて踊る。（古家）

グシチ

芒《すすき》の沖縄方言名で、宮古地方でギスギスィ、八重山地方でユシィキ、鹿児島県奄美地方ではアザハという。この葉を束ねて先端を十字に結んだものをサンといい、魔除けあるいは悪魔払いの呪具として用いられることが多い。屋外の儀礼で供物を持ち運ぶときに、膳の隅にこれをのせて魔除けとしたり、大型のサンはゲーンともいい、シマクサラー（シマクサラン）に家の四隅・門・便所にさして魔除けとする。沖縄島北部の平安座《へんざ》のシヌグでは、御嶽《うたき》での祈願が終わった女性神役たちがムラに戻るときにグシチを手にし、それで各家々の壁やムラの子供たちを叩いて悪魔払いとする。神の装束としても用いられ、沖縄島北部の宮城島では、シヌグに女性神役がグシチの冠をし、クバ（ビロウ）の扇を持って各家をまわり、石垣を扇で叩いてまわる。（古家）

冬の行事

東京都台東区、鷲神社の酉の市。（二〇一〇年）

立冬から立春の前日までを冬ととらえると、その期間は新暦のほぼ十一月から一月までに重なる。ただし、一月の諸行事は「正月の行事」として最初の章にまとめて述べたので、ここに収めるのは十一・十二月の行事ということになる。冬のもつ厳しい寒さのイメージよりも、小春日和と木枯らしの吹きすさぶ日をおりまぜながら、本格的な寒さに向かう時期の行事だと見たほうがよいだろう。

稲の豊かな実りは秋のものだが、秋はまだ収穫の作業が完了していない。冬の諸行事には、脱穀調製の作業をひととおり終え、いよいよ田の神に実りを感謝しようとの心意を背景にしたものが多い。その心意は宮中の新嘗祭にもうかがえるが、農村部の十日夜・亥の子・あえのこと・丑の日祭りなどに典型的に表れている。十一月二十三日の勤労感謝の日は、その系統を引いた国民の祝日である。このような田の神への報謝の心意は、日本に豊穣な祭りの世界を生み出してきたのである。

冬は一年間で陽光のもっとも弱々しい季節であり、その極限が冬至のころである。冬至の行事は、冬のもう一つの代表的な行事だといえよう。川浸り朔日の伝承は、水にかかわることの多い六月の諸行事と、一年を両分して対置しているのだと考えられる。

年末の仏の正月・年の市・歳暮は、性格としてはむしろ正月行事に連なるものであるが、一連の年神迎えの諸準備とはまたいくらか異なるかと思うので、この章に収めることにした。（田中）

冬《ふゆ》の祭《まつ》り

冬の祭りは稲の収穫祭、陽光が一年間でもっとも弱々しくなる冬至前後の行事、春の到来を願うさまざまな祭りに大別できるが、これらは互いに関連しあっていてなかなか複雑である。現代の暦日観では、これに正月行事を加える考えもあろうが、正月は右の性格を部分的にあわせもっているとはいえ、確実に初春の雰囲気につつまれた祭りであるため、冬に含めるのは適当ではない。

稲の収穫祭　冬の祭りに収穫祭的性格が濃厚であるとはいっても、この冬は暦日にかならずしも制約されるものではなく、秋との間に厳密な境を設けることは難しい。柳田国男は『祭日考』（一九四六年）において、平安時代の官人社会の氏神祭祀の日を検討した結果、日本の祭りの日取りは、二月もしくは四月と十一月というように春秋がセットになっている形が古いと説いた。これは春秋の稲の豊作祈願と収穫感謝ともかかわることで、十一月の場合には冬の祭りの代表ともいうべき新嘗祭《にいなめさい》がこれにあたる。新嘗祭は宮中において、十一月第二卯の日（現行暦では十一月二十三日に固定）を祭日とする新穀感謝の祭りであり、各地の諸社へもこの影響はおよんだ。しかし、この祭日は実際の稲の収穫とは一か月以上遅く設定されている。その理由を柳田は、重い祭りには厳重な物忌みが必要で、その斎忌期間をおく必要から、祭りがはるかあとになっているのだと説き、神無月というのはこのような物忌みに服すべき期間だったのではないかという。しかし、斎忌期間は長年の間に退縮した。石川県能登地方のあえのこと行事や北九州の丑《うし》の日祭りは旧暦十一月の祭りで、内容的にも期日的にも民間の新嘗祭の趣きをよく残している。しかし同じく収穫祭の性格が濃いものでも、東北地方中心の三九日（サンクニチ・ミクニチ）や関東地方の十日夜《とおかんや》、西日本各地の亥《い》の子《こ》行事は、期日的には収穫の作業からそれほど離れていない、九月から十月（いずれも旧暦）にかけて行なわれている。また、酉《とり》の市や農村の恵比須講など、収穫祭の性格をもつ諸行事も旧暦十一月を待たずに行なわれており、現代の感覚では秋の祭りに含めてもよいくらいである。

冬至直前の行事　冬至前後の代表的な行事には、東北地方から日本海沿岸一帯に広く分布する十一月二十三夜の大師講がある（旧暦の十一月二十三日は冬至に近い）。タイシまたはダイシという神がこの夜に身をやつして各家々を訪れ、人心の善悪をみたり人々に幸《さち》を与えて歩くと考え、大師講にはその接待のためと称して霜月粥などと呼ぶ小豆粥をこしらえて神に供え、家人もそろって食べるのである。子沢山であるとか片足が不自由な神であるとか、この不自由な足の足跡を隠すためにこの夜はかならず吹雪くのだとかいうように、この神にはさまざまな伝承が伴っている。天気が荒れるのは出雲への神無月の神の出立や帰還など、神去来の際にしばしば説かれることであり、要するに大師講は、この夜神の訪れがあるとの信仰にもとづく行事である。これは、キリスト教でいうサンタ・クロースの来訪とも類似している。大師講は、さきに述べた新嘗祭とも日程的に近い。その意味で大師講に訪れるとされる神は『常陸国風土記』の新嘗の夜に訪れてくる祖神と関連があるのではないかと思われる。

また、山形県羽黒山の松例祭《しょうれいさい》や京都市八坂神社の白朮《おけら》祭り、奈良県大神《おおみわ》神社の繞道祭《にょうどうさい》をはじめ、冬には各地に火祭りが多い。左義長など、小正月の火祭りも全国的である。神社の火祭りは年の更新を願ってのものが多い。そこには、衰弱した冬の陽光の復活を願う心情も含まれていたであろう。

春の到来を願う祭り　天竜川中流域の山間部各地には、長野県遠山地方の霜月祭りや愛知県設楽《したら》地方の花祭りのように、湯立て神楽を伴う特徴ある芸能をもつ冬の祭りが伝えられている。現行暦の十二月から一月初旬にかけて地域単位に徹夜で行なわれ、さまざまな悪霊を圧服し追放したり、神鬼を招き寄せて春への甦りを果たし、新年の豊作を願う祭りとなっている。

なお、冬の祭りには、とくに収穫祭関連のものに秋との区別の明瞭でないものが多い。これについて折口信夫は、暦の導入によって秋・冬・春が截然と分けられたのであって、昔の考えでは刈上げの前夜までが「あき」で、刈上げの夜が「ふゆ」、その翌朝には初春の光がさしているというように、一夜で三種の祭りが連続して行なわれていたのが、暦の知識によって隔てられたのだと述べている。「ふゆ」はふえると同根の語で、「ふゆ」はミタマノフユすなわち神霊が増殖し人々に分割されるときで、折口の考えにもとづけば、収穫の豊かさを背景に人々がこれを身につけて、新たな春への魂の更新をはかるという心意が冬の祭りの根底にあるのだといえる。

（田中）

神無月《かんなづき》

旧暦十月の異称。一般には、この月には諸国の神々が出雲（島根県）に参集し、国元を留守にすることからこの名があるとされている。

神送り・神迎え　九月末から十月一日のころに家の神やムラの神を出雲へ送り、十月末ないし十一月一日ごろにその帰還を迎えるという儀礼や伝承が各地にみられる。たとえば静岡県磐田《いわた》市付近では月遅れの十一月一日を神送りの日とし、新藁《しんわら》で作った苞《つと》に赤飯をつめ、神の弁当として神棚あるいは屋敷神・竈《かまど》などに供える。十二月一日は神迎えで、毛芋（里芋）を供える。このように家ごとに家の神を送迎する儀礼を行なう一方、ムラの氏神が出雲に旅立つ、あるいは出雲から帰るとして、社参や籠りをしてこれを送り迎える行事も各地にある。

去来の日は、九月晦日《みそか》ないし十月一日に出雲へ立ち、十月晦日ないし十一月一日に帰るというのが一般的であるが、所によっては半月ほどの異同がある。とくに東北地方では神々の出雲行きを十二月八日から二月八日としている例がある。神の出立・帰還の日に大風が吹くとか天気が荒れるとかいい、神の去来のしるしとみる地方は多い。神々が出雲に行くのは縁結びのためというのがよく知られた伝承である。そのほかに位をもらいに行く（福島県相馬地方）、薬の調合に行く（新潟県）などという所もある。佐渡では、天神は早めに出雲に行って酒造りをするとして、九月二十五日を天神送りとしている。

神在月《かみありづき》　一方、迎える側の島根県出雲地方ではこの月を神在月と称している。神在月になると、佐陀《さだ》の鞍掛け松の枝が垂れてくる、神在浦に笹舟が無数に浮かぶ、佐陀浦へ海蛇があらわれるなど、神々参集のしるしがあらわれるとされる。杵築《きづき》の出雲大社をはじめ鹿島の佐太神社、大庭の神魂《かもす》神社、朝山の朝山神社など、諸国の神々が集まる（あるいは立ち寄る）とされる神社では、神在祭りとかお忌みと呼ばれる厳重な物忌みを伴う祭りが行なわれる。神々の国元への帰還の日（神社により旧暦十月十日～二十六日と異なる）はカラサデ（神等去出）と呼ばれ、この日にカラサデ婆という妖怪が各家を訪れる、あるいは便所に行くとカラサデ婆に尻をなでられると伝えている所もある。

伝承の成立　神無月の伝承は、旧暦九月の祭りのあとの神送りの儀礼を中心に発達してきたとか、本来は霜月祭りの前の物忌みの期間であったとかの説があるが、結論をみていない。ただ、この伝承が成立する前提には、神はこの世の祭場に常在するのではなく、祭りのたびごとに来臨し、祭りが終わると去るものだという神去来の信仰があったことは疑いない。神送りを田の神を送るとしている例（愛知県三河地方・静岡県中部など）もあり、とくに収穫後の農神の去来伝承との関係が考えられる。

神々の行く先が出雲とされたのは古いこととは考えられない。『徒然草』では、当時、神無月にはよろずの神が太神宮すなわち伊勢へ集まるという説があったことを記している。出雲への神集いの伝承は室町時代には成立しているが、出雲大社の御師《おし》によって、神の行き先が出雲に結びつけられ、全国に普及したのではないかとも考えられている。

留守神　各地で、神々が出雲に出かけている間の留守を守る神、いわゆる留守神というものが伝えられている。全国的に広く知られているのはエビス神であり、エビスは足が悪いから、耳が聞こえないから、あるいは醜いから出雲には行かないといい、十月二十日に恵比須講を行なうことの説明としている。関東地方ではお竈様《かまさま》（竈神）を留守神とする伝承も多い。そのほか、地方によって道祖神・山の神・弁天・金比羅などが留守神とされている。ただし、ある地方で留守神とされるものが、ほかの地方では出雲に出かける神となっていることは珍しくない。また、中通いと称して、出雲に行った神が十月十五日前後にいったん帰り、祀りを受けるという例も埼玉県などにはみられる。留守神や中通いの伝承は、神の不在による不安に対処するため、あるいは、もともと十月に祭りを行なっていた神の存在を合理化するために作りだされたもの、と考えられている。

なお、岩手県や群馬県では十月を仏月として仏の供養をいとなむべき月だとしている。神無月で神が留守だから、という説明が伴うことがある。（小嶋）

神送《かみおく》り

神無月（旧暦十月）に諸国の神が出雲に集まるという伝承に伴い、その月の一日または前月の末に家の神やムラの神を送り出す儀礼。神立ち・神渡し・神のお飛びなどともいう。家ごとに家の神を送る行事をする地方と、ムラの氏神を送る行事をする地方とがある。埼玉県戸田市では、月遅れの十月三十日を荒神様の出雲立ちという。この日、各家では竈《かまど》と荒神棚を掃除し、荒神の乗り物として絵馬をあげ、荒神の三十六人の子供のために三十六個の団子とぼた餅・お神酒《みき》・灯明を供える。供物の団子のころがる方向で娘の嫁ぐ方角を占ったりする。北部九州などでは、九月末にムラごとにムラ氏神に籠って神送りをする風がある。長崎県西彼杵《にしそのぎ》地方では九月二十九日を出雲へ行く氏神のお出船の日とし、人々が隊列を整え、太鼓を打って各ムラをまわり、浜まで見送りをする。また宮座組織のある滋賀県甲賀市土山町大河原では九月二十七日から翌日未明にかけてがお立ち籠りで、氏神の社に神主たちが籠り、神がかりして神を送る行事がある。神が出雲へ行く日には、神寄せ・お竈風などといって強い風が吹き、神はこれに乗って行くとしている地方は多い。（小嶋）

神迎え《かみむかえ》

神無月（旧暦十月）の間、出雲に行っていた神が家やムラに帰ってくるのを迎える儀礼。神戻しという地方もある。多くは十月末か十一月一日で、神送りと同様、家ごとの行事となっている例と、ムラの行事になっている例とがある。福岡・佐賀・長崎・大分県など北部九州一帯では、九月晦日《みそか》の神送りと同じように、十月晦日にムラごとに青年らがムラの氏神に集まり、夜通し火を焚いて宮籠りをする。これを神迎えとか神待ちと呼んでいる。長崎県壱岐には村々での神迎え神楽がある。一方、静岡県西部では月遅れの十二月一日を神迎えとし、家ごとに神棚や屋敷神・竈《かまど》などに毛芋（里芋）を供えている。これを神様のお手あったためといい、この日は天気が悪いほうが神様がたくさん着物を着てくるからよいという。千葉県や埼玉県など、竈神が出雲へ行くという地域でも、月遅れの十一月三十日に団子や赤飯を竈神に供えている。（小嶋）

芭蕉忌《ばしょうき》

松尾芭蕉（一六四四〜一六九四）の忌日で、旧暦十月十二日。時雨忌《しぐれき》、翁忌、桃青忌ともいう。時雨は旧暦十月の異名である時雨月による。桃青は芭蕉と号する以前に用いていた号にちなむ。三回忌には江戸深川（東京都江東区）の芭蕉庵で弟子が芭蕉像を拝して「芭蕉会と申し初めけり像の前」の句を詠んだ。現在では十月に行なうところもあるが、俳句では、時雨は冬の季語であり、季節感を合わせるために、ひと月遅れで行なうところも多い。芭蕉の墓のある滋賀県大津市の義仲寺では十一月十二日に法要と俳句会が催され、故郷である三重県伊賀市の萬壽寺では芭蕉翁顕彰会や地元住民によって忌が修されてきた。終焉の地にほど近い大阪の難波別院（南御堂）でも十一月に「大阪の芭蕉忌」を行なっている。『奥の細道』の結びの地である岐阜県大垣市には蛤塚（句碑）があり、忌を修し俳句大会を開いていたが、平成六（一九九四）年に没後三〇〇年を記念して芭蕉蛤塚《こうちょうづか》忌と称するようになった。このように芭蕉が歩いた地で行事を行なうところは多く、山形市の山寺芭蕉記念館での芭蕉忌俳句大会、宮城県松島の瑞巌寺での松島芭蕉祭および全国俳句大会などがある。（山崎）

文化《ぶんか》の日《ひ》

国民の祝日の一つで、十一月三日。「自由と平和を愛し、文化をすすめる」日として、昭和二十三（一九四八）年に「国民の祝日に関する法律」によって定められた。十一月三日は、明治期には明治天皇の誕生を祝う天長節として祝われ、明治天皇崩御とともに大正期には消滅した。昭和に入ると明治節として復活し、現行の「国民の祝日に関する法律」の制定施行まで存続した。当時の国民は、近代日本の礎を築いた中心人物の一人だとする明治天皇の誕生日であるこの日に対する愛着は強かった。現行憲法が公布されたのも昭和二十一年十一月三日であり、さらにこの日を祝日として残したいとの考えから、文化国家を標榜していた当時の日本は、この日を「文化の日」に定めたのである。各地では文化祭など多彩な行事が繰り広げられている。（田中）

共同募金《きょうどうぼきん》

民間の社会福祉事業や更正保護事業を支援するために寄付金を募ること。共同募金はもともと欧米で始まったが、日本では第二次大戦後の国民助け合い運動の一環として導入され、昭和二十二（一九四七）年に第一回の募金活動が実施された。現在は社会福祉法人の共同募金会が十月一日から実施している。募金は学校や町内会・自治会単位でも行なわれるが、小・中学生や地域の婦人団体などが駅前や街角などで「お願いしまーす」と呼びかけ、募金に応じた人の胸に赤い羽根をつける街頭募金の光景が馴染み深く、この季節の日本の年中行事として定着している。集まった募金は第三者からなる配分委員会によって目的に応じて社会福祉団体や施設に配分され、その適正さを維持するため配分先や金額は公告される。時期は少し遅れるが、類似の助け合い運動としてＮＨＫ歳末たすけあい、お年玉つき年賀はがき、救世軍の社会鍋などがある。（田中）

十日夜《とおかんや》

旧暦十月十日に行なわれる稲の刈上げの祝い。現在は新暦の十月十日または十一月十日に行なう所もあるが、稲作農業の変化とともに近年は行われなくなった所が多い。

十日夜という行事名は群馬・埼玉・山梨・長野県と新潟県魚沼地方・栃木県南部・茨城県南部など、関東地方の北部・西部から甲信越地方にみられる。この日には餅を搗《つ》き、案山子《かかし》上げ・刈上げなどといって田の神を祀ったり、月に供物をあげたり、大根の年取りといって大根畑に入るのを禁じたりする。さらに子供たちが中心となって藁《わら》を苞《つと》状に縄で巻き、棒のようにした藁鉄砲で地面を叩いてまわったりしている。この行事が十日の夜に行なわれることから、トオカンヤといわれる。とくに十日にこれを行なうのは、稲作の神である稲荷《いなり》が音読みでトウカともいわれることから、トウカと十日が関連するという説もある。

十日夜と田の神　十日の夜に農耕神である田の神を祀ることは、さきにあげた地方だけでなく、栃木県や茨城県北部から福島県でも行なわれ、十月十日の行事を十日夜という地域より広く分布している。いずれも田の神が田から上がる祭りとなっており、山梨県では十日夜には餅を搗いたりして祝い、この日に田の神・作神が山に帰るという。長野県や栃木・群馬・新潟県では十日夜を案山子上げ、案山子の年取りともいい、長野県北佐久地方では、この日の晩に田から持ち帰った案山子と農作業に使った馬鍬《まんが》を土間などに飾り、釜の蓋に鏡餅をのせ、新大根二本を箸として供えた。同県木島平村では、案山子上げには太いそばを打って案山子に供えるが、案山子はこのそばで十日夜のぼた餅を背負って山へ帰ると伝えている。案山子を田の神にみたて、田から家へ、あるいは田から山へ上がるというのである。

茨城県北部から福島県にかけては、旧暦十月十日を刈上げ、刈上げ十日などといって、田の神が帰る日だから餅を搗くとか、餅を搗いてから臼の中で松葉を燃やし、杵で臼を三回空搗きすると田の神が松葉の煙にのり、蛙《かえる》に餅を背負わせて天に帰るなどという。また、茨城・福島県と栃木県では旧暦十月十日を田の神様とか地神様といい、この日にこれらの神が帰るという所もある。

十日夜の晩に月に供物をするというのは群馬・福島・長野県などで行われている。群馬県では田から

長野県南牧村、案山子上げ。
（昭和初期：国学院大学折口博士記念古代研究所）

家へ運んだ稲積みや藁ニュウ（藁積み）の上へ藁苞《わらづと》に丸餅を入れて供えたり、餅と大根二本をお月様に供えるという。長野県では稲の月見ともいって、稲積みの上に供物をするが、これらはいずれも案山子上げのように、夜間に屋外で行なわれた田の神祭りだったといえよう。

大根の年取り　旧暦十月十日を大根の年取りというのは、この日を十日夜という地域よりさらに広い範囲にみられる。大根の年越しともいい、長野・群馬県や新潟県の一部から東北地方にかけて伝承されている。この日は大根畑に入ってはいけない、畑へ入って大根の割れる音を聞くと死ぬ、大根が首をのばす、この日まで大根を抜いてはいけないなどと伝えられている。しかし、東北地方では、この日にマッカ大根と呼ばれる二股大根をエビスや大黒に供えたり、長野県や群馬県には大根を田の神への供物としている所がある。このことから大根畑へ入ってはいけないなどの禁忌は、大根を供物として重視したための伝承といえよう。大根に関する禁忌は、西日本を中心に行なわれている旧暦十月の亥《い》の子《こ》の行事にもあって、大根は秋の祭りには全国的に重要な役割を演じている。

藁鉄砲打ち　十日夜の行事の特色は藁鉄砲で地面を叩くことである。子供たちが中心となって各自藁鉄砲を持ち、家々の庭などを叩いてまわる。そして、この日に作ったぼた餅・饅頭や蜜柑などをもらって歩くのが一般的である。群馬・栃木・長野県のほか福島県では、この日にムジナブチなどといって地面を叩いている。十日夜の藁鉄砲には中に芋幹《いもがら》などを入れ、叩くと大きな音がでるようにし、「十日夜、十日夜、朝そばぎりに昼団子、夕飯くったらぶっぱたけ」(群馬・埼玉県)、「十日夜、十日夜の藁鉄砲、豆と小豆もよくみのれ」(埼玉県)などといいながら叩いて歩く所が多い。この藁鉄砲打ちは、モグラ追いのためにするとか、耕地に害をなす動物を駆除する呪《まじな》いとして行なわれているといえる。しかし、藁鉄砲には芋幹を入れたりもすることから、十日夜に祀る田の神への供物の容器と考えられよう。この藁苞と子供たちが供物をもらって歩くことが習合して藁鉄砲となり、地面を打つことの解説としてモグラ・ムジナの駆除の呪いとなったのである。なお、亥の子の行事でも子供たちが地面を叩いてまわることが行なわれ、十日夜と亥の子には共通点が多くみられる。

(小川)

亥《い》の子《こ》

旧暦十月(現在は新暦の十月または十一月の場合が多い)の亥の日の行事。西日本一帯で盛んであったが、農業の変化とともに近年では止めたり、簡単にしか行なわれなくなった所が多い。

亥の子餅などといって餅を搗《つ》いて食べたり、稲の刈上げ祭りをしたり、子供たちが家々をまわって藁《わら》鉄砲や石で門口・庭などを搗いて歩く亥の子搗きが行なわれる。ほかに炉開き・炬燵《こたつ》開きをする所、愛敬箸と呼ばれる特別な箸を作って使う所もある。亥の日は十月の一か月間に二回ないし三回あり、一回目を一番亥の子・農家の亥の子・殿様の亥の子・大名の亥の子など、二回目を二番亥の子・商人の亥の子・職人の亥の子・百姓の亥の子など、三回目を三番亥の子・漁師の亥の子・町人の亥の子などと区別して呼んでいる地方もある。亥の日が二回・三回あっても、各家ではこのうちの一回のみを祝うのが普通となっている。

西日本一帯から福井・岐阜・愛知・静岡・神奈川・千葉県、さらに東京都・埼玉県・茨城県の一部と新潟県佐渡に分布し、インノコ・亥の子節供・亥の日・玄猪《げんちょ》の祝日などとも呼ばれている。亥の子は西日本でとくに盛んで、行事内容からは、関東地方北部・西部から甲信越地方で旧暦十月十日に行なわれる十日夜《とおかんや》と対応した行事だといえる。関東地方では十月十日に亥の子を行なったり、十日夜に行なう藁鉄砲打ちの囃子詞に「亥の子」という語句が入る例があり、亥の子と十日夜が交錯している所もある。また、兵庫・和歌山・鳥取県や宮崎県などでは春亥の子といって、旧暦二月の亥の日にも亥の子を行なう所がある。

亥の子餅 行事全体の起源について、はっきりしないが、亥の子餅を食べる習わしは中国から伝えられたものである。中国では古くから十月の亥の日の亥の刻（午後九時から十一時）に餅を食べると病気にならないという俗信があり、餅には大豆・小豆・大角豆《ささげ》・胡麻・栗・柿・糖の七種を混ぜた。これが平安時代に日本の宮廷・貴族の間に広まり、その後しだいに民間でも行なわれるようになった。『宇多天皇御記』の寛平二（八九〇）年二月三十日の条には、十月の初亥の日に色餅を調え、天皇に献上することを歳時とすると記されている。室町時代には、幕府でも宮廷・貴族と同じように十月の各亥の日を祝い、亥の子餅を行なうようになった。現在の大阪府豊能町から宮中と幕府に亥の子餅を献上することがはじまり、この餅は能勢餅といわれた。
文献には亥の子餅が玄猪・厳重とも記されている。亥の子の別称を玄猪の祝日といったり、殿様の亥の子・百姓の亥の子・町人の亥の子などと区別するのは、十月の亥の日の祝いが民間に浸透してからのことである。

亥の子の刈上げ祭り　農村の亥の子の行事は亥の子餅を搗いて食べるだけでなく、稲の刈上げ祭りとしての性格が強く伝えられている。これは亥の子の時期がちょうど稲の収穫期であり、宮廷や貴族の間で行なわれていた亥の子が、在来の収穫祭と結びついて農村部に受け入れられていったためである。亥の子に稲の刈上げをする所は西日本に多く、岡山県勝田町（現美作市）では、十一月の初めの亥の日に亥の子の神が田から家へ帰ってくるので亥の子餅と呼ぶ丸餅を搗き、日の数だけ鉢に入れて床の間に「亥の子様に」といって供える。亥の子の神は田の神で、餅が搗かれてないと機嫌が悪く、翌年の稲のできが悪くなるといわれている。また兵庫・山口・愛媛県などでは、丑《うし》の日祭りと同じように田に数株の稲を刈り残しておき、亥の子の日にこれを刈り取って家に運び、米と共に神棚に供えたり、土間の臼の上に稲と餅・大根などを箕《み》に入れて供えたりもする。愛媛県では田に残しておいた稲を刈って家に運ぶときに、わざと重そうな身ぶりをする所もある。いずれにしても亥の子の刈上げ祭りには亥の子の神様・亥の神様などと呼ぶ田の神を家に迎えたり、天に送ると考えられ、十日夜と同様に大根が大切な供物となっている。さらに、大根畑に入ってはいけないとか、この日に大根が首をのばすという伝承もある。

亥の子搗き　農村の亥の子では藁鉄砲や石で家の門口や庭を叩いたり、搗いたりすることが盛んである。十日夜では藁鉄砲で地面を叩くだけだが、亥の子では人間の頭くらいの大きさの丸石を縄で縛り、数人で縄を持って地を搗くことも広く行なわれてい

大阪府河南町、亥の子搗き。
（文化庁『日本民俗地図』Ⅰ（年中行事１）より転載）

る。子供たちが中心となって組になり、「亥の子、亥の子、亥の子餅搗いて、祝わん者は鬼生め、蛇生め、角の生えた子生め」などと亥の子唄をうたいながら各家の地面を搗き、お金や亥の子餅をもらって歩くのである。祝儀が出ると「この家繁盛せい」とか「金持ちになれ」などと祝福し、逆に祝儀が出ないと「貧乏になれ」などと悪口をいったりもする。亥の子搗きに使う石はゴウリン石・ゴウリンサン・亥の子様などともいい、洗い清めて頭屋の家の床の間に飾って供物をしたり、石に幣束をつけたりする所もある。亥の子搗きは、本来は土地の精霊に活力を与えようという、生産に関する呪《まじな》いである。（小川）

丑《うし》の日《ひ》祭《まつ》り

福岡・佐賀県など北部九州で行なわれている稲の収穫儀礼の一種。稲刈りのときに数株の稲を意識的に刈らずに田に残しておき、十一月の丑の日にこれを刈り取って束ねる。そして「重い重い」といいながら、あるいは田の神が依りついていると考えて、稲束を重そうなかっこうをして家に運び、箕《み》に入れて土間の臼の上などにあげ、そこに餅や大根などを供える儀礼である。お丑様・丑の日様・田の神様の上り日などともいい、このときに田の神が田から家、または田から天へ赴くと伝えられている。佐賀県唐津市鎮西町では田に残しておいた稲株を刈るときに「待ち長《なご》かったろ、きつかったでしょう、これから刈ってうだいて行きます」と語りかけたりしている。田に残しておいて丑の日に刈る稲は、その扱いから田の神を家へ迎えたり、天に送る依代《よりしろ》となっていることがわかる。丑の日祭りと同様な儀礼を、山口・兵庫・愛媛県などでは亥《い》の日に行なっている例がある。またヨーロッパには、この儀礼と似たラスト・シーフ（last sheaf）と呼ぶ麦の儀礼がある。（小川）

あえのこと

石川県の能登半島に顕著な、田の神を祀る農耕儀礼。旧暦十一月五日と一月九日の行事で、現在は新暦の十二月五日と二月九日に行なわれている。田にあって稲の成熟を守ってくれた田の神を十二月に家へ迎え入れて祀る田の神迎えと、二月に農作業の開始に先だってふたたび田へ送る田の神送り、あるいはタノカンサマと呼ぶ行事からなっている。十二月と二月の双方の行事を共に「あえのこと」と称している。「あえ」とは饗応することで、「こと」は祭事の意味である。名称や行なう日は少し異なるが、富山県黒部市宇奈月町や入善町にもきわめてよく似た田の神迎えの行事がある。

行事の細部は家ごとに異なるが、ゴテ（戸主）が取りしきって行なうことは共通している。一般的な例をあげると、十二月五日早朝より供物用の眼張《めばる》という小魚を用意し、山から榊《さかき》と栗の枝を伐ってくる。次に蔵か納戸に安置してある種籾《たねもみ》俵を床の間から神棚の下に並べたり積み上げたりする。これがご神体となる。種俵の数は家の作田の規模によって異なり、左右に二つ積む所、山型に積み上げる所などまちまちである。午後になるとゴテは種籾俵に榊を立てたあと、風呂を焚き、栗の枝を削って作った竪杵《たてぎね》で粢餅《しとぎもち》を作る。この杵の音で田の神は田から上がる準備をするという。夕方、ゴテは肩衣《かたぎぬ》をかけ、扇子を手にして苗代田か、神田《じんでん》といわれる田へ、田の神を迎えに行く。田の前で柏手を打ち「田の神様、お寒うございましたやろ、長々ご苦労様でございました、どうかお迎えにあがりましたさかい、お出下さいまし」などと唱え、神を家まで先導してくる。家の入口では「田の神様ござったぞ、みんな迎えに出えや」といい、家の者は「田の神様、長の年中ご苦労様でございました。暑いにつけ寒いにつけ、どうもご苦労様でございます。どうかお入り下さいまし」と挨拶し、囲炉裏端の横座へ招く。しばらくしてゴテは「お休みになったらお風呂へ入って下さいませ」といって風呂場へ案内し、湯加減に気を配ったあと「ごゆっくりお入り下さいまし」と声をかける。次に床の間のほうへ案内し、種籾俵に依りつかせたのち、種籾俵の前へ二膳の馳走を出す。本膳には大根・小芋・長芋などのお平や豆腐汁・膾《なます》・赤飯といった熟饌とオザシ（眼張）が並ぶ。この膳を左右に供えてから、ゴテは蓋を取って供物を扇子でさしながら「さあおあがり下さいまし、なにもかも鍬《くわ》で作ったものは沢山ございまっさかい、ゆっくりおあがり下さい。これはご飯でございます。これはお汁でございます……」と一つ一つ説明し、男女二神だから二回繰り返す。それがすむとゴテは甘酒を大椀に入れて二つの膳の中央に置き、田の神にすすめる。また、一斗箕《み》に二股大根と粢餅をのせて膳の手前に据え「代々世の中がよろしうございます。千秋万年も続いた御鏡でございます、おあがり下さいまし」といって柏手を打って拝む。二月の田の神送りのときは、ゴテは田の神が馳走を食べている中途で、「われわれもお相伴いたします」といって、一膳分の小豆飯を下げて家族一同に神の箸で分かち与える。

一般に田の神は片目の神とも目が見えない神とも信じられている。その説明として、米粒には稲の芽が一つしかないからとか、泥田の中で田作りのわざをお守りなされた疲労で失明したから、あるいは稲の葉の先で目をついて見えなくなったなどといわれている。したがってこの行事の全体にわたって、目の悪い神に対する配慮を伴ったもてなし方が顕著である。膳の品目をいちいち口に出して言上するのもそのためである。また、田の神は男女二体の神として捉えられている。種俵を二組に並べることが多く、そうでない場合も供物はかならず二組同じ膳を作って供えている。

あえのことは家単位での祭りであることから、ムラの祭りや共同儀礼と違って、家々の伝承によって行事の細部には相違がみられる。ただ、どの家でも風呂・二股大根・甘酒・赤飯は共通してみられる要素といえる。そして赤飯と粢餅の原料となる米が重要な要素として認められる。このとき使われる米は田植えのときから聖別され、注意を払って育てられたもので、この稲束を御神体として刈上げ祭りが行なわれる。また、大根のメムカエなどと呼ばれる行事の象徴物とされる二股大根が、ここで用いられていることも注意すべき点である。

なお、この行事は「奥能登のあえのこと」として国の重要無形民俗文化財に指定されている。（茂木）

恵比須講《えびすこう》

エビス神を祀る行事。関西地方をはじめとする西日本各地では、十日戎《えびす》といって一月十日にエビスを祀る例が多いが、東日本では主として一月二十日と十一月（旧暦では十月）二十日を恵比須講と呼び、エビス神を祀っている。祭日に東西日本で違いのある理由については、かならずしも明らかではない。

エビス信仰の伝播　未開の異俗の人々というほどの意味のエビスは恵比須・戎・夷などと書かれ、いつごろからなぜ神名とされ祀られるようになったのか確実なことはわからない。平安時代末期にはエビスを祀る広田神社の西宮夷社（現在、兵庫県の西宮神社）の信仰は相当盛んであったといわれており、平安時代末から鎌倉時代にかけては石清水《いわしみず》八幡宮・鶴岡八幡宮や東大寺など、各地の社寺に勧請されていた。エビスは早くから漁業・航海の神として漁師や海運に携わる人々の間に信仰されていたが、市神としても祀られた。室町時代に七福神の一つに数えられるにいたって商売繁盛の神として商人の間に広く信仰され、干鰯《ほしか》商人・漆商人など、同業者ごとに恵比須講を結成する風が生じた。江戸時代に入ると東日本一帯にも伝播し、農村部にも恵比須講が盛んになった。

講の諸相　近畿地方では十日戎といって、西宮神社や今宮戎神社などエビスを祀る神社に参ることが多い。大阪府河内長野市では、かつて山仕事をする人や高野豆腐担ぎをする人々が恵比須講を組織し、回り持ちで講宿をつとめ、エビス神の掛軸をかけて供物をし酒宴をしていた。この集まりの際にその年の仕事の打ち合せもしていた。また、大阪の商人宅ではエビス神に鯛《たい》などを供え、有り金や大福帳・鏡餅なども供えて祀っていた。商家でこのようにすることは全国的で（ただし東日本では一月と十一月の二十日が多い）、エビス神の前で家族や店員同士で品物に千両とか万両など縁起のよい値をつけて売り買いの真似をしたり、供物を下げるときに「万々両で買い受けます」など景気のよいことをいう場合もある。さらに関東地方では、十一月の恵比須講の日に買物客に蜜柑などの縁起物を配ったり、この日を中心に大売出しをする例もみられ、関西地方の誓文払いとの関係が指摘されている。

鹿児島県の屋久島では、各集落で漁の神としてのエビスが祀られており、十日戎（一月に限らずほかの月の十日の集落もある）にはエビス神の前に船主・網主を中心に漁の関係者が集まり、飲食を共にして豊漁を祈っている。このように漁村で船組や網組ごとに集まってエビス神を祀り（東日本の場合には一月と十一月の二十日）、一月にはその年の漁の相談などをすることも全国的である。

農村部では、西日本にもエビス神が祀られていないわけではないが、一月と十一月二十日の恵比須講は東日本で盛んである。ただ、講とは呼んでいても家単独行事の性格が強い。祀り方は地域や家によっていくらか異なるが、エビスの神像を床の間などに据え、尾頭付きの魚やご飯・そば・けんちん汁などを供え、豊作を祈り感謝する点ではほぼ共通している。一升枡に有り金や財布を入れて供えたり、米俵に供物をのせて供える例もみられる。鯛などの魚がどうしても欠かせないものとされたり、生きた鮒《ふな》を井に入れて供える例が多いのは、漁業神としてのエビスの名残であろうか。農村部の恵比須講の特徴の一つに、一月にはエビス神が働きに出るので稼がせるために供物を少なくし、十一月には働いて戻るので労をねぎらって十分な馳走をしなければならないという伝承がある。これは、田の神去来の伝承と習合したものと考えられている。

エビス神の性格　漁村部で豊漁の神、商家で商売繁盛の神、農村部で豊穣の神として祀られているように、一般にエビス神が福神とされていることは全国共通である。と同時に、とくに農村部には耳・目・口・足の不自由な神もしくは容貌の醜い神という伝承が多い。また、平素わざわざ暗い場所に祀ったり、ほかの神棚より一段低い場所に祀ったり、講行事のときに供物を左膳にするなど、ほかの神と差をつけている例も多い。このように各地の田の神の性格や田の神の祀り方と共通する面の少なくないことには注目しなければならない。さらに、エビス神への供物は、縁遠くなるのをおそれて他家へ嫁ぐ子女や次三男に食べさせないといったり、群馬県で神無月にエビス神が留守神として残ると伝えているのは、エビスに家の神としての性格を認めているからであろう。このようにエビス神の性格が複雑であるのは、伝播の過程で在来の神と習合し続けたからであり、習合を繰り返しつつ浸透し、各地に恵比須講の成立を促したことが推測できる。（田中）

酉《とり》の市《いち》

十一月の酉の日に鷲《おおとり》神社（大鳥神社）で開かれる市。一般にはお酉様として親しまれ、初酉を一の酉、次を二の酉ともいう。鷲神社の本社は大阪府堺市の大鳥神社とされるが、東京の各所にある鷲神社の酉の市が盛大で知られている。もともとは鷲神社の祭礼に伴って開かれる市であり、以前は酉のマチ（祭り）と呼ばれていた。酉の市のはじまりは武州葛西花又村（東京都足立区花畑町）の鷲大明神（大鷲神社）の祭礼であったという。その後江戸各地でも市を開く風が広まり、とくに浅草の鷲神社の酉の市は多くの参詣人でにぎわうことで有名になった。このため、現在でも花畑の市を本酉、浅草の市を新酉と呼ぶ場合がある。神社の名が示すとおり神の使いとしての鳥に対する信仰にもとづいて、酉の日を祭日としている。また、鷲の字を当てるのは、鷲の羽根が矢羽根として用いられたことから、鷲神社が武運長久の神として武士の信仰を集めたことによる。一般には鶏を神の使いと考えて神聖視する所が多く、かつて花又村でも鷲大明神の氏子は鶏を食べず、祭礼に際しては鶏を神社に奉納したという。なお、十一月に三度酉の日があると火事が多いといわれるが、これは酉すなわち鶏の鶏冠《とさか》が赤いことから火が連想されたものであろう。

酉の市といえば縁起物の熊手が名物である。これは飾り熊手と呼ばれ、宝船・米俵・千両箱・お福面・恵比須大黒・鶴亀などのあらゆる縁起物がついている。熊手はもともと祭礼に立つ農具市の商品であったが、物をかき寄せることから幸福や富を集める道具に見たてられた。さらに、酉が「客をとり込む」につながることからも、商いや客商売をする町人たちの信仰を集めるようになり、招福の縁起物として喜ばれるようになったのであろう。現在も酉の市では大小さまざまな飾り熊手が売られ、参詣人が先を争って買い求める。これを家の天井下に吊るしたり、めだつ所にさしておくと魔除けにもなるという。飾り熊手が売れると、売り手と客とでシャンシャンと手締めを打つ。これも酉の市ならではの風情であり、年末の風物詩になっている。また、酉の市には八頭《やつがしら》（里芋の一品種）も売られるが、これは人の頭にたつとか、子芋をたくさんつけるために人々に多産豊産を連想させ、熊手とともに縁起物である。（萩原）

鞴祭《ふいごまつ》り

鍛冶屋・踏鞴《たたら》師（砂鉄から製鉄を行なう職人）・鋳物師・石屋・車大工など、鞴を使う職人の祭りで、通常は十一月八日に行なわれる。鞴というのは鉄を溶かしたり鍛造するときに火の具合を調節する送風装置で、踏鞴師・鋳物師は足踏み式の大型のものを使い、鍛冶屋・石屋・車大工は小型の手動式の鞴を用いた。

この祭りは踏鞴祭り・金山《かなやま》講ともいわれ、全国的にみることができる。祭りの内容は単純で、仕事場の掃除をし、鞴に注連《しめ》縄を張るなどして清め、鞴や仕事場、または鍛冶屋・踏鞴師・鋳物師などの守護神である金屋子《かなやご》神・金山神にお神酒《みき》・蜜柑・するめなどを供えたり、近隣の子供たちを集めて餅や蜜柑をまいたりする。十一月八日に鞴祭りをすることについては、この日に京都の伏見稲荷大社で火焚祭りがあり、鍛冶屋など鞴を使う職人は稲荷も守護神と

東京都日野市、鍛冶屋の神棚。（1988 年：小川直之）

したので鞴を休めて祝うともいわれている。

鍛冶屋などが稲荷を守護神とすることは、山形・埼玉・新潟・福井・奈良・兵庫・徳島・高知・福岡県や京都府・東京都など広範囲にわたる。屋代弘賢が文化十四（一八一七）年に全国に発した「風俗問状」に対する阿波国・淡路国の答えに、十一月八日の鞴祭りには赤飯や蜜柑を供えて稲荷大明神を祀るとある。また、謡曲「小鍛冶」では、一条天皇のときに三条小鍛冶宗近が剣を鍛える勅命を受け、稲荷大明神に参詣したところ、稲荷が白狐の姿となって現れ、一緒に槌を打って見事に剣を打ちあげている。後鳥羽上皇が刀剣を鍛えるときに、稲荷山の土を採って用いたという説話もある。

こうした鍛冶屋などと稲荷の関係とは別に、十一月八日に天から鞴が降ってきたという伝承もある。石川県能美地方や広島県山県地方では、十一月八日の卯の刻に天から踏み鞴が降ってきたので、その記念に鞴祭りをするという。茨城県多賀地方では、鞴が天から降ってきたとき、蜜柑の木にひっかかったので鞴祭りに蜜柑をまくという。東京都大田区でも鞴は天から降ってきて授かったが、そのとき鞴は蜜柑の木に当たり、実っていた蜜柑が落ちた、そこで鞴祭りには蜜柑をまくといっている。茨城県・東京都の伝承は蜜柑をまく由来譚となっているが、いずれも鞴は天から降ってきたと伝えている。一方では金屋子神にも天から降臨したという伝承があり（ただし七月七日申《さる》の刻などという）、鞴や金屋子神の降臨譚と鞴祭りの関係を考えてみる必要があろう。また、島根県出雲地方の掛軸の金屋子神像は、女体の神が白狐に乗った姿として描かれており、金屋子神と狐・稲荷の関係がうかがえる。

なお、鞴祭りは十一月八日だけでなく、二月八日・四月八日にも行なう所がある。（小川）

霜月祭《しもつきまつ》り

霜月（旧暦十一月）に行なわれる、稲の最終の収穫祭を霜月祭りと総称する場合と、湯立て神楽を伴う芸能を中心とした祭りを呼ぶ場合とがある。

収穫感謝の祭り　古くから収穫の祭りは刈りはじめの穂掛け祭りではじまり、刈上げ祭りで完了するという、二段階に祀る地方が多い。そのあと残された稲株や稲積み・稲穂に田の神（山の神・作神など）が籠っていると信じ、その後、約一か月の物忌みの期間を経て行なわれる祭りが霜月祭りである。

霜月祭りの性格は、最終の収穫感謝の秋祭りと考える説が有力であるが、冬至の時期とも重なり、穀霊や魂が生き返る擬死再生の冬祭りとする考え方もある。かつて農村では新嘗《にいなめ》の祭りや行事が盛んに行なわれていたが、これも収穫感謝の性格をもった霜月祭りの一種である。過疎化の進展や減反政策などもあって、だいぶ廃れてしまったが、現在でも十一月二十三日（勤労感謝の日）には各地の神社で新嘗祭が営まれている。この日（本来は二の卯の日）は、皇室ではその年の新穀を天皇が神に供え、収穫後はじめて食する祭りが続けられている。

霜月の祭りや行事の日取りが各地で少しずつ異なるのは、稲の収穫の時期が地域の自然条件などによりずれが生じるからである。

丑《うし》の日祭り 北部九州では十一月の初丑の日に、田に刈り残しておいた稲株を刈り取ってきて、家の庭などに置いた臼の上に箕《み》をのせて、その上に稲束を飾り、枡に入れた餅や酒・大根などを供えたりする。所によっては、この日を丑の日様と呼んだり、単にお丑様と称したりしている。箕の中に祀る稲を丑の稲と呼ぶ所もある。佐賀県では旧暦十一月の丑の日を上がり丑という。上がるは稲田から帰ってくるという意味で、旧暦二月の丑の日の出丑《でうし》の田の神祭りに対応している。供える膳の向きも、上がり丑の日と出丑の日では反対になっている。上がり丑の日に田から刈ってきた最後の稲の束は出丑の日まで穂のまましまっておき、もう一度祀ってから一家でその米を食べ、藁は飼っている牛に切って与える。ここでは前日の晩に大黒様を祀って、二股大根を供えるという。丑の日とは、農耕に用いる牛との関係からであろうが、稲束を依代《よりしろ》として田の神を祀るところにその本質がある。

二股大根を供えるのは、石川県能登地方のあえのことにも共通している。あえのことは旧暦十一月五日に田の神を田に迎えにゆき、あたかも田の神がいるかのごとくに背負う格好で家まで導いてくる。まず風呂に入れ、その後、炉端で温まっていただいたあと、床の間に据えた種俵に依りつかせ、二股大根や膾《なます》・一夜酒などを供え、それらを戸主が一つ一つ声に出して田の神に説明する。田の神は目が見えないからだと説明している。終わると、種俵は一月九日まで天井裏に保存され、九日に同様のあえのこと行事が行なわれ、田の神は田に戻る。能登地方では、一月九日に田の神は野に下り、十一月五日に天に帰るとも伝承されている。

ほかにも、中国地方では霜月三夜といって、二十三日の夜に日待ちをする。山陰地方から東の地方では、この夜から二十四日にかけて大師講が行なわれる。霜月粥と称して小豆粥を煮たり、団子を供えたりする。かつては稲を穂のまま積んでおき、必要に応じて米を搗《つ》くことが広く行なわれていた。沖縄県八重山地方では、この稲積みをシラというが、産屋もシラと称する。稲穂積みを、人が誕生する場である産屋と同じように呼んでいたことは、ここで稲霊が誕生するとの信仰がかつて存在していたことを推測させる、注目すべき伝承である。

擬死再生の祭り　旧暦十一月にはもう一つの霜月祭りがある。湯立て神楽を中心とした神事芸能で、このときは祭場に炉を作り、湯釜を据え、釜の上にはビャッケ・天などと称する天蓋を下げて切紙で飾り、神々を迎えて舞が舞われる。湯立てを繰り返し、衰えた魂をよみがえらせる擬死再生の祭りとされる。「生まれっ子」「神子」などと呼ばれ、この祭りにおいて死の淵から生還し、生まれ変わったとされる人々は、その後の一生を神社に奉仕する役となる。こうした神楽系の霜月祭りは、中部地方の三遠信地方の花祭り、長野県天龍村のお潔め祭り・御神楽・冬祭り、秋田県保呂羽山の霜月祭りなどがある。

（茂木）

大師講《だいしこう》

十一月二十三日または二十四日に各家で大師を祀る行事で、供物を作神棚や仏壇に供えて祝う。全国にみられるが、関東・東北地方や日本海沿岸などの積雪地帯には伝承が豊富である。この大師講は弘法大師（空海）をはじめ智者大師（智顗《ちぎ》）・元三大師（良源）・慈眼大師（天海）などの有名な大師を祀る行事と解されていることが多かった。しかし行事の供物や行ない方、由来を物語る伝承にはこれらの高僧にそぐわない点も多い。こうした要素は、高僧への信仰よりも古い信仰をうかがわせるものと考えられている。

供物に小豆粥・団子・大根などを供えるのは一般的であるが、しばしば特別に長い茅《かや》の箸や長短ふぞろいの箸を添える。その理由として福島県田村地方では大師様は子供が多く、団子を子供たちに食べさせるために長い箸が必要になるからだという。秋田県雄物川流域でも大師様には二十四人の子供があって、短い箸では末のほうまで届かないからこの日に長い茅の箸を供えるとされる。新潟県朝日村（現村上市）のだいしこ様はいやしい神とされ、塩釜に落ちて片足を焼いてしまったので塩を入れない団子を仏壇に供え、その姿にちなんだ左右ふぞろいの箸と杖にするための棒を一本添えることになっている。大師が片足だという伝承は多く、その足跡を隠すためにこの日に雪が降るのだという所も少なくない。長野県北安曇地方ではこれを足跡隠しの雪と呼ぶ。この晩、大師様は村々をまわって歩かれるのだが、生まれつき片足が不自由で、雪が降ると足跡が隠れるので喜ばれるという。広島県高田地方ではこの日の供物に大根や小豆を入れた団子汁を作る。これは雪の夜に病人の姿で宿を求めてきた弘法大師が畑の大根を盗んで食べたことによるとされ、大師には足の指がなく、足跡を隠すために呪文で雪を降らせたという。また、一夜の宿を乞うた大師をもてなすために、貧しい女性が畑から食物を盗んだが、その心がけにより幸福を授かったという話は各地に広く分布している。

これらの伝承にあらわれる大師は十一月二十三日の夜に村々をまわり、各家を訪れて祝福を与える神の姿が変化したものと考えられている。大師という名前は、尊い方の長男を意味する大子と書くのが本来のもので、神の子という意味をあらわしていたらしい。二十三日という日も、旧暦では下弦の月に相当し、この日に二十三夜待ち（二十三日の夜を徹して日の出を拝む行事）が全国的に行なわれていたように、神の示現を待つ重要な折り目の一つであった。とくに旧暦十一月二十三日は冬至に近く、太陽の力がもっとも衰弱する時期であるとともに、少しずつ回復が期待される時期でもある。かつてはこのようなときに世の中も更新されるという観念があり、この機会に新しく生まれた神を迎えて祭りを行なったのが大師講の古い姿と考えられている。この日にまつわる雪や風は神の去来する状況を表現したものであろう。この神には世界に豊穣をもたらすという性格もあったらしく、子供が多いという伝承はそれをよくあらわしている。同様に多産・豊穣という伝承をもつ山の神も、片足神とされる場合があるのは興味深い。このような来訪神の伝承は、新嘗祭《にいなめさい》の夜に富士と筑波の神のもとを訪れ、親切にもてなした筑波の神のみに祝福を与えたという『常陸国風土記』の伝承がよく知られているが、この神が祖神《おやがみ》とされているところから大師にも祖霊としての性格を指摘する説もある。いずれにしても片足神の信仰は世界各地に存在し、このような信仰が普遍的な基層文化に根ざしたものであることがうかがわれる。

なお、これらの大師講は、講の組織はなさずに各家庭で行なわれてきた。しかし、主に西日本に多くみられる大師講は、毎月二十日または二十一日に、寺堂や当番の家に集まって大師像を拝む行事である。弘法大師の忌日が二十一日であることから、それにちなんで行なわれたものという。（齊藤）

新嘗祭《にいなめさい》

その年の稲の収穫を神に感謝する重要な祭りで、音読みしてシンジョウサイともいう。

収穫後の祭りは古くから行なわれており、これをニヒナメノマツリとして、新嘗祭と記すようになった時期は不明であるが、嘗の字には秋の祭りや毒味役の意味がある。記紀や『常陸国風土記』などには新嘗をニヒナヘ・ニハナヘなどと読ませ、新たなる穀物を食べ試みる意味であった。折口信夫は『万葉集』巻十四の東歌にニヘ・ニフナミの読みがあり、ニヘは食物で神や天子に捧げるものを意味し、ニフナミはニヘの物忌みを意味するという。また、中部地方以東の各地に伝わる稲村・稲積みをあらわすニホ・ニョウ（ミョウ）がこの新嘗のニヒではないかと説いた。本来は嘗一字でもってニヒナメなどと読むべきものであろう。新嘗の日は古くは十一月下の卯の日（三卯あれば中の卯の日）が充てられた（大宝神祇令）。明治六（一八七三）年、新暦採用に伴い十一月二十三日をもって新嘗祭を行なうことが定められた。民間では十二支によって日を定めず、霜月二十三夜に稲の収穫に伴う物忌みの祭りを行なう例も多いなど、民間の刈上げ祭りとも関係のある日であったためともいわれる。

民間の新嘗である収穫に関する祭りは、倉田一郎によると、稲刈りより前に稲穂を刈って神に供える穂掛け祭りと刈上げ祭りの二部構造からなり（『農と民俗学』一九四四年）、刈上げ祭りはおくんち、十《とお》日夜《かんや》・亥《い》の子《こ》、霜月祭りの三つに分けられる。おくんちは北日本に多く、九月にある三度の九日（サンクニチ・ミクニチ）のいずれかの九日をあてる。長野県上伊那地方では初めの九日を神の九日といい、秋祭りを九月九日にする所も多い。新穀で甘酒を作って供えたり、餅を搗《つ》いて親戚に配る地域も多い。東北地方から新潟県・茨城県北部にかけては刈上げの節供・オカリアゲという。十日夜は関東甲信地方で十月十日の夜に行なわれ、西日本では亥の子という。この晩、モグラやムジナを防ぐ呪《まじな》いとして、子供たちが藁鉄砲で地面を打ち歩く。長野県では案山子《かかし》上げと呼び、案山子を田から上げて庭先に立てて餅を供えた。霜月祭りは田の神迎えの祭りで、石川県能登地方のあえのことのように家の行事として行なわれる。北九州では丑《うし》の日祭りという。

新嘗祭の記述は『日本書紀』神代紀に「天照大神の新嘗《にひなへきこ》しめす時」などとあるが、古くは新嘗と大嘗の区別が明確ではなく、天皇が即位する際の大嘗祭は新嘗祭から分化したものとする説があり、新嘗祭の成立はさらに遡る可能性もある。宮中の新嘗祭は、その年の新穀を諸神に供え、天皇も食するという天皇の最重要祭儀で、大嘗祭を行なう年を除いて、毎年十一月二十三日に行なわれる。前夜に天皇・皇后・皇太子の御魂を鎮め、寿命の永きを祈るという鎮魂の儀を掌典が行なう。古くは下の卯の日の夕刻から天皇は御湯出御と呼ばれる沐浴斎戒し、神嘉殿にて天皇が神々とともに新穀から作られたお神酒《みき》・神饌を食することを深夜に二回繰り返す夕の儀と暁の儀を行なう。翌辰の日には豊明《とよのあかり》の節会《せちえ》と称する宴を催した。この祭祀の伝統は今日も守られている。

第二次大戦までは、伊勢神宮をはじめ全国の村社以上の神社では供進使による神饌幣帛料《しんせんへいはく》の奉奠《ほうてん》が行なわれていた。この宮中の収穫祭は、明治六（一八七三）年の新暦施行日から宮中祭祀の日とともに国の祝祭日となり、十月十七日は伊勢神宮の神嘗祭、十一月二十三日は宮中の新嘗祭となった。なお十一月二十三日は昭和二十三（一九四八）年に勤労感謝の日として国民の祝日となった。（茂木）

勤労感謝《きんろうかんしゃ》の日《ひ》

国民の祝日の一つで、十一月二十三日。「勤労をたっとび、生産を祝い、国民たがいに感謝しあう」日として、昭和二十三（一九四八）年に「国民の祝日に関する法律」によって定められた。この日は、第二次大戦終了時までは天皇が新穀を天神地祇にすすめて感謝し、みずからも食される新嘗祭《にいなめさい》の日として、国の祭日であった。新嘗祭は古代から続く宮中の祭りで、十一月第二卯の日を中心としていたが、明治六（一八七三）年以降十一月二十三日に固定されたのである。この日は各地で農業祭などが行なわ

れるが、今日では農業従事者が少なくなり、すべての勤労と生産に感謝する日となっている。（田中）

十夜《じゅうや》

浄土宗の寺院で旧暦十月五日から十五日朝までの十夜にわたって行なわれる法会で、お十夜とも呼ばれる。現在は短縮されて、この期間の数日を十夜と呼び、新暦十一月に行なう例が多い。十夜の起源は永享年間（一四二九〜一四四一）に平貞国が京都の天台宗の真如堂に籠り、霊験を受けて十夜の念仏を行なったことによるという。その後、明応四（一四九五）年に勅許によって鎌倉の光明寺に伝えられ、浄土宗の行事となって各地に広まった。

現在各寺院でなされている行事は阿弥陀仏への報恩感謝を目的としたものであるが、この時期はちょうど稲の収穫祭の時期にあたり、民間では亥《い》の子《こ》や十日夜《とおかんや》の行事などが行なわれる。とくに旧暦の十五日は望《もち》（満月）の日としてしばしば重要な祭日になっており、十夜の儀礼にも祖霊や農神を祀る収穫祭の性格が指摘されている。民間で十夜の名で行なわれている行事は、かならずしも仏教的なものとは限らず、奈良県添上地方の十夜講では子供たちが各戸から集めた米で供物を作り、麻幹《おがら》でできた鋤《すき》や鍬《くわ》の模型とともに亥の神に供えるという行事がみられる。（齊藤）

報恩講《ほうおんこう》

浄土真宗の祖師親鸞《しんらん》の忌日に行なわれる法会。親鸞は弘長二（一二六二）年十一月二十八日に入滅した。この忌日を中心として十一月から一月にかけて、浄土真宗の寺院では報恩講が催される。報恩講は別名御霜月《おしもつき》ともいわれ、法会が七夜八日におよぶことから御七夜《おしちや》ともいわれる。京都の東本願寺では十一月二十一〜二十八日、西本願寺では一月九〜十六日に

東本願寺の報恩講。（『江戸名所図会』）

行なう。各地の末寺や別院では、本山の報恩講と重ならないように日をずらして行なうが、これを御引上・お取越と呼んでいる。いずれにせよ報恩講は浄土真宗最大の行事であり、信徒の村々でも盛大な法会が催される。とくに農村では報恩講の時期が秋の収穫後にあたることから、その年にとれた作物を奉納し、法事のあとの斎食も秋じまいの祝宴を兼ねていることが多い。同様に、秋の仏教行事には日蓮宗のお会式、浄土宗の十夜などがあり、そこにも収穫祭の要素をみることができる。（萩原）

七《しち》五《ご》三《さん》

男児は三歳と五歳、女児は三歳と七歳に行なう子供の成長の祝いで、現在では十一月十五日がその日とされている。子供の成長の祝いとして、三歳・五歳・七歳の子供たちが着飾って各地の有名神社に参詣することはよく知られているが、このような形が民間で一般化したのはそれほど古いことではない。ことに関西では昭和十（一九三五）年ごろに都市部で盛んに行なわれるようになり、各地方でも第二次大戦後に浸透したという。以前は、成長の祝いは家庭内の行事として行なわれ、上層の家の、とくに長男や長女に対して行なうものであった。関東の都市部では、江戸時代から十一月十五日に社参する風習がみられたが、あくまでも都市部の流行であり、各地方ではこの日にまとめて子供の祝いを行なう風習はなかったらしい。

宮中・公家・武家の祝い　宮中や公家・武家のしきたりでは、子供の成長の祝いとして髪置《かみお》き・深曽木《ぎ》・袴着《はかまぎ》・帯直《おびなお》しなどが行なわれていた。髪置きは子供の髪の毛をのばしはじめるときの儀式で、それまでは髪の毛を剃って頭を丸めていた。平安時代には三歳の春に行なわれていたが、室町時代に公家は二歳、武家は三歳で十一月十五日の行事になった。長寿や子宝に恵まれた人に儀式上の親になってもらい、苧《からむし》や藪柑子《やぶこうじ》などの飾りのついた真綿の帽子や米粉を子供の頭にかぶせ、その髪を櫛や笄《こうがい》でとかすのがこの儀式である。深曽木はのばした髪の毛を一度切って整える儀式で、かつては三〜七歳に行なわれていた。武家が政権をとる時代になって男児五歳、女児四歳の十一月か十二月の吉日に行なわれ、江戸時代に十一月十五日に定まった。この場合も名望家や子孫の繁盛している夫婦が儀式上の親に頼まれている。袴着は子供に袴をつけだすときの儀式で、以前は三〜十四歳で、日取りは適当な吉日が選ばれていたが、室町時代には三〜七歳で十一月十五日あるいは正月に行なうようになった。江戸時代には、子供を碁盤の上に立たせ、儀礼上の親が裃《かみしも》を出してつけるという作法があった。帯直しは帯解き・紐《ひも》落としとも呼ばれ、紐付きの子供の着物から帯で締める大人の着物に替える儀式で、室町時代からはじまったとされている。もとは男女九歳で行なうものであったが、江戸時代に男児五歳、女児七歳または九歳になり、日取りも十一月十五日になった。このように公家・武家の伝統のなかで子供の成長の祝いは一定の形式を与えられ、とくに十一月十五日の行事とされるようになっていった。

民間での祝い　民間で伝統的に行なわれてきた三歳から七歳の祝いは、公家や武家のしきたりの影響を受けているものの、それ以前の姿をうかがわせる点も少なくない。このような民間の三歳の祝いは一般には紐解き・紐落としという名で知られ、そのほか帯直し・帯祝いと呼ばれることもある。やはり、この機会に紐のついた着物を帯の着物に替えるためで、それまで一つ身であった着物を三つ身（一反の織物の半分で仕立てる着物。小児の身丈の三倍にあわせて裁たれる）に替えることから三つ身の祝いとも呼ばれる。香川県丸亀市のヒボハナシ（紐放し）というのも同様の祝いで、旧暦八月十五日の祭りの日に三つ身の着物を着た子供が里から贈られた帯を締めて氏神に参詣する風習がある。五歳の祝いは袴着といい、男児の祝いとする例が多いが、女児に対してもこの祝いを行なう所がある。正月や十一月十五日に氏神へ参詣することもあった。群馬県勢多地方などではこのときに里から袴を贈ってきて、それを碁盤の上でつけさせるという風習もあった。七歳の祝いはこの年齢が幼児期の最後にあたり、男女ともに重要な折り目とされてきた。埼玉県には七歳で紐解きを行ない、五歳の祝いのほうは普通行なわないという所がある。以前は十月吉日に行なわれ、子供は里から贈られた四つ身裁ちの着物を着て村の氏神に参詣していた。氏神は村のシンボルで、子供はこの機会に正式な氏子入りをして村人の一員に加わる。また年中行事などにしばしば重要な役割を果たす子供組に加わるのもこの年ごろからである。

各地の子供の成長の祝いをみると、同様の行事が地方によって異なる年齢で、別々の機会に行なわれている場合が少なくない。これは、三歳・五歳・七歳の祝いをそろって十一月十五日に行なう風習がも

静岡市、静岡浅間神社へ七五三のお参り。(1982年：富山昭)

とはなかったことを示している。子供の成長の祝いは、衣服や髪形で成長の段階を表示し、贈答を行なったり庇護者を頼んだりすることで子供をとりまく社会関係を明らかにし、その人生を周囲に認めさせることが本来の目的であった。氏神への参詣は子供がその社会に認められたしるしである。行事の日取りも神仏に関連したハレの日であればよく、祭日や正月が選ばれたのはそのためで、十一月十五日という日取りも、本来は秋祭りの時期に由来したものと考えられる。このような趣旨の行事は各地でそれぞれ独自に行なわれていたものである。それが武家や公家の社会で一定の形式化がほどこされ、彼らに接する機会の多かった都市部に広まって、現在の七五三の風習となったものであろう。その背景には、都市部に各地から集まってきた者が、それぞれのしきたりを守って子供の祝いをすることが難しくなり、ある定まった形式を採用する必要に迫られていたという事情もあったと考えられている。（齊藤）

一葉忌《いちようき》

小説家樋口一葉（一八七二～一八九六）の忌日で、十一月二十三日。一葉の一家は何度も引っ越しをしているが、約十年間を東京都文京区内で過ごした。文京区では昭和五十五（一九八〇）年より、文京一葉忌を行なっている。本郷の法真寺で法要、講演会、朗読会が催され、この日に合わせて、一葉が通った旧伊勢屋質店が一般公開されている。下谷龍泉寺町は一葉が駄菓子屋を営みながら執筆をした地で、昭和三十六（一九六二）年に建設された台東区立一葉記念館があり、一葉忌に講演会が催される。樋口一葉は短い生涯ながらすぐれた作品を残してファンが多く、一葉忌は勤労感謝の日とも重なり、ゆかりの地には人出が多い。（山崎）

顔見世《かおみせ》

歌舞伎において、主要な役者がそろって芝居をすることで、東京の歌舞伎座では十一月、京都の南座では十二月、名古屋の御園座では十月に、一か月間近く興行される。江戸時代には、役者は座元と一年契約を結んで出演しており、契約期間は十一月から翌年の十月だった。そのため、十一月の興行は各座にとって向こう一年間つとめる新しい顔ぶれによる最初の芝居であるため、顔見世興行と呼ばれて、祝儀を述べあうなど華やかな雰囲気のなかで行なわれ、人出で賑わった。このとき演じられるものは顔見世狂言と呼ばれ、江戸・上方それぞれ伝統的仕来りにしたがって進められていたが、このような顔見世は江戸時代末には絶えた。したがって現在の顔見世は名称を継承しているだけで、かつての要素のない新たな興行形態ではあるが、歌舞伎興行にとって年間最大の吉例イベントであることには変わりがない。

（田中）

イザイホウ

沖縄島の南東にある久高島で、十二年ごとの午年《うま》に行なわれた祭り。沖縄県では、霊的な場面においては女性が男性に優越するといわれており、多くの祭りは女性中心に行なわれるため、イザイホウは女が社会的に巫女《みこ》と認められるために通過しなければならない祭りである。前回のイザイホウ以後に三十歳になった女性がナンチュとして加入する儀礼で、二名の女性神役の最高位にあたるノロと根神《ニーガン》（次の位の女性神役）・根人《ニーチュ》（男性の最高位の神役）ら八名を頂点とした祭祀組織で運営され、イザイホウをやらないと久高島の生活は闇になるとノロが語るほどである。年齢によってナンチュから順にヤジク・ウンサク・タムトと呼ばれる年齢階梯が成り立っている。

男女の分担　久高島は女性と男性とが生活全般にわたってそれぞれ分担する分野が明確になっており、女性はカミンチュ（神人）といわれ、神事に関連する面をもっぱら担当した。男性はウミンチュ（海人）といわれるように海に関連し、漁撈や航海にたずさわるために三歳ごとの階梯に区切られた組織があり、かつては十六歳になれば中国との間を結ぶトーシン（唐船）の船員になる掟があったと伝えられ、薩摩通いの船員になる任務については文献からもあとづけられる。十二年ごとの午年には加入儀礼として、旧暦八月に男のナーリキー（名づけ）、旧暦十一月に女のイザイホウが行なわれるが、これも男と女の性的分担が久しかったことと考えあわせると興味深い。

お願立て　イザイホウは旧暦十月十七日のお願立てにはじまる。これは新しくナンチュになる女たちを、ノロ・ヤジクたちが率いてタキダキ（嶽々＝拝所）・ムトゥ（宗家）をまわり、イザイホウの無事完了とナンチュとして受け入れられるように祈願する行事である。島外から来た者は、これ以降ムラから出ることは禁じられ、拝所には関係者だけしか入れなくなる。以後、ナンチュになる者は七回の御嶽《うたき》巡りをし、神女としての心がまえをノロたちから教えられ、神名をもらうのだが、御嶽をまわる日取りすら他人には口外されない。

先祖の認証と神女の披露　第一日目の旧暦十一月十五日には、ナンチュになる者はイザイガー（拝泉）で禊《みそぎ》をしてから、各々の祖母の家に行き、香炉の灰を三回とって分け、これを持ち帰って自分の家で祀ることになる。これは先祖のシジ（霊威）を受けた香炉を通して、家庭の繁栄を先祖に願うことができるようになることを示す重要な儀礼である。夕方には、七つ橋渡りという儀礼がある。七つ橋はシジ神（先祖霊）と現世をつなぐ橋で、ナンチュになる者はこの橋を渡って七つ屋（隔離のための家）に入ることによって、先祖に神女になった認証を受けるのである。ナンチュは、この日から三晩の間七つ家に隔離され、母親や娘が衣類・食事を運ぶ。二日目は午前中にカシラタレアソビ（髪垂れ遊び）という、洗い髪のナンチュがティルル（神歌）をうたい円舞し、神々に神女となったことを披露する儀礼がある。三日目は久高根人によって額や左右の頬に朱のしるしをつけられ、外間ノロからスジ（糯米《もちごめ》の粉をねった団子）を同様に押し当てられる。これでナンチュは祭祀組織の一員として認められ、結いあげた髪に白サージ（手巾）をしめ、赤白黄の紙を細く切って作ったイザイ花一対をさして、円陣を作って踊る。

ニライカナイへの感謝　四日目は朝早く神女たちが東に向かって正座し、ニライカナイの神にイザイホウが終わったことを感謝し、神歌をうたう。ついでアリクヤーの綱引きといい、神女と島の男たちが向かいあって綱を持ち、上下に揺すりながら神歌をうたう。綱は舟を象徴し、ニライカナイの神を迎える儀礼といわれる。ナンチュはこのあと自分の家に戻って兄弟と杯を交わし、その守り神となることが

沖縄県南城市、久高島のイザイホーでの髪垂れ遊び。(1978年:桃原茂夫)

示される。それから鮮やかな扇を持った神女たちが舞うグゥキマーイを二か所で行なって祭りは終了する。

お願解き 二日後にウプトゥキ(お願解き)といって、ナンチュを含む神女全員が一か月前のお願立てに対応する願ほどきの儀礼をする。男たちは、それまで慎んでいた漁にいっせいに出かける。

成女式の色彩をもつイザイホウであるが、昭和五十三(一九七八)年に行なわれたときは、ナンチュになった女性は八人で、島外から帰ってくる者はいなかった。前回の二十五人、前々回の三十六人にくらべて減少の一途をたどっており、若手層の島外流出の影響が大きいほか、二人のノロの高齢化や男性神役の後継者不足などの問題があり、平成二(一九九〇)年のイザイホウは中止され、以後行なわれていない。

(古家)

川浸《かわびた》り朔日《ついたち》

旧暦十二月一日（朔日）のことで、カビタリノツイタチともいい、かつては川に関連する行事が各地で行なわれていた。東日本一帯では川浸り朔日といい、九州南部では川渡りともいう。この日は川浸り餅と呼ばれる小豆餅や小豆団子を作って川に流したり川辺に供えたりする所が多い。これは川でころばぬためとか河童《かっぱ》に引かれないための呪《まじな》いであるともいう。同時に、この日は小豆を食べる前は川に入ることを戒めるなど、川浸りの朔日には水に関する禁忌も多く聞かれる。

東日本では地域によって特色ある行事がみられ、青森県津軽地方では岩木山信仰に関連して十二月一日を岩木様の年取りといい、宮城県仙台市では水こぼしの朔日といって囲炉裏の周りに串刺しの豆腐を立て、これに水をかけると火除けになるという。福島県では奉公人の出替わりの日としている商家も多い。一方西日本一帯には、乙子《おとご》の朔日とか乙の朔日などの名称が広く分布している。乙子とは末っ子の意味で、十二月一日が一年最後の朔日にあたることをあらわしている。この日に餅を作るのは東日本の場合と同じで、その餅を乙子の餅などといっている。乙子の名にちなんで、末の弟の祝いとして餅を作ることから、「兄も食いたい乙子の餅」などともいわれた。子供に関連した行事としては、滋賀県高島地方では乙子の朔日に子供たちが笠をかぶって家々をまわり、米や麦をもらって歩く風習があったという。また兵庫県では、早朝に鳥が鳴かぬうちに起きて茄子《なす》の漬物を食べると水に溺れないとの伝承もきかれる。近畿・中国地方には十二月一日を膝塗《ひざぬ》りと呼ぶ所もみられる。餅や団子を膝や鼻先など身体の一部に塗りつけて川に溺れぬ呪いとしている。千葉県上総《かずさ》地方にも同様の伝承がみられる。

このように十二月一日の行事をみてみると、一般に川や水に関連した行事が多く、小豆餅や小豆団子など、赤色をしたハレの食物を作る点が特徴的である。これは本来、十二月一日が川を祭場として水神を祀る日であったことを示しており、しだいに水難除けの意味が強調されるようになったものと思われる。また、川浸りの名のとおりに実際に川に入る例もある。茨城県南部ではこの日の朝早く川に行き、人に見られぬように尻を水に浸してきたという。川に尻を浸すのは一種の禊《みそぎ》であろう。十二月一日が大《おお》晦日《みそか》の大祓えを控えた重要な折り目にあたることから、こうした行事が行なわれたものと思われる。また、川浸り朔日はちょうど一年を両分する形で、六月一日の氷の朔日の行事との対応がみられる点も重要である。

（萩原）

諸手船神事《もろたぶねしんじ》

十二月三日（かつては旧暦十一月の中の午の日）に、島根県松江市美保関町の美保神社前の湾内で行なわれる、船漕ぎを特徴とする神事。神事名はモロタブネとよばれる二艘の刳舟を用いることからきている。春の青柴垣《あおふしがき》神事と対をなし、青柴垣神事と同じ頭屋組織が運営し、二人の頭屋が神役をつとめる。当日は午前中に美保神社において新嘗祭《にいなめさい》を行なったあと、頭屋をはじめ関係者が潮垢離をとり、午後は神職などと一緒に対岸にある客人社《まろうどしゃ》に参向してここでの神事を執り行なう。再び会所や神社に戻って芋膳による直会《なおらい》をし、そのあと船漕ぎに移る。二艘の船には、それぞれ頭屋・大脇（舵取り補佐）や神籤で選ばれた大櫂（舵取り役）と六人のかこ（漕ぎ手）が乗船して客人社を目指して漕ぎ進め、拝礼する。これを二度繰り返したあと、船を戻して大櫂が船の舳先《へさき》の中央に据えおいた神剣を本社に納め、再び湾内を競って漕ぎまわる。

（田中）

秩父《ちちぶ》夜祭《よまつ》り

埼玉県秩父市の秩父神社で行なわれる例祭で、十二月二日・三日。秩父神社は、貞観四（八六二）年に秩父国造の知知夫彦命がその祖神八意《やごころ》思兼《おもいかね》命を祀ったと伝えられる古い神社である。中世に入り、妙見菩薩をあわせ祀り、秩父妙見宮とも俗称され、武家の信仰を集めてきた。夜祭りが妙見マチと呼ばれるゆえんである。今日のように四町内から四基の屋台、二基の笠鉾《かさぼこ》が整ったのは江戸時代後期の文化年間（一八〇四～一八一八）のこととされる。屋台は、左右に下座を張り出し、廻り舞台の仕掛けまで組み込まれており、歌舞伎が演じられるようになっている絢爛豪華なものである。町内を曳きまわされたあと、三日午後七時ころより一キロほど離れた御旅所への神輿《みこし》のお渡りが始まる。行列に先だち、屋台・笠鉾が秩父囃子を轟かせながら、御旅所へ上る団子坂にかかると祭りも最高潮に達する。拍子木の指示、

埼玉県秩父市、団子坂を登る秩父夜祭りの山車。（1979 年：内田賢作）

太鼓の響き、必死の掛け声とともに、屋台が木製車輪を軋ませながら御旅所に引きあげられる。この夜祭りは男神である武甲山の神と女神の妙見様が年に一度お会いになる祭りと伝えられている。

なおこの祭りは「秩父祭の屋台行事と神楽」として国の重要無形民俗文化財に指定されている。

（茂木）

春日若宮《かすがわかみや》おん祭《まつ》り

奈良市の春日大社の摂社である若宮の祭りで、平安時代に始められた。この祭りの大きな特徴は二つあり、一つは十二月十七日午前零時に地域一円の明りをすべて消した闇の中を神霊が御旅所に渡御する神秘な儀式である（丸一日後の十八日午前零時に同様な形で還御する）。もう一つは伝統芸能の奉納にある。十七日正午より各種の伝統的芸能が奈良市内を練り歩いて御旅所へ向かうという華やかな社参行列や、春日大社一の鳥居近くの影向《ようごう》の松近くや御旅所において神楽・舞楽・猿楽・田楽などの古い形を伝えるという豊かな芸能が奉納される。一つ目は原初的な神霊渡御の様子を伝えるものであり、二つ目はこの祭りが「生きた芸能史」と言われるほど貴重な伝統芸能である。芸能は「春日若宮おん祭の神事芸能」として国の重要無形民俗文化財に指定されている。このほか懸鳥《かけどり》という供物や御旅所の設営なども注目される。

（田中）

年《とし》の市《いち》

年末に正月用品を売るために立つ市で、歳の市とも書き、暮れ市・節季市などともいう。

江戸の年の市　江戸では暮れになると各地に年の市が立った。十二月十四日・十五日の深川八幡宮（富岡八幡宮）の市がはじまりで、十七日・十八日の浅草の市は規模が大きく、江戸第一の市であった。

『東都歳事記』には、浅草の市のにぎわいの様子を、店は浅草寺の境内はもちろん、南は駒形から御蔵前通り浅草御門まで、西は門跡前から下谷車坂町、上野黒門前に至る範囲に出たと記している。これらの店で売っているものは、注連《しめ》飾り・破魔弓・手毬《てまり》・羽子板などの飾り物や縁起物で、売り声があたりに響き、これらの品々を買い求める人々は天候にかかわらず、また昼夜の別なく集まってきたという。翌十九日には同じ浅草寺雷門の門前で蓑《みの》市が開かれる。続いて二十日・二十一日は神田明神の年の市であった。『武江年表』の寛永三（一六二六）年十二月の項には「十四日・十五日神田社年の市始まる。浅草市へ障るゆゑとて、後年二十日、二十一日に改む」という記述がみられることから、神田明神の市も、もとは十四日・十五日に開かれていたことがわかる。さらに二十二日・二十三日には芝神明宮（芝大神宮）、二十四日には芝愛宕権現（愛宕神社）でも開かれた。この愛宕権現の年の市の様子は『東都歳事記』に「浅草に続て大市なり、遠近の商人こゝに集ひ、参詣の老若通り町は芝の辺より日本橋迄の賑ひ也」と記されているように多くの人々が集まった。二十五日・二十六日には平河天満宮（平河神社）で年の市が立った。これ以後は辻々・川岸・広場などに松竹を並べて売ったり、仮屋を建てて注連飾り・歯朶《しだ》・譲葉《ゆずりは》・海老《えび》・搗《か》ち栗などを商った。また、二十八日には薬研堀不動尊で年の市が立つ。大晦日《おおみそか》の市は捨てるように安売りをするので、捨市とも呼ばれ、人々はこの日を待って買い物をした。年の市で売られるものが『絵本江戸風俗往来』に記されている。その中の主なものをあげてみると、木の皿・鏡餅の台・三方・橙《だいだい》・海老・羽子板・凧《たこ》・餅の焼き網・火箸・箒《ほうき》・ちり取り・雪掻き・暦などで、正月用品をはじめ、遊び道具・日用品など多彩である。

ガサ市と羽子板市　地域名ばかりでなく、人気商品名などの名で呼ばれる年の市もある。浅草では、注連飾りを扱う人たちは年の市のことをガサ市と呼んでいる。この名のおこりは、注連飾りはとてもガサつくものであるし、さらに取り扱うときにガサガサ音がするところからきているといわれている。この市では、玉飾り・大根じめ・輪飾りをはじめとして注連飾りを売る店が中心であるが、そのほかにも正月用の品々を売る店も軒を並べる。若水を汲む桶《おけ》、七草を刻む俎《まないた》や菜箸・雑煮箸なども売られており、こうした縁起物を客は値切ることなく言い値で買い求めていく。

浅草寺の年の市は、古くから押絵羽子板を売る市でもあった。第二次大戦後になって羽子板を売る店が多くなり、年の市の主役となってしまった観がある。初正月を迎える男の子には破魔弓を、女の子には羽子板を贈るという風習によって羽子板は人気を得てきたようである。羽子板はもっぱら飾りものとして、その絵の図柄に関心がもたれ、今日では歌舞伎役者などの似顔絵だけではなく、若い人たちに人気のある歌手やタレントをあしらった図柄が登場するようになった。また、大きさも三十センチほどのものから一メートルをこえる特大の羽子板まで売られている。羽子板の値段は売り手と買い手とのかけひきによって決められ、交渉が成立すると威勢のいい「お手を拝借」で手締めが行なわれる。東京世田谷区のぼろ市は、かつて古着の商いが多かったからそのように呼ばれてきた。

各地の年の市　鳥取県琴浦町赤碕の年の市は荒神市と呼ばれ、暮れの二十八日に立つ。この市では昆布・数の子・するめ・鰤《ぶり》・掛け鯛《たい》などが売られる。これらの品々を買って家に帰ると、まず年神に供え、それから台所の隅に吊るしておく。富山県南砺市福野では、二十七日に三百ほどの店が路上に並び、葱《ねぎ》・牛蒡《ごぼう》をはじめとする野菜や、臼・杵・天神様の掛け軸・注連縄などの正月用品が売られる。この年の市では正月用品だけでなく越冬用の野菜も買い求められる。

東北地方では年末に開かれる市のことを詰市《つめいち》と呼

んでいる所がある。たとえば福島県磐城《いわき》地方や岩手県陸前高田市などにその名がある。また青森県三戸《さんのへ》地方ではツメマチと呼んでいる。このツメというのは年の暮れを意味する語で、東北地方では広く使われている。一方、山口県長門地方では斎満市《さいみていち》という名がある。ミテルというのはしまいになるということで、年間の立つ市のうちで最終のものということである。（佐藤）

達磨市《だるまいち》

年の暮れや年初めに縁起物の達磨を売る市。達磨は中国禅宗の初祖である達磨の坐禅姿をかたどった人形で、達磨市は関東地方を中心に盛んである。群馬県高崎市の少林山達磨寺の市は一月六日の夜から七日の朝まで開かれる。江戸時代、達磨寺では正月に配り札として紙に印刷した達磨を配る仏教行事が行なわれていたが、寺の住職が作った達磨の型をもとに、近くの農家で達磨を作ったといわれている。縁起達磨ということで売買のときには、かりに一万両とか百万両などと高値をいい、売買が成立すると声をあげて祝いあう。買った人は達磨に目を一つ入れて神棚に置いて豊作や商売繁盛を祈ることが多く、願いがかなうともう一つの目を入れる。養蚕地域では、春蚕があたると片目を入れ、秋蚕もうまくいくと残りの目を入れる風習がある。東京の達磨市では五センチぐらいの小さなものから、三メートルぐらいの大きいものまで売られている。新年ではなく暮れに達磨市の立つ所もある。選挙の年は、季節に関係なく大きな達磨を買って事務所に並べて必勝祈願するのはなじみの光景であるが、選挙に達磨を用いるのが全国的に広まったのは昭和三十年代のことである。（佐藤）

ぼろ市《いち》

東京都世田谷区世田谷一丁目の旧大山《おおやま》街道に十二月十五日・十六日に立つ年の市。江戸時代からの歴史をもち、農家の正月に必要な品々がここで売られていた。「ぼろ」の名はぼろ着を売る店が多かったことによる。ぼろ着とは木綿をつぎ縫いして作った農業用の衣類のことであるが、ここで売られるものは古着だけではなく新品もある。現在では衣料・神棚・植木・玩具・臼杵などや農具、食べ物などを売る露店が約七百軒ほど出て、人出も二十万・三十万人を数える。時代とともに世田谷も農村から都市部へと変化したため、売られる品物が変わってきたのも当然のことである。昭和初期には市の廃止の声もでたというが、今では東京の代表的な市として年々盛んになってきている。なお、ぼろ市は一月十五日・十六日にも立つ。（佐藤）

世田谷のぼろ市で日用品などを買い求める。（2010 年）

冬至《とうじ》

二十四節気の一つで、太陽がもっとも南に傾くため、北半球では正午の太陽の高さが一番低く、日照時間も最短になる。太陽暦では十二月二十二日、二十三日ころ。冬至の日の決定には正確な暦の知識が必要になるが、経験的には太陽の日差しからおおよその見当をつけることができ、「冬至十日前から藁《わら》の節《ふし》だけ日が長くなる」「米の粒だけ日がのびる」「畳の目だけ日がのびる」などといわれる。

現在の冬至の民俗として、中風除けあるいは風邪除けに南瓜《かぼちゃ》を食べることは広く行なわれている。南瓜をこの日までとくに保存しておくという例も多く、島根県隠岐では神仏に供えてから食べるというように、もとは冬期には珍しくなった野菜を供物に用いたものであろう。小豆粥や餅を食べるという例もあり、奈良県吉野地方ではこの粥を食べると蛇が逃げるという。これは大師講や一月十五日の粥と同様のハレの日の食物で、供物となったものに霊力が認められたのである。そのほか、関東地方とその周辺では蒟蒻《こんにやく》を食べて体の砂下ろしにするといい、中国地方の日本海沿岸部では豆腐を食べると風邪をひかないという。

この日に柚子《ゆず》湯に入ると病気をしないというのは関東地方の一般的な風習で、埼玉県などでは柚子を縁の下に投げ入れておくという。柚子のような香りの高い植物に邪気を祓う効力を認めたものと考えられる。また、水と火を特別視する伝承も各地にある。火については、かつて埼玉県では冬至の朝に菊の枝を燃やし、煙を室内に充満させて厄病除けにし、夜は茄子《なす》幹《がら》で沸かした湯でお茶をいれて神棚にあげるという風習があった。菊の枝を燃やす例は秋田県にもみられ、茄子幹を燃やすのは新潟・栃木・群馬・茨城・岐阜県などに点在し、多くはこの火で南瓜を煮て食べる。水についての伝承では、冬至に汲んだ水を保存する例が各地にみられる。徳島県三好地方では、冬至の水は一年間腐らないといい、神棚の小びんに入れて祀り、翌年の冬至に家族でいただいたという。栃木県では、小豆飯を炊いた釜の洗い水を家の周りにまくと蛇除けになり、このときの水を徳利に入れて乾《いぬい》（北西）の方角の軒下に埋めておくと火事除けになるという。これらの伝承が柚子湯の風習を生む背景になったものであろう。冬至の天候によって一年の気候や作物の作柄を占う例もみられ、島根県ではこの日に粥占《かゆうら》を行なう所もあった。

現在の冬至の行事は各家庭で行なわれるものがほとんどであるが、山陰地方には冬至とうやといって、子供や若者が集まって会食した。また、各地の神社では、陰陽道の影響でその年の星を祀る星祭りが行なわれている。なお、旧暦では、冬至は十一月二十三日ころで、大師講の日に近かった。本来、大師講はムラを来訪する大子という神の子を祀ることであったとされている。かつては太陽が回復しはじめる冬至の時期に世界も更新されるという観念があり、このとき、新しく生まれかわった神の子を迎えて祀ることも行なわれていたと考えられる。一般に、冬至の神の実態は明らかではないが、長野県北安曇地方には、冬至の神は犬が嫌いで戌《いぬ》の日が来ると帰ってしまうという伝承があり、冬至に訪れる神が想定されていたことをうかがわせる。

冬至に対する同様な信仰はキリスト教以前のヨーロッパにも存在し、太陽や神の復活・再生を祝う祭りが十二月二十五日のクリスマスの行事に引き継がれたと考えられている。（齊藤）

仏《ほとけ》の正月《しょうがつ》

年内に死者のあった家で、十二月初めの辰《たつ》と巳《み》の両日や、巳か午《うま》の日に行なう擬似正月行事。辰巳正月、巳午正月、巳の日正月などともいい、四国一帯に分布する。新墓に参って墓前に草履《ぞうり》を供えるなどし、餅を焼いて食べたり、仏間に注連《しめ》を張り松を立

徳島県三好市、祖谷山の辰巳正月。
（文化財保護部 無形の民俗資料 記録 第13集『正月の行事』3より転載）

てて大小の重ね餅を上下逆に供えたりする。これらの行事を新仏の年越し、新仏の正月と呼ぶ所もあり、死者と共に最後の食事をし、先に正月行事相当のものを行なうことによって年を越したことにして喪の期間を終え、新年を迎えるためであったと考えられる。徳島県美馬・三好地方などでは、十二月の最初の辰の日に墓に門松を立てて花柴をあげ、一臼餅を搗《つ》いて仏壇に供える。さらに一丁豆腐に一本箸をさす。翌日（巳の日）には墓に草履をあげ、前日搗いた餅を墓に供えて焼いて食べる。同じ行為をしている者同士は、互いに口をきいてはならないとされる。三好地方の祖谷山《いややま》では餅を搗いて近親者に配るだけになっている所もあるが、これに対する返礼は豆腐で、仏がその豆腐に腰を掛けて休むともいわれる。これらの行事で共通するのは、正月行事にならうとはいえ、重ね餅の上下を逆にしたり二枚そろえて八の字に敷く譲葉《ゆずりは》を片方だけにするなど、一部を欠いたり逆転させることである。

正月行事を重ねて行なうのは、このように死者が出た場合だけでなく、厄年に当たった者が二月一日に正月行事を重ね、年齢を増したことにして厄年を早く終えようとする場合と、同年齢の者が死んだときに死者と年を違えて同齢感覚を断つために行なう場合がある。厄年の例では、東北地方で年重ね祝い、二月年の年取りと称し、元日と同じ支度をして年をとったとし、四十二歳の大厄に当たると煤《すす》払いまでした。同齢の者が死ぬと耳塞ぎといって、餅や団子などを耳に当てて塞ぐ行為が行なわれるが、年増し、年違えという所もある。長野県北安曇地方では、尾根の見える範囲内の家で同齢の人が死ぬと魚を食べて年取りをするなどといわれる。いずれも家、個人を単位としているが、前二者はあらかじめ日程が決まっているのに対し同齢者の死の場合はそれに依る。目的は仏の正月が死の忌みの回避にあり、後二者は年齢の増加にあるといった点に違いがある。

四国では仏の正月をカンニチと呼ぶ所がある。御《お》坎日《かんにち》はもと道家が唱えはじめたもので、それが崩れた形で民間に残ったといわれる忌まれる日である。愛知県三河地方の山村では、御坎日の数え方が「辰や丑《うし》、戌《いぬ》や未《ひつじ》や卯《う》子《ね》の酉《とり》、申《さる》を寅《とら》亥《い》て午と巳」という唄になっている。一月の辰、二月の丑という具合に十二月の巳まで、各月に当てるのである。五月は卯の日で、この日田植えをすると憂い事があり、この日の稲は葬式の米になるともいわれる。

名称の類似するのに、一月十六日を仏の口明け、念仏の口明けといい、仏の正月ともいう例がある。新年になってはじめて仏を祀る日で、広島県比婆《ひば》地方では仏正月、仏さんの口明けと呼び、十一日に切った餅の残りを朝のうちに焼いて黄粉をつけて仏壇に供える。この日までは鉦《かね》を叩いて拝むことはしない。

（古家）

天皇誕生日《てんのうたんじょうび》

国民の祝日の一つで、十二月二十三日。「天皇の誕生日を祝う」日として、「国民の祝日に関する法律」によって定められた。今上天皇の誕生日が昭和八（一九三三）年十二月二十三日であるため、現在の天皇誕生日はこの日であるが、昭和期は四月二十九日、大正期は八月三十一日、明治期は十一月三日であった。このように、天皇の誕生を祝う日はその時代の天皇の誕生日によって異なっており、現行の法律以前には天皇誕生日とは呼ばずに天長節として祝っていた。なお、大正期の八月三十一日は暑中であるため、別に十月三十一日に天長節祝日が設けられていた。（田中）

クリスマス

キリストの誕生を祝う日で、クリスマス・イブはその前夜祭。十二月二十五日をキリストの降誕祭として祝うのは三〇〇年ころからの教会の典礼上のとりきめだが、この日の選定にはそれ以前からの冬至祭の影響がある。冬至はローマ帝国では太陽神の誕生する日であり、北欧でも太陽の蘇生を祈願する火祭りの期間だった。このように、冬至に神が生まれ、世界が更新されるという考えが救世主の誕生と結びついたのである。クリスマスの一般の習俗にも古い時代の祭りの名残がみられ、クリスマス・ツリーは古代ゲルマン人が冬期の生命力のしるしとして常緑樹を神聖視していたことに由来する。サンタ・クロースは守護聖人に祀られた聖人《セント》ニコラスが、その祝日（十二月六日）前夜に各家を訪れ、悪い子供をたしなめ、良い子供には贈り物を与えるというヨーロッパ中央部の民間信仰にもとづく。これが移民によってアメリカに伝えられ現在の形が生まれた。日本でもこれらの影響を受け、特に第二次大戦後、宗教性を薄めた形で前夜（二十四日夜）にケーキなど

を食べたり、プレゼントする形で各家庭に定着した。歳末の商戦にも利用されている。（齊藤）

歳暮《せいぼ》

正月を前にして、年末に行なわれる贈答。中元とともに、普段、世話になっている人々に感謝の意を込めて贈り物をする機会とされ、食料品をはじめとするさまざまな物がやりとりされている。子から親へ、仲人子から仲人親へ、分家・別家から本家・主家へ、弟子から師匠へなど、総じて子方から親方へ贈るケースが多く、現代では会社の上司や取引先を対象とするものも多い。最近では十二月の声を聞くとデパートなどで歳暮商戦がはじまるが、もともとは暮れのごく押し詰まった時期に行なわれていたもので、本来は大晦日《おおみそか》に限られていたようである。反物や履物・日用品なども用いられたが、伝統的に鮭や鰤《ぶり》・鱈《たら》などの魚（地方によりスルメや鰯《いわし》なども）を

歳暮、餅や干し魚などを贈る。（『東都歳事記』）

用いることが多く、米や餅・そばなどもよく使われてきた。これらは要するに年取りの食物である。中元が盆の魂祭りの供物に発していると考えられるのと同様に、歳暮は暮れから正月にかけての魂祭りの供物で、年神への供物ないしは年神から授かる年玉と一つ所から分化したものとする考え方がある。たとえば静岡県焼津市には大晦日に墓に供える香花をお歳暮花と呼ぶ例がある。（小嶋）

紅白歌合戦《こうはくうたがっせん》

大晦日《おおみそか》夜のNHKテレビ・ラジオによる男女対抗の歌番組。昭和三十年代後半から六十年ごろまでは七十パーセント以上の視聴率を保ち（時には八十パーセント以上）、国民的番組とまでいわれた。第二次大戦後すぐの昭和二十（一九四五）年の大晦日のラジオに「紅白音楽試合」として登場した前史を持つが、「紅白歌合戦」となったのは昭和二十六年の正月からで、男女七名ずつの歌手がうたった。続く二十七・二十八年も正月の番組であったが、二十八年には大晦日に第四回目を放送し、正月の準備も一段落した午後九時から家族団欒で楽しむ大晦日恒例の番組として定着しはじめた。この第四回からテレビとの同時放送になるとともに、ベテラン歌手に、その年の話題曲やヒット曲のある新しい歌手が加わるという、現在の形がほぼ定まった。平成一（一九八九）年の第四十回からは人気曲の多様化に対応させ、夕刻七時二十分から十一時四十五分まで、前・後半の二部構成になった。（田中）

大祓え《おおはらえ》

心身に付着していると思われる罪や穢れを祓い、清浄に戻そうとする儀式。古代から中世にかけては、宮中において、六月と十二月の晦日《みそか》に天皇以下官人すべてが参加して行なわれたほか、大嘗祭《だいじょうさい》や、重大な穢れが発生したと考えられたときなどは、臨時に行なわれた。明治初期に復興されて再び宮中行事とされるとともに、大正期には神社においても行なうよう定められた。各神社の影響を受け、一般社会においても、六月末には夏越《なご》しの祓《はら》え（あるいは水無月祓え）と呼んで神社で設ける茅《ち》の輪《わ》をくぐって心身を祓い清めたり、十二月には地域の神社から家々に配られる形代《かたしろ》に家族各人の穢れを移して神社に持参して祓い清めてもらうなど、一年の前半と後半の最後の日という大きな変わり目にあたっての災厄除けの行事として取り入れられ、現在でも各地で広く行なわれている。大祓えにさいして唱えられる大祓詞は中臣祓詞（あるいは中臣祓）とも呼ばれ、古代から重要な祝詞《のりと》とされている。（田中）

和布刈《めかり》神事《しんじ》

関門海峡を挟んだ福岡県北九州市門司区の和布刈神社と山口県下関市の住吉神社の、旧暦大晦日《おおみそか》から元旦にかけて和布《わかめ》を刈り取って神前に奉納する神事。和布は一種の依代《よりしろ》で、新年にあたって神霊を迎える意の神事と考えられている。和布刈神社では午前二時ころからの干潮時に、斎戒沐浴した烏帽子《えぼし》・白装束姿の神職三人が手桶・鎌を持ち、松明《たいまつ》の灯を頼りに社前の海中に入って刈り取る。住吉神社では神職と共に決められた家の者数人が、同時刻に和布刈道と呼ばれる道を通って壇の浦に行き、干潮時の神聖な海中より刈る。刈り取った和布は、古くは朝廷や領主にも献じられていた。神前に供えられた和布は、正月に海上安全・豊漁・豊作・厄除け祈願などに参拝した人々に分けられる。共に神功皇后にまつわる伝承と奇瑞や多くの禁忌を伝え長らく秘儀であったが、現在は和布刈神社で一部拝観を認めている。類似の神事は島根県出雲市大社町の日御碕神社その他でも行なわれている。（田中）

農業儀礼

広島県北広島町、花田植え。（一九八〇年：小川直之）

各生業には、年始の仕事始めや職祖の神の祭りなど、その生業独自の年中行事がある。そのうち、農業、特に水田稲作の行事が最も多く、かつ、よく整っているのでそれを中心に述べ、焼畑を含む畑作農業や穀物以外の養蚕・麻作りの行事にも言及した。その際、正月の予祝儀礼や亥の子・十日夜など、暦日に固定して年中行事化しているものはすでに各章で触れたので、ここでは、その年どしの寒暖に微妙に左右されつつ、作業の進展に伴って営まれる各種儀礼について述べる。なお、一般には農耕儀礼の語が用いられるが、養蚕などについても触れるのでここでは農業儀礼とすることにした。

作業順に示せば、播種儀礼・水口祭り、田植え儀礼・さなぶり、収穫儀礼（穂掛け・刈上げ）となり、雨乞いや虫送りもある。儀礼には一貫して田の神の観念が認められるが、田の神は地域によってさまざまな神名で呼ばれ、祀り方にも特色が見られる。田の神と山の神との春秋去来の伝承は日本の祭りを考える場合、注目すべきである。また、稲魂がある。稲魂は稲米に宿る神霊、田の神はそれを守り育てる神だとも考えられるが、そのへんの理解は年中行事の性格のとらえ方とも関係してくる。これらの儀礼におけるさまざまな祈りの形態には、独立した芸能として発展したものも多く、第二次大戦後、農業儀礼は大きく変化してしまったとはいえ、日本文化を理解するうえで重要な意味をもつ。なお、奄美・沖縄地方と本土とは儀礼に時期的な差がだいぶある。

（田中）

田《た》の神《かみ》

稲の無事生育と豊穣を祈念して祀る農耕神の総称。この神の祭りは稲作が開始される前の春先から秋の収穫後までに数回行なわれている。

さまざまな田の神　田の神という名称は広く分布し、もっとも一般的であるが、全国的にはいろいろな名称があり、しかもその信仰はきわめて複合的なものとなっている。東北地方一帯では農神、東北地方南部から関東・東海地方にかけてはエビス、中部地方から近畿・四国・九州では大黒、東海地方以西の西日本では亥《い》の子《こ》神・亥の日様、関東と近畿ではお竈《かま》様とか荒神、中国・四国と九州の一部ではサンバイ様とかソートク様ともいわれている。また、福島県から栃木県にかけては地神、群馬・長野・新潟県では案山子《かかし》神、山梨県や長野県では作神《さくがみ》、福岡・佐賀県ではお丑《うし》様とも呼び、ほかに社日《しゃにち》様・宇賀神・ニュウ神・山の神などの名称もある。これらのうち、たとえばお竈様・地神は日本の古くからの民俗神、ソートク様は正月の年神、エビスや大黒は中世以降の福神的な神の名でもある。こうしたことから、田の神は民間のさまざまな神と習合しているのがうかがえる。亥の子神・亥の日様・お丑様・社日様といった名称からは、田の神の祭りは干支《えと》・暦法思想とも結びついているのがわかる。

田の神がもつ多様な神名と複合的な信仰は、日本の農村社会が歴史的には稲作を核にして安定してきたことを示している。こうした推移の一方、祭りの方法には日本の神祭りの古い形態が残されている。鹿児島県や宮崎県には石造の田の神の像があるが、ほとんどは常設の社などをもたず、稲作作業の進展にあわせて木の枝や花、または稲束などを依代《よりしろ》として田の神を迎え、祭りが終わるとふたたび送り返すという形態をもっているのである。

田の神祭り　田の神の祭りには、春先の田の神迎え、苗代へ種蒔きが終わってからの水口祭り、田植え開始時の初田植え、田植え終了後のさなぶり、稲刈り前の穂掛け祭り、稲刈りが終わってからの刈上げ祭りと田の神送りがある。この神の祭り全体の構成をみると、刈上げ祭りと田の神送りは一つの祭りとして行なわれることもあるが、まず一年を単位に春の田の神迎えと秋の田の神送りが対応した祭りとしてある。そして、その間の田植え・稲刈りにもそれぞれ開始前と終了後に対応した祭りが行なわれている。とくに田植えの初田植えとさなぶりには田の神を迎え・送る祭りとしての性格が強くうかがえ、田の神祭り全体は二重構造をもっているのがわかる。

　春に田の神を迎え、秋に送るという祭りでは、この神が天や山、あるいは家と田とを行き来するとされている。総じて中部地方以東の東日本では、春に天や山から田の神が田に下り、秋には逆に田から天や山へ上るという。西日本では春に家から田へ、秋に田から家へ戻るという傾向にある。こうした去来伝承のなかには、単に天・山・家と田とを去来するだけでなく、秋に田の神が山へ上って山の神となり、春にはその山の神が田へ下って田の神になるといったり、秋に家へ上ると納戸に祀られ、ここで年神・亥の子神・エビス・大黒などの祭りをし、春にはふたたび田に下るという伝承もある。

　春の田の神迎えは、稲作の仕事に着手する前の二月または三月に行なわれ、秋の田の神送りは各地方の稲の収穫期と対応しながら、十月または十一月に行なわれている。日取りは春秋とも同じ日に行なうのが一般的である。たとえば家と田との間でていねいな送り迎えの儀礼をする石川県能登地方のあえのことは、二月（旧暦一月）と十二月（旧暦十一月）のそれぞれ五日か九日となっている。ほかには十日・十二日・十五日・十六日・十八日などがある。西日本では亥の日や社日（春分・秋分に一番近い戊《つちのえ》の日）にしている所も多く、北部九州では初丑の日に行なう。亥の子神・亥の日様・社日様・お丑様という名称はこの祭日からの命名である。これら春秋の田の神祭りには餅を搗《つ》いたり団子を作り、神棚や並べた農具、あるいは稲の種俵などに供えるのが一般的で、田の神は餅を搗く音を聞いて田に下りたり、田から上るという所が多い。ほかに秋の田の神送りには大根（二股大根）も重要な供物となる。また、田に刈り残しておいた稲を刈り束ねて家へ運んだものや、案山子上げといって田の案山子を家の庭に立て、これらに供物をする所もある。

田の神の本義　田の神は多くの名称をもち、きわめて複合的な信仰となっているが、この神の本義は稲魂《いなだま》と祖先神の二つの性格をもっている。稲に関する生産儀礼には、たとえば初田植えに植えた苗を特別に育て、秋にはこの稲を刈上げ祭りの御神体のように扱う、あるいは田の神送りに供物をした種俵には、正月や田の神迎えにも供物をして特別に扱うなど、儀礼相互の間で同じ稲や種が一貫して扱われるという特色がある。このようなことから稲には魂があると考え、収穫後はその稲魂が種籾《たねもみ》に宿り、春になるとふたたび稲魂をもって稲が生育すると信ずる稲魂信仰がうかがえる。また、田の神は先祖の魂がこもる山から春に迎え祀られることから、この神には子孫の行なう稲作を守る祖先神としての性格も認められる。こうした稲魂と祖先神の関係については十分に解明されてはいないが、いずれにしても田の神は日本の年中行事や基層信仰の形成に重要な役割をもってきたことは確かである。（小川）

山《やま》の神《かみ》

山を領し、生産を司る神で、東日本では十二様・十二山の神ともいう。山形県や新潟県にはオサトサマという所もある。この神は日本の代表的な民俗神の一つで、その信仰は複雑な内容をもっている。機能的には、稲作の神としての山の神、山中を支配する神としての山の神、漁業神としての山の神、お産の神としての山の神に分けることができる。

山の神の諸機能　稲作の神としての山の神は農民が祀る山の神で、春にこの神が山から里に下って田の神となり、秋に稲の収穫が終わるとふたたび山に帰って山の神になるといわれている。山の神は田の神と同一の神と考えられているわけで、この場合の山の神は山中の祠などに祀られる特定の神ではなく、漠然と山にいます神が里との間を行き来すると考えられている。山の神が季節によってほかの神となる伝承は、九州や中国地方の一部では春秋の彼岸を境に河童《かっぱ》と替わる例がある。

山中を支配する山の神は、山に小さな祠や臨時の祭壇を作って祀られたり、石や樹木に宿ると考えて祀られている。ことに樹木の場合は、幹がY字形や三つ叉に分かれているような特徴のある木を「山の神の木」「山の神の休み木」などといって神聖視する。こうした山の神は猟師・樵《きこり》・山師・炭焼きなど、山を生業の場とする人たちによって祀られ、山中の獣（猪・熊・鹿など）や樹木、さらに鉱物などを管掌し、畏怖すべき存在とされている。農民が祀っていても、農業のかたわら山仕事に従事する人の祀る山の神や焼畑をひらくときに祀る山の神もこの範疇に入る。

漁業神としての山の神は漁民が祀るが、なぜ山の神が漁の神となるか不明な点が多い。日本は地形的に海辺まで山がせまる所が多く、山に魚群の回遊を見張る魚見場《うおみば》を設け、そこに山の神を祀ったり、山の神は船の材料となる木の神なので、これを船の守護神と考えたりしている。三重県志摩地方では山の神が稲荷と習合し、漁の神とされている。

山の神はお産の神としても広く信仰されている。たとえば宮城県美里町には小牛田《こごた》の山の神といわれ、広い範囲から安産祈願に訪れる山神社がある。主に東日本には、お産のときには山の神を迎えに行くといって、馬を家から引き出し、馬が立ち止まると山の神が乗られたとして家に帰ってきたり、安産祈願に山の神に納められている枕などを借りてくる

秋田県五城目町、藁で作った山の神の幣。（菅江真澄「ひおのむらぎみ」秋田市辻家所蔵、須藤功撮影）

所がある。

山の神の姿　山の神は、神社神道では大山祇神《おおやまつみのかみ》とか木花咲耶姫とされているが、一般にはこうした祭神名は通用せず、具体的イメージをもった神となっている。山の神は若い女神、逆に男神、あるいは夫婦神だとか、天狗・山姥といった妖怪、片目で一本足の神、醜い顔の神だなどとされ、これらのなかでは女神だとするイメージがもっとも広く分布している。山の神がオコゼという醜い形の魚を好むのは、山の神は醜いので、より醜いオコゼを供えると喜ぶからだという。猟師の間には山の神との因縁を記した「山立由来記」「山の神祭文」などが伝わっている。これには先祖が山の神のお産を助けたため、狩猟を行なう特権が与えられたとある。また、十二様とか十二山の神という名は、山の神が一年に十二人の子を産むと信じられる女神であることに由来すると説く所もある。一方、山の神は片目で一本足とか醜い顔であるといった伝承は、田の神や鍛冶屋の神など、ほかの民俗神でもいわれ、日本人がもつ神観念の重要な要素の一つといえる。

山の神祭り　山の神の祭りには、猟師・樵・炭焼きなど山仕事の人たちが仕事の折り目、たとえば熊・猪などを仕留めたときや、炭焼きの竈を築いたときなどに行なう祭りと、一年を単位に年中行事となっている祭りとがある。現在では、前者の山の神祭りはその従事者の減少とともに衰退し、しだいに忘れられようとしている。

年中行事となっている山の神祭りは、正月の仕事始めの一つである初山《はつやま》の祭りと、山の神講・山の講・十二講などといって、主に二月と十一月に行なわれる祭りがある。初山というのは一月二日から十一日ころまでの間にはじめて山に入り、山の神に酒や餅などを供えて木を伐ってくる行事である。農村では伐った木を田打ち正月のときに田に立てたり、初田植えの日までとっておいて、この日のご飯を炊く薪にしたりしている。初山には山の神の祠の前で弓を射たり、山で伐った木を燃やして餅などを焼いて食べる所もある。

山の神講などと呼ばれている山の神祭りは、山仕事をする人たちが一番熱心であるが、農民・漁民、さらに木材を扱う材木屋・薪炭屋・大工などにもみられ、幅広く行なわれている。祭日は二月と十一月が多く、ほかに一月と十一月とか二月と十二月、一月と五月・九月、毎月、六月だけ、十二月だけという所もある。期日は山の神を十二山の神・十二様という地方では十二日、また、関東甲信越地方では十二日か十七日、東海・北陸から中国地方にかけては七日か九日、九州・四国では十五日または十九日とする所が多い。こうした日に行なわれる山の神祭りは、山の神講・山の講などの名が示しているように、ムラの中で講を組織し、仲間で山の神に参拝し、盛大な宴が催される。さらに、この日は、山の神に参拝したあとに山の神が狩りをする、木種をまく、木を数えるなどといい、山へ入るのを禁じてい

るのも全国的である。山の神祭りは以上の点以外に、祭り手の職種や地方による特色が多くみられる。（小川）

水口祭り《みなくちまつり》

稲作儀礼の一つで、苗代に稲の種をまいた日に苗代田の水口（水の取入れ口）や畦《あぜ》、あるいはその田の中央で行なわれる田の神祭りである。新年の稲作予祝儀礼を別にすれば、稲作の実作業に沿って行なわれる水口祭りが、最初の生産儀礼といえよう。

苗代の作り方が水苗代から保温折衷苗代・陸苗代などに改良されるにしたがい、しだいに行なわれなくなり、また動力田植え機の普及によって田植え機専用の箱で苗を作るようになったため、水口祭りはほとんどみられなくなった。稲作儀礼のなかでは、技術改良の影響をもっとも強く受けたものの一つである。

水苗代で稲苗を作る場合、鹿児島県奄美地方・沖縄県を除けば、苗代への種蒔きの時期はおおよそ八十八夜前後の約一か月の間で、水口祭りもこのときに行なわれた。この祭りの内容は地方的な違いが多少あるものの、苗代田の一部に柳・栗・松・茅《かや》など木の枝や茎あるいは山吹・ツツジなど季節の花、小正月の削り掛けなどをさし、そこに籾殻《もみがら》のついた米を炒って臼・杵で搗《つ》いた焼米、または洗米を供えるというのが基本的な型である。水口祭りのほか苗代祭り・苗代祝い・種蒔き祝いなどとも呼ばれ、家を単位とした祭りである。これとは別にムラの全戸の種蒔きが終わると、種蒔き正月などといってムラ全体が仕事を休む日を定めている所も少なくない。

東日本に伝承が濃く、苗代田の一部に木の枝などをさすことは雀脅し・嵐除け・雷除けなどのためという所が多いが、この枝は、本来は田の神を迎えるための依代《よりしろ》である。たとえば新潟県古志地方には、苗代に立てる棒を田の神様の宿り木とか田の神様と

新潟県佐渡市、水口にサンバナエをすえて祈る。
（文化財保護部 無形の民俗資料 記録 第9集『田植の習俗』3より転載）

いい、これは田の神を背負ってきた燕をとめるものだという所がある。山形県米沢市にも苗代を作ったとき茅棒を立て、ここに田の神様がとまって休まれるという伝承がある。つまり、水口祭りは稲が種から苗へと生育をはじめるときに、苗代の一部に木の枝などを立てて田の神を迎えて行なう祭りで、苗代田に供える焼米・洗米は田の神への供物である。地方によっては若い男女が集まり、焼米搗き唄をうたいながら焼米を盛大に搗いたり、子供たちが組になって焼米をもらい歩いたりする所もある。苗代に焼米を供えることを「鳥の口にあげる」とか「鳥の口にする」という伝承も多い。

稲苗を作ることは、苗代半作（苗の出来具合が稲作の成否の半分を握るということ）という言葉があるように、重要な仕事とされている。苗代田の一部に立てる木の枝が苗を作る途中で枯れると不吉なことがある、傾いたり倒れたりすると縁起が悪いなどという伝承や、この棒でその年の稲の作柄を占ったり、棒に神社のお札をつける所がある。これらはいずれも苗が無事に育つようにという願いにもとづいている。焼米を供えることを「鳥の口にあげる」というのも、苗代にまいた稲の種が鳥についばまれることを防ごうという願いがあらわれた言い方である。

なお、日本では摘田《つみた》・蒔田《まきた》などといって、苗代を作らずに、直接本田に稲の種子をまいて稲を作る直播法も行なわれていたが、こうした稲作法でも本田に種子をまいたあとに水口祭りと同様な儀礼が行なわれていた。（小川）

タントゥイ

鹿児島県奄美地方から沖縄県八重山地方に分布する種下ろしの行事で、種取りと書く。昭和五（一九三〇）年・六年ころから二期作が導入されて農耕暦が変化したが、それ以前は旧暦九月・十月にかけて稲種を水につけ、播種した。奄美地方ではこの日に餅を搗《つ》いて豊作を祈るとされ、奄美大島北部では餅もらいといって、仮装して神に扮した青年たちが家々を踊りまわる。徳之島でも鶏をつぶし、餅を搗き、青年たちは祝歌をうたって餅もらいにまわった。沖縄島と周辺離島では、立冬の前日に種下ろし、当日の朝に播種する。沖縄島中部の座喜味では、鼠や鳥が食い荒らすから種下ろしや播種の際に水をかきまわしてはならないといい、田を多くもつ家ではこの日には竈の灰すらかきまわさなかったといわれる。久米島では糯米《もちごめ》を鏡餅の形に盛り、一番上におこげをのせたものを家の働き手の数だけ作る。これをデームイといい、稲むらを象徴するものとされ、野菜汁などと共に鉢に入れ、ゆで菜・海藻を添えて仏壇に供える。この供物は糯米や海藻を共通のものとして、多少変化しながら沖縄島を中心に分布している。海藻はその根の強さにあやかり、強い苗ができることを願望したものとされる。仮装した青年による神の来訪がある奄美地方と似たものとして、慶良間諸島ではヤヘー神という来訪神が訪れ、神女が迎えて一週間後に送り返したといわれるが、昭和初期に消滅した。八重山地方では、十月の壬《みずのえ》か戊《つちのえ》を各ムラで選択して、イバチという円錘形の握り飯を作って神仏に供え、親戚にも配った。（古家）

田植《たう》え

播種儀礼ともいうべき水口祭りに続いて行なわれる田植えは、苗代で育てた稲の苗を本田に植える作業で、稲作の過程ではもっとも重要かつ労力を必要とする作業の一つである。北陸から東北地方にかけてはサツキ、近畿地方ではシツケともいう。

農作業としての田植え　田植えの時期は鹿児島県奄美地方・沖縄県を除けば五月上旬から六月中旬の間で、気候が寒冷な地方ほど早く行なう傾向にある。しかし、田植えは稲の品種改良や苗代様式・灌漑施設などの改善が進むまでは、現在より半月から一か月遅く、旧暦でいえば五月節供のころからはじまり、五月中・下旬が盛時だった。奄美地方では旧暦二〜三月、沖縄県では旧暦十二月に田植えをした。五月のことを「さつき」というのは、田植えをサツキという地方があることからもわかるように、この月が田植え月だったからである。田植えの開始は辛夷《こぶし》や水木の開花、ホトトギスの鳴き声、山の残雪の消え具合など、自然の運行を目安にしたり、苗の育ち具合をみながら、暦で吉日を選んではじめた。あるいは苗代に種をまいた日から三十三日目、四十二日目など一定日数が過ぎたあとにはじめたりした。田植え終《じま》いについても、神社の祭りを目安にしたり、半夏半毛《げはんけ》・半夏半作などといって半夏生を基準にして行ない、この日までには終了すべきだとされていた。半《はん》夏生というのは、夏至から十一日目のことで、この日を過ぎて植えると米が一日に一穂に一粒とか三粒減るという。

明治以降に田の改良や技術改善が順次進むまで

は、水口に稗《ひえ》を植えて冷水に備えたり、一文字植え、田の中央から外側へぐるぐる植えまわしていく車田など、田植えの方法は各地でさまざまであった。また、ムラごとの水田灌漑の関係から、田植えは短期間に行なう必要があった。そのためには労力を集約する必要があり、昭和三十、四十年代までの手植えころには、大田植えにみられるような本家や親方百姓の田植えに分家や子方百姓が参加する労働形態と、ユイ・モヤイといって近隣の家々が互いに協力、あるいは共同して田植えを行なう労働形態の二つがあり、古くからの労働組織の形が残されていた。

田植えで重要なことは、この作業が単なる労働ではなく、農作業のなかではもっとも晴れやかなときだったことである。ムラの各家がいっせいに田に出て、女が苗とりと田植え、男が代掻きと苗運びを受けもち、とくに田植えをする女性は早乙女と呼ばれ、新しい仕事着に帯・襷《たすき》をして着飾った。そして昼食には、握り飯に黄粉をまぶしたものなど特別な食物がオナリとかヒルマモチ（昼間持ち）と呼ばれる女性によって運ばれた。一方では田植えをはじめるときには初田植え、終了時にはさなぶりといった儀礼などが行なわれ、田植えは稲苗を植えるとともに田の神を祀るときでもあった。

田植えの禁忌　稲作の作業のなかで、田植えにはもっとも多くの禁忌がある。このことからも田植えが重要な作業で、このときに田の神を祀る理由がわかる。禁忌には田植えを行なう日についての禁忌と、実際の作業上の禁忌とがある。

田植えを行なう日の禁忌には二種あり、一つは苗忌み・苗厄・苗産屋《なえおびや》などといって、苗代に種をまいてから三十三日目、四十二日目、四十九日目には田植えをしてはいけないとか、これらの日まで田植えをしてはいけないという禁忌。もう一つは特定の日に田植えをしてはいけないという禁忌である。たとえば旧暦五月六日（新暦六月六日）は蘇我殿の田植え（千葉県）、筑波の大御田《おおみた》・鹿島の御田植え（茨城

新潟県佐渡市、中央から外側へぐるぐる植えていく車田植え。
（文化庁『日本民俗地図』Ⅰ（年中行事1）より転載）

県）、お六所様の田植え（埼玉県南部など）といって田植えをしない。また、五月の初卯の日は伊勢の御田植え（新潟・長野県など）といって田植えをしないという。

実際の作業上の禁忌には、束ねた苗をそのまま植えてはいけない、苗を束ねた藁《わら》の中へ植えてはいけない、畦越しまたは畦の上から田植えをしてはいけない、田植えの期間中風呂に入ってはいけない、田植えとほかの農作業を同時にしてはいけないなど、多くがある。

初田植え　田植えをはじめるときには、サオリ・サビラキ・サイケ・サンバイオロシ・ウエゾメ・ナエタテ・田の神下ろしなどと呼ばれる初田植えの儀礼がある。サという語をつけた呼称が広く使われ、一方では田植え終了後にもサナブリ・サノボリなど、同じくサのつく呼称の儀礼がある。これらのことから、サは田の神を示し、サオリというのは田の神を迎える儀礼といえる。伝承でも初田植えに田の神を迎えるといっている所が各地にあり、田植えは、まさに田の神を迎えて行なう作業と考えられている。初田植えの儀礼は水口祭りやサナブリによく似た内容をもつ。田の水口や畦に茅・柳・栗・ウツギなどの枝を立て、餅や赤飯などを供えたり、あるいは家の中の神棚や床の間・土間などに苗を三把と餅・赤飯などを供えることが広く行なわれている。田の水口や畦に立てる木の枝や神棚などにあげる苗は、田の神を迎える依代《よりしろ》と考えられている。（小川）

大《おお》田《た》植《う》え

大田ともいい、もともとの意味は家のもつ一番大きな田の田植えということで、物心両面でもっとも大がかりな田植えである。しかし、大田植えは各地方で多少異なった意味をもって伝承されている。和歌山県那賀地方では家の一番大きな田、もしくは骨の折れる田を植える日が大田植えで、このときには隣近所から手伝いの人も来て植えるので食物もとくに豊かにしたという。新潟県刈羽地方ではもっとも多く植える日、あるいは大部分の田を植えてしまう日が大田植えだといっている。千葉県君津地方でも大田植えはもっとも大きな田の植えつけのことで、この日にはお祝いの酒肴が出るという。これらの伝承は、いずれも大田植えのもともとの意味に近いが、石川県や静岡県田方地方・新潟県佐渡・長野県上伊那地方・同県北安曇地方・山形県朝日町では田植えのすんだ日のことやその日の田の神祭り、またはその祝宴を大田とか大田植えという。福井県大野地方では旧家の田の全部あるいは大部分を近所の人たちが一日で植えてしまうことを大田植えといっていた。新潟県佐渡でもムラの旧家の田植えをムラ中が出て一日で終えることを大田植えといい、この旧家の田植えがすまないとほかの家は田植えにとりかかれないとされていた。中国地方の山間部では、家族だけで行なう田植えを小植《こう》えというのに対し、近隣の家々が総出で地主の家の田から順番に共同して植えていくことを大田とか大田植えといっていた。この場合は、老若男女それぞれが決まった仕事を分担するだけでなく、笛や太鼓で囃し、唄の上手な者がササラといわれる楽器を持って田植え唄の音頭をとりながら田植えを行なっていく例が、しばしばみられる。また、花田植え・大花田植え・囃子田・勇み田・牛供養などと呼ばれる、さらに大がかりな大田植えも伝えられている。

中国地方に伝わる花田植えは、その華やかさなどで有名で、多くの見物客を集めている。花田植えは、かつては大地主や庄屋の田、あるいは神社にゆかりのある田で行なわれる大田植えで、ムラ中の人が集まって毎年同じ日に行なわれていた。花田植えの手順は、花鞍《はなぐら》などで飾った飾り牛が十数頭も一枚の田に入って代掻きをしたあと、杁《えぶり》で平らにならし、サンバイとか歌大工などと呼ばれる田植えの指揮者のもとで、着飾った早乙女と、鉦《かね》・太鼓・笛で囃しをする囃子方が一体となって、苗取りから田植えまで進める。ここでは飾り牛による代掻きの技巧が競われたり、植えるときには多くの田植え唄が披露されるなど、芸能的色彩が強くなっている。

中国地方の花田植えと同様な方式で行なわれる田植えは、高知県や福岡県でも太鼓田とか囃子田といって伝えられている。さらに文献上では『栄華物語』に治安三（一〇二三）年五月のこととして、類似した田植えの描写がある。このような花田植えの芸能的要素は、田楽を生み出す土壌となったともいわれている。一方では、田の神の祭場が作られ、田植え作業とともに田の神迎えから田の神送りまでの内容をもった一連の田植え唄がうたわれる。さらにオナリと呼ばれる女性がヒルマ（昼間）という特別な食物を田に運び、田の神に供えると同時に田植えをする人たちも食べるなど、神事的な側面も強くみられる。　（小川）

さなぶり

田植え終了後の田の神祭りの総称。田植えをはじめるときにはサオリなどという田の神祭りがあり、サオリとサナブリは対応した祭りとなっている。サオリは田の神を迎える祭り、サナブリは田の神を送る祭りである。

さなぶりの地方呼称　サナブリは全国的にみられ、各地にさまざまな呼び名がある。呼称は田の神祭りに関連するものと、田植え作業の完了や田植え完了後の休養を示すものに大別できる。たとえば前者にはサナブリのほかに、サノボリ・サナボリ・サナボイ・田祭り・田植え祭り・植えつけ籠り・サンバイアゲなどがある。サナブリ・サノボリ・サナボリ・サナボイといったサナブリ系の呼称は、「サ・昇り」ということで、サは田の神を示している。サンバイも田の神を示す言葉で、植えつけ籠りは田の神を祀るためのお籠りに由来した言い方である。後者にはシロミテ・ヤスゴト（休事）・泥休み・泥落し・足洗い・馬鍬《まんが》洗い・野上り・農上り・田植え休み・野休み・農休みなどがある。このうちシロミテというのは田が稲苗で満ちるということで、田植え完了をあらわす言葉である。

さなぶりの呼称には全国的に分布しているものと、ある程度限られた地方で使われているものとがある。全国的に使われる呼称にはサナブリ系の呼称と、田植え休み・農休み・野休みがある。サナブリ系は、東北・関東ではサナブリ、近畿・四国東部・九州ではサノボリ・サナボリ、九州ではサナボイなどという。田植え休み・農休み・野休みも広く使われ、関東・中部では農休み・野休み、近畿・中国・四国・九州では田植え休みという傾向にある。野上り・農上りは関東・中部・近畿と九州にみることができる。ある程度限られた地方での呼称については、中国地方ではシロミテ、北陸などでは田祭り・田植え祭り・ヤスゴト、北陸から中国地方にかけては泥

鹿児島県霧島市、田植えがすんで竈に苗を祀る。
(文化庁『日本民俗地図』Ⅰ(年中行事1)より転載)

休み・泥落し、和歌山・香川・広島・山口県ではサンバイアゲ、愛媛・山口・福岡県などでは植えつけ籠りとかシロミテ籠りという。

さなぶりの形式　さなぶりは祭りの形式から、各家ごとに行なう形式と、ムラで日を決めて行なう形式、そしてこれら二つを併存させて行なう形式の三つに分けることができる。家ごとのさなぶりは、細部は地方ごとに多少の差があるが、田植えを終えた田の水口や畦《あぜ》に朴《ほお》・栗・柿などの木の葉または枡を置き、そこへ餅・赤飯・五目飯・豆・昆布・お神酒《みき》などを供えたり、家の中の神棚または荒神・竈《かまど》・土間などに稲苗三把と餅・赤飯・五目飯などを供えるのが一般的である。田の水口や畦には茅《かや》・柳・栗などの草木を立てたり、あるいは稲苗を供えたりする所もある。こうした儀礼とは別にこの日には田植えを手伝ってくれた人たちを家に招き、特別な食物と酒で祝いの宴を開くことも広く行なわれていた。さらにさなぶりには、一家の主人が風呂に入ると苗が枯れるから入らないとか、家の神棚あるいは荒神などに供える稲苗でその年の稲の作柄を占ったりする伝承もある。

ムラで日を決めて行なうさなぶりは、一日から三日間仕事を休み、各家では普段とは違った食物を作って食べる所が多い。仕事を休むので新嫁は里帰りをしたり、ムラの人たちが集まって祝いの宴を催したり、あるいは神社に一日お籠りをする所や男女が水を掛け合う所もある。このうち、神社へお籠りするのは西日本で広く行なわれ、水を掛け合うのは鳥取県などにみられる。なお、さなぶりの呼称のうち、田植え休み・農休み・野休み・野上り・農上りというのはムラのさなぶりをさす場合が多い。

第三の形式は、内容的には前にあげた家のさなぶりを終えたあと、全戸が終えるのをみはからってムラのさなぶりを行なうということで、家のさなぶりを小《こ》サナブリ・家《うち》サナブリ・小ジロミテ・小休みなどといい、ムラのさなぶりを大《おお》サナブリ・ムラサナブリ・惣《そう》サナブリ・大ジロミテ・大休みなどという所がある。また、家のさなぶりをシロミテ、ムラのさなぶりを泥落しというなど、両者を別の言葉でい い分けている場合もある。

全国的にみると、家のさなぶりのみを行なう例は少なく、ムラのさなぶりだけを行なっている例は多くみられる。こうした傾向は、田植えには多くの灌漑水が必要となり、ムラ全体で水を確保し、各家が同じ歩調で作業を進めなければならないという、田植えの共同作業的性格が強く働いているためである。（小川）

雨乞《あまご》い

田植えを終えたあと、秋の収穫までに災害を防ぎ、順調な成育を願ってさまざまな儀礼がなされる。雨乞いはその一つで、旱魃《かんばつ》によって農作物が悪影響を受けそうなとき、降雨を願って行なう共同祈願である。夏期に降雨量が少ないこと、火山灰土のような土質条件や地形条件の悪いことが、雨乞いを必要とする地域の自然的共通条件となっている。

雨乞い祈願を行なう集団は溜池利用者同士、ムラ、ムラの連合などで、水系の範囲や水系を超えた広い範囲にわたる。雨乞いの方法はもらい水、水神を怒らせる、千駄焚《せんだた》き、雨乞い踊りの四型にまとめることができる。

もらい水 もらい水は水源となっている泉・滝・沢や水の神を祀る神社などから村の代表が水をもらってくる。途中で水桶を置くとその地に雨が降るという伝承があり、休まずに村へ持ち帰る。持ち帰った水は田の水口に注いだり、特定の石に注いだりして降雨を待つ。埼玉県小鹿野町両神の白井差、神奈川県大山阿夫利神社、兵庫県宍粟市鍋ヶ森神社、鳥取県智頭町三滝様、同県大山町赤松池などはよく知られた水もらいの聖地であるが、ほかにも地方ごとに聖地がある。一度で効果があらわれなかった場合は、身近な聖地から遠方のさらに有力な聖地へと水もらいの足をのばす傾向が認められる。

水神の怒り 岡山県奈義《なぎ》町の那岐山麓には蛇淵があり、ここに石を投げ込んだり汚物をまき散らして水神を怒らせ、大雨が降るようにさせるという。広島県東広島市吾妻子でも滝壺に福成寺の鐘を投げ入れてお籠りをする。千葉県安房地方では、川や池を干して魚を苦しめると竜神が魚を助けるために雨を降らすと伝えているのは、水神を怒らせたり困らせたりして雨を乞うものである。ほかにも百枡洗いといって、村中から枡を集めて川や水源で洗うと雨が降るという話は多い。これも汚すことで水神の怒りを誘い、雨を降らせようとするものであろう。

千駄焚き もっとも大がかりで、もっとも広く一般に行なわれていた方法である。山の上に千駄といわれるくらい多くの焚き木を運び上げ、山のように積み、神式や仏式の儀礼を行なったあとに火をつける。大きな炎と煙が上昇気流を作り、雲を作る。火

神奈川県、竜を滝壺に入れる。(『年中行事図説』)

は雨乞いに霊験のある神社からもらってくる所もあり、こうするとかならず雨が降ったと各地で伝えている。広島県東広島市西条や八本松近辺では数か町村が合同して、あちこちで大規模に千駄焚きをしたり、ときに郡下いっせいに行なったこともあったという。水系の範囲を超えて合同して行なう例である。地方によっては千把《せんば》焚き（岡山・長崎・熊本・新潟県など)、千貫焚きと呼ばれるほか、クモアブリ（奈良県)・ヒアゲ（和歌山県）という所もあるが、いずれも同一形式である。

雨乞い踊り 神社の境内や池の近くなどの定められた場所で踊られる雨乞いのための踊りで、太鼓を腰につけることが多く、鉦《かね》で拍子をとる。これら楽の音が雷鳴に似ていることから、雷が鳴りだすと伝えている所もある。各地の雨乞い踊りをみわたしてみると、東京都西多摩地方の鳳凰の舞、兵庫県播磨地方の百石踊り、愛媛県四国中央市の薦田《こもだ》踊り、徳島県つるぎ町の雨乞い踊り、鹿児島県の太鼓踊りなどがある。雨の降る音がそのまま踊りの名称になっている例として、兵庫県但馬地方のザンザカ踊りや「踊り踊ればバンババンバと雨が降る」とうたわれる岡山県久米南町のバンバ踊りがある。

雨乞い踊りは風流性が強く、踊り手が笠をかぶり、化粧や女装をすることは普通に行なわれる。太鼓踊りや念仏踊りなどが転用され、奈良県のナモデ踊りは念仏踊りから雨乞い踊りに変化した例であるし、香川県綾川町の滝宮では念仏踊りをそのまま雨乞い踊りにしている。獅子舞を舞うことで雨乞いとする所は東日本に多い。いずれにしても必要なときにすぐできる踊りが雨乞い踊りに転用されたのである。

これら四つの方法と並行して、神仏へのお参りやお籠りが行なわれるのが普通である。そのほか、雨乞いのために女角力《ずもう》をしたり、池に裸の女が飛び込んだりする例もある。旱魃という非常事態に対処する人々の行動はこのように多種多様ではあるが、現実的必要がなくなれば簡単に衰微する習俗であった。溜池や用水の整備、土質改良の進んだ昭和十年代中ごろから、この雨乞い習俗は急速に消滅していったが、現代でも異常な渇水時には、しばしば雨乞い祈願が話題になることがある。（茂木）

虫送《むしおく》り

稲の生育を害虫の被害から守るための呪《まじな》いや祈願である。

稲にはウンカ・メイチュウ（ズイムシ）など、いろいろな害虫がつく。江戸時代の農書などではこれらを総称して「蝗」と記している。蝗は「いなむし（稲虫）」「おおねむし（大稲虫）」などと訓じられ、蝗害を虫送りによって防ごうというのである。蝗害のなかでもっとも恐れられたのはウンカの害であった。ウンカは天候不順で雨の日が続くような夏に大発生しやすく、大発生すると短時間にすべての稲が喰い枯らされ、収穫がまったくなくなることもまれではなかった。江戸時代の記録に残る蝗害は、多くがこうしたウンカの害をさしている。たとえば享保十七(一七三二)年に西日本を襲った虫害はウンカによるものだった。このときの様子は各種記録にあるが、本島知辰の『月堂見聞集』には一夜のうちに数万石の稲が喰われ、四国では餓死する者が多くあったなどと記されている。ウンカの害に対しては、江戸時代末に大蔵永常が『除蝗録』を著わし、油による駆除法が普及して蝗害は軽減された。しかし、稲の害虫はウンカだけではなく、まさに虫送りには農民の切実な願いが込められていた。

虫送りの行事化　蝗が発生すれば、その害は一枚の田ではすまず、付近一帯の田へおよぶ。そのために虫送りは、雨乞いなどと同じように人々の共同祈願であった。しかも蝗の発生は多かれ少なかれ毎年のようにあったので、虫送りも毎年繰り返して行なわれ、地域の年中行事となっていった。ただし、ほかの年中行事と異なり、その期日は全国的に同じではなく、おおよそ田植え終了後の六月から八月までの間の必要なときに行なう所が多かった。さなぶりや半夏生《はんげしょう》などの行事と同じ日に虫送りをしたり、虫の発生を見て行なったり、あるいは二月・三月とか秋に行なった所もある。現在は農薬などの発達・普及によって稲の虫送りは必要なくなった。

虫送りは虫追い・虫ぼい・虫ぼり・虫祭り・虫供養・人形送り・実盛《さねもり》祭り・実盛送りなどとも呼ばれていた。虫送りという言い方が全国にわたって分布するが、埼玉・岡山県や九州では虫追い、秋田・岩手県や青森県東部では虫祭りという。青森県では虫ぼい・虫ぼりといったりもし、虫祭りという言い方は石川県能登地方や富山・愛知・奈良・岡山県および長崎県対馬にもある。千葉県から茨城県にかけては人形送り、西日本では実盛祭り・実盛送りが広い範囲で使われ、福岡県には菅原送りという所もある。西日本には虫供養という言い方も点在している。

虫送りの方法　虫送りは人々が松明《たいまつ》や旗を持ち、

神奈川県大磯町、鉦を叩きながら水田をまわる。(1984年：小川直之)

鉦《かね》と太鼓にあわせて呪いの詞を唱えながら連なって村落内をまわる。そして最後にムラ境や川・海あるいは森・塚など特定の場所で、持っていったものを焼いたり流したりするというのが一般的である。この行列には藁《わら》人形を作って、一緒に持っていくことが各地で行なわれている。藁人形のかわりに、藁馬・舟・藁苞《わらづと》や木・竹で作った簡単な神輿《みこし》を持っていく所もある。藁人形・舟などには団子などの食物や稲についた虫を集めて持たせたり乗せたりもしている。西日本では虫送りの藁人形を実盛などと呼んでいる。実盛は平安時代後期の武将の斎藤実盛のことで、実盛は戦いのときに稲株につまずいて敵に討たれ、その遺恨で怨霊となり、蝗となって稲を喰い荒らすようになったと伝えられている。そこで実盛を藁人形にして虫送りに使うのであり、虫送りのことを実盛祭り・実盛送りというのはこの人形に由来している。また、西日本では蝗をサネモリという所もある。つまり、稲の虫害は実盛の御霊《ごりょう》の祟《たた》りだと考えられているのである。福岡県の菅原送りも同様で、菅原道真による御霊信仰が背景となって生まれた呼称である。

以上のように虫送りの方法は、神送りの典型的な形をとって行なわれてきた。稲に害をなす悪い虫を、ムラ境・川・海・森・塚など、現実のムラとは別の世界へ追放したり、封じ込めようということである。そしてその内容は藁人形で虫の発生源を示したり、馬・舟・神輿などの乗り物を具体的な形で示しているのが特徴である。虫送りの方法は神送りの形式のほか、念仏を行なったり、社寺へ祈願したりすることもある。共同祈願とは別に、各家では七夕の竹、社寺のお札、お盆の施餓鬼《せがき》棚に用いた旗などを田畑に立てて虫害を防ごうともした。この場合は七夕の竹やお札・施餓鬼旗などに呪力があると考え、その力で虫の害を防ごうというのである。（小川）

アブシバレー

鹿児島県奄美地方や沖縄県で、旧暦四月中旬から五月にかけて、田の畦の草取りなどをし害虫を取って海に流し去る行事。奄美地方ではハマオリ（浜降り）・サベーチトー・ムシアシビなど、沖縄県ではアブシバレー・ムスソーズ・ムヌンイミなどという。奄美地方の奄美大島では、旧暦四月初午《うま》や中《さる》寅の日に、重箱に馳走をつめて浜に下り、芋の葉に包んだ害虫のついた稲を海へ流す。加計呂麻島では二、三日前から浜に小屋を作っておき、当日は朝食後そこへ行って過ごす。以前は舟競争や踊りもした。喜界島阿伝ではサベーチトー（サベーは害虫、チトーは祈禱の意）といい、かつてムラの全戸から一人ずつ出てブリキや板・ホラ貝などを鳴らしながら田畑の間をまわり、最後に害虫のたくさんついた甘蔗の葉を流した。与論島の虫払いでは、古くはノロが主宰したと語られている。沖縄県では舟競争が同時に

行なわれる所もあり、ノロ・根神《ニーガン》らが虫払いの祈願をする。（古家）

収穫祭《しゅうかくさい》

農作物の収穫を祝う祭りの総称。麦・粟・里芋などの畑作物の収穫祭もみられるが、もっとも広い範囲にわたって盛んなのは稲の収穫祭であり、ここでは稲の収穫祭を採り上げる。

稲の収穫祭は一度だけでなく、収穫開始の儀礼と刈り取り終了後の儀礼というように二段階で行なわれる。稲刈りのはじめには穂掛け祭り、刈り取りがすんでからは刈上げ祭りと稲上げ祭りが行なわれる。これらの祭りは、基本的には各農作業に付随する生産儀礼である。稲作は日本の歴史・文化のなかで重要な役割をもち続け、しかも収穫は最大の関心事であったので、収穫儀礼はさまざまな年中行事や祭りに分化するとともに、各地で独自な発達をとげ、全体としてかなり複雑なかたちとなっている。宮廷行事である神嘗祭《かんなめさい》と新嘗祭《にいなめさい》は、先の穂掛け祭りと刈上げ祭りに対応する行事であるし、各地の神社の秋祭りは大半が刈上げ祭りとしての性格をもつ。

穂掛け祭り　穂掛け祭りは稲刈りの開始時、あるいはそれ以前の八朔《はっさく》（旧暦八月一日）や秋の社日《しゃにち》（秋分に一番近い戊《つちのえ》の日）、十五夜（旧暦八月十五日）などに行なわれる初穂の儀礼である。現在では刈上げ祭り・稲上げ祭りに比べて衰退が著しく、行なわれなくなった所が多い。かつては刈り掛け・掛け穂・穂結び・初穂祭りなどともいわれて全国的にみられた。八朔・社日・十五夜などに行なうのは年中行事化した穂掛け祭りで、たとえば近畿地方から山陰地方にかけては八朔の穂掛けといった。これらのときに行なう場合は、いずれも実際の稲刈りより早く、まだ青い稲穂が初穂とされていた。

穂掛け祭りの方法は、一定数の稲穂を刈り取って、これを荒神・竈神《かまどがみ》・屋敷神または家の門口・

軒下・床柱などに吊り掛けたり、ムラの鎮守に供えたり、あるいは田の一隅に竹や茅《かや》などで小さな稲架《はさ》を作り、そこへ掛けたりしている。田を祭場とする方法が古い形式で、この祭り方は西日本に色濃く伝えられている。穂掛け祭りに用いた初穂は、早稲《わせ》搗きなどといって焼米にして家の神に供えたり、脱穀して保存しておき、これを亥《い》の子《こ》や正月などの供物に混ぜて使う所もある。なお、鹿児島県奄美地方や沖縄県ではスクマ・シキョマ・アラホバナなどという初穂の儀礼が行なわれている。

刈上げ祭りと稲上げ祭り　刈上げ祭りは収穫祭の中心となる儀礼で、稲刈り終了後に、家の神棚・床の間・納戸・土間や外庭などに田から運んだ一定の稲束や鎌を置き、そこへ餅・赤飯・大根などを供えて祝う。この祭りは刈り取りが終わった日に行なう場合と、年中行事として毎年同じ日に行なう場合とがある。

稲刈りが終わった日の刈上げ祭りは、刈上げ・刈りみて・鎌祝い・鎌柄《かまつか》洗い・鎌上げなどと呼ばれ、期日が家によって違う。年中行事となっている場合は、各家が同じ日に刈上げ祭りをしたり、ムラとしての刈上げ祭りをしていることが多く、おおよそ地方ごとにその日が決まっている。東北地方ではおくんちの最後の日（九月二十九日）に刈上げ祭りをする所が多く、関東や中部地方では十日夜《とおかんや》（十月十日）、近畿・中国・四国・九州では亥の子（十月亥の日）に行なっている。北部九州ではお丑様などといって十一月の丑の日に、石川県能登半島ではあえのことといって十二月五日（旧暦十一月五日）に刈上げ祭りをしている。日が固定し年中行事化した刈上げ祭りの期日は、東北地方から南へ行くにしたがい、しだいに遅くなっている。これは気候の違いが収穫期の差となり、それが刈上げ祭りの期日に反映されているためである。

刈上げ祭りでもっとも注目されるのは、稲作の神である田の神が田から天や山へ、または田から家へ上がるという伝承である。十日夜には案山子《かかし》上げなどといって、田の案山子を家の庭に立てて餅や赤飯を供え、これで田の神が山へ帰るという。亥の子やお丑様には、田に意図的に刈り残しておいた稲を刈り取り、束ねて家へ運び、この稲束に供物をすることによって田の神を家に迎えたり、天へ送るという伝承がある。さらに「あえのこと」では、家の主人が正装して田へ出て、田の神を背負ったり、案内する所作をしながら家へ迎え、稲の種俵を神体として供物の料理をすすめている。このような伝承から、刈上げ祭りは単なる収穫の祝いではなく、田の神の祭りであるのがわかる。

稲上げ祭りは脱穀や籾《もみ》すり後の儀礼で、作業に使った農具を洗い清めて並べ、餅や赤飯などを供える。脱穀後と籾すり後のそれぞれに行なう場合もある。稲上げ祭りは扱《こ》きあげ・稲場《いなば》寄せ・庭上げなどともいわれている。稲の最後の生産儀礼であるが、かつては現在のように稲刈りに続いてすぐに脱穀・籾すりを行なうことはなく、穂のついた稲を貯蔵し、順次脱穀・籾すりをした。そのため、収穫祭としては刈上げ祭りが一番重要であった。（小川）

シキョマ

鹿児島県奄美地方で、旧暦六月の戊《つちのえ》の日に行なわれる稲の穂掛けの行事。初穂を数本とってきて、籾《もみ》を二、三粒夕飯に混ぜ、残りの稲穂は床柱などに掛けておく。加計呂麻島では、穂を少しとって川のほとりへ行き、爪でむいて頭にのせたり、耳の上や肩の上にのせてから食べ、水を手足にかけた。ノロの主宰したムラ単位の穂掛けの行事であるアラホバナに対応する家庭単位の行事である。木慈《きじ》地区ではアラホバナの三日前をウチキヘイといい、前の一年間にハブに咬まれたり死に水をとった者はムラから出される。シキョマから八日後の丙《ひのえ》の日をアンガシキといい、はじめて新米を炊いて先祖に供え、家族で食べる。沖縄県では、ノロの主宰する五月ウマチーに対して、家庭単位で行なう初穂儀礼をさし、奄美地方と同様に初穂を数本とり、竈《かまど》や床柱に掛ける。八重山地方ではスクマといって、各戸で先祖に新米を供え、刈り入れまで無事終了するように祈る。（古家）

プーリィ

沖縄県八重山諸島で行なわれる稲の収穫祭で、旧暦六月の壬《みずのえ》・癸《みずのと》の日を選んで行なわれる。石垣島川平ではプーリ、登野城ではプーリィ、白保ではプーリン、鳩間島と西表島古見ではプールのように名称は若干異なる。一日目をオンプールといい、オン（御嶽《うたき》）にツカサ（女性神職者）やヤマニンジュ（氏子）が集まってその年の豊作を神に感謝する。各家庭では、その前夜からカサヌパームチという葉に包んだ餅を作り、当日は神仏に供え親戚に配る。二日目はユーニゲ・村プールなどといい、予祝の綱引き・舟競争や仮面仮装の神の出現などの行事がある。

石垣島白保では三日間行なわれる。一日目をバンプトゥギといい、前年のプーリンから一年間御嶽に願をかけてきたので、それを解くために御嶽でツカサが花米・お神酒《みき》などを供えて祈願する。二日目をブープーリンといい、収穫した米・粟に感謝を捧げる日とされ、ツカサは朝から御嶽で祈願をする。夕方からは氏子が御嶽に集まり、ツカサと共にその年の豊作の喜びをこめたアヨウという神歌をうたう。米と粟のお神酒をかわしながら夜十二時ころになると、氏子全員がクロツグの葉を頭に巻き、円陣を作って踊る。ツカサは御嶽に泊り、三日目の早朝に次の年の豊作祈願をはじめ、ムラの中では「祈豊年」「五風十雨」と書かれた旗を先頭とした行列が練り歩く。ユガフーをもたらすというミルク（弥勒）がムラの西方から登場する。さらに女装してブナリ（姉妹）に扮した氏子の一人が西方から、東方からはビギリ

沖縄県石垣市、収穫祭にあらわれるミルク（弥勒）。（一九二三年：国学院大学折口博士記念古代研究所）

（兄弟）に扮した者が米・粟・芋の入った籠を持ってくる。両者が出会った所で、籠がブナリにわたされる。それからムラ人は東西に分かれて綱引きを行ない、西方が勝つと来年もまた豊作であるといわれる。そのあと全員が参加して踊り、来年のユガフーを祈願する。

ここに登場するミルクは、十八世紀末にベトナムから伝わったという石垣島登野城のものが最古といわれ、西表島祖納《そない》ではシチ（節《せつ》）に登場する。来訪神の一形態であることは、同じプーリィのなかで西表島古見などで出現するアカマタ・クロマタや、石垣島川平のシチに出現するマユンガナシと同様である。八重山では、米・粟・芋などの初物は姉妹に粒よりのものを選んであげないと翌年の実りが悪いとも伝えられている。これは、霊的には姉妹が兄弟に優越するというオナリ神の信仰を背景としており、女装したブナリに収穫物の入った籠をわたす所作は、この信仰が演劇化されたものといえよう。西方からブナリが登場することと、綱引きで西方が勝つと豊作といわれることも、この観念で結びつくものであろう。沖縄島と周辺離島の稲の収穫祭は、旧暦六月十三〜十五日ころの六月ウマチーで、ノロ・根《ニー》神《ガン》らの儀礼が行なわれる。（古家）

アカマタ・クロマタ

沖縄県八重山地方の西表島古見・小浜島・新城島上地・同島下地・石垣島宮良のプーリィに出現する仮面仮装の神。異名として、常世の国をさすニイルを冠してニイルピトゥや、豊穣をもたらす神であることに力点をおいたユムツンガン（世持神）、アカマタの男神とクロマタの女神が夫婦神であることに着目したミユートゥンガン（夫婦神）などがある。

八重山のプーリィは、一般に一日目はオンプールといってツカサ（女性神職者）とヤマニンジュ（氏子）がオン（御嶽《うたき》）に集まって、その年の豊作感謝の祭祀が行なわれる。二日目から翌年の予祝祭となって、アカマタ・クロマタが登場する。これは西表島東岸の古見が発祥地とされ、ここからの移住に伴って伝播したといわれる。西表島高那・野原でも存在したが、マラリアの流行によって廃村となり、行なわれなくなった。古見ではアカマタ・クロマタ・シロマタの三神、小浜・宮良・下地ではアカマタ・クロマタの二神、上地ではアカマタ・クロマタの親子四神が登場する。

旧暦六月の壬《みずのえ》ないし癸《みずのと》の日を中心に行なわれるが、祭祀は秘儀性をおびており、女性の参加は限定され、また一定の年限に達した男子のみが参加資格をもち、生まれながらにムラに居住し、品行方正な者でなければならないとされている。行事全体も一部の長老だけしか知らず、ほかの人々は自己の参加する部分についてのみ知らされている。類似の性格をもつものとして、石垣島川平で旧暦七月・八月の戊《つちのえ》戌《いぬ》の日に行なわれるシチ（節《せつ》）に登場するマユンガナシがある。蓑《みの》をまとい杖を持った仮装者で、家々の前庭で杖を二度ほど突いて、農作物の予祝に関する言葉を唱える。豊穣をもたらす神と信じられていた。クロマタとマユンガナシの由来譚も近似しており、神の出現によって豊作がもたらされるところから、毎年ムラへ招きたいとして神の面を作り祀るようになったと伝えている。

古見のプール（プーリィ）の例では、一日目の十時ころからツカサが御嶽でその年の豊作の感謝を捧げ、御嶽を順に巡り夜十時ころ終わる。その夜、アカマタ・クロマタの祭祀を行なう団員たちが、三神（アカマタ・クロマタ・シロマタ）の面を普段保管してある宗家から、秘儀の行なわれる場所へ運んでいく。二日目の未明にクロマタの集団と、シロマタ・アカマタの集団の二つに分かれ、それぞれ集団への入団者を審査し、祭りの打ち合せをする。それから、三神それぞれの集団ごとに、二か所ずつの御嶽の前で九回舟を漕ぎ、上陸してツカサから頭上に葛を授けられる。日が暮れると、ウムトゥという森の奥の神聖な場所から三神が出現し、舟漕ぎの行なわれた所から上陸し、ツカサ・女・子供たちの待つ宗家にやってくる。ムラ人たちは神を直視せずに祈願し、山中に消えていくのを見送る。三日目は入団式で、新入団者は宗家の庭に正座し、難行が課せられる。試練を経て入団を許可された一年目の者はウイタビ、二年目はマタタビ、それ以上はギラムヌといわれる。秘密にすべき事項は祭祀の期間中に伝えられるので、やがてそれを会得した少数の長老がウヤと呼ばれるようになり、指揮をとるようになる。

アカマタ・クロマタの神はムラに豊穣をもたらす神であると同時に、それと逆の恐ろしい死霊的な性格をもつ。たとえば、新城島の祭祀では歌の調子にあわせて踊りながら、急に群衆の間を駆け抜けることを繰り返す。そのときに、アカマタ・クロマタが手にした鞭にふれると一年以内に死んでしまうといわれ、人々は必死で逃げまわる。　　（古家）

ユガフー

沖縄県の祭りには、幸福・豊穣の世を意味するユガフーの到来を望む唱え言や行為が含まれている。沖縄島北部のシヌグ踊りでは「ユンクイユンクイ」と唱えるが、これはユークイ(世乞い)のこととされ、幸福・豊穣を意味するユを乞うことであり、そうした世の中つまりユガフーを望む唱え言である。宮古島のウヤガンでは祖神がムラに出現してユを与えて去る様子を神女たちが演じてみせ、八重山地方の石垣島白保のプーリン(プーリィ)では来訪神ミルク(弥勒)がユガフーをもたらすものとして出現する。西表島古見のプール(プーリィ)では、祭りの四日目に翌年の豊作を祈願するヤイヌユーヌニンガイを行なう。アカマタ・クロマタ・シロマタの各集団員が早朝にそれぞれ舟を出し、沖に向かうときはゆっくり、岸に戻るときは急いで漕ぐようにする。これをムラ人は俵を積んで漕ぎ帰ると説明するが、ニーラ(ニライカナイ)からのユをムラへ引き寄せるためで、ユガフーをもたらすとして、来訪神を迎え入れることをあらわすと考えられる。(古家)

ウマチー

沖縄県の沖縄島と周辺離島で、旧暦二月・三月・五月・六月に行なわれる麦と稲の祭り。ノロ・根神《ニーガン》を中心とした神役集団が、御嶽《うたき》を巡って麦・稲(粟)の豊作を祈り、感謝を捧げる。四回のウマチーがそろって行なわれているのは沖縄島南部に多く、北部では五月・六月のみ、中部では行なわれていないムラも多い。宮古・八重山地方にはこの行事名称は分布しない。

二月ウマチーは麦の初穂儀礼で、十五日に行なう。沖縄島中部東岸の宮城島では拝所に麦の穂を三本供え、神女たちはノロ殿内で拝んだあとウチンという植物の葉で冠をして拝所に行き、麦の豊作を祈る。

大正期ころまでは麦のお神酒《みき》が作られていた。この日と翌日は堆肥を担いだり針仕事をしてはいけないとされ、これを破ると蛇に咬まれると伝える所もある。

三月ウマチーは麦の収穫祭で、麦粉・握り飯・お神酒などを供え、二月ウマチーと同様にノロが祭祀を行なう。宮古地方では麦の収穫祭を麦プーズといい、元家に集まってウタキグムイ（御嶽籠り）をする。鹿児島県奄美地方の徳之島は旧暦四月巳《み》の日が麦シキョマで、麦の粉の団子を先祖に供えて豊作を祈願した。

五月ウマチーは稲の初穂儀礼で、十三日をタカベといい、二日後のウマチーの開催を神に告げるため、ノロ殿内に神女が集まって祈願し、御嶽を拝んでまわる。神アサギ（神祭り用の建物）や臨時に作った小屋に籠ることがあるが、これはセジ（霊威）をつけて神として祭りに参加するためと考えられる。かつて首里王府内では、とくに祭場を設けてノロの組織を統轄する三平等《みひら》の大アムシラレに祀らせた。十五日はノロ・根神ほかの神女が神衣装を着てノロ殿内に集まり、御嶽を拝んでまわり、神アサギや殿などのムラの祭場で神歌をうたう。ノロが複数のムラを管轄する場合は、それらへ出向いてそのムラの根神以下の神女と祭祀を行なう。

六月ウマチーは稲の収穫祭で、十三日は五月ウマチーと同様にタカベを行ない、当日は新米で炊いたご飯を供物とする。穂祭りが物忌みの要素が強いのに対し、この日はタブーが解かれる日である。このあとに六月二十四日の綱引き、二十五日のカシチー（強飯）と、収穫を祝う祭りが続く所もある。カシチーはミーメー（新米）とか、二十五日ウマチーとも呼ばれ、新米を炊いて先祖に供えて祝う。沖縄島北部の辺野古では、五月十三日に根神以下の神女が御嶽に祈願し、供物を隣ムラに住むノロに届ける。当日は三か所にあるミフーダという田から三本ずつ初穂をとり、供物とする。昼すぎに隣ムラの祭祀を

沖縄県名護市、6月ウマチー。(1975年：古家信平)

終えたノロが着き、ほかの神女とともに神アサギの所定の座にすわり、初穂を前にオモロ（神歌）をうたう。草分けの家とされるトゥンチからさまざまな供物が出され、神アサギの周囲に集まったムラ人と祈願する。六月ウマチーでは、ミフーダをもつ家で作ったカシチーを盆に盛ったものを供物とし、五月ウマチーの儀礼に加えて、神を迎えるオモロをうたう。ウンジャミ・シヌグにもみられる来訪神祭祀の要素が含まれているのである。

鹿児島県奄美大島と周辺では、旧暦六月の戊《つちのえ》の日のシキョマまたはウチキヘイに初穂を数本とり、夕飯に混ぜて炊いたり先祖に供えたりする。家の内外を掃き清め、家具を海や川の水で洗う所もあり、稲穂をとるのも蓑笠《みのかさ》をつけて黙って行かなければならないとされる。収穫儀礼は、旧暦六月のアンガシキで新米だけを炊いて先祖に供えるとともに、家族ではじめて新米を食べる。沖縄県宮古島では米の収穫祭をウププーズといい、旧暦六月初の子《ね》の日から四日間行なわれる。島尻と与那覇にわずかに田があるだけなので、ここだけで盛大に祝い、ほかでは麦と粟のプーズが盛んである。これに対し、八重山地方では田も多く、旧暦六月のプーリィが稲の収穫祭である。

一七一三年に首里王府で編纂された『琉球国由来記』「各処祭祀篇」には、当時の年中祭祀がムラ単位に記されている。ウマチーに相当する二月・三月・五月・六月の祭りは麦穂祭・麦大祭・稲穂祭・稲大祭などと記され、麦祭りは一部で記載されていないが、稲祭りのほうは宮古・八重山地方を除いてほぼ全域に記されている。沖縄島北西方の伊江島では、田がなかったために古くから稲の祭りはなかったとし、五月は「稲ノ穂祭。御日撰拝ミ、粟ノ為ニ穂祭」と記されている。稲の穂祭りと称しながら粟の穂祭りを行ない、六月も同様に粟の大祭で粟のお神酒《みき》を供えたと記されている。沖縄島中部・南部の記載からも、この祭祀がノロ組織によって執行される官制の祭祀の一環であったことがうかがわれる。（古家）

麦作儀礼《むぎさくぎれい》

麦の豊作を祈願する農耕儀礼。稲作儀礼と比較すると、畑作儀礼は乏しいといわれるなかで、生産量・需要において畑作物のなかの主位を占めていた麦には比較的儀礼が多く認められ、これが地域共同の祭りとなっているものも少なくない。

麦作儀礼には播種儀礼・予祝儀礼と収穫儀礼があり、このなかの予祝儀礼と収穫儀礼という対応する儀礼は、中世以降に普及した水田裏作の麦作を主とする地域では乏しい。そこでは収穫儀礼のみといった単独の儀礼となっており、予祝と収穫とが対応する儀礼は畑作を主とする地域の特色を示すものといえる。なかでも、麦の焼畑耕作を行なっていた九州や山陰地方の一部ではこの傾向が著しい。

関東地方では、秋の播種終了を祝って地神に餅を供えたりするが、弘法大師が麦種を中国から持ち帰るとき犬に吠えられたという「弘法と麦」の伝承を伴って、戌《いぬ》の日の播種を嫌ったり、あるいは寅丑《とらうし》の日を忌む所もある。アナツプサギなどと称して、害獣による土穴を除く意味をこめて行なう所も多い。「弘法と麦」の伝承による戌の日の播種を忌む所は、このほかにも岡山県中部など全国各地で聞かれる。穂の出はじめようとする一月十一日・十五日、あるいは二十日、所によっては節分の夜に麦飯を山盛りにして家の神仏に供えたあと、家の主人が麦畑に出て「今年の麦は良い麦だ、背から割れい(割れろ)腹から割れい」などと唱え、蓑《みの》を着て麦畑を転がる麦ホメは、麦正月・麦の誕生日とも称して島根県から中国山地一円、近畿と四国地方の一部、九州など、主に西日本にみられる予祝儀礼である。この麦飯に山芋のトロロ汁をかけて食べる所もあり、山梨県都留市ではこれを節分に、神奈川県三浦半島では一月六日に神に供えたあとにいただく。これは東北地方にもみられる。関東地方では一月十一日に麦のサク(畝)を三つほど切り、カダテ(鍬立て)と称して餅を供えたり、三月十六日に草餅を梵天にさして麦畑に立てる所もある。いずれも予祝儀礼であることに変わりはない。

次に収穫儀礼について記す。島根県出雲・隠岐から鳥取県と岡山県北部一帯では、旧暦六月十五日をレンゲといい、この日に小麦粉団子を家の神仏に供える。隠岐や出雲の山地などでは、この日に麦の初穂を氏神に供え、獅子舞や麦神楽を舞ってにぎわう。麦酒《むぎざけ》を造ったり、鯖《さば》を食べる所もある。この日を天王さんなどと称して、麦の初穂や野菜を氏神に供える所は全国各地の主に平野部にみられる。七月二日ころにあたる半夏生の日をハンゲといい、うどんや麦酒を造り、地域共同で麦の収穫を祝う所は西日本の各地から関東地方など広範囲にみられるが、この日を田植え終《じま》いとする地域も多く、島根県石見地方などの山地では田の神が山に上がる日といい、これを期に山畑の仕事に入るなど、カミ観念の変格に伴う一年の二分化を示す所もある。麦を作らなくなった地域では、この収穫祝いが夏祭りとなっている所も多い。八月の盆にニカワダテなどと称して、うどんを長く垂らして飾る所が山陰地方などにあり、盆の行事に麦の収穫儀礼の意味をみることもできる。（白石）

養蚕《ようさん》

養蚕は昆虫であるカイコを飼育し、生糸の原料となる繭を得るための生産活動である。カイコを養蚕農家ではオコサマ・オカイコサンなどと敬称をつけて大切にした。明治末年までは春蚕だけの年一回飼育であったが、その後、蚕種改良などにより年間三回以上飼育できるようになって生産量が増大した。天候不順でカイコの食料である桑の生育が遅れた

群馬県前橋市、熟蚕をひろう。（1997年：板橋春夫）

り、雹霜害にあうと大量投棄を余儀なくされた。病気で全滅ということも過去に何度もあり、成育の不安に加え繭価も変動し、養蚕業自体が投機性を伴い、そのためカイコは運虫《うんむし》とも呼ばれた。しかもカイコの飼育は手間がかかる短期集約的労働であり、繊細な女性の労働力が期待された。

このような養蚕の特性にもとづき、養蚕儀礼は「カイコが当たる」ことを祈る儀礼が中心となる。とくに小正月の予祝儀礼が中心で、飼育期間中の生産儀礼は少ない。予祝の第一は繭玉行事であり、繭ができるさまを模し収穫をかくあれと祈る。群馬県では、一月十三日にカイコの飼育が上手な家の桑を掘ってきて根っ子に水引を掛け、繭形にした米の粉の団子をきれいに飾りつける。その飾りを群馬県中之条町では「まるでミロクさんのようだ」と表現し、カイコによる豊穣を弥勒の世にたとえた。一月十六日に繭掻きと称して繭玉を取り外す。小正月に東京都多摩地方では女性だけが集まり、蚕神を祀る蚕日待があった。繭玉行事には養蚕だけでなく、稲作や畑作の儀礼も認められ錯綜している。予祝の第二は初午《はつうま》前夜のオシラサマ儀礼である。群馬県黒保根町（現桐生市）では二月の初午前夜、囲炉裏で正月の松を燃やし、空臼を搗《つ》くとその音を頼りに蚕神のオシラサマが来臨すると伝える。一升枡に藁製のマブシを入れ、その上に繭団子をのせてオシラサマへ供える。これは古い形式のマブシにカイコが繭を作った状況を模している。

飼育期間中の儀礼は掃き立てと上蔟後に集中する。群馬県境町（現伊勢崎市）では掃き立てにおはぎをカイコ棚へ供えた。掃き立て後のカイコはシジ休み、タケ休み、フナ休み、ニワ休みの四眠を経て上蔟し繭を作る。眠りの長いフナ休みにふかし饅頭を作りフナ休み祝いをした。群馬県では上蔟をオコアゲと呼び、上蔟を終えると手伝ってくれた人を招待して馳走を振る舞うオコアゲ祝いをした。

茨城県つくば市の蚕影山神社は養蚕守護の札を発

行し、関東一円から養蚕農家が参拝し、各地に分社が勧請された。群馬県伊勢崎市の稲含神社は八十八夜が祭日で、ここで養蚕具を買うとカイコが当たるという。このような豊蚕祈願に神社参詣する機会は、飼育に先立つ四月・五月に集中する。埼玉県北西部と群馬県の一部では、掃き立て前に神奈川県相模原市の皇武神社からくるオキヌサマ人形を蚕室に飾り豊蚕を祈った。

群馬県藤岡市周辺には桑とり雛の習俗があり、三月節供に古い雛人形を桑とりに出すといい、桑の枝に古い雛人形を置いてきた。盆の期間に夏蚕飼育が重なり、養蚕の盛んな地方では盆の日取りを移動させるなど、養蚕は年中行事に大きな影響を与えた。十日夜にカイコの飼育が上手な家の大根を盗んでお月様へ上げるとカイコが当たるという。（板橋）

麻作《あさづく》り

江戸時代中期以降、木綿が徐々に普及するまでは、麻は一般的な衣料として各地で栽培されていた。昭和前期でもまだ、主要産地に限らず多くの農村では家の近くの畑に栽培し、その繊維で衣類を自給していた。衣類や縄・袋・網などに加工されたほか、幣《へい》帛《はく》などにも用いられ神事にとっても欠かせない品であった。そのため、麻栽培と麻績《おみ》などに伴う儀礼もみられた。

麻作りの工程は、地域の自然条件によって多少は異なるが、播種は四月下旬から五月上旬である。発芽して生育をはじめると二、三度中耕や間引きをし、七月下旬から八月上・中旬にかけて収穫した。「麻は百日」などといわれ、播種からだいたい百日余りで二メートル前後の高さに生長するので、それを根元から少し上の部分で刈り取る。根から引き抜く収穫のしかたもあった。収穫した麻はすぐ葉を取り長さをそろえて数日間そのまま畑で乾燥させたあと、大きく束ねて収納する。そして、秋に川水に浸したり、あるいは大釜と桶《おけ》を用いて蒸し、皮を剝ぐ。皮を剝いだあとの茎は麻幹《おがら》といって、屋根ふきの材料にしたり、盆の迎え火・送り火を焚くなどに用いた。剝いだ皮は麻掻《おか》きなどといってきれいに整えて乾燥させ、後日、農閑期に麻績といって細かく裂いて繊維にし、指で撚《よ》って長い糸に仕上げたのである。

播種の日を決めるのには各地とも神経を使っており、雪形などのいわゆる自然暦によって適期を判断していた所もあるが、八十八夜（五月二日ごろ）までには播種を終えるというのが一つの目安であったようである。そしてまき終わると、数日間農休みをとる所があった。長野市鬼無里《きなさ》では、このとき近所に集まって茶を飲み楽しんだという。宮崎県には、播種後当番で宿をつとめて集まり会食する際に、麻計り竹という高さ二メートルほどの竹を立て、これに苦竹《にがたけ》で作った親指大のカケグリというものにお

栃木県鹿沼市、麻を引き抜いて収穫する。（1998 年：栃木県立博物館）

神酒《みき》を入れて掛ける所があった。麻は丈高くのびるのが好まれていたため、二メートルぐらいに高く生長してほしいと願う儀礼である。菅江真澄の『かすむ駒形』によると、一月十五日に、岩手県胆沢《いさわ》地方でも長い柱を立てて麻績の道具などを吊り下げ、麻の生長を予祝する儀礼が江戸時代後期には行なわれていた。また同県遠野市では、かつて一月二十日に麻の祝いということをし、この日には背の低い女性の来訪を嫌ったというが、これも麻の丈高い生長に妨げの生じるのを恐れた俗信である。しかし、麻はひょろひょろのびるので風や大雨には倒れやすく、風雨の害を恐れるのは全国的傾向である。そのため先の宮崎県の麻計り竹の場合、この竹を動かしたりすると風雨が生じて麻の生長によくないといい、みだりに触れるのをタブーにしていたという。

播種・収穫とともに、皮を剝ぎ終えるのが仕事の大きな区切り目で、新潟県新発田市では、このときかならず家で魚を食べて祝い、剝いだ皮の一部に魚(ほしこや鰊《にしん》)をつけて親類などに配る所があった。皮剝ぎとともに麻績はどこでも女性の仕事とされ、いずれも根気のいる単調な作業なので、近所で寄り合ってした。とくに冬の農閑期に行なわれる麻績にその傾向が強い。その際、福井市浄教寺町では、かつて三月十五日をオゴケマツリといい、麻績仲間の女性が米や小豆を持ち寄ってぼた餅を作って食べあい、半日を楽しむ行事があった。オゴケとは各自で撚った糸を入れる桶のことである。(田中)

アイヌの行事

カムイノミ＝お祈りの様子。（一九七五年ころ：萱野茂）

イヨマンテ（熊送《くまおく》り）

アイヌは熊のことをキムンカムイ（山に住む神）という。神と考える最大の理由は、十二月になると吹雪の日に足跡をくらませて穴に入り、春三月に二〜三頭の子熊を連れて出てくる。飲まず食わずの数か月間はまさに神業と考えられていたからである。山からアイヌの里へ客としてくるときは、毛皮という広い風呂敷に肉を包み、熊の胆《い》＝胆汁という薬を背負い、食べ物・毛皮・薬まで持ってきてくれる神であった。

その神の子を授かったときは一年か二年村で養い、神の国の親許へ送り帰すときに近郷近在の村人が食べ物や飲み物を持ち寄り盛大な祭り、すなわちイヨマンテをする。祭りの場は青年男女の婿選び嫁捜しの場にもなっている。

イヨマンテの精神をいうと、アイヌモシㇼ（人間の静かな大地）＝北海道においてアイヌより強いのは熊であり、人間はその熊に逆襲されて殺される場合もあった。その神の機嫌を取り結ぶ意味も込めながら、男たちはたくさんの祭具であるイナゥを作り、女性たちは酒を醸し、神の国へのみやげとなる団子などを用意し、まさに村をあげて前後半月ぐらいかかった祭りがイヨマンテであった。（萱野）

ウトㇺヌカㇻ（結婚式《けっこんしき》）

アイヌ社会では嫁をもらうという言葉はなく、マッエドン＝マテドン（妻を借りる）という。その意味は、もらった物であれば自由にし粗末にしてしまうので、借り物と考えた。借りてきた妻は大切にしないと実家から取り戻しにくるかも知れない。したがって、たいへん大事にし、一軒の家に舅《しゅうと》や姑《しゅうとめ》と暮らすことをなるべく避けるようにした。借りてこられた嫁は淑《しと》やかにしていないと戻されるかもしれないと考え、また、借りている方も大事にして暮らすうちに、嫁ぎ先の家風に溶け込んで円満な暮らしとなり、嫁と姑のいさかいはほとんど聞こえてこなくなった。

古い時代の結婚式は、嫁ぎ先へ行った娘がご飯を炊き、アサマリイタンキ（糸底の高い大型のお椀）に山盛りに飯を盛ってお膳にのせ、一膳の箸を添えて若者に渡す。受け取った若者は山盛りご飯の半分を食べて娘に渡し、娘がそのご飯を食べ終わる。現代風にいうと三三九度の杯に相当し、おおぜい集まった村人の前で行なわれる。村人の目の前で、これから先一個のお椀と一膳の箸で仲良く暮らすことを誓い、村人はそれを祝福するのである。（萱野）

チセノミ（新築祝《しんちくいわ》い）

新しく家を建てると新築祝いを行なう。大昔の家は屋根も壁も茅を用いたので、家主が茅と科縄《しななわ》を用意し、村人に手伝い方をお願いして歩くと、一軒の家から一人はかならずきてくれた。

十五坪ほどの家は一日仕事で、その日あるいは都合のよい日にチセノミをする。蓬の矢と弓を作り、屋根裏へ蓬の矢を次から次へと射る。蓬という草は大地に一番先に生えた草なので、蓬にはどんな魔物も勝つことができないと考えられている。家を建てた材料には精神のいい木も悪い木もあるが、それらの悪霊を鎮めるためである。それが終わると、「ハルランナー、ハルランナー（穀物が降ったよー、穀物が降ったよー）」といいながら、生の団子を家の中で屋根裏へまき散らす。これは、この家は屋根裏から食べ物が降ってくるほど幸せな家、との願いである。家が仕上がってから最初に降る雨のことをチセフライエアプト（家洗いの雨）といって、茅束の解き忘れを見たり、雨漏りの有無を調べる。「家洗いの雨」とは、ちょっぴり心のゆとりめいたものを感じさせる言葉である。（萱野）

チプサンケ（舟下《ふなお》ろし）

チオプ（話すときはチプ）は舟で、チは我々、オは乗る、プは物である。北海道日高地方の沙流川は水量の多い川で、昔から二風谷アイヌは丸木舟が必需品であった。

丸木舟を新しく作ったときには、村人全員が集まって、作った場所から川へ引き下ろす。これがチプサンケである。昭和四十五（一九七〇）年ころに萱野茂がこの祭りを復活した。それは曜日に関係なく毎年八月二十日と決まっている。この祭りのもつ意味は、神々への祈りの言葉、祭具であるイナゥの作り方、酒の醸し方、囲炉裏端での着座や席順、舟の乗り方というか操作の仕方などの、アイヌ文化の継承の場になっている。

かつては萱野茂が自費で行なっていたが、現在はムラをあげてというより平取町も費用を出し、盛大な祭りに成長した。沙流川ばかりでなく、北海道で

チァサンケ。（1973年：萱野茂）

も有名な祭りになった。

（萱野）

シンヌラッパ（先祖《せんぞ》供養《くよう》）

アイヌ社会では葬式のあとに墓参りという風習がなかったが、かつてはそれぞれの家でかならずシンヌラッパが行なわれていた。どのようにして先祖を供養したかというと、おいしい物、特別珍しい食べ物が手に入ったときに、正式には屋外東側にしつらえてある祭壇の左側へ持っていき、「これらを神の国へいっている誰それの手許へ送る」という。この場合、チェホロカケㇷ゚イナゥ（御幣）と囲炉裏の燠《おき》を持って出る。火の神の分身と考え、火の神の僕《しもべ》のうちでも足が速く、口も達者な者を選んで先祖たちへ届けてくれと願う。略式では囲炉裏端へ供物を置いた。墓参りはしなかったが、このようにアイヌ民族は死んでいった先祖のことは忘れずに供養した。萱野茂の場合は、父はアイヌ式の葬式、母は法華宗であったので両方での供養をしている。最近まで残っていたシンヌラッパの風習も、老人が世を去るのとともに忘れられつつある。

（萱野）

チェㇷ゚エカノㇰ（鮭《さけ》迎《むか》え）

チェㇷ゚は魚のことであり、鮭はアイヌ語でシエペ（シは本当に、エは食べる、ペは物）といい、名前のとおり主食と考えられていた。それは大切にし、捕獲の仕方も産卵前の鮭はその日に食べる分しか捕らなかった。四年後に戻ってくることを知っていて、いわば利息のみを食べ、元金には手をつけないように心掛けていたので、鮭が減る心配はまったくなかった。捕ってきた鮭を俎にのせ、横座に置いて火の神と対面させ、ていねいに礼拝し、「今年もたくさんの鮭が捕れますように」という謙虚な態度であった。

一年間に北海道全域で捕れる鮭の数は約五千三百万匹である。つい最近までそのうちアイヌが合法的に捕れる数は、登別アイヌが五匹であり、札幌アイヌは十数年前まで二十四匹であった。アイヌ民族は主食であった鮭が捕れなくなったのである。世界中の先住少数民族の中でも、侵略者によって主食を捕ることを禁じられたのはアイヌ民族のみである。　（萱野）

ハルチャラパ（病気《びょうき》の神《かみ》へ供物《くもつ》）

かつてのアイヌ社会は無菌状態であった。そこへ和人が疱瘡《ほうそう》・肺結核・流行性感冒などの病気を持ち込んだ。それら流行性の病気をパヨカカムイ（歩く神）とアイヌはいった。一人が病気になると、次から次へと感染し、おおかたの村人が死ぬのを見て、これら病気の神には足があって、村中を歩きまわっているに違いないと思い、ハルチャラパという呪《まじな》いをした。

近くにそれらしい病人がでたという噂を聞いたら、世話好きの小母さんが一軒一軒戸別訪問をして、「噂によるとどこそこの村に病気が流行っていると聞いた。この村へ病気の神が立ち寄らないように前もって供物をあげたいので、いくばくかのご寄付をお願いしたい」といいながら、ほんの少しの米とか銭を集めにまわってくる。集まった銭で少しの酒を買い求め、供物である精白した稗《ひえ》、人間が食べないような鮭の屑であるチェプモプラプ（鮭の背鰭《せびれ》とか胸鰭とか尾）などをお膳にのせて窓から外へまき散らす。このことがハルチャラパという呪いであった。しかし、この風習も今はまったく行なわれなくなった。　（萱野）

キモヌパ（葬式《そうしき》）

昭和四十（一九六五）年ころまでは土葬が行なわれていたが、現在は火葬となり、アイヌ社会での葬式の様子もすっかり変わってしまった。以下は、土葬をしていた時代のことである。

亡くなった人が村に対してや地域に対しての貢献の度合によって、死んだという言い方が違う。モシリホッパ（国土をあとにした）、オンネ（年をとった）、ライ（死んだ）、イサム（いなくなった）といい、変死の場合はライチェプネ（死んだ魚のように）といった。

人が亡くなった家のことをウェンペウシ（悪い事があった所）といって、村人が集まり役割を分担し墓標を作る。材料はドスナラ（ハシドイ）またはエンジュを用い、男性の墓標は先端を槍の穂先のように、女性のは先端を針の針孔のように作る。囲炉裏の消し炭を塗るのは、そこから光が発せられて足元を照らすとか、先祖が編み遺した紐《ひも》を巻きつけるのは、それを目印に迎え入れてくれるなどと、複雑な作りであった。現代風の葬儀屋が持ってくる墓標よりよほど心がこもっていた。

葬式のことをキモヌパ（山へ掃き出す）といった。土饅頭《どまんじゅう》は死者の残骸であって、魂は先祖の国へいっているものとアイヌは考えていたので、墓参りの風習はなかった。現在は和人化して墓参りをする。

（萱野）

カムイホプニレ（神《かみ》を送《おく》る）

アイヌたちは必要がある場合に、家を守る神あるいは人間を守る神を作り、御神体にはエンジュあるいはドスナラ（ハシドイ）を用いた。魂は火の神からもらい受けると称して、囲炉裏の消し炭を魂にする。その神を作ってから、良い事があると良い神であり、あまり良い事がないと悪い神となる。悪い神は神の国へ送り帰すが、神を作るも解任するもアイヌ自身の手のうちにあった。神は絶対的な存在ではなく、人間と対等な立場、同じ目の高さにいるものと考えていた。役に立つかたたないかによって、神の国へ送り帰すときのみやげの量が違うのである。

作った神のほかは自然を神と崇めるが、山も川も海も食料を蓄えてある倉庫と思い、その倉庫を汚したり壊したりはしない。環境破壊などもってのほかであり､アイヌ民族の自然観を見習うべきであろう。

手で作った神にはチセコロカムイ（家の守護神）、アイヌエプンキネカムイ（人間を守る神）、レプンシラッキ（アホードリ神）、キムンシラッキ（キツネ神）などがあり、その神を送ることをカムイホプニレという。　（萱野）

チョイペㇷ゚イワㇰテ（器《き》物《ぶつ》送《おく》り）

アイヌが日常用いている器の類、それが自分の手で作った物であれ漆塗りの物であれ、使っていた物が古くなって使えなくなったり、ひび割れなどして役に立たなくなった物を神の国へ送ることを、チョイペㇷ゚イワㇰテという。これらを送るときは、小さい物は手で作ったニマ（食器）、大きい物は丸木舟にいたるまで、たくさんのイナゥ（御幣）と団子などのみやげを持たせて送る。神の国へこのみやげを持って帰ると、「神の国では一段位の高い神として遇せられるでありましょう」と、お礼をいって送るのである。　（萱野）

付録

【方位・時刻表】

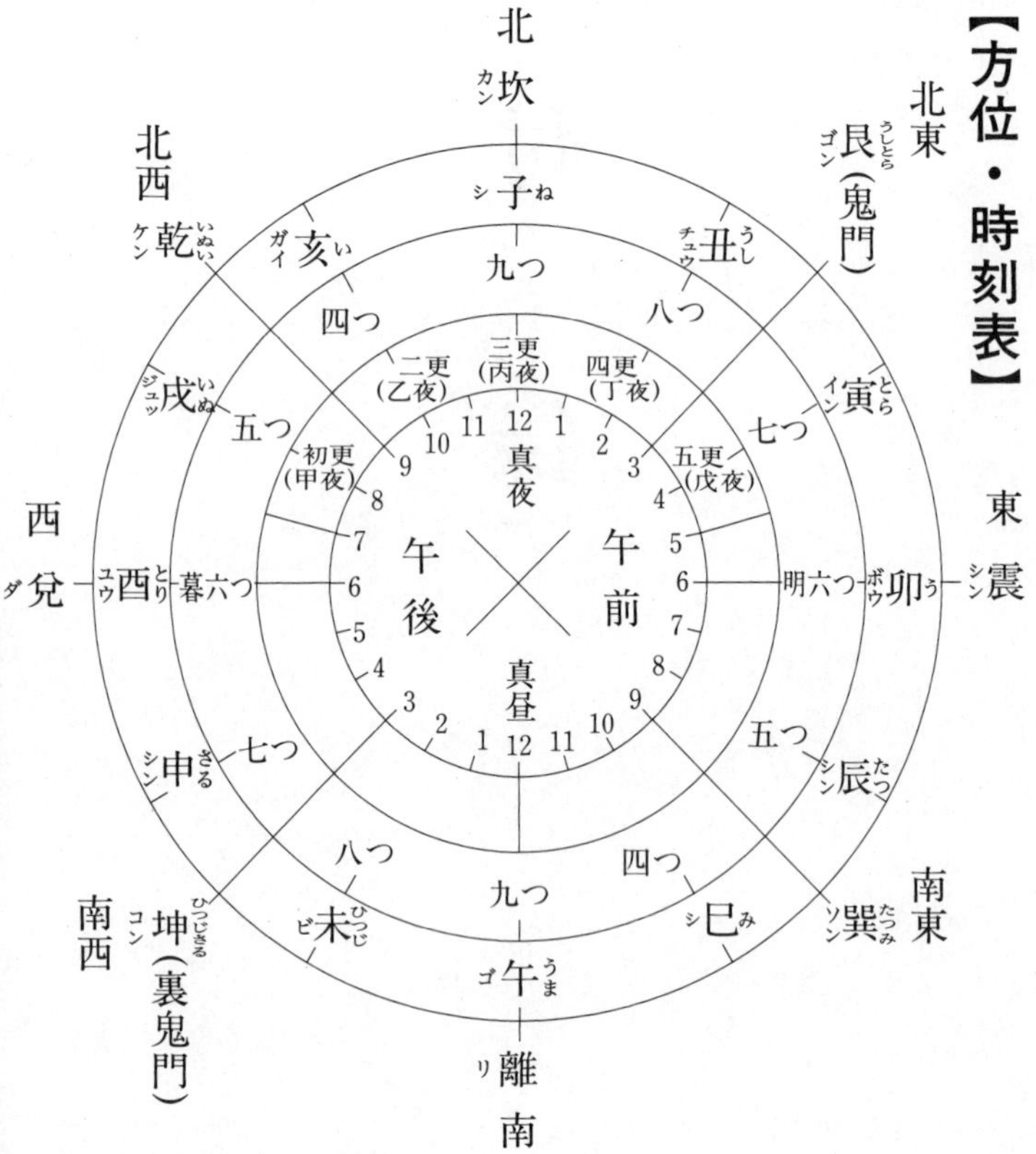

【月名】(旧暦)

一月	睦月
二月	如月
三月	弥生
四月	卯月
五月	皐月
六月	水無月
七月	文月
八月	葉月
九月	長月
十月	神無月
十一月	霜月
十二月	師走

【十干・十二支】

十干

木《き》の兄《え》	木《き》の弟《と》	火《ひ》の兄《え》	火《ひ》の弟《と》	土《つち》の兄《え》	土《つち》の弟《と》	金《か》の兄《え》	金《か》の弟《と》	水《みず》の兄《え》	水《みず》の弟《と》
甲《きのえ》《コウ》	乙《きのと》《オツ〔イツ〕》	丙《ひのえ》《ヘイ》	丁《ひのと》《テイ》	戊《つちのえ》《ボ》	己《つちのと》《キ》	庚《かのえ》《コウ》	辛《かのと》《シン》	壬《みずのえ》《ジン》	癸《みずのと》《キ》

十二支

子《ね》《シ》	丑《うし》《チュウ》	寅《とら》《イン》	卯《う》《ボウ》	辰《たつ》《シン》	巳《み》《シ》	午《うま》《ゴ》	未《ひつじ》《ビ》	申《さる》《シン》	酉《とり》《ユウ》	戌《いぬ》《ジュツ》	亥《い》《ガイ》
（鼠《ねずみ》）	（牛《うし》）	（虎《とら》）	（兎《うさぎ》）	（竜《たつ》）	（蛇《へび》）	（馬《うま》）	（羊《ひつじ》）	（猿《さる》）	（鶏《にわとり》）	（犬《いぬ》）	（猪《いのしし》）

干支表

木《き》の兄《え》	木《き》の弟《と》	火《ひ》の兄《え》	火《ひ》の弟《と》	土《つち》の兄《え》	土《つち》の弟《と》	金《か》の兄《え》	金《か》の弟《と》	水《みず》の兄《え》	水《みず》の弟《と》
1 甲子《きのえね》《カッシ》	2 乙丑《きのとうし》《イッチュウ》	3 丙寅《ひのえとら》《ヘイイン》	4 丁卯《ひのとう》《テイボウ》	5 戊辰《つちのえたつ》《ボシン》	6 己巳《つちのとみ》《キシ》	7 庚午《かのえうま》《コウゴ》	8 辛未《かのとひつじ》《シンビ》	9 壬申《みずのえさる》《ジンシン》	10 癸酉《みずのととり》《キユウ》
11 甲戌《きのえいぬ》《コウジュツ》	12 乙亥《きのとい》《イツガイ》	13 丙子《ひのえね》《ヘイシ》	14 丁丑《ひのとうし》《テイチュウ》	15 戊寅《つちのえとら》《ボイン》	16 己卯《つちのとう》《キボウ》	17 庚辰《かのえたつ》《コウシン》	18 辛巳《かのとみ》《シンシ》	19 壬午《みずのえうま》《ジンゴ》	20 癸未《みずのとひつじ》《キビ》
21 甲申《きのえさる》《コウシン》	22 乙酉《きのととり》《イツユウ》	23 丙戌《ひのえいぬ》《ヘイジュツ》	24 丁亥《ひのとい》《テイガイ》	25 戊子《つちのえね》《ボシ》	26 己丑《つちのとうし》《キチュウ》	27 庚寅《かのえとら》《コウイン》	28 辛卯《かのとう》《シンボウ》	29 壬辰《みずのえたつ》《ジンシン》	30 癸巳《みずのとみ》《キシ》
31 甲午《きのえうま》《コウゴ》	32 乙未《きのとひつじ》《イツビ》	33 丙申《ひのえさる》《ヘイシン》	34 丁酉《ひのととり》《テイユウ》	35 戊戌《つちのえいぬ》《ボジュツ》	36 己亥《つちのとい》《キガイ》	37 庚子《かのえね》《コウシ》	38 辛丑《かのとうし》《シンチュウ》	39 壬寅《みずのえとら》《ジンイン》	40 癸卯《みずのとう》《キボウ》
41 甲辰《きのえたつ》《コウシン》	42 乙巳《きのとみ》《イツシ》	43 丙午《ひのえうま》《ヘイゴ》	44 丁未《ひのとひつじ》《テイビ》	45 戊申《つちのえさる》《ボシン》	46 己酉《つちのととり》《キユウ》	47 庚戌《かのえいぬ》《コウジュツ》	48 辛亥《かのとい》《シンガイ》	49 壬子《みずのえね》《ジンシ》	50 癸丑《みずのとうし》《キチュウ》
51 甲寅《きのえとら》《コウイン》	52 乙卯《きのとう》《イツボウ》	53 丙辰《ひのえたつ》《ヘイシン》	54 丁巳《ひのとみ》《テイシ》	55 戊午《つちのえうま》《ボゴ》	56 己未《つちのとひつじ》《キビ》	57 庚申《かのえさる》《コウシン》	58 辛酉《かのととり》《シンユウ》	59 壬戌《みずのえいぬ》《ジンジュツ》	60 癸亥《みずのとい》《キガイ》

【二十四節気・雑節】（（　）内は雑節である）

季	節気名	気節（旧暦）	太陽黄経	日付（新暦）
春	立春	正月節	三一五度	二月四日頃
	雨水	正月中	三三〇度	二月十九日頃
	啓蟄	二月節	三四五度	三月六日頃
	（彼岸）			（春分を中心とする七日間）
	春分	二月中	〇度	三月二十一日頃
	清明	三月節	一五度	四月五日頃
	（土用）		二七度	（立夏前約十八日間）
	穀雨	三月中	三〇度	四月二十日頃
	（八十八夜）			（立春から八十八日目）
夏	立夏	四月節	四五度	五月六日頃
	小満	四月中	六〇度	五月二十一日頃
	芒種	五月節	七五度	六月六日頃
	（入梅）		八〇度	
	夏至	五月中	九〇度	六月二十一日頃
	（半夏生）		一〇〇度	
	小暑	六月節	一〇五度	七月七日頃
	（土用）		一一七度	（立秋前約十八日間）
	大暑	六月中	一二〇度	七月二十二日頃
秋	立秋	七月節	一三五度	八月八日頃
	処暑	七月中	一五〇度	八月二十三日頃
	（二百十日）			（立春から二百十日目）
	白露	八月節	一六五度	九月八日頃
	（彼岸）			（秋分を中心とする七日間）
	秋分	八月中	一八〇度	九月二十三日頃
	寒露	九月節	一九五度	十月九日頃
	（土用）		二〇七度	（立冬前約十八日間）
	霜降	九月中	二一〇度	十月二十四日頃
冬	立冬	十月節	二二五度	十一月八日頃
	小雪	十月中	二四〇度	十一月二十二日頃
	大雪	十一月節	二五五度	十二月七日頃
	冬至	十一月中	二七〇度	十二月二十二日頃
	小寒	十二月節	二八五度	一月六日頃
	（土用）		二九七度	（立春前約十八日間）
	大寒	十二月中	三〇〇度	一月二十日頃
	（節分）			（立春の前日）

【重要無形民俗文化財】（民俗技術は除く）〔平成二十四年七月一日現在〕

北海道	アイヌ古式舞踊
青森県	八戸のえんぶり 青森のねぶた 弘前のねぷた 岩木山の登拝行事 下北の能舞 泉山の登拝行事 八戸三社大祭の山車行事
岩手県	早池峰神楽 毛越寺の延年 永井の大念仏剣舞 山屋の田植踊 室根神社祭のマツリバ行事 鬼剣舞 吉浜のスネカ
宮城県	黒森神楽 秋保の田植踊 小迫の延年 雄勝法印神楽 羽田のお山がけ 米川の水かぶり 月浜のえんずのわり
秋田県	大日堂舞楽 保呂羽山の霜月神楽 男鹿のナマハゲ 秋田の竿灯 西馬音内の盆踊 六郷のカマクラ行事 刈和野の大綱引き 東湖八坂神社のトウニン（統人）行事

	角館祭りのやま行事 土崎神明社祭の曳山行事 毛馬内の盆踊 上郷の小正月行事 根子番楽 小滝のチョウクライロ舞 本海獅子舞番楽
山形県	黒川能 杉沢比山 林家舞楽 遊佐の小正月行事 新庄まつりの山車行事
福島県	御宝殿の稚児田楽・風流 相馬野馬追 金沢の羽山ごもり 田島祇園祭のおとうや行事 石井の七福神と田植踊

	木幡の幡祭り 都々古別神社の御田植 三島のサイノカミ
茨城県	綱火 日立風流物
栃木県	烏山の山あげ行事 川俣の元服式 発光路の強飯式 鹿沼今宮神社祭の屋台行事
群馬県	安中中宿の燈籠人形 上州白久保のお茶講 片品の猿追い祭 樋越神明宮の春鍬祭
埼玉県	鷲宮催馬楽神楽 秩父祭の屋台行事と神楽 猪俣の百八燈 川越氷川祭の山車行事

	岩槻の古式土俵入り 玉敷神社神楽
千葉県	鬼来迎 白間津のオオマチ（大祭）行事 佐原の山車行事 茂名の里芋祭
東京都	板橋の田遊び 小河内の鹿島踊 江戸の里神楽 神津島のかつお釣り行事 新島の大踊 下平井の鳳凰の舞
神奈川県	チャッキラコ 相模人形芝居 山北のお峰入り 貴船神社の船祭り 大磯の左義長
	三戸のオショロ流し
新潟県	綾子舞 佐渡の人形芝居（文弥人形、説経人形、のろま人形） 弥彦神社燈籠おしと舞楽 牛の角突きの習俗 佐渡の車田植 糸魚川・能生の舞楽 根知山寺の延年 青海の竹のからかい 大の阪 山北のボタモチ祭り
富山県	高岡御車山祭の御車山行事 越中の稚児舞 魚津のタテモン行事 滑川のネブタ流し 城端神明宮祭の曳山行事 邑町のサイノカミ

石川県	奥能登のあえのこと
	尾口のでくまわし
	能登のアマメハギ
	熊甲二十日祭の枠旗行事
	青柏祭の曳山行事
	気多の鵜祭の習俗
福井県	水海の田楽・能舞
	睦月神事
	敦賀西町の綱引き
	越前万歳
	糸崎の仏舞
山梨県	天津司舞
	無生野の大念仏
	吉田の火祭
長野県	雪祭
	天竜村の霜月神楽
	遠山の霜月祭
	雨宮の神事芸能
	野沢温泉の道祖神祭り
	新野の盆踊
	跡部の踊り念仏
	小菅の柱松行事
岐阜県	能郷の能・狂言
	長滝の延年
	高山祭の屋台行事
	南宮の神事芸能
	古川祭の起し太鼓・屋台行事
	下呂の田の神祭
	真桑人形浄瑠璃
	郡上踊
静岡県	西浦の田楽
	藤守の田遊び
	遠江森町の舞楽
	徳山の盆踊

	愛知県
遠江のひよんどりとおくない	花祭
有東木の盆踊	三河の田楽
大江八幡神社の御船行事	尾張津島天王祭の車楽舟行事
見付天神裸祭	豊橋神明社の鬼祭
蛭ヶ谷の田遊び	知立の山車文楽とからくり
	三河万歳
	尾張万歳
	綾渡の夜念仏と盆踊
	鳥羽の火祭り
	犬山祭の車山行事
	亀崎潮干祭の山車行事
	須成祭の車楽船行事と神葭流し

三重県	滋賀県	京都府
御頭神事	長浜曳山祭の曳山行事	壬生狂言
安乗の人形芝居	近江中山の芋競べ祭り	京都祇園祭の山鉾行事
伊勢太神楽	三上のずいき祭	京都の六斎念仏
志摩加茂五郷の盆祭行事		嵯峨大念仏狂言
磯部の御神田		涌出宮の宮座行事
鳥出神社の鯨船行事		やすらい花
上野天神祭のダンジリ行事		
桑名石取祭の祭車行事		

	久多の花笠踊
	田原の御田
	松尾寺の仏舞
	佐伯灯籠
大阪府	聖霊会の舞楽
	住吉の御田植
兵庫県	淡路人形浄瑠璃
	上鴨川住吉神社神事舞
	但馬久谷の菖蒲綱引き
	車大歳神社の翁舞
	東光寺の鬼会
	阿万の風流大踊小踊
	坂越の船祭
奈良県	題目立
	春日若宮おん祭の神事芸能
	十津川の大踊
	陀々堂の鬼はしり

	奈良豆比古神社の翁舞
	江包・大西の御綱
和歌山県	那智の田楽
	花園の御田舞
	杉野原の御田舞
	河内祭の御舟行事
	粟生のおも講と堂徒式
鳥取県	因幡の菖蒲綱引き
	酒津のトンドウ
	三朝のジンショ
島根県	佐陀神能
	隠岐国分寺蓮華会舞
	大元神楽
	隠岐の田楽と庭の舞
	津和野弥栄神社の鷺舞
	五十猛のグロ
	大土地神楽

岡山県	白石踊
	備中神楽
	大宮踊
広島県	壬生の花田植
	比婆荒神神楽
	安芸のはやし田
	塩原の大山供養田植
山口県	岩国行波の神舞
	周防祖生の柱松行事
	三作神楽
	阿月の神明祭
	地福のトイトイ
徳島県	西祖谷の神代踊
	阿波人形浄瑠璃
香川県	綾子踊
	滝宮の念仏踊
愛媛県	伊予神楽
高知県	吉良川の御田祭
	土佐の神楽
福岡県	幸若舞
	八女福島の燈籠人形
	博多祇園山笠行事
	八幡古表神社の傀儡子の舞と相撲
	戸畑祇園大山笠行事
	大善寺玉垂宮の鬼夜
	春日の婿押し
	等覚寺の松会
佐賀県	武雄の荒踊
	唐津くんちの曳山行事
	竹崎観世音寺修正会鬼祭
	白鬚神社の田楽
	見島のカセドリ
長崎県	長崎くんちの奉納踊
	下崎山のヘトマト行事

	壱岐神楽 平戸神楽 平戸のジャンガラ
熊本県	阿蘇の農耕祭事 菊池の松囃子 八代妙見祭の神幸行事
大分県	修正鬼会 古要神社の傀儡子の舞と相撲 日田祇園の曳山行事 吉弘楽 御嶽神楽
宮崎県	米良神楽 高千穂の夜神楽 五ヶ瀬の荒踊 椎葉神楽 山之口の文弥人形 高原の神舞
鹿児島県	諸鈍芝居 甑島のトシドン 市来の七夕踊 南薩摩の十五夜行事 秋名のアラセツ行事 与論の十五夜踊 東郷文弥節人形浄瑠璃
沖縄県	多良間の豊年祭 竹富島の種子取 安田のシヌグ 与那国島の祭事の芸能 西表島の節祭 宮古島のパーントゥ 塩屋湾のウンガミ 伊江島の村踊 小浜島の盆、結願祭、種子取祭の芸能

1999 年 8 月 1 日　初 版 発 行
2012 年 11 月 10 日　改訂版発行

三省堂年中行事事典
〈改訂版〉

2012 年 11 月 10 日　第 1 刷発行

編　者　田中宣一・宮田　登

発行者　株式会社 三省堂　代表者 北口克彦

印刷者　三省堂印刷株式会社

発行所　株式会社 三省堂
〒 101-8371
東京都千代田区三崎町二丁目22番14号
電 話　編 集　(03) 3230-9411
営 業　(03) 3230-9412
振替口座　00160-5-54300
http://www.sanseido.co.jp/

〈改訂年中行事・512pp.〉

落丁本・乱丁本はお取り替えいたします

ISBN978-4-385-15073-4

索　　引

＊項目名と重要事項を五十音順に配列してある。
＊項目名は太字で示してある。

う

え

お

か

き

く

け

こ

さ

し

す

せ

そ

た

ち

つ

て

と

な

に

ぬ・ね

の

は

へ

ほ

ま

み

や

ゆ

よ

ら・り・る

れ・ろ

わ